GE LUK.

The World Book of Happiness

2.0

onder hoofdredactie van

Leo Bormans

GE LUK.

The World Book of Happiness

2.0

De wijsheid van 100 geluksprofessoren uit de hele wereld

LANNOO

www.lannoo.com
Registreer u op onze website en we sturen u regelmatig een nieuwsbrief met informatie over nieuwe boeken en met interessante, exclusieve aanbiedingen.

Dit boek is een grondig bewerkte versie van *Geluk. The World Book of Happiness*, dat in 2010 verscheen.

Omslagontwerp en vormgeving: Kris Demey
Zetwerk: Karakters, Gent
Foto's: Imageselect en Getty Images (selectie door Kris Demey) / p. 55: Hilde Coddens
Vertaling: Hans van Riemsdijk en Fred Hendriks (Engels) / Katrien Meuleman (Frans)

ISBN 978 94 014 5888 7
D/2019/45/279
NUR 770

Kwakzalvers

De studie van subjectief welzijn heeft onderzoekers uit de economie, sociologie, psychologie, politieke wetenschappen, neurologie enzovoort rond de tafel gebracht. De **dialoog** tussen de verschillende takken van de wetenschap bevorderen is moeilijk én cruciaal, en ik ben blij dat het geluksonderzoek daartoe heeft bijgedragen. Hoewel we wel een idee hebben hoe sommige dingen functioneren, mogen we niet onderschatten hoe **weinig** we eigenlijk weten. Iedereen die iets anders beweert, is wellicht een kwakzalver. De meeste wetenschappelijke kennis over geluk handelt over rijke landen en is misschien niet van toepassing op de **meerderheid** van de wereldbevolking. Nogmaals, op dit moment weten we het gewoon niet. Er is nog veel werk aan de winkel voor we zeker kunnen zijn en ik ben ervan overtuigd dat we aan dat werk veel plezier zullen beleven.

Professor Andrew Clark (Frankrijk)

Geen plicht

'Hoe moeten we ons leven leiden?' Die vraag stond centraal in ethische kwesties. Filosofen hanteerden doorgaans een **top-down benadering** als het ging over wat een goed leven nu eigenlijk was; jammer genoeg vertelt hun oordeel ons niets over hoe mensen hun leven ervaren. De filosofische benadering was dus eerder voorschrijvend dan beschrijvend. Filosofen schoven als levensleidraad gewoonlijk het **plichtsgevoel** naar voren, samen met een aantal sancties voor wie zijn plicht verzuimt.

Onderzoek over geluk gaat echter na **hoe mensen hun eigen leven beoordelen** en identificeert de factoren die systematisch terugkeren als bevorderend of schadelijk voor de levensvoldoening. Onderzoek over geluk reikt voorstellen aan hoe iemand een tevreden leven kan leiden. Die voorstellen zijn veeleer aanbevelingen dan een verplichting, niemand hoeft ze te volgen. Het is zelfs mogelijk dat die aanbevelingen niet op iedereen van toepassing zijn. Er zijn geen sancties bij verzuim, maar wie verzuimt, heeft daar meestal spijt van.

Professor Mariano Rojas (Mexico)

*'Waar is de **wijsheid** die we zijn kwijtgeraakt in de **kennis**?*

*Waar is de kennis die we zijn kwijtgeraakt in de **informatie**?'*

T.S. Eliot, Nobelprijs Literatuur 1948

Welkom in *Geluk. The World Book of Happiness*

Beste lezer,

We worden achtervolgd door smileys. Alsof we altijd en overal gelukkig 'moeten' zijn. We zijn dat niet. Voor veel mensen is het leven echt geen lachertje. De meeste mensen kennen ups en downs. Toch noemen velen zich oprecht gelukkig. Vaak ondanks moeilijke omstandigheden en tegenslag. Maar wat is dat dan precies: geluk? Toen ik in 2008 aan dit project begon, besloot ik het te vragen aan honderd wetenschappelijke onderzoekers uit vijftig landen. De positieve psychologie bleek een vrij recent onderzoeksterrein te zijn: **niet vertrekken van wat mensen pijn doet en ziek maakt, maar van wat mensen opfleurt en gelukkig maakt.**

Geluk. The World Book of Happiness werd een internationaal succes. Het werd in meer dan twaalf talen vertaald. Voormalig Europees voorzitter Herman Van Rompuy deed het zelfs cadeau aan alle wereldleiders. Elke dag krijg ik mails uit heel de wereld van mensen die door het boek geïnspireerd zijn en er op hun persoonlijke manier iets mee doen. Ik reis de wereld over als Ambassadeur van Geluk. Geluk zit in het delen van geluk.

De jaren die volgden, heb ik me verdiept in twee sterk verwante thema's: hoop en liefde. In *The World Book of Love* en in *Hoop. The World Book of Hope* delen telkens honderd gespecialiseerde professoren uit heel de wereld hun inzichten met ons. Nobelprijswinnaar Kofi Annan schreef zelfs het eerste hoofdstuk voor *Hoop*. Het werden standaardwerken voor wie liefdevol en hoopvol in het leven wil staan en anderen daarbij wil helpen. Op basis hiervan kwamen er ook andere werken, zoals de voorleesverhalen *Geluk voor Kinderen*.

Ik wil de brug slaan tussen wat de wetenschap ontdekt en hoe we die kennis kunnen omzetten in dagelijks gedrag. **Vaak weten we wel wat we het best zouden doen om gelukkig te zijn, maar we doen niet wat we weten.** Veel lezers melden me dat ze zich herkennen in het wetenschappelijk onderzoek. Dat is begrijpelijk. De wetenschappers onderzoeken de mens. En we zijn allemaal mensen. We verschillen en we veranderen maar we hebben meer gemeen dan we denken. Onze universele zoektocht naar geluk bijvoorbeeld. Die heeft niet alleen te maken met ons individueel geluk. Er is altijd een sociale component. We zijn gericht op de anderen en op de samenleving.

Weten wat geluk is, is de eerste stap. Het geluk van onszelf en van anderen bevorderen is de volgende stap. Daarom voerden we o.a. samen met de Universiteit van Leuven in België grootschalig onderzoek uit bij duizenden mensen naar het effect van zogeheten 'positieve interventies'. En wat blijkt? **Een deel van ons geluk is maakbaar. Het hangt niet enkel af van ons karakter of van de omstandigheden. We kunnen het beïnvloeden.** Bij de ene mens lukt dat al wat beter dan bij de andere. Het grootste effect zien we bij mensen die zich open en leergierig opstellen, veilig gehecht zijn, een goed netwerk hebben, hun emoties leren uitdrukken en zich niet laten leiden door angst maar door hoop. Ook al leven we in moeilijke tijden.

De jonge wetenschap van onderzoek naar geluk en levenskwaliteit evolueert snel. Elke dag komen er nieuwe en verfijnde inzichten bij. De wetenschappelijke publicaties volgen elkaar snel op. Daarom is het nu tijd voor een update van *The World Book of Happiness*. Vijftig nieuwe wetenschappers lichten hun recente onderzoek toe en leggen uit wat we daarmee kunnen doen in ons dagelijks leven. Vijftig sterkhouders uit het vorige boek bleven behouden. Sommige van hen brachten kleine wijzigingen aan. **Zo brengt *Geluk 2.0* een actueel overzicht van wat we écht weten over geluk en wat we daar meer mee kunnen doen in ons eigen leven en in de samenleving.** De onderzoekers gaan dieper in op de maakbaarheid van geluk, de rol van genetica, het effect van positieve interventies, de rol van opvoeding en onderwijs, welbevinden op het werk, zingeving, beleid, vaardigheden en attitudes. Ze brengen een genuanceerd verhaal dat ook ruimte geeft aan pijn, lijden, verdriet en het hele scala van emoties. Vaak liggen die emoties korter bij elkaar dan we denken. Daarom huilen we soms van geluk.

Iedereen kan zijn eigen lessen trekken uit het onderzoek. Iedereen doet er wel iets anders mee. Cruciaal is wel dat je er minstens 'iets' mee doet. Lezen over geluk maakt ons niet noodzakelijk gelukkig. Ons leven in de hand nemen en ons richten op het positieve, doet dat meestal wel. Een positieve kijk opent onze blik op de anderen, leert ons telkens nieuwe mogelijkheden zien, stimuleert onze gezondheid en helpt ons om meer zin te vinden in het leven. Dat mag echter geen verplichting of een obsessie worden. Onze zoektocht naar geluk is delicaat en maakt ons kwetsbaar. Hopelijk vind je in de caleidoscoop van dit boek richting en ruimte voor het leven dat je wilt leiden. Veel geluk.

Leo Bormans

www.leobormans.be

www.theworldbookofhappiness.com

Ik draag dit boek op
aan alle mensen
die het nooit zullen lezen.

Met bijzondere dank
aan alle medewerkers
aan dit hoopvolle project,
aan mijn familie, mijn vrienden
en de vele mensen
die me steunen en inspireren.

Hoewel er subtiele betekenisverschillen bestaan
tussen de termen 'subjectief welbevinden',
'levensvoldoening' en 'geluk', worden ze
in dit boek als synoniem gebruikt.

Inhoud

Ⓝ = nieuwe bijdrage voor *Geluk 2.0. The World Book of Happiness*

Ⓗ = nieuwe bijdrage uit *Hoop. The World Book of Hope*

'Het gaat erom hoe je met belangrijke momenten omgaat.'

Zeven mythes rond geluk

We geloven allemaal graag dat het bereiken van een aantal doelen in het leven ons voorgoed gelukkig zal maken. Prof. **Sonja Lyubomirsky** is een toonaangevende geluksonderzoeker en geldt wereldwijd als een autoriteit. Zij ontsluiert zeven mythes rond geluk – misvattingen die we zo gauw mogelijk uit ons hoofd moeten zetten.

Bijna iedereen slikt ze voor zoete koek, de fabeltjes die ik de 'geluksmythes' noem. Ik heb het over de opvatting dat bepaalde volwassen verwezenlijkingen (huwelijk, kinderen, baan, rijkdom) ons voorgoed gelukkig zullen maken en dat bepaalde volwassen mislukkingen of tegenslagen (gezondheidsproblemen, echtscheiding, geldzorgen) ons voorgoed ongelukkig zullen maken. Uit wetenschappelijk onderzoek blijkt echter overtuigend dat er geen toverformule voor geluk bestaat en al evenmin een vast recept voor ellende. Belangrijke levensmomenten en crisisperiodes staan niet an sich borg voor blijvend geluk of blijvende ellende, maar kunnen wel kansen aanreiken voor vernieuwing, groei of zinvolle verandering.
Het gaat er vooral om hoe je zulke gelukkige of verdrietige momenten tegemoet treedt.

1 'Het ware geluk vind ik als ik met de juiste persoon trouw.'

Een van de hardnekkigste geluksmythes wil dat we het geluk zullen vinden wanneer we het jawoord geven aan die ene perfecte levenspartner. De valse belofte schuilt niet in het feit dat de huwelijkse staat ons niet gelukkig zal maken. Voor de overgrote meerderheid van

de mensen is dat namelijk wel degelijk het geval. Het probleem is dat het huwelijk – zelfs als het aanvankelijk volmaakte voldoening schenkt – ons niet zo intens (of zo lang) gelukkig maakt als we denken. Studies tonen namelijk aan dat **de krachtige geluksimpuls die het huwelijk geeft gemiddeld maar twee jaar duurt**. Als die twee jaar zijn verstreken en als het gerealiseerde doel – het vinden van de ideale partner – ons niet zo veel geluk heeft bezorgd als we verwachtten, dan hebben we vaak het idee dat er iets mis met ons is of dat we de enigen zijn die ons zo voelen.

2 'Ik zal nooit meer gelukkig zijn nu mijn relatie is gestrand.'

Als een toegewijde relatie stukloopt, is onze reactie vaak van enorme proportie. Vooral de angst voor een echtscheiding is heel heftig. We denken dat we nooit meer gelukkig kunnen zijn, dat ons leven zoals we dat kenden voorbij is. Mensen zijn echter bijzonder veerkrachtig. Onderzoek toont aan dat **het dieptepunt van de gelukscurve zich een paar**

jaar voor de echtscheiding voordoet. Al vier jaar na de ontbinding van een moeizaam huwelijk zijn mensen significant gelukkiger dan ze ooit zijn geweest tijdens dat huwelijk.

3 'Ik heb een levenspartner nodig om gelukkig te zijn.'

Velen menen dat we zonder partner voor altijd een ellendig leven zullen hebben. Legio studies tonen echter aan dat **alleenstaanden niet minder gelukkig zijn dan gehuwden**, en dat alleenstaanden veel geluk en zinvolheid ontlenen aan andersoortige relaties en activiteiten.

Helaas kan het geloof in die mythe een toxisch effect hebben. Als we geen oog hebben voor de veerkracht en de pluspunten van het single-zijn (zoals meer tijd kunnen doorbrengen met vrienden of soloprojecten en -avonturen ondernemen), kan dat ertoe leiden dat we 'dan maar' genoegen nemen met een niet-ideale partner.

4. 'Ik ben pas echt gelukkig als ik mijn droombaan verover.'

De misvatting die aan deze geluksmythe ten grondslag ligt, is dat we nu even niet gelukkig zijn, maar gegarandeerd wél als we straks die droombaan hebben. Je zit alleen wel met een probleem zodra blijkt dat die prachtige job je minder gelukkig maakt dan verwacht of als dat geluk maar griezelig kort duurt. De verklaring voor die onwelkome ervaring, die zich steevast voordoet, ligt in het meedogenloze proces dat we 'hedonistische aanpassing' noemen: **mensen raken opmerkelijk snel gewend aan de meeste grote veranderingen die zich in het leven voordoen.** Als we ervan overtuigd zijn dat een bepaald soort baan ons gelukkig zal maken (en als dat niet gebeurt), dan kan een verkeerd begrip van de kracht van hedonistische aanpassing ons helaas bewegen om een meer dan uitstekende carrière overboord te gooien. Het is essentieel dat je beseft dat iedereen snel went aan alle nieuwe, spannende en uitdagende aspecten van een nieuwe baan of onderneming. En dat besef reikt ons een andere verklaring aan voor onze ontevredenheid op het werk. Het kan namelijk heel goed zijn dat er niets mis is met onze job of met onze motivatie of met ons arbeidsethos. De kans bestaat dat we doodgewoon een natuurlijk en diepmenselijk proces ervaren.

5. 'Ik zal pas gelukkig zijn als ik rijk en succesvol ben.'

Velen van ons geloven er heilig in: als we nu niet gelukkig zijn, dan zal dat zeker wél het geval zijn als we het uiteindelijk hebben 'gemaakt' – wanneer we een zekere mate van rijkdom en succes hebben bereikt. Als dat geluk echter buiten ons bereik ligt, of maar van korte duur blijkt, krijgen we te kampen met gemengde gevoelens, teleurstelling, misschien zelfs met depressie. Zodra we veel hebben gerealiseerd – al was het maar op papier – van hetgeen we altijd hebben willen bereiken, kan het leven saai en zelfs leeg worden. **Er ligt maar weinig in het verschiet om je op te verheugen.** Veel welvarende en succesvolle mensen beseffen dit natuurlijke aanpassingsproces niet en komen mogelijk tot de conclusie dat ze nóg meer geld nodig hebben om écht gelukkig te zijn. Ze beseffen niet dat de sleutel tot het kopen van geluk 'm niet zit in hoe succesvol we zijn, maar in wat we met ons succes aanvangen. Het gaat er niet om hoe hoog ons inkomen is, maar hoe we het besteden.

6. 'Deze diagnose kom ik nooit meer te boven.'

Als onze diepste angsten over onze gezondheid worden bewaarheid, kunnen we ons niet voorstellen dat we ooit over het stadium van huilen en wanhopen zullen komen. We kunnen ons niet voorstellen ooit nog gelukkig te zijn. Toch worden onze reacties en voorgevoelens ten aanzien van dit persoonlijke rampscenario beheerst door een zoveelste geluksmythe. Na de diagnose van een ziekte kan er namelijk héél veel worden gedaan om de kansen te vergroten dat de periode waarin we met een ziekte hebben te leven niet geheel en al een ellendige en zinloze tijd zal zijn, dat het zelfs een periode van groei en zinvolheid kan zijn. Honderden studies bevestigen dat.

De wetenschap laat zien dat het in ons eigen vermogen ligt om te bepalen wat we wel en wat we niet ervaren. Zo kun je ervoor kiezen elke minuut van de dag aandacht te besteden aan bepaalde zaken en de meeste andere dingen te negeren, over het hoofd te zien, weg te drukken of te ontlopen. **De zaken waarop jij besluit te focussen gaan deel uitmaken van je leven en al het andere valt weg.** Als je bijvoorbeeld aan een chronische ziekte lijdt, dan kun je het grootste deel van de dag blijven stilstaan bij het feit hoezeer die ziekte je leven heeft verpest en geruïneerd, maar je kunt je dagen ook besteden aan je gymnastiekoefeningen, je nichtjes beter leren kennen, je spirituele kant verkennen. We kunnen ons leven veranderen door simpelweg onze geesteshouding te veranderen.

7 'De beste jaren van mijn leven zitten er inmiddels wel op.'

Of we nu jong, van middelbare leeftijd of oud zijn, de overgrote meerderheid van ons gelooft dat geluk afneemt naarmate we ouder worden, dat het geluk elk decennium een beetje slinkt, totdat we het punt bereiken waarop verdriet en verlies ons leven kenmerken. Dit komt misschien als een verrassing, maar onderzoek toont overtuigend aan dat velen van ons er volledig naast zitten als ze stellen dat onze allerbeste jaren al ver achter ons liggen. **Oudere mensen zijn namelijk gelukkiger en tevredener met hun leven dan jongere mensen.**

Ze ervaren meer positieve emoties en minder negatieve, en hun gevoelsleven is stabieler en minder gevoelig voor de effecten van dagelijkse negativiteit en stress.

Hoewel het nog niet duidelijk is wanneer de piek in ons welbevinden zich precies voordoet – drie recente studies laten zien dat de ervaring van positieve emoties respectievelijk op 64-, 65- en 79-jarige leeftijd een hoogtepunt bereikt – is het glashelder dat jongeren en jongvolwassenen beslist niet de zonnigste fasen van het leven doormaken.

Hoe dat komt? Wanneer we beginnen te beseffen dat we niet het eeuwige leven hebben, verandert onze kijk op het leven fundamenteel. De kortere tijdhorizon motiveert ons om ons meer te richten op het heden en om onze (relatief beperkte) tijd en onze inspanningen te investeren in dingen die er echt toe doen in het leven. Als we ouder worden, vinden we het belangrijker prioriteit te geven aan onze betekenisvolste relaties dan aan nieuwe mensen ontmoeten of risico's nemen – we investeren meer in hechte banden en staken relaties waarvan we weinig steun ondervinden. In zekere zin worden we met de jaren emotioneel verstandiger.

De sleutels

- → **Bijna iedereen slikt ze voor zoete koek, de fabeltjes die ik de 'geluksmythes' noem: de opvatting dat bepaalde volwassen verwezenlijkingen (huwelijk, kinderen, banen, rijkdom) ons voorgoed gelukkig zullen maken en dat bepaalde volwassen mislukkingen of tegenslagen (gezondheidsproblemen, echtscheiding, geldzorgen) ons voorgoed óngelukkig zullen maken.**
- → **Uit wetenschappelijk onderzoek blijkt overtuigend dat er geen toverformule voor geluk bestaat en al evenmin een vast recept voor ellende.**
- → **Belangrijke levensmomenten en crisisperiodes staan niet an sich borg voor blijvend geluk of blijvende ellende, maar kunnen wel kansen aanreiken voor vernieuwing, groei of zinvolle verandering.**

Prof. Sonja Lyubomirsky is hoogleraar psychologie en doet al meer dan twintig jaar (experimenteel) onderzoek naar geluk. Ze studeerde aan de Harvard en de Stanford University en werkt bij de afdeling Psychologie van de University of California (VS). Ook is ze de auteur van populaire boeken waarin ze op een wetenschappelijke manier nagaat hoe we het leven kunnen krijgen waarnaar we verlangen: *The How of Happiness* en *The Myths of Happiness*.

'Hoopvolle geesten zijn gelukkige geesten.'

Angst voor de toekomst

'Hoe wij over de toekomst denken – goed of slecht – heeft een wezenlijk effect op onze levenstevredenheid nu', zegt dr. **Alan Piper**. Hij heeft artikelen geschreven over wat de Duitsers *Zukunftsangst* noemen: angst voor de toekomst. Bange mensen zijn minder tevreden met het leven dat ze leiden.

Onze levenstevredenheid op dit moment wordt beïnvloed door ons denken over de toekomst. Hoop hebben voor de toekomst draagt voor een belangrijk deel bij aan onze huidige levenstevredenheid. Recent onderzoek toont aan dat de omvang van dit effect substantieel is: het effect van een positief toekomstbeeld op onze huidige levenstevredenheid is niet zo groot als het effect van een zeer goede lichamelijke gezondheid, maar **ongeveer twee tot drie keer zo groot als het effect van een goed huwelijk.** Dit is een vrij groot effect. Hoopvol of optimistisch over de toekomst zijn zou voor iedereen die op zoek is naar tevredenheid in zijn of haar leven een doel moeten zijn.

Maar wie angstig voor of pessimistisch over de toekomst is, kent doorgaans een geringe levenstevredenheid op dit moment. **Van werkloosheid is bekend dat ze een negatieve bijdrage levert aan de levenstevredenheid; het negatieve effect van een pessimistisch toekomstbeeld op levenstevredenheid is zelfs nog groter.** We moeten heel zorgvuldig zijn met onze gedachten over de toekomst: hoopvol zijn leidt tot meer tevredenheid in het leven, terwijl angstig zijn de huidige tevredenheid vermindert.

De toekomst negeren

Zo'n tweeduizend jaar geleden beweerde de stoïsche filosoof Seneca: 'De geest die zich zorgen maakt over de toekomst is ellendig.' Recent onderzoek, uitgevoerd met moderne kwantitatieve technieken, heeft aangetoond dat Seneca het bij het rechte eind had. Er is echter ook kwantitatief bewijs voor het omgekeerde: de geest die hoopvol is, is gelukkig. Als levenstevredenheid ons doel is, moeten we proberen hoop voor de toekomst te vinden of op te wekken, ongeacht onze aard en onze omstandigheden. Dit bewijs is verkregen via methoden die rekening houden met de verschillende karakters van mensen. Bovendien houden de gebruikte moderne methoden ook rekening met de mogelijkheid dat de manieren waarop mensen hun toekomst en hun levenstevredenheid waarnemen van elkaar afhankelijk zijn (de technische term luidt 'endogeen'). Ze zijn ook moeilijk vast te stellen met wat oudere methoden.

Uit verwant onderzoek blijkt dat onze huidige situatie (relatie, werk, gezondheid) veel bijdraagt aan onze huidige levenstevredenheid. Die is met andere woorden grotendeels iets van dit moment. Precies zo zijn onze huidige gedachten over de toekomst van betekenis voor onze levenstevredenheid nu. **Voor persoonlijke levenstevredenheid moeten we ons proberen te richten op positieve aspecten van de toekomst en we moeten proberen die te scheppen, voor onszelf en voor anderen.** Ons huidige leven is belangrijk, en we mogen dit denken over de toekomst niet alleen maar zien als het heden vermijden. Het gaat hier om de constatering dat onze hoop en onze angsten met betrekking tot de toekomst belangrijk zijn voor ons huidige leven. Dit onderzoek stelt niet dat wij de toekomst moeten proberen te negeren. Als wij er echter in slagen de toekomst te negeren en er niet aan te denken, is dat wel beter voor onze huidige levenstevredenheid dan pessimistisch zijn over de toekomst. Maar nog beter is het om vol hoop over de toekomst te denken.

Denkproces

De conclusie luidt dus dat ons huidige denken over de toekomst belangrijk is voor onze levenstevredenheid. Dat ondersteunt argumenten die vragen om meer middelen om meer inzicht te krijgen in geestelijke gezondheid en om meer mensen te helpen een betere geestelijke gezondheid te krijgen. Bepaalde aspecten van het onderzoek naar en de praktijk van de geestelijke gezondheid, bijvoorbeeld cognitieve gedragstherapie, proberen inzicht te krijgen in het denken en het denkproces. **Ze helpen mensen meer controle te verwerven over hun reacties op hun gedachten en niet gevangen te raken in spiralen van negatief denken.** Zo zou ook meditatie helpen het inzicht in ons denken te vergroten en de controle die dit inzicht en dit besef kunnen bieden, te versterken. Wat kan helpen onze denkpatronen te verbeteren, kan ons ook helpen hoopvoller over de toekomst te denken en daardoor meer levenstevredenheid nu te ervaren.

De sleutels

- → **Hoopvol zijn vergroot de levenstevredenheid, terwijl angstig zijn de huidige levenstevredenheid vermindert.**
- → **Als levenstevredenheid ons doel is, moeten we proberen hoop voor de toekomst te vinden of op te wekken, ongeacht ons karakter en onze omstandigheden.**
- → **Als wij erin slagen de toekomst te negeren en er niet aan te denken, is dat beter voor onze huidige levenstevredenheid dan pessimistisch zijn over de toekomst. Maar nog beter is het om vol hoop over de toekomst te denken.**

Alan Piper, PhD, studeerde af en werkte in Staffordshire University (VK) voor hij verhuisde naar de Europa-Universität in Flensburg (Duitsland), waar hij nu werkt. In zijn onderzoek houdt hij zich vooral bezig met de economische kant van levenstevredenheid. Hij is geïnteresseerd in hersenen, creativiteit, geluk, immigratie, geestelijke gezondheid, pokeren, sport en reizen.

'Soms is positief denken een verplichting geworden.'

De tirannie van positief denken

Naar schatting zijn er over de hele wereld zo'n veertien miljoen mensen die kanker hebben. Het World Cancer Research Fund International schat dat dit aantal zal oplopen tot vierentwintig miljoen in 2035. Zwevend tussen hoop en wanhoop ontmoeten patiënten vermoedelijk mensen die hen aansporen positief te denken. Dat zou kunnen helpen. Maar volgens prof. **Miles Little** ligt het allemaal niet zo eenvoudig.

Hoop is een positieve geesteshouding die gericht is op een bepaald doel dat als wenselijk wordt beschouwd. Mensen kunnen hopen op rijkdom, geluk, wraak, gezondheid en veel andere dingen die er op de een of andere manier voor zorgen dat ze overleven, zich veilig voelen of gedijen. **De beweging van het positieve denken bepleit een instrumentele benadering van hoop:** je vooruitzichten zullen meetbaar verbeteren als je wanhoop uitbant of de bedreigingen die inherent zijn aan ziekte of ellende niet aanvaardt. Met andere woorden, als je kanker hebt en je op de juiste manier denkt, zul je de ziekte overwinnen, langer leven en je beter voelen. Je zult de fysieke bedreiging de baas worden die je minder optimistische lotgenoten de das zal omdoen.

Schaamte

Deze gedachtegang koppelt hoop aan genezing. Genezing is het doel waarop je je met heel je wezen moet richten, zelfs wanneer er bewijzen zijn dat de ziekte ongeneeslijk is. Denk positief en je zult overwinnen. Deze last is door een aantal geleerden onderzocht. Uit hun onderzoeken is echter niet ondubbelzinnig gebleken dat deze houding de kans op overleven meetbaar vergroot.

Bij mijn behandeling van patiënten met kanker in een vergevorderd stadium kreeg ik soms te maken met zeer treurige gevallen van **patiënten die zieker waren geworden ondanks hun oprechte en trouwe deelname aan programma's voor positieve psychologie.** Ze zeiden dat ze zich schaamden omdat ze hun begeleiders in de steek hadden gelaten, die hun hadden verzekerd dat ze hun kanker onder controle konden krijgen als ze maar 'op de juiste manier dachten'. Hun last werd verzwaard door hun 'falen'.

Wonder

Ik weet dat meditatie en ondersteuning kankerpatiënten helpen om een hogere kwaliteit van leven te bereiken, en iedereen die daar baat bij lijkt te hebben, moedig ik aan. Maar dat is niet dezelfde situatie als die waarin de verplichting om positief te denken een 'druk' of een 'tirannie' is geworden. Hoop op genezing is niet de enige hoop die patiënten mogen of moeten accepteren. **Hoop op een zinvolle dood kan ook een legitiem streven zijn wanneer de tijd daar is.** Er is altijd hoop op een wonder, maar dat mag niet de enige hoop zijn die mensen aan het einde van hun leven zouden mogen koesteren.

De sleutels

- → **Meditatie en ondersteuning helpen kankerpatiënten om een hogere kwaliteit van leven te bereiken. Die route moet worden aangemoedigd bij iedereen die daar baat bij lijkt te hebben.**
- → **Dat is echter niet hetzelfde als de verplichting om positief te denken, die een 'druk' of een 'tirannie' is geworden.**
- → **Hoop op genezing is niet de enige hoop die patiënten mogen of moeten koesteren.**

Miles Little is emeritus hoogleraar chirurgie aan de University of Sydney (Australië). Hij is oprichter en directeur van het Centre for Values, Ethics and the Law in Medicine op de afdeling Chirurgie.

Het recht op verdriet

Are we ready for some fun?
You and me and everyone
This is the happy, happy, happy song.
We gonna sing it all night long.
This is the happy, happy, happy song.
So let's smile.
This is the happiest song
in the world…

Dit is de tekst van het zogeheten 'gelukkigste liedje ter wereld' op het internet. Maar het *Journal of Happiness Studies* publiceerde een rapport over 230.000 liedjes die sinds 1960 werden gecomponeerd. Daaruit blijkt dat ze steeds droeviger worden. Het leven is geen lolletje en van een hele dag glimlachen gaan je kaken pijn doen. Zelfs boeken lezen over geluk kan je verdrietig maken. Sociaal wetenschapper **Grant Duncan** ging na of we het recht of zelfs de plicht hebben om gelukkig te zijn. Mogen we ons verdrietig voelen?

Geluk: recht noch plicht

Ik stel voor dat we het politieke idee laten vallen dat er een *recht* op geluk zou bestaan. Mijn onderzoek heeft zich vooral toegespitst op de politieke betekenis van geluk en op het idee dat regeringen de plicht hebben om de bevolking maximaal gelukkig te maken. Mijn conclusies over dat idee waren sceptisch, maar net als andere mensen ben ik wel nog altijd nieuwsgierig naar hoe we als individu ons geluk en welbevinden kunnen vergroten. Natuurlijk is het de taak van de overheid om te voorzien in bepaalde goederen en diensten die cruciaal zijn voor ons welbevinden, zoals onderwijs en de bescherming van de mensenrechten. Maar aangezien geluk subjectief is, is het een zaak van ieder van ons afzonderlijk en van diegenen die dicht bij ons staan. Dat betekent ook dat we ons kunnen bevrijden van de gedachte dat er een soort van sociale verplichting bestaat om gelukkig te zijn. Soms vraag ik me af of mensen het idee hebben dat ze gelukkig *zouden moeten zijn* en er in andermans ogen iets mis is met hen als ze dat niet zijn. Wel, geluk is wenselijk, maar niet verplicht.

Melancholie en verdriet zijn normale en gezonde emoties. Natuurlijk kan aanhoudend en diepgaand verdriet zonder reden een teken zijn van een depressie waarvoor hulp moet worden gezocht. **Maar laten we de creatieve en gezonde kant van gewone droefheid aanvaarden** en zelfs sommige vormen van ontbering. Voor de grootste verwezenlijkingen in ons leven, vooral die waar creativiteit of zorg voor anderen mee gemoeid zijn, moeten we vaak iets opofferen dat ons ondertussen blij had kunnen stemmen. We kunnen een zekere mate van verdriet en lijden in het leven aanvaarden als nodig en soms zelfs de moeite waard.

Als we gelukkig willen zijn, zou het al een goed begin zijn om gewoon op te houden met dingen te doen waardoor we ons ellendig voelen. Soms is het zo simpel als wat meer slapen. Een beetje meer slaap kan je geluksgevoel al versterken. Soms moeten we onszelf echter moeilijkere vragen stellen zoals: 'Drink ik te veel? Ben ik wanhopig op zoek naar liefde en bevestiging? Bek ik anderen af om mijn zin te krijgen?' Leg jezelf enkele streefdoelen op om dergelijk gedrag te veranderen. Nog iets wat je achterwege moet laten als je gelukkig wilt zijn, is vergelijken. Uiteraard is het begrijpelijk dat je bij een sociale groep wilt passen. Ergens thuishoren is een belangrijk aspect van welbevinden. We hebben er baat bij een voorbeeld te nemen aan positieve rolmodellen. Maar afgunst en wrok zijn giftige gevoelens die het persoonlijke geluk ondermijnen. Maak de balans op en waardeer de goede dingen die je hebt en de zaken die je hebt verwezenlijkt. **Vier andermans successen en gun jezelf de eer van je eigen successen.**

Tot slot stel ik voor dat we een tijdje stoppen met denken aan ons eigen geluk. Steek je hand uit en help iemand anders. Echte voldoening in het leven krijg je door bij te dragen tot andermans welzijn en hem bij te staan in moeilijke tijden, zodat je de vreugde voelt van ergens bij te horen en iemand te steunen.

De sleutels

- → **Bevrijd jezelf van de sociale verplichting om gelukkig te zijn en denk niet dat geluk een recht is.**
- → **Aanvaard dat een zekere mate van verdriet en lijden in je leven nodig zijn en soms zelfs de moeite waard.**
- → **Stop met dingen te doen die je ongelukkig maken en denk eens een tijdje niet aan je eigen geluk.**

Dr. Grant Duncan is schrijver, sociaal wetenschapper en docent aan de Massey Universiteit in Auckland (Nieuw-Zeeland). Hij heeft heel wat academische publicaties over sociaal beleid (Society and politics) op zijn naam staan en stelt vooral belang in de politieke aspecten van geluk ('Should happiness-maximization be the goal of government?'). Hij is tevens dichter. Zijn favoriete boek? Marcel Prousts *A la recherche du temps perdu* (Op zoek naar de verloren tijd).

'Gevers zijn doorgaans gelukkiger dan ontvangers.'

Lessen uit de gelukswetenschap

De *World Happiness Reports* van de Verenigde Naties zijn de belangrijkste publicaties in het vakgebied. Pionier prof. **John F. Helliwell** is een van de schrijvers en drijvende krachten achter deze rapporten. Als econoom heeft hij zijn leven lang onderzoek gedaan naar welbevinden. Welke lessen trekt hij uit de recente gelukswetenschap?

Het is nu mogelijk vergelijkbare maatstaven van geluk in gemeenschappen en landen over de hele wereld op te stellen. Hierdoor leren we meer over wat die maatstaven inhouden en kunnen we de belangstelling van publiek en beleidsmakers wekken om met gelukswetenschap het leven van mensen te verbeteren. Daarnaast kunnen we verschillende experimenten uitvoeren om geluk te vergroten, gebaseerd op hoe mensen hun eigen leven beoordelen.

Wat houden die maatstaven in?

Modern onderzoek bevestigt eerder bewijs van Ed Diener en zijn collega's dat er drie belangrijke manieren zijn om subjectief welbevinden te meten, die elk hun eigen overweging verdienen. De eerste is via *levensevaluaties* (Hoe gelukkig ben je met je leven als geheel? Hoe tevreden ben je over je leven? Hoe waardeer jij je leven op een schaal van 0 tot 10?). De tweede is via *positieve emoties* (positief affect, gewoonlijk afgemeten aan de (recente) aanwezigheid van een scala aan positieve emoties, zoals geluk). De derde is via *negatieve emoties* (negatief affect, afgemeten aan de aanwezigheid van een scala negatieve emoties, zoals woede, bezorgdheid, angst en depressie). Van deze maatstaven overkoepelen levensevaluaties het beste het subjectief welbevinden. Zij verschillen immers per land meer dan positieve of negatieve emoties, en we kunnen ze bovendien verklaren.

Recent onderzoek dat is besproken in de *World Happiness Reports* toonde ook aan dat de drie meest gebruikte vragen voor levensevaluaties consistent kunnen verklaren wat tot een beter leven leidt. Daarnaast kunnen we bekijken in hoeverre de positieve en negatieve emoties, naast de zes structurele factoren die hierbeneden worden beschreven, als variabele helpen levensevaluaties te verklaren. Positieve emoties hebben een aanzienlijke bijdrage, terwijl de aanwezigheid of afwezigheid van negatieve emoties geen invloed heeft.

Wat is bepalend voor geluk?

Volgens de *World Happiness Reports* kunnen zes factoren gezamenlijk een verklaring bieden voor ongeveer driekwart van de verschillen in de gemiddelde jaarlijkse levensevaluaties van de meer dan 150 landen die jaarlijks door de Gallup World Poll 2005–2015 worden onderzocht. Dit zijn: inkomen per hoofd van de bevolking, verwachte levensduur (in goede gezondheid genoten), iemand hebben om op te steunen, vrijgevigheid, de vrijheid om levensbeslissingen te nemen en de afwezigheid van corruptie in het zakelijk leven en de overheid. Er is nog een zevende variabele, die niet in de gegevens van Gallup voorkomt, maar die al sinds Aristoteles wordt genoemd en die volgens recente gegevens uit het Verenigd Koninkrijk een krachtige rol speelt bij levensevaluaties: het gevoel dat je leven zin heeft. Twee van deze factoren – sociale ondersteuning en vrijgevigheid – verdienen speciale aandacht omdat ze vaak worden genegeerd als bron van welbevinden. Dat is vreemd, want in nationale onderzoeken en experimenten waarin ze nauwkeuriger zijn bestudeerd, is aangetoond dat ze sterk bijdragen aan geluk.

De belangrijkste, en minst bestudeerde hiervan, is vrijgevigheid, oftewel prosociaal gedrag. In de afgelopen eeuw zijn mensen vaak afgeschilderd – vooral door economen en in het zakenleven – als egoïstische wezens die hoofdzakelijk worden gemotiveerd door materiële beloningen. Experimenten in het laboratorium en in de samenleving tonen daarentegen aan dat prosociale instincten en prosociaal gedrag reeds in het gedrag van peuters zichtbaar zijn. Later manifesteren die zich in veel coöperatiever gedrag dan kan worden verklaard door eigenbelang en door het feit dat gevers doorgaans gelukkiger zijn dan ontvangers.

Hoe kan geluk worden vergroot?

Onderzoek naar Canadese immigranten uit honderd verschillende landen toont aan dat hun levenstevredenheid snel het gemiddelde Canadese niveau bereikt. Dat wijst erop dat levensomstandigheden psychologisch gezien een dominante rol spelen als bepalende factoren voor levenstevredenheid. Wat kunnen we doen om het gemiddelde niveau van geluk binnen een gemeenschap of land te vergroten? Uit experimenten blijkt steeds duidelijker dat een prosociale houding en prosociaal gedrag bijdragen aan het geluk van de gever, en aan dat van zijn of haar gemeenschap. Ze tonen ook aan dat het relatief gemakkelijk is de sociale context zodanig te verbeteren dat er grote veranderingen optreden.

Twee voorbeelden kunnen de mogelijkheden illustreren. Ten eerste: recent onderzoek van F. Kosse en anderen aan de Universiteit van Bonn in Duitsland (*The formation of Prosociality: Causal Evidence on the Role of Social Environment*) toonde aan dat jongeren met een minder bevoorrechte achtergrond beduidend minder prosociaal gedrag vertonen dan kinderen uit een stabielere omgeving, maar dat deze kloof in de loop van een jaar volkomen werd gedicht. Het enige wat daarvoor nodig was, was wekelijks contact met een vrijwillige mentor. Deze opmerkelijke verbeteringen in altruïsme, vertrouwen en sociaal gedrag waren twee jaar na afloop van de behandelperiode nog steeds waarneembaar.

Ten tweede: een eenvoudig programma dat ontworpen was om sociale contacten en prosociaal gedrag onder bewoners van een bejaardencentrum te versterken, leidde tot treffende verbeteringen in lichamelijke gezondheid en geluk, zelfs bij patiënten met ernstige fysieke en mentale gebreken.

De sleutels

- → **Er zijn drie manieren om subjectief welbevinden te meten. Levensevaluaties vormen de beste overkoepelende maatstaf.**
- → **Zes factoren kunnen een verklaring bieden voor ongeveer driekwart van de verschillen in de gemiddelde jaarlijkse levensevaluaties. Het gevoel dat je leven zin heeft, kunnen we daaraan toevoegen.**
- → **Uit experimenten blijkt steeds duidelijker dat een prosociale houding en prosociaal gedrag bijdragen aan het geluk van de gever, en aan dat van zijn of haar gemeenschap. Ze tonen ook aan dat het relatief gemakkelijk is de sociale context zodanig te verbeteren dat er grote veranderingen optreden.**

Prof. John F. Helliwell is emeritus hoogleraar economie aan de University of British Columbia in Vancouver (Canada). Hij is werkzaam voor het Canadian Institute for Advanced Research (CIFAR) en mededirecteur van het CIFAR Program on Social Interactions, Identity and Well-Being. Samen met R. Layard en J. Sachs heeft hij het *World Happiness Report 2016* van de Verenigde Naties geschreven. Lees dit rapport op http://worldhappiness.report/ed/2016.

'Een glimlach zal goud en dollars niet vervangen.'

De shift naar welbevinden

'Geluk smaakt altijd wrang in een wereld vol leed, maar het vloeit uitbundig wanneer we samenwerken met anderen die dezelfde doelen delen', zegt de econoom **Marc Fleurbaey**. Hoe maken we de shift van rijkdom naar geluk, zowel individueel als op beleidsniveau?

Individuen en beleidsmakers streven stilaan naar rijkdom in plaats van naar welbevinden. **Maar die overgang verloopt traag en vrij willekeurig, en ook is er vanuit diverse hoeken een zekere weerstand te bespeuren.** Er zijn mensen die nog altijd geloven in rijkdom en die verkondigen dat jongeren ervan moeten dromen 'miljardair' te worden (zoals een minister onlangs in Frankrijk zei en daarmee nogal wat opschudding veroorzaakte). Anderen stellen dat we, door de heilige plicht om armoede uit de wereld te bannen, ons moeten blijven focussen op bezit. Tot slot zijn er de mensen die vrezen dat we de ongelijkheid in de wereld zullen vergeten als we geluk verheerlijken.

Om deze lastige kwesties aan te pakken, kun je **onderscheid maken tussen twee manieren waarop je geluk kunt bereiken.** De eerste manier is door te krijgen wat je wilt en je doelen te bereiken. De tweede door je doelen en idealen te herzien zodat je ze makkelijker kunt realiseren. Beide methoden zijn relevant in het debat rond de focusverschuiving richting welbevinden.

Omdat het nu over ecologische duurzaamheid gaat en dus over overleven op de lange termijn, moeten we individueel en collectief onze ambities verplaatsen: van de opeenstapeling van middelen en de uitbreiding van productiecapaciteit naar hogere, minder materialistische en meer culturele, intellectuele, emotionele, sociale en spirituele doelen. Dat wil echter niet zeggen dat een eerlijkere verdeling van middelen opeens geen topprioriteit meer zou zijn. Het zou nogal een schok geven als we iedereen 'een fijn gevoel' konden geven door te sleutelen aan een gelukkige gemoedstoestand terwijl we de schandalige ongelijkheid en schrijnende armoede zomaar zouden tolereren. **Welbevinden is niet alleen een gevoel, maar heeft ook**

een concreet materieel element dat je met alleen psychologie en 'mindmanagement' niet kunt omzeilen.

Dit betekent dat overgang naar welbevinden moet berusten op twee elementen: a) doelen veranderen weg van materiële consumptie, en b) serieuze inspanningen doen om niemand achterop te laten hinken als het gaat om middelen. Voor de meest achtergestelde bevolkingsgroepen is de grootste verandering een verbetering van de levensomstandigheden en toegang tot basisvoorzieningen – dus krijgen wat ze willen in plaats van te improviseren met wat ze hebben. Bevolkingsgroepen die uit de armoede raken, moeten echter aanvaarden dat de gulzige levensstijl die de ontwikkelde landen in de twintigste eeuw typeerde niet de juiste weg is: ook zij moeten werken aan hun doelen en niet alleen kijken naar wat ze al bereikt hebben. Daarbij zullen ze meteen de zevenmijlsstap naar een postconsumentistische levensstijl moeten zetten en snel de aandacht focussen op welbevinden. Het is aan de meest ontwikkelde landen en bevolkingsgroepen om daarin voor te gaan.

Vergelijking

Voor degenen die vrezen dat sociale ongelijkheid verwaarloosd dreigt te worden als het welbevinden meer aandacht krijgt, is het belangrijk een maatstaf van welbevinden te ontwikkelen die geschikt is om mensen onderling te vergelijken. Zelfverklaarde tevredenheid of geluk zoals bevraagd via de gebruikelijke enquêtes rond subjectief welbevinden, is wellicht niet echt geschikt vanwege twee redenen. Het eerste probleem is dat mensen de vraag naar tevredenheid of geluk op verschillende manieren kunnen opvatten. Zo kunnen sommigen de vraag beantwoorden op basis van de huidige dag of week, terwijl anderen denken aan permanentere kenmerken van hun situatie. Het tweede probleem is ernstiger: **deelnemers aan een gemiddelde enquête spreken hun tevredenheid over eigen doelen, aspiraties en vergelijkingskaders uit.**

Het is dan ook best mogelijk dat in deze enquête meerdere verdraaiingen voorkomen, bijvoorbeeld wanneer een minderbedeelde persoon zijn geluk meet aan sombere vooruitzichten, terwijl een bevoorrecht iemand al een negatief gevoel heeft bij de geringste rimpeling in de vijver. Recent onderzoek laat inderdaad zien dat de minst bevoorrechte mensen niet meteen geloofwaardig in kaart gebracht worden als dat louter gebeurt op basis van subjectief welbevinden. Immers, de niet-bevoorrechte groep omvat ook mensen die objectief beschouwd wel degelijk in een comfortabele situatie verkeren. Het lijkt redelijker je alleen op informatie rond subjectief welbevinden te baseren als het gaat over het relatieve belang van diverse aspecten van het leven (zoals gezondheid, beroepssituatie, burgerlijke staat). Houd er daarbij wel rekening mee dat een 5 of een 7 voor tevredenheid (op een schaal van 10) niet voor iedereen hetzelfde betekent.

In een andere recente studie stelden we vast dat mensen die harder hun best lijken te doen voor hun eigen subjectief welbevinden een lager tevredenheidspeil noteren dan degenen die inzetten op andere doelen in hun leven. Dit lijkt verband te houden met het feit dat wie zich sterk maakt voor andere doelen dat doet uit bekommernis, uit (naasten)liefde. Anderen helpen lijkt op korte termijn misschien niet bevorderlijk voor het egoïstisch subjectief welbevinden, maar uiteindelijk betaalt het zich zeker terug, omdat het zorgt voor betere relaties en goede wederzijdse netwerken. Een andere mogelijke verklaring is dat degenen die opener staan voor anderen en voor meerdere doelen in het leven, ook de mensen zijn met een zonniger karakter en een grotere neiging om zich tevreden te voelen.

We kunnen concluderen dat **de verschuiving van rijkdom naar geluk, zowel individueel als op beleidsniveau, niet mag betekenen dat we kortzichtig op zoek gaan naar een meeteenheid voor geluk zoals de vroegere, al even kortzichtige obsessie voor geld**. Een glimlach vervangt geen goud en geld. We begeven ons in de richting van een leven en een samenleving waarin de nadruk steeds meer op kwaliteit, relaties en de geest ligt – en dat op rijkgeschakeerde manieren.

De sleutels

- → **Er zijn twee manieren om geluk te bereiken: 1. krijgen wat je wilt (en je doelen bereiken) 2. je doelen en idealen herzien.**
- → **De overgang naar welbevinden moet berusten op twee elementen: 1. doelen uit het consumentisme en materialisme trekken 2. serieuze inspanningen doen om niemand achterop te laten hinken.**
- → **We begeven ons in de richting van een leven en een samenleving waarin meer nadruk komt te liggen op kwaliteit, relaties en de geest.**

Marc Fleurbaey is hoogleraar economie en geesteswetenschappen aan de Princeton University (de Woodrow Wilson School en het Center for Human Values – Verenigde Staten) en publiceert veelvuldig over de economie van sociale gerechtigheid en overheidsbeleid. Marc Fleurbaey is als hoogleraar, gastdocent en onderzoeker verbonden geweest aan menige instelling in Frankrijk, België en het Verenigd Koninkrijk. Ook is hij actief voor het Intergovernmental Panel on Climate Change en voor het International Panel on Social Progress. Hij was hoofdredacteur van *Economics and Philosophy* en zetelt nu in de redactie van *Social Choice and Welfare*. Hij is coauteur van *Beyond GDP* (met Didier Blanchet) en van *A Theory of Fairness and Social Welfare* (met François Maniquet). Van tijd tot tijd ontpopt hij zich ook als filosoof, motorrijder en gitarist.

'We hebben het liefst contact met mensen die ons een optimistischer gevoel geven.'

Het positieve effect van pessimisme

'Van positieve geesteshoudingen zoals optimisme wordt vaak gezegd dat ze voor mensen en voor de samenleving zowel positieve als negatieve effecten kunnen hebben', zegt prof. **Miguel Pereira Lopes**. Maar zijn onderzoek heeft aangetoond dat ook pessimisme positieve effecten kan hebben. Hoezo?

Blijkbaar is het zo dat mensen door een gevoel van optimisme soms proactiever worden en gemakkelijker hun doelen kunnen bereiken. Maar blijkbaar is het ook zo dat optimisme mensen soms het vertrouwen geeft dat alles beter wordt zonder dat ze er zelf iets voor hoeven te doen. **We zullen ons hele leven lang waarschijnlijk zowel optimistische als pessimistische gevoelens hebben.** En we worden sneller gelukkig naarmate we beter leren om elke situatie optimaal te benutten. Hoe komt het dan precies dat optimisme en pessimisme een positief effect kunnen hebben en mensen niet tot passieve wezens maken? Ik heb uit mijn onderzoek geleerd dat dat onder meer komt door hoop!

Hoop is een krachtig instrument. Hoop kan zowel optimistische als pessimistische mensen die passief worden, veranderen in proactieve mensen die hun eigen doelen bepalen en bereiken en impact hebben op de wereld. Met collega-onderzoekers heb ik in 2008 in *The Journal of Positive Psychology* een onderzoek gepubliceerd. Daaruit bleek dat mensen proactiever worden wanneer ze zich optimistischer en hoopvoller voelen. Interessanter is

echter de rol die hoop speelt wanneer mensen zich pessimistisch voelen. **Wanneer mensen pessimistisch zijn, verkleint hoop de mate waarin ze passief gedrag vertonen: hoop maakt hen tot actievere mensen in hun werk en leven.** Het blijkt dat hoop het beste in optimistische mensen naar boven haalt en pessimistische mensen proactiever maakt. Daarom moeten we anderen en onszelf helpen hoopvoller te worden als tegengif tegen pessimistische gedachten die tot passief gedrag leiden.

Alternatieve wegen

Mijn onderzoek heeft zich ook op een andere vraag gericht: hoe kunnen we hoop gebruiken om proactiever copinggedrag te bevorderen, vooral wanneer mensen pessimistisch zijn? Toen we de twee kanten van hoop – de wil (*will*) en de manieren waarop (*ways*) – van elkaar scheidden, ontdekten we dat die tweede kant doorslaggevend was om de positieve effecten van pessimisme te bereiken. Praktisch gezegd kan hoop bij pessimistische mensen tot proactief herstel en gedrag leiden door hen te wijzen op mogelijke alternatieve manieren om hun doelen te verwezenlijken. Op die manier **kun je jezelf proactief maken door simpelweg na te denken over alternatieve wegen waarmee je je doelen en dromen kunt realiseren.** Dit is vooral effectief als je pessimistisch begint te worden over de mogelijkheid dat dingen goed zullen verlopen.

Good vibrations

Maar zou het niet mooi zijn als je ook de wereld proactiever kon maken? Hoe kun je proactiviteit in je eigen omgeving bevorderen? Ik heb onlangs een boek gepubliceerd met als titel *Good Vibrations: Three Studies on Optimism, Social Networks and Resource-Attraction Capability*. Daarin bespreek ik wetenschappelijk onderzoek dat aantoont dat wij het liefst contact hebben met mensen die ons een optimistischer gevoel geven. Ik heb dat effect 'veranderoptimisme' gedoopt. Daarmee wil ik aangeven dat het niet belangrijk is hoe optimistisch je bent, maar in hoeverre je de mensen om je heen een optimistisch gevoel geeft, namelijk door hun *good vibrations* te sturen: positieve trillingen. Een vergelijkbare redenering kunnen we toepassen op hoop. **Hoeveel hoop je zelf ook hebt, je kunt bij anderen altijd nog meer hoop opwekken.** Met andere woorden, je bepaalt zelf of je voor 'veranderhoop' zorgt! Wat moet je dan doen? Je moet anderen helpen nieuwe en alternatieve wegen te vinden om hun doelen en dromen te realiseren. Je opent mogelijkheden in plaats van hun dromen en ambities te kortwieken. Verdoe dus geen tijd meer en begin de mensen om je heen hoopvoller en proactiever te maken.

Krachtige motor

Hoop is ook een krachtige herstelmotor voor sociaal-economische ontwikkeling. Onlangs heb ik in de *Journal of Socio-Economics* een wetenschappelijk artikel over de psycho-sociologie van commerciële en economische cycli gepubliceerd. Daarin heb ik een sociaal-economisch model beschreven dat onrealistisch optimisme beschouwt als een oorzaak voor economische crises en **hoopvol pessimisme als een oorzaak voor economisch herstel en economische ontwikkeling.** Dat betekent dat de positieve effecten van gedrag op basis van de wetenschappelijke principes van de hooptheorie verder kunnen gaan dan de lokale effecten tussen mensen. Zo'n gedrag kan ook maatschappelijke impact hebben. Dit duidt op onze verantwoordelijkheid om onder onze sociale contacten hoop te verspreiden, en we hebben dan ook de morele plicht om die verantwoordelijkheid op ons te nemen. Want als het klopt dat collectieve hoop zo'n grote sociaal-economische impact kan hebben, klopt het ook dat het allemaal begint met een eenvoudige kleine daad van iemand die veranderhoop wil realiseren.

De sleutels

- → **Het blijkt dat hoop het beste in optimistische mensen naar boven haalt en pessimistische mensen proactiever maakt.**
- → **Hoop kan bij pessimistische mensen tot proactief herstel en gedrag leiden door hen te wijzen op mogelijke alternatieve wegen om hun doelen te bereiken.**
- → **Het is niet belangrijk hoe optimistisch je bent, maar in hoeverre je de mensen om je heen een optimistisch gevoel geeft. Collectieve hoop is een sterke sociaal-economische kracht.**

Miguel Pereira Lopes is assistent-professor aan de School voor Sociale en Politieke Wetenschappen aan de Universidade Nova de Lisboa (Portugal). Hij is voorzitter van de raad van bestuur van INTEC – Behavioral Technology Institute, een non-profitorganisatie die hij heeft opgericht om toegepast onderzoek naar de kwaliteit van leven uit te voeren. Miguel heeft een PhD in toegepaste psychologie en is gepromoveerd als econoom. Zijn werk is in tal van internationale wetenschappelijke tijdschriften gepubliceerd en hij is (co)auteur van diverse boeken over talentmanagement, leiderschap en positieve organisaties. Miguel voelt zich sterk betrokken bij zijn eigen onderzoek en poogt de resultaten ervan in zijn eigen leven toe te passen. Zo probeert hij bij elk contactmogelijkheid met anderen 'veranderhoop' te realiseren en anderen te helpen hun horizonten en dromen te verruimen.

'Geluk nastreven is iets wat we samen moeten doen.'

De context van geluk

'Westerlingen neigen geluk vooral te beschouwen als een individuele aangelegenheid', zegt prof. **Dan Haybron**. 'Maar geluk is altijd een collectieve onderneming.'

Er zijn natuurlijk best dingen die je zelf kunt doen om gelukkiger te worden. Zo kun je werken aan een gezondere mentaliteit, slimmere keuzes maken op het vlak van werk en huisvesting, betere beslissingen nemen op financieel vlak (en zo meteen ook geldzorgen in de toekomst vermijden). Je kunt inderdaad veel zelf sturen. Maar als iemand me vertelt dat hij ongelukkig is en wil weten wat hij eraan kan doen, dan heb ik eerlijk gezegd vaak het idee dat die **mensen behoorlijk goede redenen hebben om niet gelukkig te zijn en dat het nog een hele klus wordt om de zaken ten goede te keren**. Bepaalde technieken zoals meditatie – 'gymnastiek voor de geest', zoals mijn vriend Matthieu Ricard het noemt – kunnen zeker helpen en kunnen zelfs heel goed helpen als je bereid bent er veel energie in te investeren. Ook lichaamsbeweging en oefeningen uit de positieve psychologie – zoals 'je zegeningen tellen' – kunnen een heel verschil maken. Maar waarschijnlijk geen fundamenteel, alles veranderend verschil. (Als dat wél zo zou zijn, waarom hebben we dan niet allemaal dat zelfhulpboek gelezen dat haarfijn uitlegt hoe je dat doet?)

Bij het meeste ongeluk dat ik om me heen zie, gaat het om tamelijk elementaire dingen: matige of weinig steunende relaties, eenzaamheid, een slopend levensritme, spanningen door onbetaalde rekeningen, eentonig of vernederend werk, helemaal geen werk. En vaak gaat het om een giftige combinatie van die dingen. Het is heel goed mogelijk om aan die nare dingen te wennen en ze zo draaglijker te maken. Maar simpel is dat niet. En het is evenmin een sinecure om een groepje ondersteunende en vlot toegankelijke vrienden bijeen te toveren of een zee van extra vrije tijd, of om te veranderen van baan of beroep of leef-omgeving. Ik zie minstens vier redenen waarom geluk zo afhankelijk is van context.
1. Eén reden is dat we **enkele van de belangrijkste dingen om gelukkig te zijn als individu niet in de hand hebben**. Een gezonde gemeenschap, goede parken en andere buitenruimtes,

begaanbare straten, een doenbare werkweek, vrienden die het niet te druk hebben om geregeld af te spreken, een geschikte omgeving om kinderen groot te brengen… al die dingen vereisen voor het merendeel collectief optreden.

2. Ten tweede: we zijn allemaal best slim en nemen doorgaans goede beslissingen, maar we maken ook behoorlijk stomme fouten als gevolg van cognitieve vooringenomenheid, gebrek aan wilskracht en andere psychologische beperkingen. Zo zijn we in onze keuzes geneigd eerder voorrang te geven aan dingen die we kunnen kwantificeren – zoals geld – dan aan minder tastbare voordelen – gezond verstand bijvoorbeeld – waardoor mensen zullen kiezen voor een beter betaalde baan, zelfs als ze wel aanvoelen dat ze beter af zouden zijn in een job die minder betaalt maar meer voldoening schenkt. (Kiezen voor het geld is gemakkelijker te verdedigen!) De recente financiële crisis, deels veroorzaakt doordat mensen te veel uitgeven en te weinig sparen, is een behoorlijk goed voorbeeld van hoe erg die fouten ons wereldwijd in de problemen kunnen brengen. Nogmaals, dat is allemaal prima verenigbaar met de verstandige keuzes die we meestal maken – zoals economen lijken te denken. Maar **één echt foute beslissing kan volstaan om een puinhoop van ons leven te maken**. De cultuur en andere kenmerken van onze sociale omgeving kunnen echter een voorname rol spelen door ons minder kwetsbaar te maken voor onze psychologische zwakten. Denk bijvoorbeeld aan de Italiaanse eetcultuur vergeleken bij de Amerikaanse; het is een stuk gemakkelijker om in Italië lekker en gezond te eten.

3. De derde en naar mijn mening meest onderschatte factor is onze overdreven situatiegevoeligheid: **mensen zijn voortreffelijk afgestemd op hun omgeving, bijna als kameleons**, constant en automatisch schikken ze zich in hun denken en doen naar de omstandigheden. Dat is een belangrijk evolutionair kenmerk, dat onder andere betekent dat jagers-verzamelaars in relatieve harmonie met hun schoonfamilie kunnen samenleven. In de natuur moeten we in staat zijn om met bijna iedereen te kunnen opschieten, omdat we zijn geëvolueerd vanuit kleine gemeenschappen waarin we onze gemeenschapsgenoten niet voor het kiezen hadden. (Natuurlijk kunnen we ons ook ontwikkelen als bemoeiallen en onbeschofteriken.) Het gevolg daarvan is dat minuscule kenmerken van de omgeving grote veranderingen in onze manier van leven kunnen veroorzaken. Dat gebeurt via processen waarop we weinig of geen controle hebben. Soms zijn dat negatieve veranderingen. Maar ze kunnen ook positief zijn.

4. En tot slot: ja, we zijn allemaal verschillend. De kans is niet groot dat jij dezelfde smaak ijs bestelt en dezelfde hobby beoefent als ik. Maar zo ontzéttend sterk verschillen we nu ook weer niet: je kunt vrienden worden met mensen in of uit elke cultuur. En we hebben bijna allemaal behoefte aan goede relaties om gelukkig te zijn en ook aan interessante activiteiten die de moeite waard zijn. We moeten ons ook in zekere mate veilig voelen om niet voortdurend gespannen of angstig te zijn. **De kenmerken die mensen gemeen hebben, vertellen ons veel over het type omgeving dat geschikt of juist ongeschikt voor ons is.** Een van

de wonderlijke aspecten van het moderne leven is dat welvarende samenlevingen relaties lijken te hebben ingeruild voor andere zaken, vooral rijkdom. Toch zijn goede relaties, zowel persoonlijke relaties als onze banden met de bredere gemeenschap, zo fundamenteel belangrijk voor ons geluk – bijna zoals water dat voor vissen is – dat het moeilijk te bedenken is wat voldoende de moeite waard is om onze onderlinge betrekkingen op het spel te zetten (afgezien van het voorzien in de meest elementaire fysieke behoeften). Samenlevingen opbouwen die in het teken staan van gemeenschappelijkheid, vriendschap en familieleven is mogelijk het allervoornaamste dat we kunnen doen om geluk te bevorderen.

De conclusie is dat we geluk samen moeten nastreven. Niet alleen via overheidsbeleid, waarover mensen om vele goede redenen van mening kunnen verschillen, maar ook door allerlei gezamenlijke inspanningen, zoals gesprekken en persoonlijke keuzes die van invloed zijn op de cultuur. Veel hangt af van hoogstpersoonlijke beslissingen. Maar volgens mij kruipt het meeste werk in situaties creëren die goed bij onze aard passen, die aansluiten op onze sterke punten in plaats van te azen op onze zwakheden. Daardoor kunnen we onze basisbehoeften, zoals genegenheid en omgang met anderen, vervullen. Het ideaal is misschien deel uit te maken van een samenleving die je alle kansen biedt om dromen te verwezenlijken en talenten te ontplooien, en waar geluk niet iets is wat de gemiddelde persoon 'moet' nastreven. Het komt je namelijk vanzelf tegemoet.

De sleutels

- → **Geluk hangt sterk af van context. De belangrijkste dingen hebben we niet in eigen hand en in ons leven maken we een heleboel behoorlijk ernstige fouten.**
- → **In ons denken en doen schikken we ons constant en automatisch naar de omstandigheden.**
- → **Samenlevingen opbouwen die in het teken staan van gemeenschappelijkheid, vriendschap en familieleven is mogelijk het allervoornaamste wat we kunnen doen om geluk te bevorderen. Geluk nastreven is iets dat we samen moeten doen.**

Prof. Dan Haybron is hoogleraar wijsbegeerte aan de universiteit van Saint Louis University (Verenigde Staten). Zijn onderzoek spitst zich toe op de ethiek en de filosofie van de psychologie, met de nadruk op welbevinden en op aanverwante onderwerpen binnen de politieke filosofie en milieuethiek. Hij is de auteur van *Happiness, A Very Short Introduction* en van *The Pursuit of Happiness: The Elusive Psychology of Wellbeing*.

'Voor een positieve geest is meer nodig dan een simpel geluksgevoel.'

Geluk meten

'Wat betekent het om gelukkig te zijn? Je denkt misschien dat we die vraag aan filosofen moeten overlaten, maar het is nuttig om naast een wijsgerig perspectief ook te beschikken over statistisch bewijs om te begrijpen wat gelukkig zijn betekent', zegt **Martine Durand**, die verantwoordelijk is voor het werk rond de meting van welbevinden en maatschappelijke vooruitgang bij de Organisatie voor Economische Samenwerking en Ontwikkeling (OESO).

Waarom zou je proberen om zoiets kortstondigs als geluk te meten? Als we advies willen verstrekken over het vergroten van het welbevinden van mensen, dan is het eerst en vooral belangrijk dat we kunnen bewijzen wat wérkt – en het meten van geluk speelt een rol bij het opbouwen van het nodige bewijsmateriaal. En ten tweede, als we in kaart willen brengen welke mensen in welke situaties extra hulp kunnen gebruiken, dan speelt gedegen cijfermateriaal evenzeer een belangrijke rol.

Opvolgen

Niet alleen academici raken de jongste jaren steeds meer geïnteresseerd in bestuderen van geluk; ook regeringen zijn almaar actiever op zoek naar een breder pakket criteria om te kunnen achterhalen of hun beleid het leven van de burger verbetert – in de breedste zin van het woord. Als bijvoorbeeld de economie groeit, zegt dat maar weinig over de eventueel gestegen kansen van de inwoners van een land. Als je meer over die kansen wilt weten, is het ook belangrijk te weten of de werkgelegenheid groeit en de lonen stijgen, of vakkennis en gezondheid erop vooruitgaan, of mensen in een veiligere, groenere en schonere omgeving leven, en ook of hun relaties met andere mensen erop vooruitgaan. Hoe het subjectief welbevinden van mensen verandert, is daarbij ook relevant – niet in de laatste plaats omdat het belangrijk is te weten **of hoe mensen het leven ervaren ook verbetert in het voetspoor van andere, objectievere graadmeters van vooruitgang**.

Als we het geluk van de mensen willen opvolgen zoals we de economie opvolgen, dan moeten we het om te beginnen eens zijn over de definitie van geluk en over de manier waarop we geluk meten. Dat is geen sinecure, maar bij de OESO hebben we een pakket internationale richtlijnen ontwikkeld om subjectief welbevinden te meten. Dat pakket is de neerslag van wat we tot nu toe weten over het meten van geluk en over zaken waarmee je rekening moet houden bij het organiseren van enquêtes en andere onderzoeken die zicht proberen te krijgen op het welbevinden op nationaal niveau. Een groot aantal deskundigen heeft ertoe bijgedragen dat de richtlijnen het recentste onderzoek ter zake weerspiegelen, hoewel deze research zich in hoog tempo uitbreidt.

Richtlijnen

Met de richtlijnen focussen we op drie aspecten van de wijze waarop mensen hun leven ervaren en beoordelen, in het besef dat er voor een positieve mentale ingesteldheid meer komt kijken dan een simpel geluksgevoel. Die aspecten zijn:

1. **Levensevaluatie:** een weldoordachte beoordeling van iemands leven als geheel, met vragen die informeren naar hun algemene tevredenheid met het leven.
2. **Affect:** iemands stemmingen, gevoelens en emoties – zowel de positieve als de negatieve. Deze worden meestal gemeten over een korte tijdspanne en kunnen gevoelens omvatten zoals blijdschap, geluk, rust, woede, bezorgdheid, droefenis, vermoeidheid en pijn.
3. **Eudaimonie:** hier begrepen als het gevoel dat je leven zinvol is en een doel heeft; het kan gaan om diverse aspecten van goed psychologisch functioneren, bijvoorbeeld 'floreren'.

Deze drie aspecten overlappen elkaar dikwijls (zo is het moeilijk voor te stellen dat je volledig tevreden met je leven bent als je niet het gevoel hebt dat dat leven nut en zin heeft), maar er zijn ook genoeg verschillen die maken dat het toch nuttig is ze afzonderlijk te meten. **Landen waar mensen verhoudingsgewijs hoog scoren op positieve stemmingen en emoties blijken bijvoorbeeld niet altijd de landen te zijn waar mensen ook het tevredenst met het leven zijn**. En hoewel de meeste mensen bij een 'fijn leven' waarschijnlijk denken aan een leven zonder veel zorgen, woede en verdriet, zijn er in het leven vaak momenten waarop we kortetermijngeluk misschien moeten opofferen om langetermijndoelen te bereiken die onze algemene tevredenheid met het leven of de zin van ons leven een boost geven – denk maar aan hard studeren, een dieet volgen of sporten.

Levenskwaliteit

Je lekker in je vel voelen is een belangrijk onderdeel van ons welzijn, maar niet alles wat de moeite loont te doen voelt per se plezierig aan. Zo laten een aantal tijdsbestedingsstudies die onderzoeken hoe mensen zich voelen bij de verschillende activiteiten gedurende de dag, zien dat de tijd doorgebracht op het werk vaak bijzonder onplezierig is, zeker in vergelijking met zaken als de omgang met vrienden. Toch is volgens de meest uiteenlopende criteria voor subjectief welbevinden werkeloosheid een van de best gedocumenteerde oorzaken van ongeluk. Gezien het feit dat de meeste mensen met een baan veel meer tijd op het werk doorbrengen dan met vrienden, zou een **verbetering van de kwaliteit van onze banen** (waaronder van alles kan vallen: van het terugdringen van fysieke gezondheidsrisico's, via het verbreden van opleidingsmogelijkheden tot het verbeteren van de relaties op de werkplek) en van het aantal beschikbare banen belangrijke winst qua geluk kunnen opleveren. Op individueel vlak zijn de wijze waarop we keuzes maken rond het sturen van ons leven en het indelen van onze tijd – en of we daarin altijd een 'juiste' balans weten te vinden – belangrijke aandachtsvelden waar geluksonderzoek een nieuw licht op kan laten schijnen. Maar dan zullen we eerst het juiste type gegevens moeten verzamelen.

De sleutels

- → **Regeringen zijn almaar actiever op zoek naar een breder pakket criteria om te kunnen achterhalen of hun beleid het leven van de burger verbetert – in de breedste zin van het woord.**
- → **We focussen op drie verschillende aspecten van de wijze waarop mensen hun leven zien en ervaren: levensevaluatie, affect en eudaimonie.**
- → **Je lekker in je vel voelen is een belangrijk onderdeel van ons welzijn, maar niet alles wat de moeite loont te doen voelt per se plezierig aan.**

Martine Durand leidt als hoofdstatisticus het directoraat Statistiek van de OESO. Ze ziet toe op de statistische werkzaamheden van de organisatie en is verantwoordelijk voor de meting van welbevinden en maatschappelijke vooruitgang, waarvan de resultaten om de twee jaar verschijnen in het gezaghebbende tweejaarlijkse rapport *How's Life? Measuring Well Being*, dat deel uitmaakt van het OECD Better Life Initiative.

'Dit boek is een mijlpaal in het ontwikkelen van een universeel kader voor geluk.'

Universeel geluk

'Als ik mijn Chinese patiënten vraag of ze gelukkig zijn of niet, kijken de meesten me met grote ogen aan en weten ze niet wat ze moeten zeggen', vertelt dr. **Samuel Ho**. Hij ontwikkelde het eerste laboratorium voor positieve psychologie in China. Volgens hem is het tijd om de oosterse en westerse kijk op geluk samen te voegen in een universeel model.

Yin en yang

Als het voor Amerikaanse wetenschappers al gek is om te praten over geluk, dan is het dat des te meer in Chinese samenlevingen. De Chinese visie op geluk is er een van dialectisch evenwicht. Teruggrijpend op de eeuwenoude filosofie van yin en yang is alles, van de kosmos tot het menselijk leven, een eindeloze cyclus van goed en kwaad, van geluk en ongeluk enzovoort. Anders gezegd: geluk hangt samen met ongeluk en ongeluk zit verborgen in geluk. Als we te veel nadruk leggen op geluk, verstoren we het evenwicht in het leven. De oude Chinese denkers van het taoïsme geloven dat goede dingen onvermijdelijk worden gevolgd door slechte. Vandaar dat je je niet al te sterk mag concentreren op geluk, want zo trek je ongeluk aan. Toen ik tien jaar geleden in mijn departement het eerste laboratorium voor positieve psychologie uitbouwde, raadden sommigen me zelfs (sarcastisch) aan om aan de andere kant van de verdieping ook een 'laboratorium negatieve psychologie' te voorzien, zodat de feng shui van het departement in evenwicht zou blijven. Intussen zijn we tien jaar verder en positieve psychologie en geluk zijn nu bloeiende concepten in zowel de academische wereld als de samenleving in Hongkong en andere Chinese steden.

Tijdens mijn vroege werk in het domein van de positieve psychologie raakte ik in de ban van een onderzoek van Ed Diener over subjectief welbevinden waaruit bleek dat Chinezen geluk minder belangrijk vonden en er minder over nadachten dan mensen in andere landen. Toch was het globale geluksniveau van de Chinezen niet echt laag, hoewel hun koopkracht een van de laagste was van alle landen waarop het onderzoek betrekking had. Die vaststellingen sluiten aan bij wat ik als klinisch psycholoog in mijn praktijk ondervind. Wanneer ik mijn Chinese patiënten vraag of ze wel of niet gelukkig zijn, kijken ze me met grote ogen aan en weten ze niet wat zeggen. Ik vroeg me af of er, aangezien Chinezen minder nadenken over hun eigen geluk, andere dimensies van geluk waren die een betere indicator konden zijn voor hun geluksniveau. Zoals tal van mijn voorgangers zocht ik de antwoorden bij de gemeenschappelijke geestelijke ideeën van de Chinese bevolking.

Zoals gezegd stelt de Chinese filosofie een leven in evenwicht en goede menselijke relaties centraal. Het is dan ook logisch dat de Chinese opvatting over geluk interpersoonlijker is dan die in het meer individualistische westerse model voor geluk. Veel Chinezen denken dat persoonlijk geluk schadelijk kan zijn voor sociale relaties. Zo kan individueel succes bijvoorbeeld aanleiding geven tot jaloezie of afgunst bij anderen. In de **Chinese groepscultuur wordt het welbevinden van belangrijke anderen of groepen sterker benadrukt dan het welbevinden van individuen.** De waardering van het eigen welbevinden is misschien een onvoldoende toetssteen om de totale gelukservaring van mensen in een dergelijke samenleving te beoordelen. Patiënten die niet konden antwoorden of ze al dan niet gelukkig waren, konden dat bij een andere vraagstelling wel. Op de vraag of hun vrouw of kinderen gelukkig zijn, blijven ze het antwoord niet schuldig. Hun antwoord vormt doorgaans een valabele indicatie voor hun eigen geluk. Aanvankelijk dacht ik dat deze interpersoonlijke dimensie van geluk uniek was voor Chinezen of toch hoogstens enkel voor Aziaten opging. Maar toen ik op conferenties en internationale vergaderingen mijn standpunt uiteenzette, vertelden heel wat mensen uit andere landen me dat de interpersoonlijke dimensie van geluk ook gold voor wat ze in hun eigen land optekenden. Daaruit concludeerde ik dat we in een wereld van globalisering misschien het tijdperk van crossculturele psychologie achter ons hebben gelaten en we samen een universeel model voor geluk kunnen ontwerpen. Dit *World Book of Happiness* is zeker een mijlpaal in het ontwikkelen van een universeel kader voor geluk.

Ten slotte wil ik nog meegeven wat *I Ching* (het Boek der Veranderingen), een eeuwenoud Chinees boek over filosofie, aanraadt voor geluk. Volgens dit boek kun je je geluk bevorderen door dat te delen met andere mensen, andere mensen gelukkiger te maken, harmonieuze relaties aan te knopen en anderen van hun zorgen te bevrijden. Ik ben er zeker van dat die manieren om gelukkig te worden niet alleen opgaan voor het Chinese volk, maar ook voor mensen uit andere culturen.

De sleutels

→ **Yin en yang: geluk hangt samen met ongeluk en ongeluk zit verscholen in geluk.**
→ **De interpersoonlijke dimensie van geluk is universeel.**
→ **We hebben het tijdperk van de crossculturele psychologie achter ons gelaten en kunnen nu samen een universeel model voor geluk ontwerpen.**

Dr. Samuel Ho is universitair hoofddocent van het departement Psychologie aan de universiteit van Hongkong (China). In 2000 richtte hij het eerste laboratorium voor positieve psychologie in China op. Sindsdien verricht hij onderzoek en doet klinisch werk in het domein van de positieve psychologie. Volgens Ho was toetreden tot de *positive psychology movement* een van de riskantste maar tegelijk ook vruchtbaarste dingen in zijn leven.

'Oprechtheid is een verkeerd begrepen vriend.'

Een leugen leven

Doe de test. Kijk naar een soap, film of toneelstuk op tv en ga na hoeveel problemen worden veroorzaakt doordat iemand oneerlijk is. Zonder leugens zouden er geen drama's zijn. Per dag vertellen we tussen de twee en de vijf leugens. Soms zijn het leugentjes om bestwil, om het leven wat vlotter te doen verlopen. Dr. **Claire Beazley** wijst op een leugen die geluk serieus in de weg kan staan: de leugen over mislukking.

Oprechtheid en mislukkingen

Elementair voor innerlijk welbevinden is dat je consequent eerlijk bent over jezelf, tegenover jezelf en tegenover anderen in wat je zegt en doet. Oprechtheid zou een levenshouding moeten zijn, je zou je altijd eerlijk moeten gedragen. Aanvaard elk resultaat, bekijk het en deel het. Oprechtheid gaat over luisteren naar en handelen volgens je gevoelens en ideeën. **Je gevoelens zijn je vriend**: het zijn statusrapporten die je van minuut tot minuut vertellen hoe je overeenkomt met de wereld rondom je. Gevoelens maken je heel snel attent op successen en problemen, zorgen ervoor dat je jouw acties kunt bijstellen. Ik verrichte onderzoek naar ziekteverzuim voor kleine kwaaltjes, wat in de ogen van veel werkgevers flauw, lui en egoïstisch is. Ik stelde vast dat mensen die luisteren naar hun gevoelens en keuzes maken die overeenstemmen met hun eigen interne behoeften minder vaak afwezig zijn wegens ziekte. Eerlijkheid houdt ook in dat je begrijpt dat wanneer jij iets als werkelijk ervaart, dat ook werkelijk is voor jou in je huidige staat van zijn en bewustzijn. Het houdt in dat je aanvaardt

dat wat waar is voor de een, dat misschien niet is voor de ander. Betekent oprechtheid dan dat je er zomaar alles mag uitflappen zonder met iets of iemand rekening te houden? Neen. Een van mijn mentors opperde dat alles wat je zegt, moet voldoen aan twee van deze drie criteria: het moet eerlijk, nodig of vriendelijk zijn.

Als het zo'n goed idee is om ons altijd oprecht te gedragen, waarom doen we dat dan niet? Omdat we zowel over onze successen als over onze mislukkingen eerlijk moeten zijn. In heel wat samenlevingen genieten mensen die er prat op gaan slimmer te zijn en het vaker bij het rechte eind te hebben, groot aanzien en worden ze materieel beloond. Als ze net zoals andere mensen falen, zijn dat aanzien en die beloning niet langer te rechtvaardigen. Het probleem is echter dat iedereen vroeg of laat faalt: niemand weet voldoende om altijd accuraat te voorspellen wat voor hem zal opgaan, laat staan dat hij dat voor alle anderen kan. Dus hoe rijker we worden en hoe wijzer we onszelf achten, hoe banger we zijn om te verliezen, hoe meer we mislukkingen demoniseren en hoe meer we oprechtheid uit de weg gaan. Mijn ervaring leert me dat een oprechte mislukking een verkeerd begrepen vriend is die je zou moeten verwelkomen als een kameraad en een leraar, een bron van inspiratie waaruit je kunt leren. Onderzoek over organisaties en bedrijven die successen en mislukkingen gelijk behandelen en leren uit fouten in plaats van ze te bestraffen, toont aan dat ze succesvoller zijn en de arbeidstevredenheid er groter is dan op een werkplek waar geen plaats is voor mislukkingen. Gedeelde mislukkingen kunnen een kans zijn waaruit iedereen kan leren. Wist je overigens dat de lijm van post-its en bakeliet (het eerste plastic) ook het resultaat zijn van mislukte experimenten? Als je alles zou weten, het altijd bij het rechte eind zou hebben en nooit zou falen, zou je nooit iets nieuws kunnen beleven, nooit iets kunnen leren en zou je dit boek niet aan het lezen zijn.

Waartoe leidt het onderdrukken van de waarheid? Mijn ervaring met de stroom gestreste patiënten die hun werk niet langer aankunnen, leert me dat ze weten wat er fout gaat en wat er moet veranderen. Ze hebben die wetenschap echter verdrongen, omdat ze **denken dat de gevolgen van hun oprechtheid pijnlijker zullen zijn dan de dagelijkse last om te leven in een leugen.** In plaats van hen, zoals in de moderne medische wereld gebruikelijk is, te labellen als depressief en angstig, leg ik hun uit dat de spanning die ze voelen een oprecht alarmsysteem is. Dat systeem smeekt hun om eerlijk te zijn omdat de last van de onwaarheid ondraaglijk zwaar is geworden. Die alternatieve zienswijze zorgt bijna altijd voor een gevoel van opluchting en bevrijding en doet een belletje rinkelen. Zodra ze zich vrij voelen om zich eerlijk te gedragen, kunnen ze hun pogingen staken om te leven naar een leugen en openlijk uitkomen voor een oprechte mislukking (ziekteverzuim door stress is de grootste mislukking van onze tijd) of de moed hebben om het falen van anderen bloot te leggen.

Lof en vleierij

Mensen kennen zichzelf verbazend goed. Ze beseffen vaak dat vleierij onoprecht is en leidt tot wantrouwen in de toekomst. Wat lof betreft stelde Carol Dweck vast dat het beter is om de kwaliteit van een actie of gebeurtenis te prijzen dan de persoon die de prestatie neerzette; op die manier is er minder druk om elke keer de norm te bereiken. Mensen zullen zo sneller geneigd zijn om vol te houden wanneer ze met moeilijkheden worden geconfronteerd en nieuwe dingen willen uitproberen. Zeg dus bij voorkeur 'dat was een geweldig lekkere cake' en niet 'jij maakt altijd geweldig lekkere cakes'. Als je iets moet aanpakken dat fout is gelopen, is het minder bedreigend als je feitelijk en concreet beschrijft hoe jij je daarbij voelt of aan de andere persoon vraagt om zijn acties en gevoelens te beschrijven. Je zult een beter resultaat bereiken dan wanneer je gewoon je mening verkondigt.

De sleutels

- → **Wees consequent eerlijk over jezelf, tegenover jezelf en tegenover anderen in wat je zegt en doet.**
- → **Wees oprecht over je mislukkingen. Gedeelde mislukkingen zijn een kans waaruit iedereen kan leren.**
- → **Zodra mensen de vrijheid hebben om de waarheid niet langer te onderdrukken, kunnen ze hun pogingen staken om te leven naar een leugen en openlijk uitkomen voor een oprechte mislukking.**

Dr. Claire Beazley is al ruim twintig jaar arts. Ze behaalde nadien nog een master of science in toegepaste positieve psychologie. Ze stelt vooral belang in fitheid op het werk en de relatie tussen emotionele intelligentie, zelfbeschikking en ziektegedrag. Daarnaar verricht ze verder onderzoek aan de Lancaster University (VK).

'Niet krijgen wat je wilt, is soms een ongelooflijke meevaller.'

De vlindervragen

'Geluk is als een vlinder. Als je er jacht op maakt, vliegt hij weg, maar als je stilzit, landt hij op je schouder.' Dergelijke spreuken lees je overal. Maar hoe vaak is er bij jou al een vlinder op je schouder geland? Daar is een reden voor: mensen bezitten geen nectar. **Sergiu Baltatescu** ontmaskert de andere drie vlindervragen: gangbare ideeën die misschien toch niet juist zijn.

Ja-/neevragen

→ **Geluk blijft niet duren?**

Heel wat mensen denken dat geluk een tijdelijke toestand is (volgens sommigen een *piekervaring*) die je in luttele seconden bereikt en die de volgende minuut alweer verdwenen is. 'Geluk blijft niet duren', luidt het gezegde. Toch ben ik het daar niet mee eens. Gevoelens van ultieme vreugde bestaan, maar geluk is niet gewoon een 'stemming'. Geluk is van bestendiger aard. Het schommelt naargelang onze verwezenlijkingen en mislukkingen en we bouwen het op naarmate de fundamenten voor onze toekomstige ontwikkeling steviger worden. Daarom heb ik het over 'de duurzaamheid van geluk'. Net zoals het begint te dagen dat we verantwoorder moeten omspringen met onze natuurlijke hulpbronnen als we ons toekomstige welzijn veilig willen stellen, moet ieder afzonderlijk investeren in zijn geluk op lange termijn door af te zien van kortetermijnvoordelen die na verloop van tijd schadelijk zijn. Gebruik en misbruik van drugs,

zelfmisleiding, materiële hebzucht… zijn voorbeelden van niet-duurzaam geluksgedrag. Een continue inspanning tot persoonlijke verbetering, streven naar culturele en spirituele voldoening, zorgen voor vrienden en familie, en altruïstisch gedrag in het algemeen vormen een duurzame brandstof voor geluk op lange termijn. De basis voor duurzaam geluk kan ook maatschappelijk zijn, namelijk door schadelijke maatschappelijke emoties of gedrag als xenofobie, religieuze onverdraagzaamheid en dwangmatige consumptie te vermijden.

→ Zijn we geprogrammeerd om ongelukkig te zijn?

Geloof jij ook in het determinisme van ongeluk, denk je dat we soms voorgeprogrammeerd zijn om ongelukkig te zijn? Juist het tegendeel is waar. Toen ik mijn dochter op prille leeftijd gadesloeg, stond ik er versteld van hoeveel vreugde ze probeerde te putten uit elke ervaring. Het daagde me dat we inderdaad voorgeprogrammeerd zijn, maar juist voor geluk. Soms verwarren we echter het voorwerp van die essentiële en positieve drang met de vervulling van onze onmiddellijke behoeften, met dingen waarvan we op een bepaald moment in ons leven denken dat ze ons tevreden zullen stemmen. Een dergelijke denkwijze is funest voor geluk. Geluk is inderdaad een levensdoelstelling en misschien zelfs de allerbelangrijkste, maar we veranderen vaak van mening over de manier waarop we die doelstelling kunnen bereiken. Ooit zei een wijze man tegen mij: 'Denk eraan dat iets niet krijgen wat je wilt soms een geweldige meevaller kan zijn.' En hoewel vreugde en de psychologische reacties daarop vrij universeel zijn, is de manier waarop we vreugde erkennen, voelen en uitdrukken heel divers. Wellicht zit in onze genen alleen de predispositie tot geluk verankerd en verschilt de verwerkelijking ervan sterk van persoon tot persoon. Als we dus het gevoel hebben geen stap verder te komen op de weg naar geluk en wanhopen of we dat doel ooit zullen bereiken, moeten we beseffen dat we allemaal heel verschillend zijn en dat elk van ons zijn eigen specifieke waarden, voorkeuren en opties heeft. We moeten onze innerlijke aard koesteren, die betekenisvol en creatief is en openstaat voor nieuwe ervaringen. We dienen te beseffen dat het meestal niet de platgetreden paden zijn die ons gelukkig zullen maken.

→ Is geluk puur individueel?

De opvatting dat geluk puur individueel is, is in dit utilitaristische en psychologische tijdperk wijdverbreid. Terwijl ik de geschiedenis van het welbevinden bestudeerde, kwam ik echter tot de slotsom dat geluk een gezamenlijk werkstuk is. Geluk is een maatschappelijke constructie van groepen, samenlevingen en beschavingen. Vanaf onze vroege kinderjaren maken we ons criteria eigen waarmee we ons leven interpreteren, die ons helpen om voldoening te voelen over ons leven. In sommige samenlevingen leren kinderen bijvoorbeeld dat competitiviteit de sleutel is tot geluk: *'the winner takes it all.'* In andere culturen bestaat de weg naar geluk erin anderen te dienen en in harmonie met hen te leven. Zonder dat we ons daarvan bewust zijn, leren we ook hoe we geluk beleven en uitdrukken. Elke groep en samenleving heeft zijn eigen stel 'gevoelsregels', een manier waarop gevoelens worden herkend, geïnterpreteerd en zelfs uitgelokt. Die regels sporen ons bijvoorbeeld aan om een geluksgevoel te ervaren in een stresssituatie (onze huwelijksdag). Net zo goed kunnen ze een vreugdegevoel onderdrukken tijdens een ongepaste situatie (een begrafenis). Als lid van een samenleving zijn we ook ontvankelijk voor de publieke opinie bij maatschappelijke gebeurtenissen. We voelen ons gelukkiger als het nationale elftal de Wereldbeker wint, we voelen ons terneergeslagen en bedroefd als een gerespecteerde leider vroegtijdig sterft. Ons geluk hangt in veel opzichten af van het geluk van onze groep en samenleving. Dat inzicht moet ons ertoe aanzetten deel te nemen aan de maatschappij, zodat we bijdragen tot het gezamenlijke welbevinden waaruit ook wij op onze beurt uiteindelijk voordeel halen. Onderzoek heeft uitgewezen dat arme mensen in rijke samenlevingen misschien beter af zijn dan bemiddelde tot rijke mensen in arme samenlevingen, omdat zij profiteren van de economische en sociale infrastructuur die dankzij de nationale welvaart is gecreëerd: wegen, gezondheidszorg, vrijheid, culturele mogelijkheden. In een ontwikkelde en geordende maatschappij is de publieke stemming optimistisch, wat een invloed heeft op de individuele stemming. Het tegendeel is ook waar: het is moeilijk gelukkig te zijn als je deel uitmaakt van een ongelukkige groep of samenleving. Geluk is dus verre van een puur individuele aangelegenheid, het is een gemeengoed dat kan worden gerealiseerd en ontwikkeld door maatschappelijk georiënteerde inspanningen.

De sleutels

- → **Positief individueel en maatschappelijk gedrag maakt ons geluk duurzaam.**
- → **We zijn voorgeprogrammeerd tot geluk, maar de manier waarop we die doelstelling bereiken, hangt grotendeels af van onze eigen creativiteit.**
- → **We zijn afhankelijk van het geluk van anderen. Altruïsme is cruciaal voor ons eigen geluk.**

Sergiu Baltatescu is socioloog en universitair hoofddocent van het departement Sociologie en sociaal werk van de universiteit van Oradea (Roemenië). Aanvankelijk leek hij af te stevenen op een carrière als computerspecialist, maar hij raakte gefascineerd door de snelle sociale veranderingen in Roemenië na de val van het communisme in 1989. Hij ontpopte zich tot een socioloog die zich concentreert op culturele veranderingen en levenskwaliteit. Zijn doctoraalscriptie was dan ook getiteld *Geluk in de maatschappelijke context van het postcommunistische Roemenië*. Hij bestudeerde geluk bij groepen (adolescenten, mannen en vrouwen, minderheden, immigranten) en de variatie in subjectief welbevinden naargelang nationaliteit, publieke opinie, gevoel van gerechtigheid en maatschappelijke uitsluiting.

'Voor sommige mensen
is het gemakkelijker om gelukkig te zijn.'

De geluksgenen

'Inderdaad, geluk is erfelijk bepaald', zegt prof. dr. **Meike Bartels**. Zij combineert het onderzoeksveld positieve psychologie en welbevinden met de gedragswetenschappen en de moleculaire genetica om inzicht te verwerven in de complexe wisselwerking tussen genen en omgeving. Sommige mensen worden geboren met een set genetische varianten waardoor ze zich gemakkelijker gelukkig voelen, terwijl anderen weer ter wereld komen met een pakketje genetische varianten dat hen gevoeliger of juist ongevoeliger maakt voor omgevingsinvloeden. Met een standaardaanpak zullen geluksinterventies weinig kans van slagen hebben.

Het valt me op dat de huidige pogingen om ziekte terug te dringen en te voorkomen weinig aandacht besteden aan de grote groep gezonde en gelukkige mensen. In plaats van je af te vragen waarom mensen ziek zijn en op grote schaal te investeren in het uitpluizen van risicofactoren, zou je je ook moeten afvragen waarom zoveel andere mensen beschermd of veerkrachtig zijn. Waarom blijven veel individuen gezond en gelukkig, zelfs wanneer ze

te kampen krijgen met zware tegenslag? Wat zijn de beschermende factoren? En tot slot: waarom zijn de meeste mensen het merendeel van de tijd gewoon gelukkig? Om die vragen te beantwoorden is het zaak een andere benadering te kiezen, een aanpak waarbij ook gezonde en gelukkige mensen betrokken zijn. In die groep zouden we de oorzaken van individuele verschillen in welbevinden niet alleen moet wegen als het nettoresultaat van omgevingsgebonden risico- en beschermingsfactoren, maar ook als de uitkomst van biologische en genetische factoren.

Tweelingen

Er is vrij veel onderzoek gedaan naar de onderliggende bronnen van individuele verschillen in geluk en welbevinden. De meeste van die studies betreffen tweelingonderzoeken die kijken naar de overeenkomsten en verschillen tussen een- en twee-eiige tweelingen onderling, en tussen hen en hun niet-tweelingbroers of -zussen of andere familieleden. Het eerste onderzoek naar de erfelijkheid van welbevinden werd verricht met het Identical Twins Reared Apart Design – een al even sterke als unieke methode om apart grootgebrachte eeneiige tweelingen te bestuderen. De Amerikaanse studie (gepubliceerd in 1988) laat zien dat eeneiige tweelingen die bij de geboorte van elkaar werden gescheiden, om vervolgens te worden geadopteerd en grootgebracht in totaal verschillende omgevingen, meer overeenkomsten vertonen wat betreft hun welbevinden dan twee-eiige tweelingen die samen opgroeiden. Dat was het eerste maar meteen ook zeer krachtige bewijs voor genetische invloeden op welbevinden. Sedertdien zijn er zo'n dertig *twin-family studies* (tweeling- en familieonderzoeken) verricht naar welbevinden – of naar gerelateerde maatstaven zoals geluk of tevredenheid met het leven. Als je de uitkomsten van deze studies samen neemt, blijkt dat **zo'n 40 % van de verschillen in welbevinden en geluk is terug te voeren op genetische verschillen tussen mensen**. Dit getal betreft een populatieraming en beschrijft slechts een oorzaak van variatie tussen mensen. Het kan en mag dus niet worden vertaald in een individuele risicoscore en dient evenmin te worden geduid als een onveranderlijk, rotsvast aandeel in het geluk van een individu.

DNA

Als 40 % van de verschillen in geluk tussen mensen is toe te schrijven aan genetische verschillen, dan is de voor de hand liggende volgende stap om moleculair-genetische data te gebruiken en op zoek te gaan naar verschillen. Daartoe werden overlappingen in gemeten DNA gekoppeld aan overlappingen in gevoelens van geluk bij een grote groep genetisch niet-verwante individuen. Die vernieuwende aanpak liet zien dat bij individuen met een gelijksoortiger DNA ook de geluksniveaus meer overeenkomsten vertoonden. Dat resultaat stimuleerde onze pogingen om locaties op het genoom te vinden die in verband kunnen worden gebracht met welbevinden. In de context van een grootschalig samenwerkingsverband met 44 researchgroepen en 300.000 deelnemers **hebben wij onlangs drie onafhankelijke locaties op het menselijk genoom getraceerd die op significante wijze verband houden met verschillen in welbevinden**. Deze genomische locaties geven geen directe relatie te zien met genen die worden geassocieerd met hersen- en neuropsychiatrische aandoeningen die zijn gevonden in eerder onderzoek, wat aangeeft hoe beloftevol de benadering is om via het criterium 'welbevinden' nieuwe paden te vinden.

De sleutel om individuele verschillen in geluk en welbevinden te verklaren zal hoogstwaarschijnlijk gelegen zijn in de complexe wisselwerking tussen de genetische aanleg van een individu en zijn of haar omgeving. We worden allemaal geboren met min of meer hetzelfde genenpakket. De varianten binnen onze genen verschillen echter. Sommige mensen worden geboren met een set genetische varianten die het gemakkelijker maakt zich gelukkig te voelen, terwijl anderen ter wereld komen met een pakketje genetische varianten dat hen in meer of mindere mate gevoelig maakt voor omgevingsinvloeden. Het genetisch profiel bepaalt voor een deel ook de levenskeuzen van mensen en daardoor ook de omgeving waarin ze zich bewegen. Daar komt bij dat iemands gedrag en welbevinden (aangestuurd door zijn of haar genenpakket) reacties van die omgeving opwekt. Wie bijvoorbeeld geboren is met genetische varianten die zijn of haar welbevinden versterken, glimlacht misschien meer, wat weer positievere en warmere reacties bij zijn of haar directe omgeving opwekt.

Verschillen

Tot slot spelen genetische verschillen ook een rol van betekenis bij geluksinterventies. Dat is het beste te verklaren door een analogie te maken met sportbeoefening. Sommige mensen sporten graag buiten, terwijl anderen liever naar de sportschool gaan. Sommige individuen werken graag een intensief cardioprogramma af, terwijl weer anderen gaan voor krachttraining. Je hebt mensen die graag elke dag sporten, maar er zijn er ook die liever drie keer per week flink bewegen. Aan dergelijke individuele verschillen moet ook tegemoetgekomen worden bij geluksinterventies. **Met standaardoplossingen zullen geluksinterventies nooit succesvol zijn**; individuele en specifieke interventie- en trainingsprogramma's die rekening houden met de complexe wisselwerking tussen genen en omgeving, hebben voor sommigen mogelijk wél (langdurig) effect.

De sleutels

- → **Zo'n 40 % van de verschillen in geluk is toe te schrijven aan verschillen in genetische achtergrond.**
- → **Op het menselijk genoom zijn een paar locaties gevonden die in verband zijn te brengen met verschillen in welbevinden.**
- → **Het geluksgevoel van een individu en zijn of haar reactie op gelukstraining zijn het resultaat van een complexe wisselwerking tussen genen en omgeving.**

Meike Bartels is verbonden als hoogleraar Genen en Geluk aan de vakgroep Biologische Psychologie van de Vrije Universiteit Amsterdam, Nederland. Het is haar uitdaging en drijfveer om de oorzaken van individuele verschillen in geluk, en de overlapping daarvan met psychopathologie en geestelijke aandoeningen scherp te krijgen door middel van een interdisciplinaire focus op genetica, omgevingsfactoren en de complexe wisselwerking tussen die twee.

De omgeving telt

'Genetisch onderzoek naar geluk evolueert heel snel', zegt prof. **Ragnhild Bang Nes**. 'Een van de belangrijkste ontdekkingen gaat over de wisselwerking tussen genetica en onze omgeving.'

Binnen de gedragswetenschappen is de erkenning van het belang van genetica een van de fundamenteelste en opzienbarendste veranderingen van de afgelopen decennia geweest. De resultaten van genetisch-informatieve studies hebben ertoe bijgedragen dat we onze ideeën over 'toevallige' trajecten en mechanismen grondig hebben moeten herzien. Een beter begrip van die processen is essentieel om gerichte en tijdige instrumenten te ontwikkelen die gezondheid en welbevinden verbeteren.

Onderzoekers zijn onlangs weer tot een aantal intrigerende bevindingen gekomen. Vooral twee brede, overkoepelende resultaten zijn van belang op het vlak van geluksinterventies. Ten eerste dat genetische en omgevingsgebonden geluksbronnen niet onafhankelijk van elkaar zijn, maar gedurende onze hele ontwikkeling op fascinerende manieren interageren. Ten tweede dat geluk zowel stabiel als veranderlijk is – waarbij stabiliteit grotendeels is terug te voeren op de genen en verandering vooral op de omgeving.

Toen hem in 2010 werd gevraagd wat tot dan toe de voornaamste bevinding in het geluks-onderzoek was, antwoordde Nobelprijswinnaar en geluksonderzoeker Daniel Kahneman: 'Uiteraard is de voornaamste uitkomst dat ons welbevinden een aanzienlijke genetische component kent. Als ik één ontdekking moet kiezen wat betreft "ervaren geluk", dan merk ik dit aan als het waardevolste inzicht.' In 2015 hebben twee afzonderlijke meta-analyses, elk gebaseerd op meer dan 30.000 familieleden, aangetoond dat **de genetische component gemiddeld 32 tot 40% van de verschillen in geluk bepaalt**. Dat is een reusachtige effect-grootte! Interessanter nog dan de omvang van het effect is dat de genetische effecten tussen diverse groepen mensen variëren en lijken af te hangen van de omgeving. Een aantal studies heeft laten zien dat ons genetische potentieel in moeilijke omstandigheden (bv. weinig inkomen, stress) kan worden 'tegengewerkt', en juist kan worden versterkt in gunstige situaties (bv. veel inkomen, weinig stress). Dit lijkt ook op te gaan voor geluk.

Recente moleculair-genetische studies duiden er ook op dat **omgevingseffecten kunnen afhangen van de vraag of we drager zijn van zeer specifieke genetische varianten**.

Bepaalde onderzoeken lijken er zelfs op te wijzen dat sommige van die varianten mogelijk een tweeledige functie hebben – ze verhogen het tegenslagrisico in een gegeven negatieve omgeving, maar dragen juist bij tot een positieve ontwikkeling in een verrijkte en ondersteunende omgeving. Dat doet vermoeden dat degenen die het grootste risico lopen in een stressvolle omgeving mogelijk ook degenen zijn die het meeste baat hebben van gunstiger omstandigheden. Een ander soort wisselwerking vormen de correlaties tussen omgevingen en genen. We worden niet zomaar blootgesteld aan een willekeurige omgeving. We zijn alerte actoren die de ons omringende wereld selecteren en vormgeven – deels door toedoen van onze genen – en we lokken bij anderen reacties uit die onze genetische aanleg vergroten en versterken. Gelukkige mensen, die glimlachen en socaal zijn, zullen geneigd zijn actief op zoek te gaan naar situaties die aansluiten op hun (deels genetisch bepaalde) aard en zullen zelfversterkende reacties losmaken bij de mensen om hen heen. Al die wisselwerkingen hebben belangrijke implicaties voor geluksinterventies.

Al sinds het begin van de jaren zeventig duidt een overvloed aan studies erop dat personen die op een zeker moment aangeven gelukkig te zijn, dat op andere momenten opnieuw zullen doen. Dat wijst erop dat er in geluk een stabiele component besloten ligt, zeg maar een emotionele ondergrens, een 'normaal' stemmingspeil of individuele standaardwaarde. **Genetische invloeden lijken 70 tot 80 % van dat stabiele geluksniveau te bepalen, terwijl omgevingsinvloeden vooral kortstondige effecten veroorzaken en instaan voor 70 tot 80 % van de verandering en variatie.** Waarom zijn we zo geprogrammeerd? Misschien houdt dat verband met ons evolutionair verleden. De individuen onder onze voorouders bij wie emotionele ervaringen preciezer aansloten op hun situatie hadden duidelijk een selectievoordeel. Een basisstemmingspeil is een essentiële voorwaarde om belangrijke situatieveranderingen op te merken (bv. bedreigingen of kansen), wat vereist is voor passende reacties op invloeden van buitenaf.

Wat impliceren deze bevindingen voor individuele en maatschappelijke interventies?
1. Verschillen in 'basisgelukswaarden' wijzen erop dat **sommige mensen ontvankelijker zijn voor geluk.**
2. Een stabiele genetische geluksbasis duidt aan dat **effecten van interventies vaak tijdelijk zijn.** Blijvende veranderingen in iemands aanleg om gelukkig te zijn, hangen waarschijnlijk af van aanhoudende langetermijninspanningen. Dat is vergelijkbaar met het aanleren van een gecompliceerde vaardigheid als tennissen of muziek spelen.
3. Individuele verschillen impliceren dat **interventies 'op maat' waarschijnlijk zeer nuttig zullen blijken.** Via 'Genen-omgevingkoppeling' of 'GxE-matchmaking' zetten we de wisselwerking tussen genen en omgeving actief in. Dat doen we door geluksvergrotende interventies en omgevingen te creëren die maken dat individuele genetische potentiëlen

tot bloei kunnen komen. Optimale GxE-matchmaking omvat zowel versterkende als compenserende activiteiten. De versterkende hebben betrekking op activiteiten die kansen bieden om genetisch bepaald potentieel (bv. muzikale aanleg) tot uiting te laten komen en te ontwikkelen. Bij compenserende activiteiten brengen we kwetsbaarheden in kaart (zoals angsten, verslavingen) gevolgd door activiteiten om ervaringen en vaardigheden op te bouwen die dergelijke kwetsbaarheden in balans brengen of ze op een functionelere manier kanaliseren. Een evenwichtige maatwerkaanpak die zich zowel op potentiëlen als op hindernissen richt (dus interventies die versterken en compenseren), zal waarschijnlijk bijzonder doeltreffend blijken.

4. Tot slot: de meeste genetisch-informatieve studies handelen over de oorzaken van individuele verschillen, die aanzienlijk kunnen afwijken van de oorzaken van gemiddelde niveaus. **Toenames van geluksniveaus zijn dus heel waarschijnlijk, zelfs wanneer individuele verschillen aanzienlijk genetisch beïnvloed zijn.** Omgevingsgebonden verbeteringen zoals toegang tot onderwijs, werkzekerheid, weinig corruptie en royale groenvoorzieningen zullen naar alle waarschijnlijkheid het gemiddelde geluksniveau in de onderzoekspopulatie opvoeren.

Bij menselijke genen gaat het misschien in allereerste instantie om het vinden van codes waarmee we ons bevrijden van deterministische effecten.

De sleutels

- → **Genetische en omgevingsgebonden geluksbronnen zijn niet onafhankelijk van elkaar, maar interageren gedurende onze hele ontwikkeling op fascinerende manieren.**
- → **Geluk is zowel stabiel als veranderlijk; de stabiliteit is grotendeels terug te voeren op de genen en verandering vooral op de omgeving.**
- → **Individuele verschillen – en de aanwezigheid van zowel sterke als kwetsbare punten –impliceren dat interventies 'op maat' waarschijnlijk zeer nuttig zullen blijken.**

Ragnhild Bang Nes is klinisch psycholoog en wetenschappelijk medewerker bij het Noorse instituut voor de volksgezondheid NIPH. Ze is gepromoveerd in de gedragsgenetica op onderzoek naar de genetische en omgevingsgebonden invloeden op stabiliteit en veranderlijkheid van welbevinden en geestelijke gezondheid. Op dit moment leidt ze het geluksonderzoek van het NIPH en is ze universitair hoofddocent aan de universiteit van Oslo waar ze persoonlijkheidsevaluatie en psychopathologie doceert.

'De belangrijke dingen hebben niets te maken met succes.'

Niet wie maar hoe

'De mainstreamliteratuur over geluk handelt over "wie". Wie is het gelukkigst? Rijken of armen, gehuwden, jongeren, extraverte personen of mensen met een duidelijk levensdoel. Hoe relevant ook voor wetenschappelijke theorieën, voor mijn persoonlijke zoektocht naar geluk maakt het weinig uit te weten dat Denen gelukkiger zijn dan Fransen of dat een echtscheiding een zware periode kan zijn', zegt **Joar Vittersø** (Noorwegen). 'Ik ben dan ook blij met de recente tendens in het onderzoek, die wordt aangezwengeld door een toenemend aantal onderzoekers die zich afvragen "hoe" je gelukkig wordt.'

Word een deskundige in je eigen leven

Er gaat bijna geen dag voorbij dat ik, een academicus die al ruim een kwarteeuw meedraait in geluksonderzoek, niet even nadenk over wat dat nu precies inhoudt, een gelukkig leven. Keer op keer pijnig ik mijn hersenen op zoek naar de ingrediënten van geluk, weeg ik mijn mogelijkheden af om keuzes te maken die hopelijk leiden tot het best mogelijke leven. Soms vraag ik me af of de wetenschappelijke literatuur over geluk dat gelukkig leven ook maar iets dichterbij heeft gebracht. Omdat ik niet geloof in een kortere weg naar een beter leven, vind ik sommige delen van de 'hoe'-literatuur te oppervlakkig, te 'Amerikaans'.

Toch telt de 'hoe'-literatuur ook pareltjes. Het voorbeeld dat ik heb gekozen, is meer dan zeventig jaar oud en stamt van Joanna Field, het pseudoniem van Marion Milner. Hoewel haar leven uiterlijk heel geslaagd oogde, besefte Field dat het toch niet was zoals het moest zijn. Om meer te leren over zichzelf en over wat ze van het leven verlangde, besloot ze een dagboek bij te houden. Het schrijfwerk bleek algauw een hele opdracht. Vanaf 1926 tekende Field zorgvuldig momenten uit haar dagelijkse leven op om erachter te komen wat haar geluk in de weg stond. Met bewonderenswaardige oprechtheid analyseerde ze zeven jaar lang kritisch haar gedachten en gevoelens. Maar ze werd voor haar volharding beloond: **met verbazing stelde ze vast dat de beste dingen in haar leven voordien voor haar verborgen waren gebleven.** Totaal onverwacht bleken die belangrijke gebeurtenissen niet samen te hangen met geslaagde vriendschappen, werk of hobby's. Wat haar gelukkig maakte, waren voornamelijk de kortstondige momenten waarin ze zichzelf en de buitenwereld op een totaal andere manier zag. Toen ze haar inzichten liet bezinken en haar perceptie van de wereld en zichzelf veranderde, veranderde ook datgene wat haar geluk verschafte. Naarmate Joanna steeds deskundiger werd in haar eigen leven, maakten andere dingen haar gelukkig.

Joanna verwierf haar belangrijkste inzicht nadat ze een boek van de Zwitserse psycholoog Jean Piaget had gelezen. Daarin legde Piaget uit dat kinderen blijkbaar niet in staat zijn om een onderscheid te maken tussen echte voorwerpen, zoals tafels en stoelen, en hun eigen gedachten en ideeën. Vandaar – en dat is belangrijk – dat gevoelens van kinderen veel extremer zijn. Wanneer een moeder haar zoon achterlaat, denkt hij ten onrechte dat dit voor eens en altijd is en wordt het arme joch overspoeld door een allesomvattende eenzaamheid. Op een soortgelijke manier stelde Joanna Field vast dat wanneer haar gedachten spontaan afdwaalden of haar een onbekend gevoel overviel, ze niet in staat was de draagwijdte en denkbeeldige gevolgen daarvan te beperken. Field bestempelde deze processen als 'blinde gedachten'. De effecten ervan zouden later een belangrijke plaats innemen in de literatuur over depressies. Zich niet bewust van Fields werk noemde Aron Beck die processen 'automatische gedachten'. Naarmate ze zichzelf en het werk van psychotherapeut Pierre Janet beter leerde kennen, ontdekte Field dat haar blinde gedachten een soort 'geroezemoes' waren. Ze zorgden voor een onrustige, zorgelijke gemoedstoestand die onmogelijke eisen stelde aan haar leven. Toen ze besefte dat dit kinderlijke geroezemoes tussen haar en haar omgeving kwam te staan en ze er vervolgens mee om leerde gaan, kon ze een belangrijke stap voorwaarts maken: 'Toen ik die kon doorbreken – en echt toen pas – was ik in staat om duidelijk te zien welke omstandigheden ik moest kiezen om mijn geluk te doen toenemen, om bijvoorbeeld te leren dat ik mijn activiteiten moest beperken, niet achter elk nieuw ding hoefde aan te hollen, niet al mijn energie hoefde te steken in pogingen om alles te doen wat anderen deden zodat ik geen fut meer had om mijn eigen behoeften te bevredigen.'

Fields leven werd beter omdat ze inzicht had verworven. Dankzij die nieuw verworven wijsheid kon Joanna Field haar eigen leefregels opstellen. Ze realiseerde zich dat geluk pas kwam wanneer ze zich ten volle bewust was van haar omgeving. Haar verhaal toont niet alleen aan dat je veel inspanningen moet leveren om te veranderen, maar bevestigt ook hoe wijs de beroemde spreuk in de eeuwenoude tempel van Apollo in Delphi is: 'Ken jezelf.'

De sleutels

→ **Een deskundige worden in je eigen leven is moeilijk, maar als je daarin slaagt, zullen andere dingen je gelukkig maken.**
→ **Doorbreek het geroezemoes van je eigen blinde gedachten om duidelijk te zien onder welke omstandigheden je geluk kan toenemen.**
→ **Geluk komt wanneer je je ten volle bewust bent van je omgeving.**

Joar Vittersø, gepromoveerd in de sociale psychologie aan de universiteit van Oslo, is hoogleraar psychologie aan de universiteit van Tromsø (Noorwegen). Zijn onderzoek spitst zich toe op levensvoldoening, positieve emoties en het meten van geluk. Hij is lid van het bestuur van de International Positive Psychology Association en schreef talrijke bijdragen over geluk en subjectief welbevinden. Zijn recentste publicatie is *Was Hercules happy?*.

'Geluk is niet een en hetzelfde vrolijke deuntje.'

De positieve kant van 'gemengde gevoelens'

'Hoewel veel mensen menen dat geluk en verdriet uitersten zijn op dezelfde schaal, lijkt nieuw onderzoek erop te duiden dat beide gemoedstoestanden zich niet alleen gelijktijdig kunnen voordoen, maar ook dat een parallel optreden van die emoties duidt op een sterker welbevinden', zegt prof. **Hal E. Hershfield** wanneer hij de 'lach-met-een-traan' uitlegt.

Het ligt min of meer voor de hand dat wie zich gelukkig voelt niet gelijktijdig een gevoel van verdriet heeft. En inderdaad, het grootste deel van ons emotionele leven is 'unipolair', zoals psychologen het uitdrukken: we verkeren normaliter in een staat van positiviteit óf van negativiteit – en soms zelfs in een neutrale staat die positief noch negatief is. Toch zijn er momenten in het leven waarop mensen gemengde emoties ervaren. Diploma-uitreikingen, geboorten en huwelijken zijn gebeurtenissen die zo'n mix van blijdschap en verdriet kunnen oproepen.

Met mijn collega's Laura Carstensen en Joe Mikels heb ik onderzoek gedaan naar deze specifieke soorten gemengde gevoelens die we 'geëmotioneerd' of 'ontroerd' noemen. We redeneerden dat mensen in hun blijdschap ook een emotionele pijnscheut, een steek in het hart voelen – in het Engels spreekt men van *poignancy* – wanneer ze geluk en positieve emoties ervaren doordat ze beseffen dat men voortwandelt op het levenspad. Maar door die vooruitgang beseffen ze tegelijkertijd dat er onvermijdelijk ooit een einde komt aan het leven en de hoofdstukken van het leven. **De erkenning van de kleine en grotere eindpunten in het leven roept een licht treurig gevoel op dat leidt tot de 'lach-met-de-traan' die we zo vaak in verband brengen met betekenisvolle levensgebeurtenissen.**

Die emotionele pijnscheuten doen zich echter niet alléén voor wanneer zich een belangrijke levensgebeurtenis zoals een huwelijk voordoet. Waar het vooral om gaat bij dergelijke gemengde emoties is dat iemand bij een voor hem/haar betekenisvolle gebeurtenis een zekere 'eindigheid' ervaart. Het besef van het gewicht van het moment kan zich ook voordoen in doodgewone omstandigheden, zolang er maar sprake is van de erkenning dat iets wordt beëindigd (denk aan de betekenis van een allerlaatste bezoek aan je favoriete broodjeszaak voordat je naar de andere kant van het land verhuist).

Oudere mensen ervaren zulke geëmotioneerde momenten vaker dan jongere volwassenen. Als reden van die verandering opperen onderzoekers dat mensen zich vermoedelijk scherper bewust zijn van de eindigheid van het leven naarmate ze ouder worden, met als gevolg dat alledaagse voorvallen een andere betekenis kunnen krijgen dan voorheen. Het is echter niet alleen zo dat oudere mensen op de een of andere manier verschillen van jongere mensen. Recent longitudinaal onderzoek dat gedurende tien jaar het emotionele leven van de proefpersonen volgde, gaf ook een toename aan van de frequentie van gemengde emoties bij mensen wanneer ze ouder worden – bijvoorbeeld op hun zestigste vergeleken bij hun vijftigste levensjaar.

Het goede met het slechte

We weten dus dat mensen op bepaalde momenten in hun leven gelijktijdig positieve en negatieve emoties kunnen ervaren. Maar oefenen zulke gemengde gevoelens achteraf een gunstig effect uit op iemands welbevinden en geluk? Mijn collega's en ik onderzochten die vraag in twee gerelateerde studies. Op basis van eerder werk redeneerden we dat het vermogen om gemengde emoties te ervaren en om 'het goede met het slechte te nemen' op langere termijn een positieve invloed zou kunnen hebben op iemands geestelijke en lichamelijke gezondheid. Positieve emoties samen met negatieve toelaten, kan helpen om negatieve levensgebeurtenissen gemakkelijker onder ogen te zien en ze een plek te geven, wat uiteindelijk goed zou kunnen zijn.

Bij een van de onderzoeken rond dit vraagstuk hebben we dezelfde data van de eerder genoemde longitudinale studie gebruikt en keken we of een krachtigere relatie tussen positieve en negatieve emoties (met andere woorden: als er een krachtige correlatie was tussen beide gevoelens) kon worden gekoppeld aan een betere lichamelijke gezondheid in een steekproef van 312 volwassenen van alle leeftijdscategorieën. **Mensen die vaker pijnscheuten van gemengde emoties ervaren, lijken inderdaad een betere lichamelijke gezondheid te genieten**, en zelfs na statistische controle voor leeftijd en voor gemiddelde niveaus van positieve en negatieve emoties blijft die relatie overeind. De oude levenswijsheid om 'het goede met het slechte te nemen' lijkt dus een goed advies.

Krachtig effect

In een gerelateerd project hebben we onderzocht of parallel geluk en verdriet al dan niet in verband is te brengen met een betere geestelijke gezondheid. Hiertoe onderzochten we gedurende twaalf weken een steekproef van 47 volwassenen die psychotherapie volgden. Wij maten zowel hun emotionele ervaringen als hun psychologisch welbevinden. Wat we constateerden in het vorige onderzoek klonk ook nu door: er is inderdaad een rol weggelegd voor gemengde emoties. **De gelijktijdige ervaring van positieve en negatieve emoties kon in verband worden gebracht met – en ging daadwerkelijk vooraf aan – verbeteringen in psychologisch welbevinden.** Met andere woorden, voor volwassenen die psychotherapie volgden, leek het vermogen om tegelijk met droefdheid ook wat geluk te ervaren achteraf een gunstig psychologisch effect te hebben; dat vermogen stelde ze in staat om naast de mooie dingen van het leven ook wat nare zaken te accepteren.

Over de hele linie gezien laat dit nog prille onderzoekstraject zien dat **geluk niet een en hetzelfde vrolijke deuntje is maar allerlei facetten kent en dat we soms gelijktijdig een verdrietig gevoel kunnen ervaren.** Zulke gemengde emoties – in de vorm van een emotionele pijnscheut tijdens gewichtige levensgebeurtenissen of tijdens andere momenten waarop we geluk en droefheid gelijktijdig ervaren – lijken ook een krachtig effect te hebben op ons fysiek en psychologisch welbevinden.

De sleutels

→ **Iemand met gemengde emoties is zich bewust van een zekere eindigheid van een betekenisvolle gebeurtenis.**
→ **Geluk is niet een en hetzelfde vrolijke deuntje maar kent allerlei facetten, en soms kan geluk gelijktijdig met een verdrietig gevoel worden ervaren.**
→ **Gemengde emoties lijken een krachtig effect te hebben op ons fysiek en psychologisch welbevinden.**

Prof. Hal E. Hershfield is universitair hoofddocent marketing aan de Anderson School of Management van de University of California (UCLA) in Los Angeles (Verenigde Staten), een van de vooraanstaandste bedrijfskunde-instituten ter wereld. Als psycholoog is hij vooral geïnteresseerd in het bestuderen van de tijd en van de uiteenlopende manieren waarop emoties en beslissingen in de loop van het leven veranderen.

'Geluk wordt almaar meer gezien als iets wat de mens zelf in de hand heeft.'

Van externe kracht naar innerlijke toestand

Een van de vele moeilijkheden bij het bestuderen van geluk – en mogelijk de voornaamste – is de bijna-onmogelijkheid om het object van het onderzoek te definiëren: het concept 'geluk' op zich. Dr. **Alexandra Jugureanu** bekijkt een reeks historische denkbeelden omtrent geluk en stelt vast dat de notie zich heeft ontwikkeld van 'fortuinlijk toeval' tot een zaak van 'verdienste en zelfontplooiing'.

We kunnen ontelbare historische werken wijden aan geluk. Dat enorme aantal is een van de redenen waarom het geluksonderzoek binnen de sociale wetenschappen, ondanks een aanzienlijke uitbreiding gedurende de jongste twee decennia, nog altijd een 'immature wetenschap' is. Het aantal definities van 'geluk' is legio. En wat geluk ook is, we weten dat 'het' kan worden ontwikkeld – of 'het' nu wordt gezien als een kortstondige emotie zoals euforie, als een verstandelijk concept zoals eigenwaarde, of als een subtiel gelaagd amalgaam van beide.

In dit stukje bespreek ik een aantal historische zienswijzen omtrent geluk, waarbij ik voornamelijk focus op denkbeelden uit het oude Griekenland, ten tijde van de verlichting en in de laatmoderne tijd. Het zijn namelijk die periodes die bepalend waren voor de ontwikkeling van het eigentijdse westerse denken over geluk.

Toeval

In het oude Griekenland wordt geluk op één lijn gesteld met het lot en fortuinlijke spelingen daarvan. In die tijd is geluk steevast een gelukkig toeval, dat alleen je pad kruist als de goden je genadig zijn. Ogenschijnlijk zijn 'toeval' en 'lot' tegengestelde begrippen – de eerste term impliceert willekeur en wisselvalligheid, terwijl het tweede woord vooral de lading heeft van voorbestemming – iemands lot lijkt vast te liggen. Toch zijn beide begrippen voor de oude Grieken nauw verwant. De hedendaagse westerse ideeën over geluk zijn al even bijzonder als afwijkend van de historische norm. Aanzienlijk veel langer heeft men geluk namelijk begrepen als iets waarover de mens geen zeggenschap had. Geluk was niet iets dat je kon creëren of verwachten. Gelukkig zijn betekende vrijwel hetzelfde als boffen, als geluk hébben of toch op z'n minst dat het lot je goedgezind was. Hoewel het fatalistische *hap* (van het Oudnoorse *happ*) tot op de dag van vandaag in het Engels bestaat in de betekenis van 'toeval', 'fortuin', 'het voorvallende', begon de term vooral ten tijde van de verlichting en de periode meteen daarna op subtiele maar ingrijpende wijze andere connotaties te krijgen. In de zeventiende en achttiende eeuw, het tijdvak dat we voor het gemak maar even de Verlichting noemen, beginnen in het Westen de heersende opvattingen over geluk inderdaad in cruciale opzichten te veranderen. Men begint geluk meer en meer te zien in het licht van deugdzaamheid en zelfverwezenlijking, terwijl er in die periode een dominant ethos opkomt dat draait rond de notie dat mensen hun zedelijke waarde moeten bewijzen door een deugdzaam leven te leiden.

In de tijd van de verlichting gaat men geluk beschouwen als iets wat moet worden 'bereikt'; een lotsbestemming die moet worden 'vervuld'. Niet langer vat men geluk op als louter het resultaat van de fortuin en het toeval, maar **geluk wordt krachtig in verband gebracht met 'zelfverwezenlijking'**: het wordt iets wat individuen hun leven lang moeten 'nastreven'. Toevallig is het in diezelfde tijd dat Thomas Jefferson in de Onafhankelijkheidsverklaring decreteert dat mensen het recht hebben geluk na te streven. In dezelfde geest baseert Jeremy Bentham zijn ideeën over het utilitarisme op het principe van 'het grootste geluk voor het grootste aantal mensen'. Later zullen de Britse verlichte filosofen John Stuart Mill en John Locke zich ontpoppen als pleitbezorgers van dat beginsel.

Via de filosofische ontwikkelingen van verlichte denkers als Locke en Bentham wordt **het recht op het nastreven van geluk een 'tweesnijdend zwaard'**; gaandeweg wordt geluk omgesmeed tot een 'recht' en uiteindelijk tot een verantwoordelijkheid. Het is dus in dit tijdsgewricht dat het begrip geluk ook ideeën omtrent individuele verantwoordelijkheid gaat belichamen, zowel verantwoordelijkheid van het individu jegens zichzelf als verantwoordelijkheid van het individu jegens de staat.

Verschuiving

Door dat idee kent de betekenis van geluk nog een fundamentele wijziging van 'buiten' naar 'binnen' – dus weg van de toevallige of fortuinlijke omstandigheden die 'externe krachten' zoals godheden op ons loslaten en almaar meer naar ons binnenste. Het concept geluk wordt 'geïnternaliseerd' en gezien als iets wat je zelf in de hand hebt. Geluk is geleidelijk aan gaan gelden als een *functie* van het menselijk bestaan. Je zou van de opmars van de 'beweging' van geluksonderzoekers zélf kunnen zeggen dat die nauw verband houdt met de opmars van een speciaal soort zelfrelatie en met de notie dat **geluk het merkteken is van een 'gezonde relatie met je ik', misschien zelfs een vaardigheid die je moet koesteren en vervolmaken.** ('Slik een pil en word gelukkig; doe aan yoga en vind gelukzaligheid; huur een levenscoach in en herwin je gevoel van eigenwaarde.') De opkomst van geluk als een vorm van eigenheid is op zijn beurt een vrij recente fase in de historische ontwikkeling van het denken over geluk, maar wel een fase die is terug te voeren op een reeks eerdere ontwikkelingen. Om het simpel te zeggen: het concept 'geluk' is op spectaculaire wijze verschoven van de idee dat geluk iets is dat je wordt 'toebedeeld' naar de idee dat geluk iets is dat je 'bereikt'. Werd geluk ooit begrepen als een gevolg van wat iemand *overkwam* – het gevolg van toeval, fortuin, lot enzovoort – van lieverlede zijn we geluk steeds meer gaan beschouwen als iets dat de mens zelf in de hand heeft. Van een 'externe' kracht naar een 'innerlijke' toestand.

De sleutels

- → **Oorspronkelijk werd geluk begrepen als iets waarover de mens geen zeggenschap had. Geluk was niet iets dat je kon creëren of verwachten.**
- → **In de tijd van de verlichting gaat men geluk beschouwen als iets wat moest worden 'bereikt'; iemands lotsbestemming moest worden 'vervuld'.**
- → **We zijn geluk steeds meer gaan beschouwen als iets dat de mens zelf in de hand heeft. Van een 'externe' kracht naar een 'innerlijke' toestand.**

Dr. Alexandra Jugureanu is wetenschappelijk medewerker en bestuurslid van de British Sociological Association Happiness Study Group (Verenigd Koninkrijk). Ze is gepromoveerd in de sociologie aan de Universiteit van Leicester op het proefschrift *The New Science of Happiness? A Sociological Exploration of the Emergence and Ascendancy of Happiness Studies*. Alexandra doet sinds 2008 onderzoek naar geluk en welbevinden. Daarvoor hield ze zich vooral bezig met volkswijsheden en de culturele bepaaldheid van geluk; geluk bij kinderen; seksebepaalde opvattingen over geluk. Haar belangstelling gaat verder uit naar interdisciplinaire wetenschapsbeoefening, gemengde methoden, onderwijs, gezondheidsproblematiek, sociale rechtvaardigheid en maatschappelijke veranderingen.

Bronnen van zinvol leven

'Het ware geluk is een nevenproduct van het vinden van zin en betekenis in je leven', zegt prof. emeritus **Gary T. Reker**. Maar wat zijn de bronnen van zingeving die in ons dagelijks leven, afzonderlijk en gezamenlijk, leiden tot vervulling en geluk? Is één enkele bron genoeg of mogen we rekenen op meer voldoening als we focussen op een breder spectrum van bronnen? Verken minstens zeventien bronnen van een zinvol leven.

Levenszin putten we uit verscheidene bronnen, zoals je inzetten voor productieve en nuttige initiatieven, een goede daad verrichten, je levensgezel liefhebben of een creatief product vervaardigen. **Geluk is niet een concept dat je als zodanig kunt nastreven.** Het is niet iets dat je kunt kopen, verkopen of ruilen. Geluk moet het gevolg zijn van iets, moet voortvloeien uit inzet, betrokkenheid en toewijding in het kader van levensbevestigende activiteiten. Vaak rijst de vraag: welke levenservaringen dragen specifiek bij tot een voldoening schenkend en zinvol leven?

Vier niveaus

Mijn uitgebreide onderzoekswerk onder mensen uit alle geledingen van de samenleving wijst erop dat Canadezen en Amerikanen zin en betekenis putten uit allerlei bronnen, die we naargelang de eraan ontleende betekenisdiepte kunnen onderverdelen in **vier kwalitatief verschillende niveaus.** De niveaus en afzonderlijke zingevingsbronnen zijn de volgende:

1. **zelftranscendentie** (persoonlijke relaties, deelname aan religieuze activiteiten, opkomen voor menselijke waarden en idealen, anderen ten dienste staan, de relatie met de natuur);
2. **collectivisme** (tradities en cultuur in stand houden, een erfenis nalaten, belangstelling voor mensenrechten, de inzet voor bredere sociale en politieke thema's);

3. **individualisme** (creatieve bezigheden, vrijetijdsactiviteiten, persoonlijke prestaties, persoonlijke groei);
4. **eigenbelang** (tegemoetkomen aan basisbehoeften, financiële zekerheid ervaren, deelnemen aan hedonistische activiteiten, materieel bezit verwerven).

Zelftranscendentie verwijst naar de aanleg en het vermogen om een pakket waarden die onze persoon overstijgen te overdenken en te onderschrijven. Transcenderen is uitstijgen boven ik-gerichte waarden in de richting van een dieper inzicht in het menselijk bestaan. Met collectivisme doel ik op bronnen die draaien rond hulp aan anderen en iemands inzet voor een bredere maatschappelijke of politieke kwestie. Bij individualisme gaat het om de tijd en energie die je besteedt aan de ontplooiing van je persoonlijke potentieel. Van eigenbelang spreken we wanneer persoonlijk comfort en hedonistisch genoegen onze centrale aandachtspunten zijn.

Netwerk

Ik ben bij mijn onderzoek tot het inzicht gekomen dat een groot netwerk van zingevingsbronnen, in tegenstelling tot slechts één bron, leidt tot een dieper gevoel van zinvolheid en tot groter subjectief welbevinden. Jongeren, mensen van middelbare leeftijd en bejaarden geven aan dat gemiddeld zeven van de zeventien zingevingsbronnen relevant zijn voor hun leven. **De grootste voldoening ondervinden mensen die kunnen terugvallen op een gevarieerd pakket zingevingsbronnen. Zet dus niet alles in op één bron.** Afwisseling lijkt hét ingrediënt te zijn voor een gelukkig en voldoening schenkend leven.

Ook ondervond ik bij een studie onder bejaarden in tehuizen dat individuen die zin ontlenen aan zelftranscendente bronnen worden gekenmerkt door krachtiger positieve persoonlijkheidstrekken, meer eigen zeggenschap over hun leven menen te hebben, meer zin en samenhang in het leven ervaren, een krachtiger verlangen uitspreken om meer uit het leven te halen en minder depressief zijn – vergeleken bij degenen die zin ontlenen aan het nastreven van persoonlijke belangen.

Zijn er zingevingsbronnen die voor ons van grotere betekenis zijn dan andere? Mijn research laat steevast en consequent zien dat individuen van alle leeftijden *persoonlijke relaties* als de belangrijkste bron waarderen en rangschikken, op de voet gevolgd door *tegemoetkomen aan basisbehoeften*, *persoonlijke groei*, *vrijetijdsactiviteiten*, *opkomen voor waarden en idealen*, *persoonlijke prestaties* en *anderen van dienst zijn*. **Wij zijn sociale dieren en het onderhouden van persoonlijke relaties doet ons gedijen** – zozeer dat we dat ook zien als het belangrijkste ingrediënt voor een zinvol leven. Laat het 'selfieperspectief', het ikke-ikke-en-de-rest-kan-stikken, varen en verbreed je horizon: omhels je dierbaren, de gemeenschap en de wereld als geheel.

Geheimen

Ik heb ook ontdekt dat, naarmate we ouder worden, zowel mannen als vrouwen meer zin en voldoening ontlenen aan bronnen die het ik overstijgen. **Eén voordeel van ouder worden ligt in onze vaardigheid om 'het grotere plaatje' te zien** en zodoende een dieper inzicht te verwerven in de dingen waar het in het leven om draait. Als we de onderzoeksresultaten in m/v-perspectief bekijken, zien we dat vrouwen meer en diepere zin ontlenen aan *persoonlijke relaties*, aan *blijvende waarden en idealen*, aan *anderen ten dienste staan*, aan *creatieve bezigheden* en aan *deelname aan religieuze activiteiten* dan mannen. Dat zijn bijna allemaal zelftranscendente bronnen. Dus naast een genetisch voordeel lijken vrouwen het er ook prima van af te brengen dankzij het waardesysteem dat ze onderschrijven.

Kleven er eigenlijk geheimen aan een zinvol leven, nu en in de toekomst? Je leeft het leven vooruit, maar je begrijpt het best achteruit. Als er al geheimen verbonden zijn aan een zinvol leven, dan zijn die te vinden in de schatkist van ons verleden. Een periodieke analyse en evaluatie van je leven biedt toegang tot die geheimen en onthult ze. Je weet pas waar je naartoe gaat als je weet waar je vandaan komt.

De sleutels

- → **Het ware geluk is een nevenproduct van het vinden van zin en betekenis in je leven.**
- → **Zin ontlenen we aan allerlei bronnen, die we kunnen onderverdelen in de categorieën zelftranscendentie, collectivisme, individualisme en eigenbelang.**
- → **De grootste voldoening ondervinden mensen die kunnen terugvallen op een gevarieerd pakket zingevingsbronnen. Naarmate we ouder worden, ontlenen zowel mannen als vrouwen meer zin en voldoening aan bronnen die het ik overstijgen.**

Prof. Gary T. Reker is hoogleraar emeritus ontwikkelingspsychologie en woont in Canada. Zijn onderwijs- en onderzoeksthema's spitsen zich toe op succesvolle processen die gepaard gaan met ouder worden, zoals levenszin en levensnut, optimisme, omgaan met de dood en reflectie op het leven. Hij publiceert veelvuldig over deze thema's.

'Ambitie maakt mensen gelukkig, afgunst maakt hen ongelukkig.'

Ga voor ambitie

Twee groepen studenten moeten elk in een afzonderlijke kamer een puzzel oplossen. Beide groepen hebben daarvoor ongeveer tien minuten nodig. Toch is groep A veel gelukkiger met het resultaat dan groep B. Waarom? Aan groep A heeft men verteld dat de anderen een kwartier nodig hadden. Groep B kreeg te horen dat groep A de klus klaarde in vijf minuten. In werkelijkheid deden beide groepen er even lang over, namelijk tien minuten. Maar hun geluksgevoel staat los van de werkelijkheid.

Vergelijkingen fnuiken je geluk

Vergelijking en gewenning vernielen meestal wat je aan welvaart wint door inkomen en groei. Toch kunnen vergelijkingen mensen wel degelijk gelukkig maken, namelijk wanneer ze door te vergelijken met anderen iets leren over hun eigen vooruitzichten. Positieve verwachtingen en het vooruitzicht op beterschap zorgen ervoor dat ze zich gelukkiger voelen. Blijkbaar zijn mensen tuk op meer inkomen, dus op vooruitgang op zich. Samengevat betekent dit dat ambitie mensen gelukkig maakt, maar afgunst maakt hen ongelukkiger.

Vandaar mijn aanbeveling: vergelijk niet met andere referentiepunten en concentreer je op jouw eigen projecten. Je zult je gelukkig voelen en de welvaart behouden die je ontleent aan wat je hebt.

De sleutels

- → **Vergelijk jezelf niet met anderen.**
- → **Als je jezelf wel vergelijkt, kijk dan naar wat je uit die vergelijking kunt leren.**
- → **Ban afgunst, maak plaats voor ambitie.**

Claudia Senik is hoogleraar aan de Sorbonne Universiteit in Parijs (Frankrijk). Haar belangrijkste onderzoeksdomein is de micro-economische analyse van inkomensverdeling en subjectief welbevinden. Ze pleit dikwijls voor een vergelijkende benadering, gebaseerd op de verschillen in leefomgeving in West- en Oost-Europa. Claudia Senik staat aan het hoofd van verschillende internationale wetenschappelijke samenwerkingsprogramma's.

'Wie het geluk zoekt, kan het maar beter vergeten.'

Paradoxen van geluk

'Wie het geluk zoekt, kan het maar beter vergeten', zegt prof. **Mike W. Martin**. 'Richt je liever op waardevolle activiteiten en relaties. Als het een beetje meezit, dan volgt geluk vanzelf – als nevenproduct en misschien wel als een verrassing en een cadeau.'

Deze stelregel verwoordt een paradox, een ironie. We nemen doorgaans aan dat het verkrijgen van een belangrijk en groot goed vereist dat je er direct en welbewust naartoe werkt, met de beoogde buit scherp in het vizier. Volgens de paradox doet die strategie zichzelf de das om als het bij dat grote goed gaat om geluk. Als we ál te bekommerd zijn om ons geluk, komt dat er uiteindelijk op neer dat we te veel bezig zijn met onszelf. En dat ondermijnt liefde, vriendschappen en ook onze aandacht voor andere mooie dingen die langs indirecte weg ons leven leuk en zinvol maken.

Gaat de paradox inderdaad op? Het antwoord hangt deels af van de wijze waarop je geluk definieert. Naar mijn mening **zijn we gelukkig voor zover we van ons leven houden en het waarderen, wat zich uit in veel blije momenten en in het solide gevoel goed en zinvol bezig te zijn.** Volgens deze definitie onderbouwen psychologische studies de geluksparadox inderdaad. Onderzoek naar flowervaringen onderstreept hoeveel plezier het ons bezorgt en hoe krachtig het bijdraagt tot algehele tevredenheid met het leven als we ons volledig overgeven aan zinvolle activiteiten, zonder na te denken over onszelf. In dezelfde lijn bevestigen onderzoeken dat liefde, vriendschap, inzet voor de gemeenschap en andere 'zorgende' relaties (die vragen om zelfabsorptie te vermijden) prominent bijdragen tot geluk. En ook studies rond mindfulness – begrepen als aandacht hebben voor waardevolle aspecten van onze onmiddellijke situatie – duiden op het belang van een ontwikkeld bewustzijn voor geluk.

We moeten hier wel een voorbehoud maken. De geluksparadox zet de waarheid die erin besloten ligt wel een tikje te zwaar aan. Wie te veel fixeert op geluk, kan inderdaad zijn doel voorbijschieten, maar dat risico bestaat ook als je er totaal géén aandacht aan besteedt. **Om met succes geluk na te streven, doen we er goed aan om van tijd tot tijd te evalueren hoe gelukkig we zijn.** Een matig welbevinden is een duidelijk signaal dat het tijd is om na te denken over de wijze waarop je leven verloopt.

Een goed leven

Met 'geluk vergeten' bedoel ik dat je geluk uit je hoofd moet zetten, er niet te veel mee bezig moet zijn. 'Vergeten' kan ook betekenen 'laten zitten'. In die zin zou de geluksparadox de indruk kunnen wekken dat geluk onbelangrijk zou zijn en schromelijk wordt overschat. Die interpretatie vormt de paradox om van een bewering over feiten tot een waardeoordeel. Is zo'n oordeel te rechtvaardigen?

Ik sluit me aan bij de breedgedeelde opvatting dat geluk reuzebelangrijk is. Begaan zijn met ons geluk is iets heel natuurlijks en we zijn waarschijnlijk genetisch ook zo geprogrammeerd. Daar komt bij dat ons zelfrespect een redelijke mate van inzet voor ons geluk vereist. Toch is **geluk niet het enige aspect van een goed leven**. Wanneer ouders zeggen dat ze niets meer verlangen dan dat hun kinderen gelukkig zijn, vergeten ze dat ze ook willen dat die kinderen geen moordenaars, terroristen en gevoelloze narcisten worden. We doen er goed aan om vooral 'een goed leven' te wensen voor onze kinderen en ook voor onszelf. Een goed leven is niet alleen gelukkig, maar ook moreel in orde, zinvol, authentiek, gezond en het maakt zichzelf waar (iemand kan er zijn talenten in ontplooien). Die aspecten van een goed leven staan soms op gespannen voet met elkaar, maar meestal is er toch sprake van overlapping en verstrengeling.

Status

Naast de algemene geluksparadox waar ik het nu over heb, zijn er ook heel wat specifieke geluksparadoxen. Daarbij gaat het onder meer over een aantal paradoxen die de complexiteit van het nastreven van materieel bezit weerspiegelen. Zo stelt de verwervingsparadox: hoe meer dingen we verwerven, des te minder gelukkig worden we. Vandaar misschien de Chinese zegswijze: 'Wees voorzichtig met wat je wenst, want je zou het kunnen krijgen.' Hoe meer dingen we kopen, des te meer dingen willen we, en voor je het weet, lopen we in de tredmolen van het consumentisme. **In plaats van meer spullen te verzamelen, kun je beter betekenisvolle ervaringen opstapelen.**

In weerwil van wat we doorgaans aannemen, stelt de geldparadox dat het vergaren van meer geld geen recept is voor meer geluk. Geld bevordert ons geluk enorm wanneer het ons armoede doet overwinnen en het ons economische zekerheid verschaft. Na die fase is de invloed van geld op ons geluk gering en ongewis. **De obsessie met geld spruit vaak voort uit een preoccupatie met maatschappelijke status, en dat is een onbetrouwbaar pad naar geluk.** Zinvol werk draagt sterk bij tot geluk, en inkomen is een onderdeel van die 'zinvolheid'. Het winnen van de loterij kan je daarentegen opzadelen met nieuwe problemen en geleidelijk aan leiden tot een psychologisch bijsturen dat het aanvankelijke plezier van de winst verkleint.

Persoonlijk avontuur

Ten slotte is er de mentaliteitsparadox: alles wat we nodig hebben om gelukkig te zijn hebben we al, als we gewoon hetgeen we hebben leren waarderen. **Geluk ontlenen we niet aan krijgen wat we willen, maar willen wat we krijgen** – en al hebben. Studies naar het concept dankbaarheid ondersteunen die paradox.

Toch dienen we deze veralgemening – zoals bij alle geluksparadoxen – te beoordelen in relatie tot onze persoonlijkheid en omstandigheden. Psychologisch onderzoek naar geluk wordt vaak tenietgedaan door latere research, en zelfs de beste studies leveren alleen statistische veralgemeningen op, geen universele grondregels. Het geluk vinden is niet per se een kwestie van toeval. Het is altijd een persoonlijk avontuur.

De sleutels

- → **Wie zich te veel fixeert op geluk, kan zijn doel voorbijschieten, maar dat risico bestaat ook als je er totaal geen aandacht aan besteedt.**
- → **We doen er goed aan een goed leven te wensen voor onze kinderen en ook voor onszelf. En een goed leven is niet alleen gelukkig, maar ook moreel in orde, zinvol, authentiek, gezond en maakt zichzelf waar.**
- → **In het algemeen dragen zinvolle ervaringen, zinvol werk en dankbaarheid bij tot geluk. Het geluk vinden is niet per se een kwestie van toeval. Het is altijd een persoonlijk avontuur.**

Prof. Mike W. Martin is hoogleraar wijsbegeerte aan de Chapman University in Orange, California (Verenigde Staten). Hij is auteur van vijftien boeken, waaronder *Happiness and Good Life* (2012) en *Memoir Ethics: Good Lives and the Virtues* (2016). Zijn allergrootste bronnen van geluk? 'Mijn vrouw, onze twee kinderen en de twee kleinkinderen.' En waar word je nog meer gelukkig van? 'Van lesgeven, filosofie, psychologie, films, literatuur en wandelen.'

'Zoek een baan die betekenisvol is voor jezelf en de maatschappij.'

Geld in het laatje

Wat zou jij doen als je opeens een hoop geld had? Sparen, iets kopen of het aan een goed doel schenken? Welke van die drie mogelijkheden zou je het gelukkigst maken? **Erich Kirchler** voerde een aantal experimenten uit op het gebied van de sociale en economische psychologie. Een jaar lang volgde hij bijvoorbeeld van nabij de dagelijkse beslissingen (met inbegrip van de financiële) van veertig westerse stellen. Weet hij of geld gelukkig maakt?

De glitter van goud verbleekt al snel

Geluk is misschien wel het belangrijkste onderzoeksdomein van de economische psychologie.

Is economie niet de wetenschap die bestudeert hoe schaarse goederen worden verdeeld met als doel het grootst mogelijke aantal menselijke behoeften te bevredigen? Behoeftebevrediging (en niet frustratie) zou individuen en landen gelukkig moeten maken. Vaak gaat men ervan uit dat geld en materiële bezittingen de sleutel tot geluk zijn. Met geld koop je alles, dus ook geluk. Misschien verrassend, maar zeker boeiend, is dat onderzoek aantoont dat geld weinig of niet in staat is om ons gelukkiger te maken. **Als we al enig geluk puren uit materiële rijkdom, dan is dat van korte duur.**

Uit experimenten in de economische psychologie blijkt bijvoorbeeld dat mensen veeleer verkiezen altruïstisch te handelen: in plaats van hun eigen winst rationeel te maximaliseren, schenken ze het geld aan een goed doel of putten ze geluk uit vrijwilligerswerk.

De psychologie heeft ons geleerd dat geluk voortspruit uit bevredigende liefdesrelaties, betrouwbare en rechtschapen vriendschappen, uit de mogelijkheid om te genieten van de geneugten des levens, het hebben van een sociaal relevante en zinvolle baan.

Vriendschap

Mijn advies? Streef naar een duurzame intieme relatie en investeer veel in de stabiliteit ervan. Doe moeite voor vriendschappen en wissel persoonlijke, pijnlijke en leuke ervaringen uit, lach samen en steun elkaar. **Sta jezelf bovendien toe van de gewone dingen in het leven te genieten**, apprecieer zowel grote als kleine successen en bekijk elke ideologie die boete en schuld predikt boven genot met de nodige argwaan. Mijn laatste raad? Zoek een baan die brood op de plank brengt, maar die je niet noodzakelijk rijk maakt in economische zin. Een baan die je in plaats daarvan verantwoordelijkheid en autonomie schenkt, die betekenisvol is voor jezelf en de maatschappij, waarmee je jezelf kunt identificeren tijdens het werk én wanneer je geniet van het resultaat.

Simpel? Wellicht, maar toch niet zo gemakkelijk als je denkt.

De sleutels

- → **Denk niet dat je geluk kunt kopen. Gekocht geluk smelt als sneeuw voor de zon.**
- → **Investeer liever in relaties en vriendschappen. Geniet ervan.**
- → **Zoek een baan die betekenisvol is voor jezelf en de maatschappij.**

Erich Kirchler is hoogleraar psychologie aan de universiteit van Wenen (Oostenrijk). Hij is de auteur van het boek *Love, money and everyday life* en andere werken over economische psychologie, gedragseconomie, conflicten in intieme relaties enzovoort. In *The economic psychology of tax behaviour* legt hij uit dat niet iedereen met tegenzin belastingen betaalt. Het hangt onder meer af van het land waarin je woont ('het helpt wanneer de belastingdienst juridische macht en expertise bezit en belastingbetalers behandelt als gelijkwaardige partners in plaats van als minderwaardigen die hun deel niet willen betalen').

'We overleven omdat we beleven.'

De negen ervaringen

We wandelen door de Verboden Stad in Bejing, China, en de gids illustreert hoe belangrijk het getal 'negen' is in de Chinese geschiedenis. Negen treden naar elk terras, negen keer negen knoppen op de deur van de keizer, negen beelden op het dak van de 9999 kamers. Prof. **Xing Zhanjun** werkt met andere getallen: statistieken over geluk die het subjectieve welbevinden van het Chinese volk weergeven. Zijn conclusie ter bevordering van ons geluk? Negen ervaringen.

Geluk is jouw ervaring

Wat is geluk, waar kunnen we het vinden? Geluk is samengesteld uit jouw belevenissen of ervaringen. In zekere zin is ook het leven een belevenis. We overleven omdat we beleven. Hoewel we in het ware leven ook vaak lijden, kunnen we toch ons goede humeur bewaren. Met een dergelijke instelling en inspanning kunnen we ons leven steeds verbeteren.
Uit ons onderzoek naar het subjectieve welbevinden van de Chinese bevolking is gebleken dat een aantal ervaringen van wezenlijk belang is voor geluk. De essentiële ervaring is die van **tevredenheid en overvloed**. Hoewel geld geen wondermiddel is, is het zeer onaangenaam als er geen geld is. Iemand wiens materiële basisbehoeften niet vervuld zijn, moet je niet vragen of hij gelukkig is. De eerste vereiste voor geluk is dan ook dat men genoeg geld heeft om een comfortabel leven te leiden en niet al te vaak de druk voelt van de economische omstandigheden. Natuurlijk is een tevreden iemand gelukkig met wat hij heeft. Wie in betere materiële omstandigheden verkeert en zijn verwachtingen tempert, komt al dicht in de buurt van geluk. Negen ervaringen helpen je om dit geluk nog te versterken.

De ervaring van geestelijke gezondheid. Geluk is een positieve psychologische ervaring en impliceert een goede geestelijke gezondheid, een goede houding, open geest en opgewekt karakter. Wie in een dergelijke mentale toestand verkeert, voelt zich vaak energieker en kan zijn dagelijks werk en leven probleemloos aan. Zelfs wanneer hij met problemen wordt geconfronteerd, kan hij deze rustig het hoofd bieden.

De ervaring van lichamelijke gezondheid. Lichamelijke gezondheid is ook een ervaring. Het is een meevaller als je ernstige ziekten kunt vermijden, en een geluk wanneer iemand die (zwaar) ziek is toch nog van het leven kan genieten. Wie tevreden is met zijn gezondheid, zich goed in zijn vel voelt en niet gekweld wordt door een ernstige ziekte, zal waarschijnlijk gelukkiger zijn. Een lichamelijke ziekte is echter niet noodzakelijk een bron van ongeluk. Het is veeleer je positieve instelling die een bron is van geluk.

De ervaring van psychologisch evenwicht. 'Afgunstig zijn op iemands meevallers en zich verkneukelen bij zijn tegenvallers', 'wijs zijn in eigen ogen', 'grootse ambities hebben maar weinig talenten'... Met zo'n mentaliteit zul je je niet al te gelukkig voelen. Geluk is de gave om je leven gemakkelijk te aanvaarden en de problemen eerlijk en zonder klagen aan te pakken, om de kansen te grijpen die het leven je biedt en ze op een pragmatische manier vorm te geven.

De ervaring van aanpassing aan interpersoonlijke relaties. Heb je een harmonische en oprechte relatie met zielsverwanten? Heb je een aantal goede vrienden, bij wie wederzijds begrip en inschikkelijkheid geen loze woorden zijn? Een goede sociale interactie om echt een sociaal wezen te worden, kan verbittering en fouten vermijden. Uiteraard is geluk dan ook in de buurt.

De ervaring van een familiesfeer. Familie is voor iedereen belangrijk. Voor Chinezen heeft 'thuis' een speciale betekenis. Zelfs in onze moderne maatschappij is de emotionele functie van familie niet verzwakt. In huiselijke kring valt de druk van je af en kun je je grotendeels ontspannen. Iemand die de warmte van zijn gezin en familie voelt, in wiens gezin wederzijds begrip en inschikkelijkheid en een harmonische en ontspannen sfeer heersen, zal altijd aangename gevoelens ervaren.

De ervaring van vertrouwen in de maatschappij. Mensen zijn voor hun overleven gebonden aan een sociale omgeving, dus hoe ze de maatschappelijke ontwikkelingen ervaren, heeft een weerslag op hun geluk. Wie in een maatschappij leeft die vrij gunstig is voor ieders overleven en ontwikkeling, vertrouwen heeft in die ontwikkelingen en denkt dat hij erbij gebaat is, zal zich gelukkiger voelen.

De ervaring van zelfaanvaarding. Leer uit voorbije ervaringen je talenten en gebreken kennen en aanvaarden, en benader jezelf positief. Dat is een volwassen houding van zelfaanvaarding. Een dergelijke volwassen houding kan in veel gevallen helpen om boven jezelf uit te stijgen. Je ervaart dan tevredenheid en geluk, die leiden naar zelfvertrouwen en zelfbeheersing.

De ervaring van een doel en persoonlijke waarde. Wie duidelijke overtuigingen heeft, kan zijn plaats en richting in het leven bepalen, weet wat hij wil en kent de waarde en betekenis van wat hij aan het doen is. Hij zal zich steeds vervuld en tevreden voelen. Hij zal genoegen scheppen in routinetaken en elke nieuwe dag met vertrouwen tegemoetzien.

De ervaring van groei en vooruitgang. Wie vooruit wil, zal het leven positief bekijken en het zien als een continu leerproces. Met een dergelijke houding boek je vooruitgang in het leven en ben je je bewust van je streefdoelen. Op die manier overwin je de obstakels die de weg naar dat doel belemmeren. Een dergelijke ondernemingszin levert niet alleen praktische voordelen op, het maakt mensen ook gelukkig.

De sleutels

→ **Ervaar geestelijke en lichamelijke gezondheid en een psychologisch evenwicht.**
→ **Ervaar interpersoonlijke relaties, een familiale sfeer en vertrouwen in de maatschappij.**
→ **Ervaar zelfaanvaarding, doelstellingen en persoonlijke waarde, groei en vooruitgang.**

Xing Zhanjun is hoogleraar aan de Shandong Universiteit in Jinan (China). Hij is gepromoveerd aan het instituut voor sociologie van de Chinese Academy of Social Sciences in Bejing en directeur van de Research Base voor het Chinese Nationaal Bureau voor Statistiek van de provincie Shandong. Zijn belangstelling gaat uit naar de levenskwaliteit, sociaal beleid en het meten van subjectief welbevinden.

'Wie hoopt, hoort de melodie van de toekomst.'

Leren hoopvol te zijn

'Het is wenselijk en mogelijk om hoop te leren', zegt prof. **Ahmed M. Abdel-Khalek**. 'Het is belangrijk om de centrale rol van controle, beheersing, autonomie en hoopvolle oriëntatie in ons leven te leren. Om hoop te ontwikkelen moeten we op aangepaste manieren leren nadenken over onze zelfeffectiviteit en over onze controle over ons lot.'

Psychologie is de wetenschappelijke studie van gedrag en geestelijke processen. De psychologie heeft een lang verleden (meer dan tweeduizend jaar), maar een korte geschiedenis (sinds 1879). Tijdens een groot deel van de eerste eeuw van haar bestaan heeft de psychologie zich uitsluitend geconcentreerd op pathologie en negatieve emoties. Ze heeft zich beziggehouden met het onderscheiden, verlichten, behandelen en verbeteren van menselijke zwakheden. In de eerste eeuw van hun belangrijke wetenschappelijke discipline hebben psychologen zich geconcentreerd op het herstellen van schade binnen een ziektemodel. Tot voor enkele decennia hadden psychologen maar weinig kennis over wat mensen gelukkig, normaal en succesvol maakt onder de dagelijkse omstandigheden met hun ups en downs.

Sterke mensen

Nog voor het begin van deze eeuw was de beweging van de positieve psychologie aan haar opmars begonnen. Ze wilde zich niet langer uitsluitend bezighouden met het behandelen van stoornissen en het verlichten van symptomen en syndromen, maar ze wilde ook positieve kwaliteiten proberen op te bouwen. De positieve psychologie is de studie van de omstandigheden en processen die bijdragen aan het succes en optimaal functioneren van mensen, groepen en instellingen. Het is de wetenschappelijke studie van gewone goede karaktereigenschappen en deugden van mensen. Seligman stelde het als volgt: **de positieve psychologie houdt zich bezig met gewaardeerde subjectieve ervaringen: welbevinden en tevredenheid (in het verleden), hoop en optimisme (voor de toekomst) en flow en geluk (in het heden).** De positieve psychologie richt zich onder andere ook op dankbaarheid, vergeving, religiositeit en spiritualiteit. In grote lijnen kan de positieve psychologie ons vertellen hoe we mensen sterk en veerkrachtig kunnen maken.

Hoop is een van de belangrijkste concepten in de positieve psychologie. Hoop is een relatief stabiele, algemene verwachting over de toekomst. Daar zijn cognitieve processen bij betrokken om doelen te stellen in de richting van een als waardevol gezien resultaat. Hoop is hoofdzakelijk een cognitieve eigenschap. Hoop kan een toestand zijn, een eigenschap of een algemene benadering van gebeurtenissen in het leven.

Motieven

Wijlen professor Snyder en zijn collega's hebben een theorie van hoop geïntroduceerd die in de psychologische literatuur alom de aandacht heeft getrokken. Ze hebben hoop operationeel gedefinieerd als **een doelgerichte, cognitieve set met twee onderling verweven componenten: het denken over routes en het denken over zelfbeschikking.** Met het denken over routes bedoelen we het vermogen om succesvolle routes uit te stippelen en op die manier begeerde doelen te bereiken. Het denken over zelfbeschikking maakt gebruik van de motivatie om die routes te gebruiken en op die manier een beweging in de richting van de begeerde doelen in gang te zetten en in stand te houden. Snyder en zijn collega's hebben hoop dan ook gedefinieerd als een positieve motiverende toestand die gebaseerd is op de interactie tussen succesvolle zelfbeschikking (doelgerichte energie) en succesvolle routes (planning om doelen te bereiken). Deze gedachten over routes en zelfbeschikking werken op elkaar in. Ze versterken elkaar tijdens het nastreven van doelen. Deze twee componenten van hoopvol denken zijn verschillende concepten. Ze zijn allebei noodzakelijk, maar geen ervan is in zijn eentje voldoende.

Veerkracht

Er zijn diverse vormen van samenhang met hoop ontdekt. Ik zal er een paar noemen. Hoop en optimisme zijn aan elkaar verwante concepten, maar ze zijn niet gelijk. Optimisme is gedefinieerd als de stabiele neiging om te geloven dat eerder goede dan slechte dingen zullen gebeuren. Zelfeffectiviteit is ook verwant met hoop. Zelfeffectiviteit is het geloof in het eigen vermogen om specifiek gedrag uit te voeren. Hoop is verwant aan, maar niet hetzelfde als, levenstevredenheid. Andere correlaten van hoop zijn: psychologische aanpassing, eigenwaarde, sociale tolerantie en fysieke verschijning. Kortom: hoop voedt het subjectieve welbevinden en versterkt psychologische veerkracht.

Religiositeit is een belangrijke factor van welbevinden en hoop in het leven van veel mensen. Dat geldt vooral voor oude en zeer oude volwassenen. Godsdienstig geloof biedt de hoop dat alles uiteindelijk goed zal komen. Zoals professor Myers heeft vastgesteld, biedt religieuze en spirituele betrokkenheid antwoorden op enkele van de diepste vragen en prikkelt ze tot een optimistischer oordeel over levensgebeurtenissen. Daarnaast zorgt ze voor een gevoel van hoop wanneer we worden geconfronteerd met de afschuw die ons overvalt als wij ons bewust worden van kwetsbaarheid en dood. Reubem Alves zei het als volgt: 'Wie hoopt, hoort de melodie van de toekomst. Wie gelooft, danst erop.' Veel volkeren op aarde ontlenen hun hoop grotendeels aan hun religieuze en/of spirituele opvattingen.

Oriëntatie

Het is wenselijk en mogelijk om hoop te leren. Het is belangrijk om de centrale rol van controle, beheersing, autonomie en hoopvolle oriëntatie in ons leven te leren. Een gebrek aan controle kan leiden tot een pessimistische kijk op de wereld, en dat kan weer leiden tot depressiviteit en andere kwalen. Om hoop te ontwikkelen moeten we op aangepaste manieren leren nadenken over onze zelfeffectiviteit en over onze controle over ons lot. We kunnen hoop leren door onze aandacht van het negatieve te verleggen naar het positieve. **Dit is de koninklijke weg om hoop te versterken bij kinderen en iedereen te doordrenken met hoop.** In dit opzicht is het cruciaal om te weten dat wij de wereld in veel gevallen niet kunnen veranderen. Het is beslist eenvoudiger onze manier van denken over de wereld te veranderen. We moeten hoop bevorderen, vooral in de twee centrale aspecten van het menselijk leven: werk en liefde.

De sleutels

- → **De positieve psychologie kan ons vertellen hoe wij mensen sterk en veerkrachtig kunnen maken. Hoop is een van de belangrijkste concepten in de positieve psychologie.**
- → **Hoop voedt het subjectieve welbevinden en versterkt de psychologische veerkracht.**
- → **Het is wenselijk en mogelijk om hoop te leren. Het is belangrijk om de centrale rol van controle, beheersing, autonomie en hoopvolle oriëntatie in ons leven te leren.**

Ahmed M. Abdel-Khalek is hoogleraar psychologie aan de Alexandria University (Egypte). Hij heeft meer dan drieëntwintig boeken en meer dan driehonderd wetenschappelijke artikelen gepubliceerd. In zijn onderzoek richt hij zich op de structuur en beoordeling van de persoonlijkheid, crossculturele vergelijkingen, houdingen tegenover de dood, depressiviteit bij kinderen en slaapstoornissen. Sinds de laatste tientallen jaren is hij geïnteresseerd in optimisme, liefde voor het leven, religiositeit, geluk en hoop.

'We zijn geneigd te denken dat Californiërs gelukkiger zijn. Dat is niet waar.'

Zijn mooie mensen gelukkiger?

De meeste mensen geloven dat ze gelukkiger zouden zijn als ze tevredener waren met hun lichaam. In hun research buigen **Lukasz D. Kaczmarek** en **Jolanta Enko** zich over die veelgehoorde opvatting en onderzoeken ze of het ook klopt. Dit is belangrijk om te weten omdat de mensen steeds ontevredener zijn geworden met hun lichaam. Hoe zit dat bij jou?

Lichaamsontevredenheid komt onder vrouwen en onder mannen veel voor, al is het verschijnsel prominenter aanwezig bij vrouwen die het gevoel hebben dat ze onder druk staan van familie en hun bredere omgeving om ervoor te zorgen een 'volmaakt' lichaam te hebben. Een van de redenen is dat de media individuen aansporen om te focussen op hun lichaam en om het te vergelijken met dat van perfect ogende, gelukkige modellen. Dat verklaart mogelijk voor een deel waarom mensen denken dat ze gelukkiger zouden zijn als ze er beter uitzagen. Veel mensen gaan aan de slag met strategieën om hun lichaamstevredenheid op te krikken (denk aan fitnesstraining, diëten of cosmetische chirurgie) in de veronderstelling dat al die inspanningen hen blijvend gelukkiger zullen maken.

Focusillusie

Om dat probleem te onderzoeken hebben we de benadering van geluk gebruikt van Daniel Kahneman – de Nobelprijswinnaar die de irrationele overtuigingen en illusies heeft onderzocht die van invloed zijn op de beslissingen van individuen ten aanzien van hun welbevinden. Hij introduceerde de term 'focusillusie' om te benadrukken dat steeds wanneer individuen hun aandacht toespitsen op één aspect van het leven (bijvoorbeeld inkomen), ze de mate waarin dat specifieke element hun algemene levenstevredenheid beïnvloedt neigen te overschatten. We raakten geïntrigeerd door tientallen studies die aantonen dat **mensen zich ernstig vergissen wanneer ze moeten raden wat hen gelukkig maakt (of zal maken)**. Zo menen mensen dat Californiërs gelukkiger zijn als gevolg van hun heerlijke klimaat. Dat is niet waar. Waarom niet? Omdat het niet erg aannemelijk is dat de gemiddelde Californiër een groot deel van de dag bezig is met het bejubelen van het weer. Waarschijnlijker is het dat ze in beslag worden genomen door hun dagelijkse activiteiten en zorgen – net als de bewoners van minder zonnige streken in de wereld.

Hoe zit het met geld? Zijn rijkere mensen gelukkiger? Welbeschouwd is dat wel het geval, maar dan alleen als ze stilstaan bij hun rijkdom. Het voornaamste probleem voor rijke mensen is dat ze weliswaar meer kunnen golfen, maar dat ze veel onderweg zijn van en naar hun luxueuze villa in de voorsteden, veel meer tijd moeten besteden aan verplichte taken en veel minder vrije tijd hebben. We verwachtten een gelijksoortige illusie over ons uiterlijk, omdat het onwaarschijnlijk is dat aantrekkelijke mensen exclusief en voortdurend gefocust zijn op hun looks. De kans is groter dat ze worden geabsorbeerd door dezelfde routines en problemen die iedereen bezighouden, ongeacht hun uiterlijk.

Lichaamstevredenheid

Door middel van experimentele methoden hebben we inderdaad kunnen bewijzen dat ook rond lichaamstevredenheid een focusillusie kan ontstaan. We zagen dat mensen die tevreden zijn met hun lichaam aangeven dat hun leven gelukkiger is, maar pas *nadat* we hen hadden aangemoedigd aan hun lichaam te denken. **De relatie tussen lichaamstevredenheid en levenstevredenheid is zeer zwak als we hun aandacht niet vestigen op het lichaam.** Die resultaten bieden degelijk experimenteel bewijs dat de algemene opvatting tegenspreekt dat mooie mensen blijer zijn met hun leven. Hoewel tevredenheid met je lichaam een tijdelijke geluksimpuls kan produceren, staan de mensen doorgaans nauwelijks stil bij hun uiterlijk wanneer ze vragen beantwoorden over hun geluk. De conclusie is dat ons uiterlijk alleen belangrijk is voor geluk zolang en wanneer aantrekkelijke mensen stilstaan bij hoe ze eruitzien.

Gewoon lichaam

Wat impliceert die bevinding in de praktijk? Twee dingen. Ten eerste, als je een buitengewoon mooi lichaam hebt, dan is het goed om tijd door te brengen in levenscontexten die je aandacht focussen op je lichaam. Als je dat doet, zul je je tevredenheid met het leven beter op peil kunnen houden. Het is trouwens zo dat veel mooie mensen kracht putten uit hun toch al knappe looks wanneer ze naar de sportschool gaan, dansles volgen enzovoort – contexten waarin hun lichaam goed uit de verf komt. Ten tweede, **als je een doodgewoon lichaam hebt (zoals de meeste mensen), lijkt het geen goed idee om veel energie te steken in het aantrekkelijker maken van dat lijf om gelukkig te worden**. Dit boek biedt je allerlei aanknopingspunten om na te denken over veel geschiktere strategieën die je streven naar een gelukkiger en zinvoller leven kunnen inspireren en voeden.

De sleutels

- → **Als mensen focussen op één aspect van het leven, neigen ze de mate te overschatten waarin dat specifieke element hun algemene levenstevredenheid beïnvloedt.**
- → **Die 'focusillusie' doet zich ook voor wanneer we aan ons lichaam denken. Individuen die tevreden zijn met hun lichaam geven aan dat hun leven gelukkiger is, maar pas nadat ze worden aangemoedigd aan hun lichaam te denken.**
- → **Ons voorkomen is alleen belangrijk voor geluk zolang we stilstaan bij ons uiterlijk. Het is niet verstandig dat voortdurend te doen.**

Lukasz D. Kaczmarek leidt het laboratorium voor psychofysiologie en gezondheid van de Adam Mickiewicz University in Poznan (Polen). In zijn werk combineert hij de positieve psychologie met de gezondheidspsychologie.

Jolanta Enko is biologe en promovenda in de psychologie aan dezelfde universiteit.

'Singles zijn de jongste jaren gelukkiger geworden.'

Huwelijk en geluk

In de afgelopen vijftig jaar is het aantal huwelijken in Europa met bijna 50 % gedaald, terwijl het aantal echtscheidingen ruim is verdubbeld. Jaarlijks worden er nu in Europa ongeveer 2 miljoen huwelijken gesloten en hebben er 1 miljoen echtscheidingen plaats. Sociologe **Małgorzata Mikucka** bestudeert wereldwijd de relatie tussen huwelijk en geluk. Zijn gehuwde mensen echt gelukkiger? Ze ontdekt enkele belangrijke voorwaarden.

De meeste jonge mensen zijn van plan in de toekomst te trouwen. Velen van ons beschouwen het huwelijk dan ook als essentieel voor een gelukkig en voldoening schenkend leven. Wat zegt wetenschappelijk onderzoek daarover?

De relatie tussen geluk en huwelijk is complex. Grootschalige enquêtes laten zien dat gehuwde mensen gelukkiger zijn dan degenen die nooit getrouwd zijn, die gescheiden zijn of van wie de levenspartner overleden is. Dát gehuwde mensen gelukkiger zijn, kan allerlei redenen hebben. Liefde en een intieme relatie maken ons leven er misschien beter op, maar het huwelijk brengt ook andere, minder tastbare voordelen. Zo zijn gehuwde personen doorgaans gezonder en lopen ze minder risico in armoede te vervallen dan alleenstaanden. Maar de relatie tussen huwelijk en geluk wordt ook gedefinieerd door selectie: **mensen die uiteindelijk trouwen, zijn doorgaans al gelukkiger vóór het huwelijk** en minder gelukkige personen hebben een grotere kans om alleen te blijven of te scheiden. De positieve relatie tussen huwelijk en geluk wordt echter maar gedeeltelijk door selectie bepaald. Longitudinale gegevens die tonen hoe het geluk van specifieke personen mettertijd veranderde, laten zien dat we inderdaad gelukkiger worden wanneer we trouwen. Na verloop van tijd wordt dat effect echter zwakker. Mensen zijn in de regel heel gelukkig een paar jaar voorafgaand aan hun huwelijk en vlak erna – de fameuze wittebroodsweken. Bij echtparen die al langere tijd getrouwd zijn, neemt het positieve effect van het huwelijk af en sommige studies stellen vast dat dergelijke koppels beslist niet gelukkiger zijn dan alleenstaanden.

Gelukkige singles

Naarmate onze samenlevingen welvarender worden en uiteenlopende technologieën ons het leven gemakkelijker maken, worden we steeds minder afhankelijk van elkaar. Dat betekent ook dat we minder vaak trouwen en frequenter scheiden dan in de afgelopen decennia. Sommige mensen vrezen dat al die veranderingen afbreuk doen aan de waarde van het huwelijk en dat we daardoor iets belangrijks verliezen. Met andere woorden: naarmate de waarde van het huwelijk daalt, gaat het leven in onze samenlevingen er ook op achteruit. Is dat ook zo?

Mijn onderzoek heeft aangetoond dat het verhaal ingewikkelder is. Data uit vele landen laten zien dat het verschil in de gemiddelde geluksscore onder getrouwde en onder alleenstaande personen mettertijd inderdaad kleiner wordt. Dat zou erop kunnen duiden dat het huwelijk ons niet meer zó gelukkig maakt. Onderzoek laat echter ook zien dat die verandering niet is opgetreden omdat gehuwde mensen minder gelukkig zouden zijn geworden, maar omdat alleenstaanden gemiddeld gelukkiger zijn geworden dan ze in voorgaande decennia waren.

Schuldloze echtscheiding

Ik heb ook de kenmerken onderzocht van samenlevingen waar het verschil tussen het subjectief welbevinden onder gehuwde personen en onder alleenstaanden opmerkelijk groot is. Tot mijn verrassing ontdekte ik dat genderspecialisatie binnen het huwelijk (dit wil zeggen: de situatie waarin mannen werken en vrouwen zorgen voor de kinderen en het huishouden) het geluk van getrouwde mensen niet vergroot. Anderzijds zijn **gehuwde personen gelukkiger in rijke landen en paradoxaal genoeg ook in landen waar meer echtscheidingen voorkomen.**

Het resultaat dat gehuwde mensen gelukkiger zijn in landen met veel echtscheidingen verdient een extra woordje uitleg. Een echtscheiding duidt natuurlijk op problemen in een huwelijk en we zijn geneigd een scheiding als onwenselijk te bestempelen. Het is echter wel zo dat strenge regelgeving rond echtscheidingen mensen misschien ontmoedigt om die stap te zetten, maar huwelijken er niet automatisch beter op maakt. Onderzoek heeft aangetoond dat de invoering in de Verenigde Staten van de schuldloze echtscheiding (wat in de praktijk neerkomt op een gemakkelijkere en snellere ontbinding van het huwelijk) leidde tot een afname van huiselijk geweld en van zelfdoding onder vrouwen. Die resultaten herinneren ons eraan dat het huwelijk in de meeste gevallen weliswaar een bron van geluk is, maar dat een ongelukkig huwelijk een bron van het diepste ongeluk kan zijn.

Vrije keuze

Dit alles leert ons enkele belangrijke lessen over de voorwaarden voor goede, geluksbevorderende huwelijken. Om te beginnen zijn het niet de wederzijdse afhankelijkheid en de uitwisseling van diensten die een huwelijk gelukkig maken. Dat is een belangrijk punt omdat sommige mensen geloven dat traditionele rollenpatronen gezinnen sterker en beter maken voor de gezinsleden. Het gevolg daarvan kan zijn dat die mensen kiezen voor een beleid dat de rol van de vrouw als zorgverstrekker versterkt, bijvoorbeeld door ouderschapsverlof te organiseren voor moeders maar niet voor vaders. Mijn onderzoek laat zien dat dat niet de juiste weg is: **er is geen bewijs voor de stelling dat mensen in samenlevingen met een traditionele taakverdeling tussen man en vrouw meer geluk zouden putten uit het huwelijk dan in meer egalitaire maatschappijen.**

Integendeel, het feit dat gehuwde mensen gelukkiger zijn in samenlevingen waar de inkomens hoger zijn en het echtscheidingscijfer hoger ligt, laat zien hoe belangrijk keuzevrijheid is voor een huwelijk. Met een echtscheiding kun je een slecht huwelijk ontbinden, maar ook materiële welvaart bevrijdt mensen van de noodzaak om vrede te nemen met een slecht huwelijk. We beschouwen het huwelijk soms als een instelling die ons leven er beter op maakt omdat het onze basisbehoeften bevredigt. Onderzoek toont echter aan dat het huwelijk het krachtigste bijdraagt tot ons geluk wanneer er sprake is van keuzevrijheid, en veel minder als het huwelijk gebaseerd is op economische noodzaak en wederzijdse afhankelijkheid.

De sleutels

- → **We worden gelukkiger wanneer we trouwen. Na verloop van tijd wordt dat effect zwakker. Alleenstaanden zijn tegenwoordig gelukkiger dan ooit.**
- → **Het huwelijk is in de meeste gevallen een bron van geluk, maar een ongelukkig huwelijk kan een bron van het diepste ongeluk zijn.**
- → **Het huwelijk draagt het krachtigste bij tot ons geluk als we keuzevrijheid hebben, en veel minder als het gebaseerd is op economische noodzaak en wederzijdse afhankelijkheid.**

Małgorzata Mikucka is als sociologe verbonden aan de Université Catholique de Louvain (België). Ze bestudeert hoe gezinsleven, ervaringen op het werk en sociale relaties van invloed zijn op het geluk van mensen. Ze is ook geïnteresseerd in sociale 'recepten' voor een goed leven. Małgorzata heeft gepubliceerd in onder meer *Journal of Marriage and Family*, in *Social Indicators Research*, in *Demographic Research* en in *Journal of Happiness Studies*. In 2015 werd ze genomineerd voor de Ruut Veenhoven Award op grond van haar innoverende en excellente werk op het vlak van het geluksonderzoek.

'Als je vraagt of geld gelukkig maakt, zeggen veel mensen nee.'

Geld maakt gelukkig

'Kijk! Deze mensen hebben zo weinig en ze zijn zo gelukkig.' We horen het sommigen hardop zeggen als ze arme mensen ontmoeten, in binnen- of buitenland. En we verslinden artikels in populaire bladen over rijke mensen die ondanks alles toch niet gelukkig zijn. Klopt het ook? Maakt geld niet gelukkig? Prof. **Ap Dijksterhuis** kent het antwoord.

Stel je voor, je woont op een andere planeet en wordt door de bewoners van jouw planeet naar de aarde gestuurd. Je krijgt een opdracht mee: zoek eens uit wat mensen op aarde drijft. Wat willen ze? Waar streven ze naar? Je loopt een week rond op aarde, gaat naar verschillende plaatsen – variërend van de welgestelde buitenwijken van Los Angeles tot de chaotische markt in de Congolese hoofdstad Kinshasa – en dan trek je je conclusie. **Mensen streven naar geld**. Uiteraard worden mensen vooral gedreven door hun streven naar geluk, maar een heel belangrijke weg naar geluk, zo lijken we onbewust te denken, is geplaveid met meer geld. Dat is best een beetje vreemd, want als je mensen vraagt of geld gelukkig maakt, zeggen velen nee. Geld is handig om te hebben, natuurlijk, maar echt geluk zit in andere dingen.

Waarom willen we het dan graag hebben? Ons brein is erop voorgeprogrammeerd, zou je kunnen zeggen. Als wij geld uitgeven – aan nieuwe schoenen bijvoorbeeld, of aan een heerlijke maaltijd of een nieuwe auto – dan zijn we gelukkig. Dat extra geluk duurt meestal maar even, maar **juist dat kortetermijneffect slaat ons brein op.** De associatie tussen 'geld uitgeven' en 'gelukkig zijn' wordt versterkt. Dat het geluk dat je ervaart na de aankoop van nieuwe schoenen maar heel even standhoudt (waarna je alweer denkt: ik had die nieuwe broek die zo goed bij mijn schoenen paste ook moeten kopen), slaat je brein niet op.

Rijke mensen

Maar hoe zit het nu echt met de relatie tussen geld en geluk? Zijn mensen die een substantieel bedrag winnen in een loterij – laten we zeggen minstens een paar 100.000 euro – gelukkiger? Daar bestaan nogal wat misverstanden over. **Velen denken dat het winnen van een loterij maar even gelukkig maakt.** Uit recent onderzoek blijkt het juist andersom te zijn. Op korte termijn zijn mensen lang niet altijd gelukkiger. Natuurlijk, je kunt ineens allerlei leuke dingen doen en kopen, maar zo'n bak geld ineens geeft ook spanningen en onrust. Wat moet je ermee? En mensen komen je ook ineens om hulp vragen, of gaan er in het café van uit dat jij aan het einde van de avond wel even afrekent. Pas na langere tijd (een tot twee jaar) zie je dat winnaars wél gelukkiger zijn. De onrust is weg, de vrienden die je nu nog hebt, zijn echte vrienden en je vermogen zorgt voor zekerheid – als je wasmachine kapotgaat, koop je fluitend een nieuwe – en dat is best fijn.

Ook over de relatie tussen inkomen en geluk bestaat een mythe. Een hoger inkomen maakt gelukkig, maar dat geldt enkel tot op een bepaalde hoogte. Bij een inkomen van ongeveer 70.000 euro worden mensen niet meer gelukkiger van extra geld. Ook dat blijkt niet te kloppen. Veel nieuwer onderzoek laat zien dat mensen die 200.000 euro per jaar verdienen gemiddeld gelukkiger zijn dan mensen die jaarlijks 100.000 euro verdienen. En de meeste heel rijke mensen geven aan erg gelukkig te zijn. Het zou kunnen dat er qua inkomen wel een soort plafond is, maar dat ligt vele malen hoger dan bij 70.000 euro. Een voorzichtige schatting is dat het zou gaan om ruim 100.000 euro per gezinslid.

Arme mensen

De relatie tussen inkomen en geluk is niet zwak, zoals weleens wordt beweerd. Mensen in rijke landen zijn gemiddeld veel en veel gelukkiger dan mensen in arme landen.

Waar kun je je geld het best voor gebruiken?

Stel dat je genoeg geld hebt om aan je basisbehoeften te voldoen (een dak, eten, kleren enzovoort). Maakt het dan voor je geluk eigenlijk uit waar je je geld aan uitgeeft? Ja, dat maakt zeker uit. Spullen kopen heeft niet zoveel zin, maar helemaal niets doen met je geld ook niet. Om nóg gelukkiger te worden moet je je geld uitgeven aan:

1. **Tijd.** Koop de dingen af die je niet leuk vindt. Koop vrije tijd, neem een schoonmaakhulp.
2. **Ervaringen** (en dus geen spullen). Ervaringen leveren een veel grotere bijdrage aan geluk dan spullen. Ga op reis, ga een avond lekker uit eten, doe leuke nieuwe dingen die je inspireren.
3. **Anderen.** De beste manier om gelukkig te worden van het uitgeven van geld is anderen gelukkig maken. Probeer met je geld anderen te helpen en je wordt zelf ook gelukkiger.

Dat komt zeker niet alleen door inkomen – zo worden rijke landen vaak ook veel beter geregeerd en zijn ze veiliger – maar het speelt wel een rol. Ook zie je dat het verschil in geluk tussen de armste 25 % procent van de Nederlanders en de rijkste 25 % aanzienlijk is. Echte armoede kan allerlei psychologische problemen en gedragsproblemen met zich meebrengen, omdat arme mensen vaak last hebben van zorgen. Het kost energie, en je ziet dan ook dat arme mensen vaak ook ongezonder zijn omdat ze minder goed kunnen stoppen met slechte gewoontes (zoals roken) en vaker hun medicijnen vergeten.

Geld kan dus wel degelijk flink bijdragen aan geluk. Dat besef is in onze tijd extra belangrijk, omdat de kloof tussen rijk en arm groeit. Dit geldt voor de wereld in het algemeen, maar ook voor vrijwel alle individuele landen. De wereldeconomie groeit, maar meer dan 80 % van het extra geld komt terecht bij de rijkste mensen van de wereld, terwijl de armste mensen er niets bij krijgen. **Dit betekent dat er ook een steeds grotere gelukskloof ontstaat tussen de *haves* en de *havenots*.** Dit werpt een moreel probleem op, omdat het ons eigenlijk toont dat rijken meer zouden moeten gaan delen. Bovendien heeft het kwalijke gevolgen, zoals grotere migratiestromen, toenemende ontevredenheid en een grotere aanhang van populistische partijen.

Betekent dit alles nu dat we het krijgen van meer geld moeten nastreven? Nee, dat juist niet. Materialisme maakt juist ongelukkig. Zoals de Griekse reder Onassis ooit zei: 'Geld moet je niet achterna, maar tegemoet lopen.' Geld is goed om te hebben, maar je mag het niet te graag willen hebben.

De sleutels

- → **We streven naar geld, maar er spullen mee kopen zorgt slechts voor een korte geluksbeleving.**
- → **Arme mensen zijn niet gelukkiger. En rijke mensen zijn niet ongelukkiger. Er ontstaat wel een steeds grotere kloof tussen beide groepen. En dat maakt niemand gelukkig.**
- → **Wie genoeg geld heeft, kan er het best tijd en ervaringen mee kopen. En spant zich in om er anderen gelukkig mee te maken.**

Ap Dijksterhuis is hoogleraar psychologie aan de Radboud Universiteit in Nijmegen (Nederland). Hij won vele wetenschappelijke prijzen en is voormalig consulting editor van het toonaangevende tijdschrift *Science*. Hij is een veelgevraagd spreker, ondernemer en schrijver van boeken als *Het slimme onbewuste*, *Op naar geluk*, *Wie (niet) reist is gek* en *Maakt geld gelukkig?*.

'Zelfs in mijn eentje kan ik lachen om de absurde dingen in het leven.'

De beste humorstijl

Overal ter wereld geldt lachen als een krachtige manier om aansluiting bij anderen te vinden, stress te verlagen en het persoonlijk welbevinden te vergroten. 'Lachen is het beste medicijn' of 'Ergens meteen de humor van inzien' zijn zegswijzen die erop duiden dat lachen en humor heilzaam zijn. Aangezien er verschillende types humor zijn, onderzoekt dr. **Anja Leist** bij welk soort humor ons geluk het meeste gebaat is.

Om die vraag te beantwoorden is de bekende Humor Styles Questionnaire (HSQ) van Rod A. Martin en collega's (2003) een nuttig hulpmiddel. De HSQ beschrijft vier verschillende 'humorstijlen' en maakt die inzichtelijk via een kwadrant waarin welwillende tegenover mogelijk beschadigende humor staat en humor die gericht is op het individu zelf tegenover humor gericht op anderen.

1. De eerste humorstijl is welwillend voor het ik en wordt **zelfversterkende humor** genoemd. Om te beoordelen in hoeverre iemand zich bedient van zelfversterkende humor informeert de vragenlijst in welke mate de respondent het eens is met stellingen als: 'Als ik verdrietig ben of me ongelukkig voel, probeer ik meestal iets grappigs te ontdekken in de situatie zodat ik me weer wat beter voel' of 'Zelfs in mijn eentje kan ik lachen om de absurde dingen in het leven'.
2. De tweede humorstijl is potentieel beschadigend voor je 'ik' en noemen we **zelfdestructieve humor.**
3. Het derde type is welwillend voor anderen en wordt **verbindende humor** genoemd.
4. De laatste humorstijl is potentieel beschadigend voor anderen en heet **agressieve humor**.

Martin en zijn collega's slaagden erin aan te tonen dat **zowel de zelfversterkende als de verbindende humorstijl in verband zijn te brengen met een groter welbevinden.** Onze onderzoeksvraag was echter een beetje anders, aangezien we niet de individuele humorstijlen wilden onderzoeken, maar hoe die stijlen in combinatie worden gebruikt en welke van de resulterende humortypes het gunstigste effect hebben op ons welbevinden.

Drie stijlen

We vroegen een steekproef van studenten en werknemers om online een vragenlijst in te vullen. De deelnemers werd gevraagd in welke mate ze zich van de vier verschillende humorstijlen bedienden. Vervolgens kregen ze vragen voorgelegd over hun eigenwaarde (in welke mate ze trots op of tevreden met zichzelf waren), over zelfregulatiestrategieën (hoe ze zouden omgaan met bepaalde levenssituaties: door persoonlijke doelen aan te passen aan de situatie of door zich er hardnekkig aan vast te klampen), en over hun tevredenheid met het leven in het algemeen. We zijn van de aanname uitgegaan dat geen van de humorstijlen op zich heilzaam is en dat een positieve werking vermoedelijk uitgaat van een goede combinatie van de stijlen.

Toen we op zoek gingen naar patronen in het gebruik van humorstijlen, ontdekten we drie verschillende groepen.

1. Eén groep mensen bediende zich in gelijke mate van alle humorstijlen, de zogeheten **humoraanhangers.**
2. Een andere groep mensen hield er helemaal niet van humor te gebruiken, de zogeheten **humorontkenners.**
3. De laatste groep vertoonde een gemiddeld niveau wat betreft verbindende humor, een zeer laag gebruik van zelfdestructieve en agressieve humor en noteerde een bijzonder hoge score op zelfversterkende humor, de zogeheten **zelfversterkers.** Dat betekent dat deze groep zich vooral bediende van humor om zichzelf op te vrolijken op eenzame of verdrietige momenten. Dit type humor bleek het interessantst te zijn.

In vergelijking met de andere groepen **vertoonde de groep zelfversterkers het gunstigste patroon qua eigenwaarde, zelfregulatie en welbevinden.** Deze mensen waren zich bewust van hun waarde als persoon, toonden zich bereid om indien nodig hun doelen flexibel aan te passen en gaven in het algemeen aan zeer tevreden te zijn met hun leven.

Goede pad

Dit zijn nieuwe bevindingen en ze zijn – voor zover wij weten – niet aangetoond in een andere, soortgelijk opgezette studie. Dus voorlopig dienen we behoedzaam om te gaan met de vraag of dit resultaat overeind blijft in het 'echte' leven en of andere groepen mensen, bijvoorbeeld werkzoekenden of bejaarden, ook baat ondervinden van zelfversterkende humor. Wat we met de nodige slagen om de arm wel kunnen concluderen uit deze studie is dat **het inzetten van humor goed voor je lijkt te zijn om je zinnen te verzetten in moeilijke situaties, om wat afstand te nemen van de knoeiboel waarin je je bevindt en om jezelf op te beuren.** Als je daarbij nalaat jezelf of anderen op een kleinerende manier belachelijk te maken, dan bevind je je misschien op het goede pad naar persoonlijk welbevinden en geluk.

De sleutels

- → **Er zijn vier verschillende humorstijlen: de zelfversterkende, de zelfdestructieve, de verbindende en de agressieve stijl. De zelfversterkende en de verbindende stijl zijn in verband te brengen met een groter welbevinden.**
- → **De meeste mensen gebruiken een combinatie van de vier stijlen. Er zijn drie groepen te onderscheiden: humoraanhangers, humorontkenners en zelfversterkers. De laatste groep doet nauwelijks aan zelfdestructieve en agressieve humor, scoort gemiddeld op verbindende humor en scoort zeer hoog op zelfversterkende humor – de stijl die het gunstigste effect lijkt te hebben.**
- → **Het lijkt een goede zaak te zijn je te bedienen van humor in moeilijke situaties: om je te amuseren, wat afstand te nemen en de zaken iets zonniger in te zien. Laat daarbij na jezelf of anderen op een kleinerende manier belachelijk te maken.**

Dr. Anja Leist is onderzoeker aan de Universiteit van Luxemburg. Haar voornaamste onderzoeksthema's betreffen sociale ongelijkheid op gezondheidsgebied en het cognitief functioneren op bejaarde leeftijd bezien vanuit het perspectief van een levensloop. Behalve over die onderwerpen publiceert ze ook over welbevinden, levensevaluatie en technologie ten bate van ouderen.

'Geluk hangt af van wat men kan geven, niet van wat men kan krijgen.'

De impact van vrijwilligerswerk

'Geluk hangt af van wat men kan geven, niet van wat men kan krijgen.' Die fraaie uitspraak van Winston Churchill verwoordt de opvatting dat het bij welbevinden niet zozeer draait om krijgen en consumeren, maar dat vooral hetgeen we anderen géven ons leven zin geeft. Wordt die opvatting geschraagd door onderzoek naar subjectief welbevinden? Om antwoord te geven op die vraag heeft dr. **Anke C. Plagnol** haar aandacht toegespitst op vrijwilligerswerk – begrepen als werk dat niet wordt betaald en niet wordt opgelegd, en dat voordelen voortbrengt in de vorm van welkome diensten aan anderen. Wie goed doet, goed ontmoet?

Vrijwilligerswerk kan allerlei vormen aannemen: de vader die een volleybalploeg coacht, de student die een handje helpt bij de daklozenopvang, die mevrouw die haar oppas gratis helpt met haar boekhouding, de tiener die belangeloos karweitjes opknapt voor bejaarde mensen in de buurt – het zijn allemaal vrijwilligers die hun tijd en energie inzetten ten bate van anderen zonder daarvoor direct beloond te worden. Vrijwilligerswerk kan formeel zijn, bijvoorbeeld voor een liefdadigheids- of vrijwilligersorganisatie, of de informele vorm aannemen van hulp aan anderen die geen familie zijn. Beide vormen van vrijwilligerswerk houden onderling wel verband: mensen die vrijwilligerswerk doen in een formele context zullen dat ook eerder doen in een informele setting.

Vrijwilligers spelen een belangrijk rol in onze maatschappij aangezien goede doelen en andere organisaties in de sociale en culturele sector en ook in de zorg, het onderwijs en de sport vaak aangewezen zijn op hun inbreng. **Vrijwilligerswerk is goed voor gemeenschappen omdat het sociale banden verstevigt en normen als altruïsme en solidariteit aanmoedigt.** De voordelen voor de samenleving als geheel en voor degenen die direct baat ondervinden van vrijwilligerswerk liggen voor de hand, maar hoe zit het met de vrijwilligers zelf? Maakt geven inderdaad gelukkiger dan krijgen?

Mensen zijn waarschijnlijk niet bereid onbetaald werk te doen als ze dat werk niet op de ene of de andere manier de moeite waard vinden. Om hun activiteiten te ontplooien hebben vrijwilligers meer behoefte aan intrinsieke motivatie dan aan extrinsieke prikkels in de vorm van geld. Misschien vinden ze die intrinsieke motivatie in het warme en voldane gevoel dat vrijwilligerswerk verschaft. Er bestaat niet alleen een verband tussen vrijwilligerswerk en een goede fysieke gezondheid, maar vrijwilligers genieten ook een betere geestelijke gezondheid, en wel in de vorm van een grotere tevredenheid met het leven (een maatstaf voor hedonistisch welbevinden), een opgeruimd humeur en een 'eudaimonistisch welbevinden' – de mate waarin een persoon met voldoening de zin en betekenis van zijn/haar leven ervaart. **Vrijwilligers noteren een groter besef van eigenwaarde, een betere gezondheid en ook het sterftecijfer onder vrijwilligers ligt relatief lager.**

Maar waaróm is vrijwilligerswerk bevorderlijk voor het welbevinden? **Het welzijn van anderen is van belang voor ons eigen welbevinden.** Daar komt bij dat ook positieve sociale uitwisselingen, steun vanuit sociale netwerken en persoonlijke relaties belangrijk zijn voor ons individueel subjectief welbevinden, en vrijwilligerswerk is een van de manieren om zulke banden te smeden en te verstevigen. Het is ook denkbaar dat mensen zich via bepaalde soorten vrijwilligerswerk bewuster worden van het leven van de medemens die het minder getroffen heeft, waardoor ze beter beseffen hoe goed ze het hebben vergeleken bij anderen. Het is bekend dat 'sociale vergelijking' – dus anderen als referentiepunt gebruiken om je eigen situatie te beoordelen – een aanzienlijke impact kan hebben op welbevinden.

Maar bevordert vrijwilligerswerk het welbevinden inderdaad of is – andersom – de kans gewoon groter dat gelukkige mensen bereid zijn tijd te besteden aan anderen? Niet veel studies slagen erin een causaal verband aan te tonen en zo die vraag te beantwoorden, maar een onderzoek dat een heel goede poging daartoe onderneemt – verricht door Meier en Stutzer in 2008 – komt tot de slotsom dat vrijwilligerswerk het subjectief welbevinden daadwerkelijk vergroot.

Het kan zijn dat potentiële vrijwilligers zich echter niet bewust zijn van deze positieve effecten en zich daarom ook niet melden voor vrijwilligerswerk. **Eén belangrijke reden waarom mensen met vrijwilligerswerk beginnen is vermoedelijk dat vrienden hun vragen** om dat te doen, wat impliceert dat degenen die al beschikken over grote sociale netwerken meer kans hebben te worden uitgenodigd voor vrijwilligerswerk. Daar komt bij dat mijn collega en ik op basis van een Europese steekproef hebben geconstateerd dat hoogopgeleide personen en mensen die het financieel goed hebben zich eerder zullen aanmelden als vrijwilliger, wat er mogelijk op duidt dat ze daartoe gemakkelijker in de gelegenheid worden gesteld.

Zouden beleidsmakers vrijwilligerswerk moeten aanmoedigen om het welbevinden in een samenleving te vergroten? Hoewel vrijwilligerswerk essentieel is voor het welbevinden in een gemeenschap, betreft het een niet-marktgebonden activiteit die geen deel uitmaakt van het bbp van een land op basis waarvan economieën van oudsher vooruitgang meten. Beleidsmakers zouden daardoor de substantiële en positieve impact van vrijwilligerswerk op het welbevinden van de samenleving en dat van individuele burgers kunnen onderschatten.

De sleutels

- → **Niet alleen de samenleving heeft baat bij vrijwilligerswerk, ook de vrijwilliger zelf.**
- → **Vrijwilligerswerk is in verband te brengen met een grotere tevredenheid met het leven (hedonistisch welbevinden) en met de ervaring van nut en doel van dat leven (eudaimonistisch welbevinden).**
- → **De positieve verbanden tussen subjectief welbevinden en vrijwilligerswerk zijn waarschijnlijk terug te voeren op sociale relaties.**

Dr. Anke C. Plagnol is docent psychologie (gedragseconomie) aan de City University London (Verenigd Koninkrijk), waar ze ook adjunct-programmadirecteur van de masteropleiding gedragseconomie is. Daarvoor was ze postdoctoraal onderzoeker aan de University of Cambridge bij de afdeling Sociologie, waar ze research deed naar subjectief welbevinden en gendergelijkheid. Hoewel ze econome van opleiding is, kiest ze voor een interdisciplinaire benadering van haar onderzoek door zich te bedienen van theorieën en methoden uit de economie, de psychologie en de sociologie. Anke is geïnteresseerd in de keuzes die mensen maken en hoe die van invloed zijn op hun subjectief welbevinden.

'Ons geluk hangt niet af van externe omstandigheden.'

Zomaar gelukkig zijn

Hoe valt het te verklaren dat we ons zo gemakkelijk enthousiast laten maken door glamoureuze reclameboodschappen voor het nieuwste broodje dat op de markt is gebracht? Die houding is onbegrijpelijk, tenzij we toegeven dat we onze tijd verdoen met wachten op dat éne wonderproduct dat ons onmiddellijk gelukkig zal maken. De jungiaanse psychoanalyticus **Guy Corneau** geeft daar volgende verklaring voor.

Toen ik net met mijn universiteitsstudie was begonnen, hebben de woorden van een professor in de reclamepsychologie me gechoqueerd. Hij beweerde: 'Het tv-journaal brengt slecht nieuws, de reclame goed nieuws.' Een dergelijk simplistisch idee stuitte me tegen de borst. Het leek me een belediging van het menselijke vernuft. Nochtans bevatten zijn woorden veel wijsheid. Hoe valt het anders te verklaren dat we ons zo gemakkelijk enthousiast laten maken door glamoureuze reclameboodschappen voor het nieuwste broodje dat op de markt is gebracht? Die houding is onbegrijpelijk, tenzij we toegeven dat we onbewust onze tijd doorbrengen met het wachten op dat éne wonderproduct dat ons gelukkig zal maken. En niet zomaar om het even welk geluk, maar onmiddellijk geluk, 'kant-en-klaar geleverd'. In werkelijkheid illustreert die verwachting dat we weigeren te beseffen dat we zelf voor ons geluk verantwoordelijk zijn. En we schuiven meteen ook het idee opzij dat we zelf ons geluk kunnen creëren. We hangen liever valselijk het onschuldige slachtoffer uit en we verdedigen die identiteit met hart en ziel.

En wat zou er gebeuren als we zouden stoppen met het spelen van het spelletje goed nieuws-slecht nieuws? Dan worden we geconfronteerd met de leegte van ons ogenschijnlijk zo drukke bestaan. We worstelen met gevoelens van verveling, eenzaamheid en verdriet, die enkel onze echte angst verbergen, namelijk dat we in een wereld leven die steeds meer bedreigend is. Dan komen we tot het besef dat een prestatiegericht bestaan, waarin men geen tijd heeft om te ademen, ingegeven is door de angst niet te bestaan.

Misschien zijn de extreme maatregelen waartoe we onze toevlucht nemen om onze angst onder controle te krijgen wel in overeenstemming met de omvang van die angst? Hebt u al gemerkt dat de compensaties die we gebruiken om ons milde ongeluk te sussen steeds radicaler zijn? Zo beantwoorden we extreme angst met extreme sport, harde porno, workaholisme, zo puur mogelijke chocolade. Mijn sportclub biedt zelfs cursussen extreme yoga aan!

Bewuste keuze

Een tijdje geleden vertelde een vriend me over zijn buitengewoon extreme avontuur. Hij was net terug van een expeditie naar de berg Kailash in Tibet. Tijdens de reis was niks volgens plan verlopen. 's Nachts daalde de temperatuur tot −15°C, hoewel de normale temperatuur een aangename 12°C hoorde te zijn. Veertien dagen lang kreeg zijn groep identieke gerechten voorgezet. Uiteindelijk had de groep zelfs af te rekenen gehad met watertekort, wat voor problemen had gezorgd en waardoor een deelnemer zelfs van zijn stokje was gegaan.

'Wat een teleurstelling!' zei ik hem.

'Helemaal niet,' antwoordde hij me. 'Ik ben in mijn leven zelden zo gelukkig geweest. Ik heb iets opmerkelijks geleerd: ons geluk hangt niet af van externe omstandigheden. We hebben honger gehad, we hebben kou gehad, we hebben dorst geleden, er kon niet voldaan worden aan onze gewone verlangens, zowel zintuiglijke als andere, en toch heerste er vreugde.'

Dat is omdat er altijd vreugde aanwezig is, in onszelf. De Tibetanen beweren zelfs dat vreugde de lichtgevende basis is waarop elk menselijk leven berust en dat elke mens die kan bewerkstelligen als hij in een spontane toestand van gelukzaligheid of extase belandt. Als vreugde al aanwezig is, waarom moeten we dan op een lastige beproeving wachten om ze te voelen? Waarom kunnen we niet uit vrije wil het geweer van schouder veranderen en ons innerlijke gemoed wijzigen? De wijze doet niet alsof hij alles wat om hem heen gebeurt onder controle heeft, hij geeft er veeleer de voorkeur aan te reageren op alles wat om hem heen gebeurt door zijn innerlijke geestesgesteldheid te kiezen. Iedereen kan die beslissing nemen. Zoals de schilder de kleuren voor zijn schilderij kiest om harmonie en schoonheid te scheppen, zo kunnen wij de kleuren en schakeringen kiezen die ons bestaan kleur zullen verlenen. Op die manier wordt men de schepper van zijn eigen geluk.

Vanaf een zeker niveau van welzijn en bewustzijn heeft een mens zijn geluk of ongeluk enkel aan zichzelf te danken. Hij is geen slachtoffer, van geen enkel verleden waaraan hij niet zelf kan ontsnappen. Hij is de schepper van zijn eigen leven, in een mate die hem hoogtevrees kan geven. Bij nader inzien zou ik durven beweren dat **een van de enige beslissingen die echt een verschil kunnen maken in een leven, de beslissing is bewust voor het geluk te kiezen.**

Het staat ieder van ons vrij om voor geluk te kiezen: wachten tot het leven hem de rekening van zijn excessen presenteert of zichzelf geregeld trakteren op een periode waarin hij alles loslaat. En zo, hoewel het een inspanning vergt, kan een wandeling in de natuur ons met vreugde vervullen. Nochtans stelt die wandeling op zich niks bijzonders voor. Een dagelijks meditatiemoment, waarbij we genieten van het simpele feit dat we bestaan en volop proeven van de overvloed van lucht, water en licht, ligt in dezelfde lijn. Ook dat verblijdt het hart en stelt gerust. Als er één ding is wat ik tijdens de verschillende beproevingen in mijn leven heb geleerd, dan is het wel dat het geen zin heeft te wachten tot je dit of dat niveau van persoonlijk streven hebt bereikt vooraleer je op adem mag komen. Het is beter een ritme te omarmen dat je toelaat af en toe aan jezelf te denken en je bij elke stap vrij inspireert. Want geen enkele prestatie, hoe groot ook, kan de angst wegnemen niks te zijn.

Innerlijke vrede

In werkelijkheid blijven we gevangenen van onze angsten zolang we niet in staat zijn ons te verzoenen met de realiteit van het huidige moment. Daarom moeten we onze verwachtingen loslaten. Het is een beetje alsof je er zelf voor zou kiezen niks meer te verwachten, niks meer te zijn, met andere woorden niet langer te beweren dat je dit of dat belichaamt. Want de verwachtingen die we hebben ten opzichte van onszelf en ten opzichte van anderen katapulteren ons onophoudelijk naar het verleden en de toekomst, in die mate dat we vergeten gehoor te geven aan het nu. Het is niet de bedoeling dat je niks doet, het is de bedoeling dat je je verzoent met wat bij jou een geluksgevoel opwekt, dat je niet uit het oog verliest dat dat geluk al bestaat, dat het er altijd geweest is en dat het er altijd zal zijn.

Uiteindelijk is er maar één oplossing mogelijk: zomaar gelukkig zijn, zomaar liefhebben, zomaar van de rijkdom van het leven proeven en zomaar van de innerlijke vrede genieten. Enkel en alleen gehoor geven aan onze natuurlijke aanleg voor geluk.

De sleutels

- → **Ons geluk hangt niet af van externe omstandigheden.**
- → **We kunnen zelf onze gemoedstoestand veranderen.**
- → **Vreugde zit in ons, is er altijd geweest en zal altijd in ons zijn.**

Guy Corneau is een jungiaanse psychoanalyticus. Hij studeerde aan het Carl Gustav Jung-Institut in Zürich en woont in Montréal. Hij schreef onder andere *Revivre!*, *Le meilleur de soi*, *Victime des autres, bourreau de soi-même*, *Het helend hart* (*La guérison du coeur*), *Lessen in Liefde* (*L'amour en guerre*) en *Afwezige vaders, verloren zonen* (*Père manquant, fils manqué*). Al zijn werken zijn in meerdere talen vertaald. De voorbije twintig jaar heeft hij wereldwijd honderden lezingen gegeven en talrijke workshops voor persoonlijke ontwikkeling geleid, activiteiten die hij ook vandaag nog voortzet. Na zijn strijd tegen een vergevorderde kanker hecht hij er veel belang aan opnieuw te leven en wil hij zich weer richten op zijn eerste passie, namelijk poëzie en theater.

'Gelukkig zijn is niet gemakkelijk.'

De valstrikken

Informatica heeft geen geheimen meer voor ons, we spreken een tweede taal en we beoefenen zonder veel problemen een sport, maar hoe zit het met onze houding ten opzichte van geluk? Kunnen wij gelukkig zijn? En vooral, hebben we enig idee wat we moeten doen om gelukkig te worden? Dat laat **Thomas d'Ansembourg** ons ontdekken in deze reflectie over het leven, de maatschappij en de levenskracht die elk van ons bezielt…

Wanneer ik tijdens een lezing vraag wie er iemand kent die gelukkig is, steekt 35 tot 50 % van de aanwezigen de hand op. Bij de vraag wie er twee gelukkige mensen kent, reageert nog 20 tot 35 % van het publiek. Daarna vraag ik wie er vijf kent en dan geeft slechts 1 of 2 % nog aan zoveel gelukkige mensen te kennen. Ik doe dat in auditoria waarin 300 tot 800 mensen van alle strekkingen uit onze zogenaamde ontwikkelde landen verenigd zijn. Vervolgens zet ik mijn peiling voort door achtereenvolgens te vragen wie er vijf mensen kent die met de auto rijden, een vreemde taal spreken, een ietwat technische sport zoals skiën of tennissen beoefenen, of informatica gebruiken. Bij elk van die vragen krijg ik tussen de 65 en 85 % positieve antwoorden. Het is overduidelijk, **we hebben beter geleerd om te doen dan om te zijn!**

Hoe is die situatie, die ik in verschillende landen al meerdere keren heb kunnen vaststellen, toch kunnen ontstaan? Het is handig en aangenaam om met een auto te kunnen rijden, een andere taal te spreken, een sport te beoefenen en om te kunnen gaan met computers, maar toch voelen we aan dat dat niet de essentie van ons bestaan is. Zijn we capabeler in zaken die handig en aangenaam maar niet essentieel zijn dan op een terrein dat er werkelijk toe doet, namelijk erin slagen gelukkiger worden?

Zeilboot

In feite draait het niet om bekwaamheden, want elk van ons beschikt over talrijke capaciteiten om zaken aan te leren. Het gaat om keuzes: alle mensen die, beetje bij beetje, in een nieuw gebied een zekere bekwaamheid hebben verworven, besloten daarna vaak om zich erin te verdiepen; ze noteerden die activiteit in hun agenda en hebben er tijd voor uitgetrokken; ze hebben de logica ervan ontdekt, zich automatismen eigen gemaakt, zich de afwijkingen ingeprent, het proces van trial and error aanvaard; ze hebben bewust tijd uitgetrokken voor dat leerproces, praktijkboeken uitgeplozen en soms hebben ze een budget opzijgezet om enkele lessen te volgen... En vroeg of laat genieten ze van het ongeëvenaarde plezier dat die nieuwe bekwaamheid, die een deel is geworden van hun manier van zijn, hun biedt.

Wanneer het echter om geluk gaat, (wan)hopen de meeste van onze tijdgenoten dat het zich kant-en-klaar aandient, zonder dat ze er inspanningen voor moeten leveren of iets moeten aanleren. Zonder het te beseffen zijn ze in verschillende *antigeluk*-valstrikken gelopen. Ik heb mezelf jarenlang moeten observeren om te ontdekken waarom ik het zo moeilijk had om duurzaam gelukkig te zijn – en steun nodig gehad van mensen met hetzelfde probleem – om deze twee cruciale zaken te begrijpen:

1. **Het is onmogelijk uit een valstrik te raken als we niet beseffen dat we erin verzeild geraakt zijn.** Het is de eerste stap naar de vrijheid: ons bewustzijn openen en proberen te begrijpen wat, *binnen in ons*, ons tegenhoudt om vooruitgang te boeken, wat ons afremt of blokkeert. Als we dat doen, komen we doorgaans tot het besef dat we gevangen zitten in onze eigen denkgewoontes, in onze functioneringsautomatismen, onze manieren om zaken aan te nemen en voor te stellen. Waar we dus eigenlijk problemen mee hebben, is niet zozeer onze levensgesteldheid, maar de gesteldheid (het geconditioneerd zijn) van onze geest, ons innerlijke 'besturingssysteem', onze persoonlijke 'software'. Maar wat geprogrammeerd is, kan ook gedeprogrammeerd worden!
2. **Om onze comfortzone te durven verlaten en het veranderingsproces aan te vatten, moeten we het aandurven een analyse te maken van de kracht die ons eigen is**, die ons diepste innerlijk bezielt en onze geconditioneerde persoonlijkheid overstijgt.

Het ontwakingproces is dus tweeledig. Net zoals voor een reis met een zeiljacht, moeten we durven breken met onze gewoontes en automatismen, we moeten de 'trossen losgooien'. Zich onderdompelen in het troebele water van ons onbewuste is echter zeker niet vanzelfsprekend, wat verklaart waarom zo weinig mensen zichzelf in vraag stellen. We moeten de opening in ons hart en bewustzijn durven binnengaan en er onze eigen levenskracht wortel doen schieten, de bezieling ervan ervaren, of, om bij de zeilmetafoor te blijven, we moeten de mast en de zeilen hijsen. De geest mag dan wel over alle aangemeerde boten waaien, hij voert ze alleen ver mee als de harten bereid zijn de ketenen van hun ego te breken en zich open te stellen voor het 'zijn'.

Vaccinatie

Een van de meest terugkerende valstrikken in onze culturen is het dubbele *antigeluksvaccin*, een subtiel mechanisme van zelfsabotage dat moeilijk te identificeren is en waar men bijgevolg maar erg moeilijk van afraakt. Ik heb zelf ook jarenlang de indruk gehad dat ik was ingeënt tegen geluk. Zodra het geluk zich schijnbaar wat standvastiger aandiende, voelde ik mijn immuniteitssysteem in werking treden om het te saboteren. Datzelfde reactiemechanisme heb ik vervolgens bij honderden andere mensen gezien. Het komt voort uit een tegenstrijdig dubbel gebod dat deel uitmaakt van onze culturen en dat we al heel jong aanleren. Dat eerste gebod is: 'We zijn hier niet om plezier te maken'. Vanuit dat perspectief moeten we het leven maar verdragen in afwachting van het pensioen; het paradijs en geluk zijn zogoed als verboden. Het tweede gebod luidt: 'Men moet tevreden zijn met wat men heeft'. In die optiek is geluk zowaar verplicht: men huilt niet, men klaagt niet. Specialisten van de school van Palo Alto leggen een verband tussen dat dubbele tegenstrijdige gebod en het ontstaan van schizofrenie. **Wat mezelf betreft stel ik vast dat velen van ons – en ik heb daar ook lange tijd toe behoord – een schizofrene relatie hebben met geluk:** we zijn ernaar op zoek en toch zijn we ook de eersten om onszelf te weerhouden het te bereiken, alsof geluk een risico zou inhouden. Maar het enige risico dat je loopt, is dat je breekt met een cultuur van ongelukkig zijn, een cultuur waarin het individu zo getraind is dat hij zich enkel intens voelt leven bij tragedies en wanneer hij lijdt.

Door mensen te begeleiden door de diverse cycli en seizoenen van het leven ben ik tot de vaste overtuiging gekomen dat we enkel op zoek zijn naar meer innerlijke vrede, een vrede die naar boven gehaald kan worden, want we dragen ze in onszelf, goed beschermd tegen de wisselvalligheden en stormachtige periodes ons leven; een vrede die aanstekelijk is omdat ze zo intens en rijk is.

Het werk dat we met ons innerlijk verzetten, stelt ons in staat ons bewustzijn open te stellen en te putten uit die interne kracht die in alle spirituele tradities terugkeert, ongeacht of ze Adem, Geest, Genade, Aanwezigheid, Geweten of God worden genoemd. Die benaderingswijze is van algemeen belang. Ecologie begint in het diepste van ons hart, want onze innerlijke psychospirituele ontwikkeling is de sleutel voor een duurzame maatschappelijke ontwikkeling.

Met alle uitdagingen die de wereld vandaag te wachten staan, is innerlijkheid een blijk van burgerzin.

De sleutels

- **In onze culturen hebben we meer geleerd om te doen dan om te zijn. Laten we dat omkeren.**
- **Het ontwakingsproces dat naar een aanstekelijke innerlijke vrede leidt, bestaat uit een tweeledig leerproces dat voor ieder van ons mogelijk is: breken met onze gewoontes en automatismen en ons durven openstellen voor ons diepe zijn.**
- **Dit proces van innerlijke bevrediging en openheid is van algemeen belang: vandaag is innerlijkheid een blijk van burgerzin.**

Thomas d'Ansembourg was advocaat aan de Balie van Brussel (België) en vervolgens vijftien jaar lang juridisch adviseur, terwijl hij ook verantwoordelijk was voor een vereniging voor jongeren in conflictsituaties. Sinds 1994 werkt hij als psychotherapeut, consultant in menselijke relaties en gediplomeerd coach in Geweldloze en Bewuste Communicatie (Communication Consciente et NonViolente).
Hij schreef bestsellers zoals *Stop met aardig zijn, wees echt, wees eerlijk, wees jezelf!* en *Geluk alleen maakt niet gelukkig, gelukkig zijn is niet gemakkelijk, maar je kunt het leren.*

'Je vindt geluk waar je het niet zoekt.'

De geluksverhouding

Sommige mensen lijken geboren om de wereld van de 'zonnige kant' te zien. Hun gedachten zijn selffulfilling prophecy's: ze voorspellen een gelukkige toekomst en die voorspelling komt ook uit. Welke lessen kunnen wij daaruit trekken? Psychologe **Lucie Mandeville** vroeg zich af hoe *gewone* mensen erin slagen *buitengewoon* gelukkig te zijn, ondanks een doorsnee dagelijks leven.

We denken dat het geluk zich zal aandienen als we de man of de vrouw van ons leven ontmoeten of, omgekeerd, wanneer we onze echtscheiding geregeld hebben. We beelden ons in dat we eindelijk gelukkig zullen zijn wanneer we een goedbetaalde baan vinden of wanneer we uiteindelijk met pensioen kunnen gaan. Eigenlijk gaan we er dus van uit dat bepaalde gebeurtenissen in staat zijn ons gelukkig maken. En dat zien we verkeerd.

We zoeken het geluk in zaken die, in tegenstelling tot wat we geloven, er weinig mee te maken hebben. We zoeken het in de grote liefde, in een droomjob, in rijk zijn, in materiële goederen, in eten, kennis, reizen... Het is correct dat we in al die zaken oprecht en intens plezier kunnen scheppen. Maar dat geluk is evenwel van korte duur. Het werkt een tijdje door, maar dan vervliegt het weer. **Het is de geestesgesteldheid van mensen die hun geluk bepaalt.**

Geluk hangt samen met de mens die we zijn en berust op de unieke manier waarop wij de wereld waarnemen. We erven de persoonlijke trekken die ons temperament vormen. Dat temperament bepaalt grotendeels onze persoonlijkheid, die op haar beurt onze geestesgesteldheid definieert, met andere woorden, hoe we op omstandigheden reageren. En de cyclus houdt daar niet op, want onze geestesgesteldheid heeft een invloed op ons lichaam. Ze stuurt bevelen naar onze hersenen, waarna die hormonen produceren. Die hormonen hebben een positieve of negatieve uitwerking op ons immuunsysteem, ze verhogen het aantal antilichaampjes in het bloed of veroorzaken een plotse daling ervan. Dat verklaart waarom onze geestesgesteldheid ons gezond of ziek kan maken.

Hersentraining

Sommige mensen zien het leven door een roze bril, anderen zitten voortdurend in de put. Sommigen zijn geboren optimisten, ze nemen zichzelf en het leven niet al te ernstig. Ze zijn gelukkiger. Hun gezondheid is beter en ze leven langer. Anderen zijn zwaarmoedig. Sommigen kunnen het gewoon niet laten telkens weer een reden te verzinnen om zich ellendig te voelen. Het lijkt soms of ze het ongeluk achternarennen en het haalt hen dan ook onvermijdelijk weer in.

Mensen die een aanleg hebben voor geluk hebben een manier om naar het leven te kijken die hen gelukkig maakt. Die mensen merken de positieve aspecten op bij wat er gebeurt. Ze zien de goede kant van de zaken, waar anderen enkele de negatieve kant zien. En ze geven een positieve betekenis aan wat ze overkomt, ongeacht wat dat ook is. Ze passen de verhouding van geluk toe:

Geluk = selectie van positieve aandacht + positieve interpretatie van gebeurtenissen

Net zoals fysieke training bijdraagt tot een goede conditie, kan geluk verkregen worden door aan 'hersentraining' te doen. We moeten meer aandacht schenken aan kleine, leuke dingen in het dagelijkse leven en ervoor kiezen daar een heilzame betekenis aan te geven, die goed is voor ons.

SPIDER MAN

De gelukswaarheden

Op die manier zijn we niet langer overgeleverd aan de willekeur van gebeurtenissen, maar kunnen we duurzaam geluk opwekken. Waar het in essentie eigenlijk om draait, is een positieve houding aan te nemen tegenover het leven en tegenover onszelf, waardoor we bevrijd worden van onze neiging tot doemdenken. Dat is de sleutel tot het geluk. De manier veranderen waarop we naar het leven kijken, zorgt ervoor dat we sommige 'waarheden' over het geluk opnieuw in vraag stellen:

→ Geloven dat het verwerven van materiële goederen ons gelukkig maakt, terwijl iets spontaan weggeven ons gelukkiger maakt.
→ Geloven dat 'verliefd worden' ons rechtstreeks naar de zevende hemel voert… tot we uit die zevende hemel vallen.
→ Geloven dat we aan onze zwakheden moeten werken om een beter mens te worden, terwijl het veel leuker is onze sterke punten te ontwikkelen.
→ Geloven dat we het verleden moeten ontleden om onze huidige problemen te begrijpen, terwijl het recht vooruit kijken, naar de toekomst, meer hoop doet ontstaan.
→ Geloven dat het geluk ons te beurt zal vallen als we onze ambities waarmaken. Dat is voor een deel waar. Maar het is nog beter elk moment van het leven nu te waarderen, want het komt nooit meer terug.

De sleutels

→ **Laat je niet langer beïnvloeden door doemdenkers. Ga om met mensen die je een goed gevoel geven.**
→ **Stop met steeds meer en meer te willen. Wees blij met wat je al hebt.**
→ **Streef er niet langer naar een ander te worden, een 'superheld'. Leef het leven dat bij je past.**

Lucie Mandeville is psychologe. Ze is hoogleraar aan de faculteit Psychologie van de University of Sherbrooke (Canada). In Québec staat ze bekend als een vooraanstaand deskundige op het gebied van psychologie. Ze is auteur van onder andere het boek *Le Bonheur extraordinaire des gens ordinaires. La psychologie positive pour tous.*

'Er bestaat in onze taal niet één enkel woord voor geluk.'

Verwaarloos je ziel niet

Maleisië is een multi-etnische samenleving van Maleiers, Chinezen, Indiërs en anderen. Elke groep heeft haar eigen taal, cultuur en religie, die gebaseerd is op animisme, hindoeïsme, boeddhisme en islam. Professor **Noraini M. Noor** werkt aan de Internationale Islamitische Universiteit van Maleisië in Kuala Lumpur. De meesten van haar Maleise studenten vinden het moeilijk om het concept 'geluk' te vatten. Zij zoekt een antwoord in de cultuur en de religie van de Maleiers.

Waarom focussen we op geest, materie en lichaam?

Hoewel iedereen de mond vol heeft van geluk, is het concept zelf moeilijk definieerbaar. Tot op heden bestaat er nog steeds geen algemeen aanvaarde definitie. In veel culturen overheerste de overtuiging dat geluk te maken heeft met succes, rijkdom of populariteit.

In de psychologie zijn verschillende maatstaven ontwikkeld die de nadruk leggen op vreugdevolle belevenissen, tevredenheid en de afwezigheid van negatieve gevoelens. Toch blijft geluk ongrijpbaar.

De definitie van geluk in het Westen is volgens mij beperkt. Ze spruit voort uit de behoefte om negatieve, psychische problemen (zoals depressie) in menselijk gedrag of de menselijke aard te bestrijden. Het recente vakgebied 'positieve psychologie' legt de nadruk op de positieve kant van de menselijke aard en heeft ervoor gezorgd dat het onderzoeksterrein van geluk of subjectief welbevinden is uitgebreid. **Toen secularisatie de godsdienst marginaliseerde tot een individuele privéaangelegenheid, verloor de westerse wereld de ziel uit het oog.** De psychologie, de wetenschappelijke studie van het gedrag en het innerlijke leven van de mens, concentreert zich alleen op geest en materie (of lichaam). Terwijl het lichaam dus heel wat aandacht krijgt, wordt de ziel verwaarloosd.

Voor een moslim is de weg naar geluk de onderwerping aan de enige ware God: 'In het gedenken van Allah vinden de harten rust' (Koran 13:28). Geluk is een gevoel dat in het hart zit en wordt gekenmerkt door tevredenheid en vrede met zichzelf en de wereld.

Hoe bereik je geluk door jezelf te onderwerpen aan de enige en ware God? In de islam is een individu slechts één van Allahs schepselen, door Hem geschapen om de wereld volgens Zijn aanwijzingen te beheren – waarbij recht wordt gedaan aan de voorspoed en het welzijn van al Zijn schepselen. Daartoe heeft de Allerhoogste de mens voorzien van een lichaam en geest. Men kan pas tevreden en gelukkig zijn als die componenten zodanig worden gevoed dat er een evenwicht is tussen lichaam en geest. Is dat evenwicht zoek omdat mensen bijvoorbeeld alleen aandacht schenken aan intellectuele en fysieke vooruitgang (door wereldse activiteiten) en niet voorzien in hun spirituele behoeften, dan kunnen ze zich leeg, rusteloos en roekeloos voelen. Ze hebben het gevoel dat er iets ontbreekt. **Als de balans overhelt naar extreme spiritualiteit, is dat even ongezond, want dat leidt tot spiritueel fanatisme.** De islam schrijft voor hoe je de behoeften van lichaam en geest kunt bevredigen om zo innerlijke rust en tevredenheid te bereiken.

Toen de islam zich vanuit de Arabische wereld over de rest van de aardbol verspreidde, versmolt hij met de plaatselijke culturen van dat moment, zodat de plaatselijke tradities en gewoonten doordrongen werden van de islamitische betekenis van geluk. Toen ik bijvoorbeeld mijn Maleise studenten – moslims – vroeg naar het Maleise woord voor geluk, kwamen in hun definitie de islamitische opvatting over geluk naar voren (tevredenheid, aspecten van spiritualiteit, een evenwicht tussen de wereldse activiteiten en het Hiernamaals), de westerse ideeën (uiting van vreugde, opgetogenheid, tevredenheid en afwezigheid van negatieve gevoelens), evenals de culturele opvatting over geluk (iemands verplichtingen binnen de sociale structuur). De westerse definitie van geluk bevat geen religieuze aspecten of culturele invloeden en slaagt er niet in de essentie van 'geluk' te vatten zoals de Maleiers dat zien. Vandaar dat geen enkel woord in het Maleis in staat is de betekenis van geluk volledig over te brengen. De behoefte gelukkig te zijn is universeel, maar de manier waarop die behoefte wordt nagestreefd en uitgedrukt, kan cultuurgebonden zijn.

De sleutels

→ **Geluk wordt gekenmerkt door tevredenheid en vrede met zichzelf en de wereld.**

→ **Je kunt pas tevreden en gelukkig zijn als er een evenwicht is tussen lichaam en ziel.**

→ **De behoefte gelukkig te zijn is universeel, maar de manier waarop die behoefte wordt nagestreefd en uitgedrukt, kan cultuurgebonden zijn.**

Noraini Mohd Noor is hoogleraar psychologie en coördinator van de Women for Progress Research Unit aan de International Islamic University of Malaysia in Kuala Lumpur (Maleisië). Ze heeft talrijke artikelen en boeken op haar naam staan over welbevinden, arbeidsstress, de rol van de vrouw op het werk en rollen in het gezin. Ze werkte en studeerde in Australië, Nieuw-Zeeland en Engeland. Noraini zetelt in de redactieraad van het *Asian Journal of Social Psychology*.

'De overheid moet de randvoorwaarden voorzien om de inwoners gelukkig te maken.'

Bruto Nationaal Geluk

Als Belgisch architect kon hij een stage volgen in het koninkrijk Bhutan in de Himalaya. Daar raakte **Maarten Desmet** in de ban van het Bruto Nationaal Geluk. Hij bestudeert die aanpak nog steeds en schreef er een boek over. Wat betekent de term precies en wat kunnen we ervan leren?

In 2015 verschenen er wereldwijd artikels in de kranten waarin we lazen dat 'het Bruto Nationaal Geluk in Bhutan is gestegen'. En ook tijdens de klimaattop (COP21) in Parijs stond Bhutan internationaal in de kijker, want zij zouden de 'beste klimaatleerling van de klas' zijn. Maar wat is dat Bruto Nationaal Geluk (BNG) dan juist en hoe komt het dat zo'n klein landje in de Himalaya erin slaagt om het minst vervuilende land ter wereld te zijn? BNG is een andere kijk op ontwikkeling en vooruitgang dan diegene die we kennen. **Het is geen pleidooi voor onbegrensde winst en groei**, maar voor het promoten van de randvoorwaarden die we nodig hebben om naar ons geluk te streven. BNG is een ontwikkelingsfilosofie die ontstaan is vanuit een inheems Bhutaans, boeddhistisch wereldbeeld en een reactie op het moderniseren van de samenleving.

Wereldbeeld

Het concept ontstond in 1972 toen de zeventienjarige koning Jigme Singye Wangchuck aan de macht kwam en werd geconfronteerd met de modernisering van het land. Toen hij de troon van zijn vader erfde, werd hij door een Indiase journalist gevraagd hoe groot het Bruto Nationaal Product (BNP) van Bhutan nu eigenlijk was. De journalist beweerde dat Bhutan volgens hun BNP een 'onderontwikkeld' land zou zijn, waarop de koning antwoordde dat al zijn onderdanen onderdak hadden, onderwijs kregen, toegang hadden tot eten en proper water, en deelnamen aan het bruisende gemeenschapsleven en samen grootse volksfeesten vierden, en dus eigenlijk best gelukkig waren. **Daarom stelde de koning dat niet het Bruto Nationaal Product, maar het Bruto Nationaal Geluk de standaard zou moeten zijn.**

Hij ging zelfs nog verder, door te zeggen dat landen in het Westen die zogezegd wel 'ontwikkeld' zijn – omdat ze een hoger BNP hebben – vaak ongelukkiger zijn omdat het eenzijdige economische denken en handelen heeft geleid tot de verwoesting van hun natuurlijk, sociaal en cultureel kapitaal. Het was dus eigenlijk een ter plekke bedachte kreet en de jonge koning van Bhutan had toen vermoedelijk nog geen idee wat de impact van deze woorden zou zijn. Toch was het niet vreemd dat het staatshoofd deze uitspraken deed. Degenen die Bhutan kennen, kaderen deze namelijk in de eeuwenoude boeddhistische cultuur van het koninkrijk, waarin geluk en welzijn voor de hele planeet en alle levende wezens centraal staat. De meeste Bhutanen zijn boeddhisten. Hun altruïsme bepaalt voor een groot deel hun wereldbeeld, de liefde voor de natuur en voor de medemens, en zo ook het ontstaan van het 'BNG'.

Bouwstenen

Maar wat is dat Bruto Nationaal Geluk nu eigenlijk? In feite wil BNG kijken naar wat ons echt gelukkig maakt of binnen welke omstandigheden we gelukkig kunnen worden. Vaak genoeg worden er beslissingen genomen waarvan de meeste mensen weten dat we er niet echt gelukkiger van gaan worden, maar toch worden ze doorgevoerd omdat ze bijvoorbeeld 'goed zijn voor onze economie'. Terwijl diezelfde beslissing er misschien toe zal leiden dat ons milieu vervuild wordt, of dat er mensen op straat zullen komen te staan. BNG probeert net hier rekening mee te houden door eerst de vraag te stellen: wat zijn de bouwstenen, domeinen of dimensies van ons welzijn? In Bhutan is dat bijvoorbeeld educatie, gezondheid, gemeenschapsvitaliteit, psychologisch welzijn, levensstandaard, ecologische diversiteit en veerkracht, tijdsbesteding, goed bestuur en cultuur. Deze bouwstenen van het welzijn zijn natuurlijk in elk land of voor elke cultuur anders, maar de vraag blijft wel dezelfde: **wat draagt bij tot ons collectief geluk of welzijn?**

De tweede vraag is dan: hoe kunnen we ervoor zorgen dat deze bouwstenen die we nodig hebben om gelukkig te kunnen zijn, blijven bestaan of misschien zelfs versterkt worden? In Bhutan heeft men een vragenlijst voor de bevolking opgesteld waarin gekeken wordt naar hoe goed men scoort op de negen bouwstenen van het welzijn. Dit noemt men de Bruto Nationaal Geluk Index of welzijnsindex. Zoals in een armoede-index een armoedegrens wordt vastgelegd (bijvoorbeeld: iedereen die met minder dan 2 $ per dag moet leven, is arm, dus 2 $ is de armoedegrens), werd in de BNG-index de welzijnsgrens vastgelegd op 6 van de 9 domeinen. Scoor je lager dan 6 op 9, dus heb je bijvoorbeeld onvoldoende onderwijs gekregen, of ben je ongezond, dan hoor je bij de 'nog-niet-gelukkigen'.

Volgens het BNG-principe zal de overheid die 'nog-niet-gelukkigen' onder de loep nemen en kijken hoe het komt dat zij onvoldoende scoren op de welzijnsindex. Zo ontdekt men bijvoorbeeld dat iemand minder scoort op 'gemeenschapsvitaliteit' omdat die persoon in de hoofdstad Thimphu is komen wonen op zoek naar werk en in zijn of haar kleine appartementje eenzamer is dan de gemiddelde Bhutaan die in een groot familiehuis in een dorpje woont. De factor die het zwaarst weegt op het geluk in Bhutan is onderwijs. Je kan dus zeggen dat het krijgen van onderwijs het meest bijdraagt tot het geluk in Bhutan, maar ook gezondheid, levensstandaard en gemeenschapsvitaliteit zijn zeer belangrijk. Zodra de overheid in Bhutan weet hoe het komt dat sommigen onvoldoende scoren binnen een bepaald domein, gaat men het beleid aanpassen en wetten schrijven om hier verandering in te brengen.

In 2008 heeft koning Jigme Singye Wangchuck niet alleen de troon overgedragen aan zijn zoon, maar ook een democratie geïnstalleerd. In de eerste grondwet van het land staat dan

ook geschreven dat de overheid er alles aan moet doen om de randvoorwaarden te voorzien die nodig zijn voor de Bhutanen om gelukkig te worden. Wil dat zeggen dat de overheid iedereen gelukkig moet maken? Nee, maar ze heeft wel de verantwoordelijkheid om een aantal condities te voorzien die nodig zijn om gelukkig te worden. Je kan niet van iemand verwachten dat hij gelukkig is terwijl hij geen onderdak heeft en honger lijdt. Volgens de bedenkers van het BNG moeten we allemaal handelen volgens de waarden die bijdragen aan het welzijn van de hele planeet. Overheden kunnen dat doen, maar ook gemeenschappen, families, bedrijven en ook wijzelf kunnen hierin een groot verschil maken, door ons telkens af te vragen: **wat maakt onze samenleving gelukkig en hoe zullen mijn beslissingen dit welzijn ten goede komen?**

Niet alles is perfect in Bhutan natuurlijk. Zoals elk ander land kennen ook zij hun problemen met bijvoorbeeld corruptie, verstedelijking en jongerenwerkloosheid. Maar de vernieuwende BNG-aanpak werpt ondertussen wel zijn vruchten af. Ten opzichte van de voorlaatste meting in 2010 is het BNG in 2015 gestegen. Zowel de boeddhistische en culturele tradities en het prachtige erfgoed van het land, als de natuurlijke rijkdommen blijven beschermd en Bhutan kent een scholingsgraad van ongeveer 100 % dankzij het BNG. Werken aan de bouwstenen van het welzijn draagt wel degelijk bij tot het collectieve en individuele geluk in de samenleving, dus waarom zouden wij 'ontwikkelde' – maar vaak ongelukkige – landen dit experiment ook niet eens uitproberen?

De sleutels

- → **BNG is een andere kijk op ontwikkeling en vooruitgang. Het is geen pleidooi voor onbegrensde winst en groei, maar voor het promoten van de randvoorwaarden die we nodig hebben om naar ons geluk te streven.**
- → **De bouwstenen van het welzijn in Bhutan zijn educatie, gezondheid, gemeenschapsvitaliteit, psychologisch welzijn, levensstandaard, ecologische diversiteit en veerkracht, tijdsbesteding, goed bestuur en cultuur.**
- → **Werken aan de bouwstenen van het welzijn draagt wel degelijk bij tot het collectieve en individuele geluk in de samenleving.**

Maarten Desmet is architect (Sint-Lucas, Brussel) in België. Na zijn stage in het koninkrijk Bhutan schreef hij een boek over hun ontwikkelingsfilosofie Bruto Nationaal Geluk. Hij zet dit onderzoek voort als doctoraatsonderzoeker aan de TU Delft (Nederland) en met zijn onderzoeksbureau NDVR. Maarten is medeoprichter van For Good, bestuurslid van de Universiteit voor het Algemeen Belang en Zero Emissions Research and Initiatives/The Blue Economy EU.

'Geluk neemt toe naarmate mensen ouder worden.'

Downs en ups

Met haar onderzoeksgroep bestudeert prof. **Margie E. Lachman** hoe geluk zich in de loop van een heel leven ontwikkelt. Haar medewerkers vragen volwassenen van alle leeftijden hoe gelukkig ze zich voelen en hoe tevreden ze met hun leven zijn. 'Wij willen graag te weten komen waarom sommige mensen gelukkiger lijken dan anderen, en hoe geluk in de loop van het leven verandert', zegt ze. 'Gelukkig worden is één ding; gelukkig blijven is een ander ding.'

De meeste mensen ervaren ups en downs: in sommige periodes zijn ze gelukkiger dan in andere. Velen denken dat mensen op hogere leeftijd van nature minder gelukkig worden omdat ze als gevolg van hun ouderdom te maken krijgen met een slechtere gezondheid, een haperend geheugen en het verlies van geliefden. Maar onderzoek toont aan dat het geluk juist toeneemt naarmate mensen ouder worden. Gemiddeld genomen zijn oudere volwassenen gelukkiger dan jongere volwassenen. Hoe kan dat? **Door onze hogere leeftijd en grotere ervaring vergaren wij perspectief en inzicht** in wat van belang is in het leven

en erkennen wij dat we grotendeels verantwoordelijk zijn voor ons eigen geluk. Mensen die leren te vertrouwen op hun vermogen om moeilijke situaties aan te pakken en daarbij tot gewenste resultaten komen, zijn naar alle waarschijnlijkheid gelukkiger en tevredener met hun leven.

Nieuwe kaders

Voor je geluk maakt het verschil uit welke houding je aanneemt tegenover de omstandigheden van het leven. Met 'houding' bedoel ik de manier waarop je over iemand of iets denkt en voelt. Een van mijn favoriete opmerkingen over houding is gemaakt in het boek *Man's Search for Meaning* van Victor Frankl, die onder zware omstandigheden in een concentratiekamp heeft geleefd: 'Het enige wat rest, is de laatste menselijke vrijheid: het vermogen om in bepaalde omstandigheden je eigen houding te bepalen.' Vanuit dit perspectief komen we tot een belangrijk inzicht: **ook al kunnen we een situatie niet kiezen of veranderen, we kunnen wel bepalen hoe we erop reageren**. Als we het glas als halfvol beschouwen, als we alles van de optimistische kant bekijken, als we de zon achter de wolken zien schijnen of als we positief denken, is de kans groter dat we ons gelukkig en tevreden voelen.

Verschillende mensen kunnen dezelfde situatie op verschillende manieren bekijken. Ja, zelfs één persoon kan dezelfde situatie op verschillende momenten anders beoordelen. Het kan een hele uitdaging zijn om gelukkig te zijn als je het zwaar hebt, bijvoorbeeld als je te maken krijgt met ziekte, pijn of verlies. Volgens Victor Frankl helpt het om een bepaalde zin of betekenis te vinden in wat je ervaart. In één van onze studies vroegen we volwassenen om te vertellen over een dieptepunt in hun leven. Maar **liefst 96 % van onze participanten vertelde dat ze iets hadden geleerd van hun dieptepunt** en velen van hen konden de situatie een positieve wending geven. Dit illustreert de veerkracht van mensen en hun vermogen het negatieve in een ander, positief kader te plaatsen.

Zelfvertrouwen

In ons onderzoek hebben we ontdekt dat ons gevoel van controle over het verloop van ons eigen leven nauw verbonden is met gelukkig worden en gelukkig blijven. Veel dingen in het leven zijn onzeker en we weten nooit echt of we een verschil kunnen maken. Maar mensen die erop vertrouwen dat ze kunnen omgaan met tegenslagen en die geloven dat ze tot goede keuzes en beslissingen zullen komen, voelen zich beter. Zo'n geloof in eigen kunnen en eigen controle is adaptief. Het zet immers aan tot actie en leidt tot inspanningen om de gewenste resultaten te verwezenlijken, tot een ondernemende houding. **Tegelijkertijd moeten we erkennen dat er onverwachte omstandigheden zullen zijn die buiten onze controle of invloed liggen.** Wanneer het verlangde doel niet bereikbaar is, zullen mensen die in zichzelf geloven alternatieve oplossingen bedenken en andere doelen ontwikkelen om toch gelukkig te blijven. Mensen die zich daarentegen hulpeloos voelen en opgeven wanneer het tegenzit, gaan ervan uit dat hun daden geen verschil uitmaken; daardoor wordt de kans dat ze gelukkig zijn kleiner. Het is nu eenmaal zo dat we niet altijd alles onder controle kunnen hebben, en geluk hangt af van ons inzicht in de kwestie welk deel van ons eigen levensverhaal we wel en welk deel we niet zelf kunnen creëren. Zelfs wanneer we geen controle hebben over onze omstandigheden, kunnen we controle uitoefenen over onze reactie daarop en op de actie die we ondernemen.

Wat mensen gelukkig maakt, verschilt van persoon tot persoon. De bronnen van geluk kunnen veranderen naarmate mensen ouder worden, en er zijn veel paden die naar geluk leiden. Maar **gelukkige mensen hebben bepaalde dingen gemeen.** Zij beschouwen hun geluk niet als vanzelfsprekend en ze weten dat ze hun geluk in eigen handen hebben.

De sleutels

- → **Onderzoek toont aan dat het geluk juist toeneemt naarmate mensen ouder worden. Gemiddeld genomen zijn oudere volwassenen gelukkiger dan jongere volwassenen.**
- → **Ons gevoel van controle over het verloop van ons eigen leven is nauw verbonden met gelukkig worden en gelukkig blijven.**
- → **Gelukkige mensen hebben bepaalde dingen gemeen. Zij beschouwen hun geluk niet als vanzelfsprekend en ze weten dat ze hun geluk in eigen handen hebben.**

Prof. Margie E. Lachman is hoogleraar psychologie aan de Brandeis University in Waltham, MA, Verenigde Staten, waar ze directrice is van het Lifespan Initiative on Healthy Aging en het Lifespan Development Laboratory. Ze heeft twee boeken gepubliceerd over ontwikkelingen op middelbare leeftijd. Daarnaast is ze medeonderzoekster bij het nationale longitudinale onderzoek Midlife in the United States (MIDUS). Haar onderzoeksprogramma heeft mede geleid tot een beter begrip van de relatie tussen houdingen en verwachtingen (zoals het gevoel van controle) enerzijds en gezondheid en welbevinden anderzijds.

'Delen en van elkaar leren is iets wat kinderen kunnen en zouden moeten doen.'

Ruimte voor groei

Hun aanpak wil nog weleens verschillen, maar de meeste ouders, docenten en opvoeders willen dat kinderen opgroeien als evenwichtige en gelukkige mensen. **Gaël Brulé** zoekt de succesvolste opvoedingsmethoden. De belangrijkste factoren die verband houden met geluk lijken de '*locus of control*' en het gevoel van vrijheid te zijn. Hoe kunnen we die verbeteren?

In een gegeven samenleving is geluk het resultaat van *externe kwaliteiten* in de bredere zin van het woord (rijkdom, ongelijkheid, veiligheid, sociaal kapitaal enz.) en *innerlijke kwaliteiten* die iemands persoonlijke bekwaamheid bepalen om positief in de wereld te staan. Deze eenvoudige tweedeling weerspiegelt natuurlijk onvoldoende de complexiteit van de wereld, maar is toch een nuttig instrument om de omstandigheden te inventariseren die zijn terug te voeren op de omgeving en de hoedanigheden die voortspruiten uit het individu.

Intuïtief voelen we wel aan dat **vrijheid behoort tot de belangrijkste factoren die van invloed zijn op geluk**, aangezien vrijheid mensen zicht geeft op een verscheidenheid aan levensopties waaruit ze de mogelijkheden kunnen kiezen die de meeste voldoening beloven te bieden. Maar er zijn allerlei soorten vrijheid waarneembaar op verschillende niveaus. De wetenschappelijke literatuur onderscheidt drie soorten: *sociale vrijheid* (het aantal kansen in een bepaalde omgeving), *potentiële vrijheid* (het besef dat die kansen er liggen) en *psychologische vrijheid* (het 'lef' om die kansen aan te grijpen). De eerste twee zijn vlot te herkennen als omgevingsfactoren; de derde geldt als een persoonlijke karakteristiek.

De factor die bekend is als 'locus of control en gevoel van vrijheid' geldt als de belangrijkste geluksfactor op het niveau van de samenleving (belangrijker dan gezondheid, werk of inkomen). Locus of control is de mate waarin iemand het gevoel heeft zijn of haar leven in eigen hand te hebben. **Iemand met een *interne locus* voelt dat hij of zij zeggenschap heeft over zijn of haar leven, zoals een kapitein op een rustige zee zijn schip in elke gewenste richting kan sturen.** Iemand met een *externe locus of control* daarentegen is een passagier op een schip dat in een krachtige stroming is beland en dat weinig andere keus heeft dan zich door de stroom te laten meeslepen. Deze locus of control is een sociaal-cultureel bepaald gegeven dat gedurende een mensenleven is gegroeid en waarvoor allerlei bronnen zijn aan te wijzen, onder andere godsdienst, familie en persoonlijke omstandigheden. De Amerikaanse socioloog Robert Merton noemt kerk, familie en school als de voornaamste culturele *transmitters*. Naarmate de secularisatie voortschrijdt in de meeste ontwikkelde samenlevingen, wordt persoonlijke ontwikkeling steeds minder een godsdienstige of morele aangelegenheid en steeds meer een zaak van opvoeding en onderwijs.

In een project dat ik uitvoerde met Ruut Veenhoven hebben we de notie 'participatief onderwijs' beschreven. Participatief onderwijs is een onderwijsvorm waarbij leerlingen al op jonge leeftijd participeren in hun lesprogramma – en het soms zelfs mee-ontwikkelen. Onderwijsstelsels waarbinnen weinig of geen sprake is van participatief onderwijs cultiveren gezag, respect en verticale kennisoverdracht, terwijl **systemen met een grote mate van participatief onderwijs de nadruk leggen op persoonlijke ontwikkeling, participatie en horizontale leermethoden.**

Het woord 'autoriteit' heeft soms een ongunstige bijklank omdat het in verband wordt gebracht met dwang en machtsmisbruik ('autoriteit' wordt ook wel gedefinieerd als 'de macht om orders uit te delen'). Een semantische analyse herinnert ons er echter aan dat 'autoriteit' stamt van het Latijnse *augere*, wat 'vergroten', 'vermeerderen', 'groeien' betekent. In zijn primaire betekenis verwijst het begrip dan ook naar iemands vermogen om zijn/haar individuele kwaliteiten te vergroten. Terwijl macht van buitenaf op een individu kan worden uitgeoefend en daarom mogelijk niet altijd legitiem is, is 'autoriteit' in de oorspronkelijke zin van het woord wel legitiem.

Welke vorm een onderwijsstelsel ook aanneemt, het doel zou moeten zijn dat leerlingen en studenten kennis verwerven, vaardigheden ontwikkelen en sociaal interageren. Verticaal onderricht focust vooral op het eerste aspect (kennisoverdracht), terwijl participatief onderwijs erop is gericht kinderen (of volwassenen) te helpen kennis en vaardigheden te ontwikkelen door te oefenen en fouten te maken. Zoals iedereen die ooit een tweede taal heeft geleerd zeker zal begrijpen, móét je immers fouten maken. Veel en vaak. **Hoe vaker je**

fouten maakt, des te meer kansen en ruimte voor verbetering je creëert. Dat wil niet zeggen dat participatief onderwijs volledig incompatibel is met welk gezag ook – de samenleving, ouders, docenten blijven verantwoordelijk voor het onderwijs van kinderen – maar er zijn veel manieren om de kennis en vaardigheden te verwerven die nodig zijn om in een gegeven samenleving een goed leven te leiden.

Participatief onderwijs is een proces waarin het kind wordt erkend als een 'actor' (niet als passieve betrokkene) met een individuele leerstijl (kinderen leren dan ook binnen een breed aanbod van verschillende methoden); niet slechts als ontvanger van informatie, maar ook als doorgever (delen en van elkaar leren is iets wat kinderen kunnen en zouden moeten doen). **Participatief onderwijs is een manier voor leerlingen om een innerlijke locus of control te ontwikkelen en om keuzes te leren maken die mogelijk leiden tot een gelukkig leven.** Het is verenigbaar met autoriteit, maar niet als autoriteit wordt begrepen als bron van verticale druk; participatief onderwijs en autoriteit kunnen harmonieus naast elkaar bestaan als autoriteit de oorspronkelijke betekenis van 'groei mogelijk maken' behoudt.

De sleutels

- **De factor die bekend is als 'locus of control en gevoel van vrijheid' geldt als de belangrijkste geluksfactor op het niveau van de samenleving (belangrijker dan gezondheid, werk of inkomen).**
- **Onderwijsstelsels waarbinnen weinig of geen sprake is van participatief onderwijs cultiveren gezag, respect en verticale kennisoverdracht, terwijl systemen met een grote mate van participatief onderwijs de nadruk leggen op persoonlijke ontwikkeling, participatie en horizontale leermethoden.**
- **Participatief onderwijs is een proces waarin het kind wordt erkend als een actor met een individuele leerstijl, niet slechts als ontvanger van informatie, maar ook als doorgever daarvan.**

Gaël Brulé studeerde af als ingenieur, gespecialiseerd in duurzame ontwikkeling, maar promoveerde in 2016 in de gelukstudies bij Ruut Veenhoven en Johan Heilbron aan de Erasmus Universiteit in Rotterdam (Nederland). Hij werkt daar nu als postdoctoraal onderzoeker bij de Erasmus Happiness Economics Research Organization (EHERO). Ook is hij verbonden aan het Sodexo Institute for Quality of Life (Frankrijk).

'Duurzaam geluk kun je leren.'

Geluk onderwijzen

'Geluk kun je aanleren en zou je moeten najagen. Geluk levert op tal van terreinen succes op, trekt positieve aandacht en leidt tot empathisch gedrag. Waarom zouden we er dan niet op jagen?' zegt **Lotta Uusitalo-Malmivaara**. 'Als je weet wat er allemaal met geluk gepaard gaat, lijkt de oude zegswijze "geluk moet je niet najagen" een raar advies.'

Een van de bemoedigendste noties in de positieve psychologie is dat welbevinden leerbaar is. Inmiddels snappen we behoorlijk goed welke primaire elementen voorafgaan aan subjectief welbevinden en geluk. En ook weten we al vrij veel over hoe je die onderwijst. Ja, het wordt inderdaad tijd om ons te werpen op *gelukseducatie* en daarbij uitgaan van de basaalste menselijke behoeften.

1. Eerst en vooral: wij zijn sociale dieren. In ons eentje kunnen wij niet overleven, lichamelijk noch geestelijk. Zelfs onze fysiologie wordt versterkt door positieve relaties en gaat er – omgekeerd – op achteruit als het ons ontbreekt aan veilige intermenselijke banden en liefde. Geruggensteund door tal van studies blijkt prosociaal gedrag inderdaad geluk te bevorderen. De vlotste manier om gelukkig te worden is anderen helpen. Nog beter is het om anderen – vooral mensen die zich down voelen – de gelegenheid te bieden jóú te helpen. De kans is groot dat jullie je naderhand allebei gelukkiger voelen. **Behulpzaam zijn en leren om in positieve zin afhankelijk te zijn van anderen is een van de hoekstenen van welbevinden en kan – zou moeten – worden aangeleerd.** Medeleven is een *werkwoord* met diverse betekenissen. Het gaat niet alleen om troost, om het verlichten van andermans leed, maar ook om het delen van de blijdschap en triomfen van een ander. Samen enthousiast zijn is een prachtig voorbeeld van medelevend gedrag dat we kinderen al vroeg kunnen bijbrengen. Gelukkig zijn om andermans prestaties en successen is een geluksversneller in jezelf.

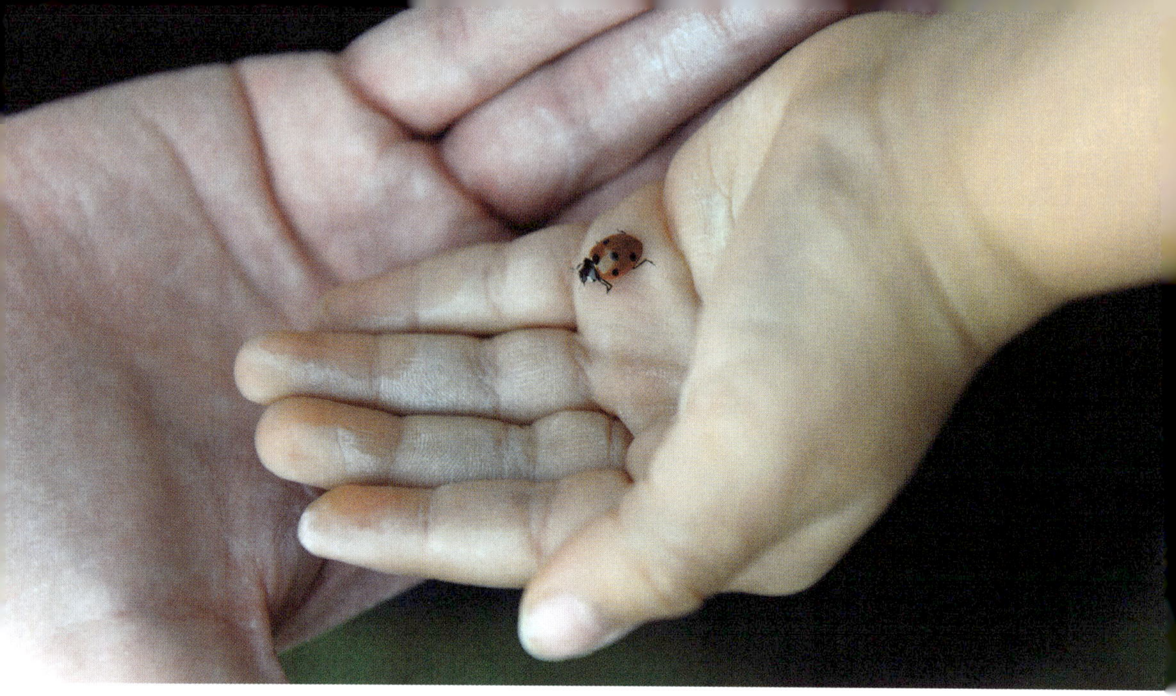

2. We zijn allemaal individuen met onze hoogsteigen sterke punten, talenten en charmes. Iedereen heeft behoefte aan waardering als we iets van betekenis hebben gepresteerd. Pas als we onze sterke punten ontdekken en ontwikkelen, kunnen we prestaties neerzetten die ons het plezier en besef van onze bekwaamheid bezorgen. Ook dat is aan te leren. We moeten niet proberen vanuit onze zwákke punten te groeien, maar vooral onze stérke punten koesteren. In het bijzonder lijkt het cultiveren van *soft skills* – zoals hoop, vriendelijkheid en liefde – geluk te bevorderen. Dergelijke sterke punten zijn misschien ook belangrijke instrumenten om professionele doelen te realiseren. 'Aangeleerd optimisme', het beroemde concept van prof. Martin Seligman, beschrijft hoe de ontwikkeling van je bewustzijn meer levenskwaliteit en welbevinden kan opleveren. Zeker bij leerlingen met bijzondere behoeften is het expliciet onderwijzen van optimisme een centrale factor bij het opbouwen van veerkracht – het vermogen om na een negatieve ervaring snel weer recht te veren. **Het is de primaire taak van opvoeders om voor iedere leerling succesmomenten te creëren.** Die momenten liggen aan de basis van het gevoel van eigenwaarde, waar weer een optimistische kijk op de toekomst, veerkracht en geluk uit kan groeien.

3. Het is moeilijk je ongelukkig te voelen wanneer je dankbaar bent. Ons brein is geprogrammeerd om vooral alert te zijn op negatieve dingen. In onze hersenen wint het onbenulligste ongelukje moeiteloos van de allergrootste triomf. Je daarvan bewust zijn kan op zich al je geluk vergroten. **Welbewust aandacht besteden aan en dankbaar zijn voor dingen die we als vanzelfsprekend beschouwen, is echter een nóg doeltreffender manier om je welbevinden een extra impuls te geven.** Het bijhouden van een 'dankbaarheidsdagboekje' is een van de bekendste manieren om geluk te vergroten en iets wat kinderen al vanaf de kleuterschool kan worden aangeleerd. Kleine kinderen kunnen tekeningen of foto's maken van dingen waar ze dankbaar voor zijn. Als ze dat album aan anderen laten zien en geregeld die belangrijke herinneringen terughalen, wordt het positieve effect alleen maar krachtiger. 'Kijk, hier leerde ik zelf mijn skischoenen aan te doen!' Onderzoek laat zien dat geluk en terneergeslagenheid verband houden met talrijke elementen. Zo is de kans groot dat een zoveelste routinedag op het werk ons niet echt dankbaar en gelukkig stemt. Anderzijds zal ontslag of vervanging bijna gegarandeerd ongeluk veroorzaken. Daarom is het aangewezen om blij te zijn met onze baan en met allerlei andere dingen... voordat we ze kwijtraken.

Samenvattend lijkt het erop dat bepaalde geluksbevorderende factoren bereikbaar zijn, vrij eenvoudig zelfs. **Het is de taak van opvoeders om kinderen en leerlingen vooral bewust te maken van de factoren die duurzaam geluk bevorderen.** Geluk en zinvolheid gaan hand in hand en geluk nastreven is volstrekt legitiem als je dat bereikt via zinvolle activiteiten. Het najagen van geluk op de verkeerde terreinen – denk aan geld, roem, imago – leidt waarschijnlijk juist tot een vermindering van je geluk. Ook dat is iets wat we onze kinderen zouden moeten bijbrengen. Westerse waarden ten aanzien van individueel geluk zijn aanbevolen als dat geluk wordt bereikt door het streven goed te doen.

De sleutels

- → **Duurzaam geluk kan en zou moeten worden onderwezen. Behulpzaam zijn en leren om in positieve zin afhankelijk te zijn van anderen is een van de hoekstenen van geluk.**
- → **Pas als we onze sterke punten ontdekken en ontwikkelen, kunnen we prestaties neerzetten die ons het plezier en besef van onze bekwaamheid bezorgen. Ook dat is aan te leren.**
- → **Welbewust aandacht besteden aan en dankbaar zijn voor dingen die we als vanzelfsprekend beschouwen, is een doeltreffende manier om je welbevinden een boost te geven.**

Lotta Uusitalo-Malmivaara is universitair hoofddocent bij de vakgroep Speciaal Onderwijs van de Universiteit van Helsinki (Finland). Ze geeft les aan toekomstige opvoeders en bedient zich daarbij van de toegepaste positieve psychologie gericht op de preventie en remediëring van leer- en gedragsproblemen. 'Verreweg de voornaamste factoren die mijn eigen geluk bepalen zijn mijn familie en mijn vrienden. Ik ben ook dol op mijn werk en dan nog het meest op de omgang met de studenten. Zien hoe jongeren stap voor stap leren zélf onderwijs te geven en onderzoek te verrichten schenkt voldoening en maakt me blij – ook dat is geluk voor mij!'

'Van "weten wat er is"
naar "weten wat er kan zijn".'

De psychologie van het mogelijke

Psychologie is lange tijd de psychologie van het onmogelijke geweest. Laten we dat veranderen, zegt dr. **Sayyed Mohsen Fatemi** van Harvard University. Hij kiest welbewust voor de psychologie van het mogelijke en verlegt daarbij de aandacht van 'weten wat er is' naar 'weten wat er kan zijn'.

De psychologie van het onmogelijke heeft een verlammende uitwerking: ze kijkt zonder enige verbeelding naar het verleden. Het verleden dicteert het heden. Maar het leven is zo rijk. In de psychologie van het mogelijke worden we een actieve speler. We ontdekken de toekomst en koesteren onze veelvoudige groei. Zoals het onderzoek van Langer (2009) bevestigt: een ander woord gebruiken, iets van keuze bieden of een subtiele verandering in de fysieke omgeving aanbrengen kan enorm veel verschil uitmaken.

Koesteren

Sommigen stellen geluk gelijk aan de verwezenlijking van de uiterlijke aspecten van het leven, zoals bezit, spullen, maatschappelijke positie, rijkdom en materiële uiterlijkheden. Dit betekent dat mensen hun geluk minder sterk ervaren wanneer ze eenmaal beschikken over de dingen waarvan ze denken dat ze hen gelukkig maken.

De film *Citizen Kane* vertelt het verhaal van een man die zeer machtig en rijk is en een belangrijke maatschappelijke en politieke functie heeft, maar in zichzelf een gebrek aan geluk ervaart. Tijdens een gesprek met zijn vrouw zegt hij: 'Je hebt een kasteel voor mij gekocht, maar ik voel me eenzaam.' **Onze zoektocht naar geluk kan daarentegen beginnen wanneer we onze aandacht verleggen naar het innerlijk wezen**; naar het innerlijke domein van mogelijkheden, waar we getuige kunnen zijn van onze eigen inwendige woning. Het huis in onszelf biedt oneindige mogelijkheden, waar we de fenomenologische manifestatie van geluk en zaligheid kunnen ervaren. Hier koesteren we de zin van het leven, de gelukzaligheid van het worden, de schepping van geluk, de ervaring van blijdschap en de vervoering van krachtdadigheid.

Nieuwe perspectieven

Veel mensen ervaren misschien geluk in een sobere omgeving. Anderen voelen zich daarentegen misschien overmand door wanhoop en twijfel hoewel ze in zeer luxueuze omstandigheden leven. Het is niet de buitenkant die geluk brengt. Het is de binnenkant die de mogelijkheid om geluk te ervaren kan verwezenlijken. Dit wil niet zeggen dat de buitenwereld er niet toe doet, maar het benadrukt hoe cruciaal de binnenwereld is bij het scheppen en ervaren van geluk.

Op zoek gaan naar het nieuwe in elk moment van het leven kan een eerste aanzet zijn om geluk te scheppen. Wanneer mindfulness in opperste verbondenheid en presentie toeneemt, ervaren we de schoonheid van geluk en de diepe, veelvoudige groei ervan in elk moment van levendigheid. **Geestdrift zet aan tot een schitterend vertoon van innerlijk geluk.** De psychologie van het mogelijke opent nieuwe perspectieven. Zekerheid verlamt. Laat je niet gijzelen door cultuur, taal of bepaalde denkwijzen. Houd een open oog voor nieuwe dingen. Richt je niet op het conflict. Leef proactief in het moment. Wees gevoelig voor context. Koester meerdere perspectieven. En geniet van het leven.

De sleutels

- → **In de psychologie van het mogelijke worden we een actieve speler. We ontdekken de toekomst en koesteren onze veelvoudige groei.**
- → **Het is niet de buitenkant die geluk brengt. Het is de binnenkant die de mogelijkheid om geluk te ervaren kan verwezenlijken.**
- → **Op zoek gaan naar het nieuwe in elk moment van het leven kan een eerste aanzet zijn om geluk te scheppen.**

Dr. Sayyed Mohsen Fatemi is verbonden aan de faculteit Psychologie van de Harvard University in Cambridge, Massachusetts (VS). Hij houdt zich bezig met mindfulness en de psychologische implicaties ervan voor de crossculturele, klinische en sociale psychologie. Hij heeft talrijke publicaties op zijn naam staan en is een vooraanstaand en veelgevraagd spreker op internationale conferenties.

'Een tegenslag kan altijd,
maar als je je daarop concentreert,
maak je het alleen maar erger.'

High five

'High five' is een feestelijk gebaar waarbij twee mensen tegelijk hun hand opsteken en hun handpalm tegen die van de ander duwen, slaan of laten glijden. Het is een symbool van begrip, succes, tevredenheid en geluk. **David Watson** zocht zijn leven lang naar de high five van geluk.

De spot op principes

Het grootste deel van ons onderzoek naar geluk is gericht op individuele verschillen. We waren vooral benieuwd waarom geluk voor sommige mensen heel gewoon is, terwijl anderen veel meer moeite moeten doen om gelukkig te worden. Toch is het hoe dan ook voor iedereen mogelijk om zijn of haar geluksniveau op te krikken dankzij enkele basisprincipes. Ik zal de spot richten op vijf principes die uit ons onderzoek als bijzonder belangrijk naar voren zijn gekomen. Iedereen kan voordeel halen uit deze 'high five'-principes, ook mensen voor wie geluk niet zo gewoon is.

- Het eerste principe is inzien dat geluk een subjectieve gemoedstoestand is, veeleer dan een objectieve omstandigheid. **Geluk weerspiegelt vooral hoe je innerlijk tegenover het leven staat.** Het gaat erom je zo veel mogelijk te concentreren op de goede en positieve aspecten van je leven in plaats van te blijven stilstaan bij de negatieve. Het is heel moeilijk om gelukkig te zijn als je lang blijft tobben over gemaakte fouten, broeien over beledigingen en frustraties of je zorgen maakt over mogelijke tegenslagen in de toekomst. Je kunt tegenslag hebben, maar je daarop concentreren maakt het alleen maar erger.
- Het tweede principe is dat afgunst een krachtige vijand is van geluk. Bertrand Russell schreef ooit: 'Als ik mezelf kan genezen van afgunst, dan kan ik gelukkig worden zodat men op mij afgunstig is.' Wie zijn eigen situatie vergelijkt met die van anderen, zal uiteindelijk altijd wel iemand kunnen bedenken die in sommige opzichten beter af is (succesvoller, rijker, mooiere eigendommen, talentvoller enzovoort). **Mensen die zichzelf voortdurend met anderen vergelijken, hebben het niet gemakkelijk om gelukkig te zijn.** Concentreer je op wat je hebt in plaats van op wat anderen hebben (of jij niet hebt).
- Het derde principe is dat mensen sociale wezens zijn. **We zijn gelukkiger wanneer we verbonden zijn met andere mensen.** Bijna elke activiteit – hoe alledaags ook – is leuker wanneer er anderen bij betrokken zijn. Vandaar dat het bijzonder belangrijk is om andere mensen te ontmoeten, oude relaties in stand te houden of nieuwe relaties te ontwikkelen, zelfs wanneer je daar niet echt zin in hebt. Een van de ergste aspecten van stoornissen zoals een depressie is dat de persoon in kwestie zich afkeert van anderen, sociaal afstandelijk wordt en geïsoleerd raakt. Een dergelijke houding kan een vicieuze cirkel van ellende veroorzaken. Het is van belang om duurzame, stabiele sociale relaties op te bouwen (vriendschappen, hechte liefdesrelatie) die in moeilijke tijden een bron van raad en steun zullen zijn. Mensen met goede opvangnetwerken zijn stressbestendiger. Een manier vinden om anderen te helpen is eveneens bevorderlijk om je beter te voelen in je vel en je leven.
- Het vierde principe is dat het belangrijk is streefdoelen, interesses of waarden te hebben die zin geven aan je leven. Sommige mensen ontlenen die zin aan hun geloof of religie. Anderen vinden betekenis in hun werk, carrière, hobby's of hechte band met anderen. Het doet er niet toe uit welke bron je die zingeving put. Wat voor de ene persoon van grote betekenis is, kan voor iemand anders vrij zinloos lijken. **Essentieel is dat je iets vindt wat je leven een doel geeft, zodat je dat doel elke dag met hernieuwde energie kunt nastreven.** Een interessante paradox die heel wat geluksonderzoekers hebben opgemerkt, is dat veel mensen tijdens hun leven heel wat tijd besteden aan het nastreven van bepaalde dingen (geld, een opleiding, succes) die uiteindelijk weinig of geen invloed hebben op hun geluk. Dat betekent evenwel niet dat dit nastreven tijdverspilling is. Dergelijke streefdoelen kunnen je leven zin geven.

→ Ons onderzoek richt de spot ook op een vijfde principe, namelijk dat lichamelijke activiteit bijdraagt tot een beter innerlijk welbevinden. **Mensen voelen zich beter wanneer ze iets 'doen'.** Wie lichamelijk actief is, heeft een hoger globaal geluksniveau en grotere globale levensvoldoening. Het is bewezen dat sporten bijzonder doeltreffend is om het welbevinden te vergroten en depressies te verzachten. Bovendien hoef je niet eens lang of intensief te sporten om resultaat te boeken. Zo blijkt uit ons en ander onderzoek dat een korte, gemiddelde inspanning bijzonder efficiënt is om je humeur te verbeteren, en je kijk op het leven. Zelf heb ik aan een wandeling van een kwartiertje of twintig minuten vaak al genoeg om me weer fris en vol energie te voelen.

De sleutels

- **Weet dat geluk een subjectieve gemoedstoestand is. Concentreer je op het goede en laat afgunst achterwege.**
- **Mensen zijn sociale wezens. We zijn gelukkiger wanneer we verbonden zijn met andere mensen.**
- **Het is belangrijk om lichamelijk actief te zijn en streefdoelen, waarden en interesses te hebben die zin geven aan je leven.**

Dr. David Watson is hoogleraar psychologie en hoofd van het Personality and Social Psychology Training Program van de universiteit van Iowa (VS). Hij promoveerde in 1982 aan de universiteit van Minnesota op persoonlijkheidsonderzoek en -beoordeling. David Watson heeft een ruime belangstelling voor onder meer persoonlijkheid, gezondheid en klinische psychologie. Over die onderwerpen publiceerde hij heel wat artikelen in de belangrijkste vaktijdschriften. Hij was bovendien redactielid van veel tijdschriften en is associate editor van het *Journal of Abnormal Psychology*.

'Zowel genot als pijn verdwijnt na een tijd.'

Na de schok

Cruciale gebeurtenissen in ons leven – huwelijk, geboorte van een kind, echtscheiding, overlijden van een wederhelft, handicap, een verhoogde levensstandaard enzovoort – hebben een flinke invloed op ons geluksniveau. Is het effect van die zwaarwichtige gebeurtenissen op ons psychische welbevinden echter tijdelijk of blijvend? **Katja Uglanova** ontdekt een surrogaat voor geluk: gewoonte.

En zoals hij ging zij, die dagen,
Gekleed in modieuze pracht,
Tot men het meisje, zonder vragen,
In bruidsjurk naar het altaar bracht.
Haar man, begrijpelijkerwijze,
Besloot om snel met haar te reizen
Naar zijn bezittingen, waar zij,
Met Jan en alleman erbij,
Tekeerging, huilend van ellende,
Haast brak de echtelijke band;
En toen nam zij het werk ter hand,
Haar taak in huis, en zij gewende.
Gewoonte is een hemels juk:
Het neemt de plaats in van geluk.

Uit: Alexander Poesjkin, *Eugene Onegin*, vertaald uit het Russisch door L.H.M. van Stekelburg en Frans-Joseph van Agt, Uitgeverij Atlas – Amsterdam/Antwerpen, 1994, hfst. 2, XXXI.

Gewoonte: een surrogaat voor geluk?

Voor de heldin in *Jevgeni Onegin* werd haar liefdeloze huwelijk draaglijk dankzij een belangrijk psychologisch mechanisme, namelijk *hedonistische adaptatie*. Dat houdt in dat gunstige of ongunstige omstandigheden na verloop van tijd zwakkere emotionele reacties uitlokken. Adaptatie is een zegen wanneer we met mogelijke schadelijke ervaringen moeten afrekenen, bijvoorbeeld een op de klippen gelopen relatie of baanverlies. Er is echter ook een keerzijde: de vreugde die je aanvankelijk ontleent aan positieve gebeurtenissen zoals een hoger loon, een groter huis of zelfs een huwelijk, vervaagt ook in de loop van de tijd. Hedonistische adaptatie vervult een aantal belangrijke functies. Ten eerste kan een blijvende sterke emotie (en zeker een negatieve) kwalijke psychologische gevolgen hebben. Ten tweede is het van belang dat nieuwe ervaringen oude 'overschrijven'. Ze bieden immers nieuwe informatie waarop we ons gedrag kunnen baseren om efficiënter te kunnen functioneren.

Passen we ons aan alles aan? Ja. Ons aanpassingsvermogen is bijzonder groot. Binnen het *model van de hedonistische tredmolen* gaan we ervan uit dat mensen een stabiel geluksniveau bezitten. Dat niveau is deels aangeboren en wordt deels bepaald door vroege levenservaringen. Belangrijke gebeurtenissen in ons leven veranderen dat geluksniveau uiteindelijk niet. Sommige mensen zullen na een promotie gelukkiger zijn, maar ook dat effect vervaagt na een tijdje. Onderzoek toont aan dat mensen doorgaans verrassend snel wennen aan een huwelijk, scheiding, geboorte, inkomensverhoging of weduwschap. Die vaststellingen ondermijnen onze diepgewortelde overtuigingen over bronnen van geluk, want het lijkt erop dat we constant het te verwachten gelukspotentieel van verschillende gebeurtenissen, activiteiten of prestaties overschatten.

Wil dat zeggen dat onze inspanningen om te verhuizen naar een betere plek, de juiste partner of een goede baan te vinden zinloos zijn? Neen, want adaptatie is geen ijzeren wet. De snelheid waarmee iemand zich aanpast en de weg die hij daarvoor aflegt, is afhankelijk van verschillende dimensies: gebeurtenissen, persoonlijkheid en context. De adaptatiepatronen variëren naargelang de gebeurtenis: zo passen mensen zich blijkbaar sneller en vollediger aan de ontbinding van een huwelijk aan dan aan werkloosheid. Natuurlijk zijn er ook dingen waaraan mensen nooit wennen. Iemand die plots gehandicapt wordt bijvoorbeeld, raakt daar zelden aan gewend. Sommige omstandigheden (bijvoorbeeld lawaai) lokken na verloop van tijd zelfs een sterkere reactie uit. **Het goede nieuws is dat sommige dingen ook nooit ophouden ons vreugde te verschaffen:** vrienden ontmoeten, hobby's, sport. Ik geef een persoonlijk voorbeeld. Ik ben allergisch voor katten, maar toch heb ik ze. Gelukkig kun je leren leven met een allergie, want de positieve emoties die een huisdier je bezorgt, vervagen nooit. Een belangrijke sleutel tot geluk is dat je activiteiten moet vinden en onderhouden die blijvend lonen.

Persoonlijkheid is de tweede belangrijke predictor voor de snelheid waarmee iemand zich aanpast. Wanneer hun partner overlijdt, tonen sommige mensen zich bijzonder veerkrachtig, anderen lijden een tijdje maar hervinden dan hun gewone stemming, terwijl weer anderen wegzinken in een chronische depressie waarvan ze nooit volledig herstellen. Persoonlijkheid 'werkt' in verschillende richtingen en bepaalt welke verwerkingsstrategie we kiezen. Neurotische personen (emotioneel labiel en neigend naar negatieve gemoedstoestanden) kiezen doorgaans inefficiënte verwerkingsstrategieën (zoals ontkenning), terwijl extraverte personen efficiëntere keuzes maken (zoals sociale steun zoeken). Bovendien hangt het ook van onze persoonlijkheid af of we het glas halfvol dan wel halfleeg noemen: neurotische mensen focussen op negatieve gebeurtenissen, terwijl extraverte personen meer belang hechten aan positieve ervaringen. Wie hoog scoort op neuroticisme zal minder gelukkig kunnen worden, terwijl grote extravertheid het geluk zal bevorderen.
De persoonlijkheid lokt bovendien bepaalde gebeurtenissen uit. **Zo zullen opgewekte, optimistische mensen meer begeerd worden op de huwelijksmarkt** dan depressieve, pessimistische personen. Mensen die scheiden, voelden zich wellicht al niet echt gelukkig voor ze in het huwelijk traden.

Tot slot spelen ook de kenmerken van de socio-economische en culturele omgeving een rol, hoewel daarover weinig vergelijkende gegevens bestaan. Een vergelijkende analyse over de aanpassing aan belangrijke levensgebeurtenissen in Duitsland en Rusland onthult een interessant feit: in Duitsland zijn mannen al na twee jaar huwelijk terug op hun 'gewone' geluksniveau, terwijl Russische mannen zich trager lijken aan te passen en dus in gelukstermen meer voordeel halen uit de beginjaren van hun huwelijk. Dat voorbeeld illustreert hoe we in een verschillende context toch anders reageren op een gelijksoortige gebeurtenis.

Samengevat is hedonistische adaptatie geen onveranderlijke wet van de menselijke psyche. Mensen zijn niet gebonden aan hun 'persoonlijke' vaste waarde zoals vroeger werd verondersteld. Naarmate we een dieper inzicht verwerven in adaptatie, stellen we meer flexibiliteit vast. De manier waarop mensen op gebeurtenissen in hun leven reageren, is tot op zekere hoogte ingegeven door de samenleving waarin ze leven en door hun persoonlijke capaciteiten. Waarom mensen uiteenlopende reactiepatronen vertonen bij eenzelfde gebeurtenis weten we nog steeds niet. De uitdaging voor de nabije toekomst is dan ook te achterhalen welke persoonlijke middelen en contextuele kenmerken ervoor zorgen dat iemand tragedies de baas kan en langer geniet van het positieve effect van een gebeurtenis.

De sleutels

- → **In het algemeen passen mensen zich vrij snel aan een huwelijk, echtscheiding, geboorte, inkomensstijging en weduwschap aan.**
- → **Adaptatie is geen ijzeren wet. De snelheid en het traject van dit proces zijn afhankelijk van verschillende dimensies: gebeurtenissen, persoonlijkheid en context.**
- → **Activiteiten vinden die blijvend lonen en ze onderhouden, is een belangrijke stap naar geluk. Ook na traumatische gebeurtenissen.**

Katja Uglanova was als onderzoeker verbonden aan de Higher School of Economics in St.-Petersburg (Rusland). Haar onderzoeksdomein is aanpassing aan belangrijke levensgebeurtenissen. Momenteel doet ze promotieonderzoek aan de Bremen International Graduate School of Social Sciences (bigsss) in Duitsland.

Sovjetgeluk

Met de ontbinding van de Sovjet-Unie begin jaren negentig stortte ook de collectieve economie in. In acht voormalige Sovjetrepublieken zijn in 2001 en nogmaals in 2011 grootschalige enquêtes gehouden naar geluk en tevredenheid met het leven aldaar. **Pamela Abbott**, **Claire Wallace** en **Roger Sapsford** hebben de uitkomsten gebruikt om de impact van de veranderingen te onderzoeken. Zelfs in een overgangsperiode na een economische instorting blijkt niet alles te draaien om de economische situatie.

Tien jaar na de instorting van de Sovjet-Unie verklaarde minder dan 14 % van de respondenten 'beslist tevreden' te zijn (in alle landen behalve Kirgizië, waar het 24 % was), terwijl in de vijftien kernlanden van de Europese Unie het peil van algemene tevredenheid schommelde tussen 80 en 90 %. **Zelfs twintig jaar na de instorting beschouwde minder dan 60 % van de bevolking in zes van de acht landen zichzelf als geheel of gedeeltelijk tevreden met hun leven.**

Het kader dat we hebben gebruikt voor onze analyse is het sociale-kwaliteitsmodel (Beck et al. 2001), dat in het sociale proces vier kwadranten onderscheidt (zie figuur):

- → **Economische zekerheid:** de middelen om gedurende je hele leven deel te nemen aan de samenleving, en toereikende overheidsmiddelen daartoe.
- → **Sociale cohesie:** vertrouwen in andere mensen, de overtuiging dat organisaties hun taken vervullen en de verwachting dat mensen en instellingen je eerlijk behandelen.
- → **Sociale inclusie:** alle inwoners zijn ingebed in de samenleving en genieten er het volwaardige lidmaatschap van – economische inclusie, naleving mensenrechten en de afwezigheid van discriminatie.
- → **Zelfredzaamheid (Empowerment):** het vermogen om volop deel te nemen aan de samenleving, met inbegrip van het genot van infrastructurele elementen zoals gezondheid en onderwijs, politieke vrijheden en het besef van keuzemogelijkheden.

Het betreft hier geen latente variabelen, maar functionele groeperingen van sociale processen, die daarbij op complexe en diverse manieren onderling gekoppeld zijn.

Wereldwijd

Structureel		Interactioneel
ECONOMISCHE ZEKERHEID Je hele leven lang gevrijwaard zijn van armoede en materiële ontbering.	**SOCIALE COHESIE** Mensen delen dezelfde verwachtingen en leven in een samenleving die haar leden bijeenhoudt en kan omgaan met creatieve spanningen.	
SOCIALE INCLUSIE Mensenrechten en burgerschap; inclusie in burgermaatschappij, gemeenschap en familie.	**EMPOWERMENT** Mensen hebben hun leven in eigen hand en benutten sociale, economische en culturele mogelijkheden.	

Individueel

— Het sociale-kwaliteitsmodel —

De analyse van de data verzameld in Rusland, Wit-Rusland en Oekraïne, waarbij naar elke afzonderlijke kwadrant werd gekeken, toonde aan dat de door de ondervraagden gepercipieerde economische zekerheid goed was voor 25 % van de variantie in welbevinden, sociale cohesie voor 11 %, sociale inclusie voor 14 % en empowerment voor bijna 30 % (waarbij lichamelijke en geestelijke gezondheid voorname determinanten waren, en ook het effect van het gevoel het leven in eigen hand te hebben voor de enkelingen die dat ervoeren).
Na plaatsing van alle significante variabelen in één regressieanalyse verklaarde het totale model 43 % van de variantie, rekening houdend met correlatie tussen variabelen. Indicatoren voor economische omstandigheden en empowerment leverden de grootste bijdrage. Het vertrouwen in medeburgers (sociale cohesie) en drie indicatoren voor sociale inclusie – trots burgerschap, persoonlijke steun en nauwe banden – blijken echter ook belangrijk.

Motoren van tevredenheid

Om ons niet te beperken tot een zuiver Europese analyse hebben we ook gekeken naar vier landen in Azië en op de Kaukasus – Kirgizië en Kazachstan in Azië, en Georgië en Armenië op de Kaukasus. In alle vier landen berust de macht bij een autoritair regime. Al deze landen hebben in de jaren negentig hyperinflatie en een economische instorting gekend, maar tegen 2001 was de inflatie er over het algemeen beteugeld en waren er wat tekenen van economisch herstel. Tussen 2001 en 2011 groeide het bbp van Armenië en Kazachstan met een factor 5 of meer ten opzichte van hun bbp in 1990, maar in dezelfde periode waren Georgië en Kirgizië er nog niet eens in geslaagd hun bbp van 1990 te verdubbelen.

Op een schaal van vier punten varieerde in 2001 het gemiddeld niveau van algemene tevredenheid van 1,6 in Georgië tot de hoogste score van 2,7 in Kirgizië, dus boven het midden van de schaal, maar niet ver erboven. Van de ondervraagden verklaarde slechts 12,3 % in Georgië beslist of tamelijk tevreden te zijn – tegenover 41,5 % in Armenië, 57,5 % in Kazachstan en 61,1 % in Kirgizië. Uit de analyse van de vier afzonderlijke kwadranten van het sociale-kwaliteitsmodel bleek dat *Economische zekerheid* ongeveer 24 % van de variantie in algemene tevredenheid verklaarde, *Sociale cohesie* 19,5 %, *Sociale inclusie* 10 % en *Empowerment* 13 %. Bij kwadrant-voor-kwadrantregressies zagen we dus wederom dat elk kwadrant op zich een significant deel van de variantie verklaarde, waarbij materiële omstandigheden de grootste invloed op tevredenheid uitoefenden. **De kwadranten zijn echter niet onafhankelijk van elkaar**, theoretisch noch empirisch. Daarom hebben we alle variabelen die significant waren in de afzonderlijke kwadrantregressies bijeengevoegd in één enkele regressie, waarbij we ook de controlevariabelen leeftijd en geslacht hebben ingesteld. De totale variantie die werd verklaard door het complete model was 33,3 %, minder dan in de Europese landen maar nog altijd een aanzienlijk percentage. Economische omstandigheden bleven de krachtigste bijdrage leveren, maar ook sociale cohesie, sociale inclusie en empowerment droegen significant bij. Toen we weer naar Kazachstan keken op basis van de data van 2010–2011, stelden we vast dat de niveaus van algemene tevredenheid tussen de twee enquêtes waren gestegen, maar dat de voornaamste factoren die variatie in tevredenheid verklaarden onveranderd waren gebleven.

Een behoorlijk leven

Al met al is het duidelijk dat de economische situatie niet allesbepalend is, zelfs niet in een periode die volgt op een economische instorting. Sociale cohesie – gedeelde normen betreffende de gewenste organisatie van het maatschappelijke leven – is ook van aanzienlijk belang, evenals sociale inclusie en de mogelijkheden voor empowerment. Variatie in de factoren die tevredenheidsniveaus in verschillende samenlevingen verklaren, lijken contextgebonden te zijn en gekoppeld aan de plaats van mensen in de kansenstructuur van de samenleving.

Rest ons op te merken dat geluk of tevredenheid geen zaken zijn die individuen zichzelf kunnen bezorgen. Een behoorlijk leven vereist:

- **Toereikende financiële middelen, en enige voorzieningen die ervoor zorgen dat die middelen toereikend blijven** op bejaarde leeftijd of in levensfasen en situaties die meer middelen vereisen om ze het hoofd te bieden – waarschijnlijk georganiseerd door de staat als die middelen niet uit de gewone belastingen komen.
- **Overeenstemming over de organisatie van het sociale en zakelijke leven**, doorgaans met de staat als regelgever.
- **Kansen voor mensen om hun vaardigheden op peil te houden en uit te breiden** (toegang tot gezondheidszorg en onderwijs bijvoorbeeld).

De sleutels

- **Zelfs twintig jaar na de ineenstorting verklaarde minder dan 60 % van de bevolking in zes van de acht onderzochte voormalige Sovjetrepublieken geheel of gedeeltelijk tevreden te zijn met het leven.**
- **Indicatoren voor economische omstandigheden en empowerment leverden de grootste bijdrage. Het vertrouwen in medeburgers (sociale cohesie) en drie indicatoren voor sociale inclusie – trots burgerschap, persoonlijke steun en nauwe banden – blijken ook belangrijk.**
- **Zelfs in een periode die volgt op een economische instorting is de economische situatie niet allesbepalend. Sociale cohesie – gedeelde normen betreffende de gewenste organisatie van het maatschappelijke leven – is ook van aanzienlijk belang, evenals sociale inclusie en de mogelijkheden voor empowerment.**

Pamela Abbott is professor honoris causa in de sociologie aan de University of Aberdeen (Schotland). Ze schrijft veelvuldig over haar onderzoeksthema's (sociale kwaliteit, gendervraagstukken en gezondheidszorg) en doet in die publicaties verslag van haar research in Europa, de voormalige Sovjet-Unie en Afrika.

Claire Wallace is hoogleraar sociologie aan de University of Aberdeen. Ze verricht of coördineert een aantal Europese onderzoeksprojecten omtrent werk en zorg, en omtrent Europese, nationale en regionale identiteit.

Roger Sapsford was hoogleraar sociale psychologie en onderzoeksmethodiek aan de Nationale Universiteit van Rwanda en is nu als honorary research fellow verbonden aan de University of Aberdeen. Zijn huidige onderzoek richt zich voornamelijk op persoonlijke en sociale identiteit en op het vermogen van regeringen om de voorwaarden voor een behoorlijk leven te scheppen. De drie auteurs hebben samen het boek *The Decent Society* (2016) gepubliceerd.

'We vergelijken altijd.'

Genoeg is genoeg

Bezorgt meer geld je ook meer geluk? Die vraag klinkt geregeld in dagelijkse gesprekken, maar het is ook een kwestie die ernstige geluksonderzoekers al tijden bezighoudt. Waarschijnlijk omdat er geen direct en eenduidig antwoord op die vraag is en omdat die verschillende antwoorden vaak indruisen tegen de opvattingen van het brede publiek. Dr. **Christopher Boyce** wil begrijpen waarom mensen geloven dat geld hun welbevinden aanzienlijk zou verbeteren – en waarom ze daar ook naar handelen.

Geluksonderzoekers besteden veel tijd aan de analyse van duizenden antwoorden van mensen uit de hele wereld op vragen over welbevinden. Het simpele antwoord op de Grote Geldvraag is dat geld je hooguit een béétje gelukkiger maakt. Maar zelfs als dat het geval is, dan nog is het effect van geld op iemands gevoel van welbevinden waarschijnlijk zeer gering.

Mensen lijken te denken dat meer geld hun welbevinden sterker zal doen groeien dan in werkelijkheid het geval is. Vandaar dat een van de vragen die ik buitengewoon interessant vind – en waarnaar ik onderzoek heb gedaan om het te begrijpen – luidt: waaróm geloven en handelen mensen alsof geld een sterke verbetering van het welbevinden teweeg kan brengen, terwijl dat niet zo is? Die vraag is belangrijk omdat het risico bestaat dat we uiteindelijk naast de écht belangrijke aspecten van het leven grijpen – zaken die wél instaan voor een groter welbevinden – als we proberen ons geluk te vergroten door almaar meer geld te verdienen. De onterechte focus op geld is niet alleen een punt van zorg voor ieder van ons als individu, maar belemmert ook maatschappelijke vooruitgang in landen waar al voorzien is in de basisbehoeften.

Inkomen

Een van de verklaringen waarom inkomen niet zo heel belangrijk is om ons welbevinden te doen toenemen houdt verband met sociale vergelijkingen. Ons onderzoek laat zien dat de hoeveelheid geld die we in absolute zin bezitten er eigenlijk niet zo toe doet. Inkomen kan van essentieel belang zijn om te kunnen voorzien in basisbehoeften (denk aan voedsel, huisvesting, verwarming), maar zodra daarin voorzien is, is het absolute inkomen niet langer iets wat de mensen bezighoudt. Wat ons wél interesseert, is hoeveel dat inkomen ons oplevert als het aankomt op sociale positie. **De vraag is dan vooral hoe ons inkomen zich verhoudt tegenover andere inkomens.** Dat verklaart waarom mensen met hoge absolute inkomens nog altijd kunnen denken dat ze niet genoeg verdienen wanneer ze worden omringd door andere mensen met een hoog inkomen.

Het probleem van onze aangeboren bekommernis om de rangschikking van ons inkomen is dat onze samenlevingen geen eindeloze inkomensladder kennen; die ladder is binnen een samenleving per definitie vastgesteld. Dat wil zeggen dat een loonsverhoging iemands inkomen weliswaar kan doen stijgen zodat het een treetje hoger op de ladder komt, maar die stijging impliceert noodzakelijkerwijze een lagere rangschikking van anderen en naar alle waarschijnlijkheid zullen die mensen weldra een soortgelijke loonsverhoging krijgen. Zo wordt het verwachte gunstige effect op iemands welbevinden misschien nooit concreet, aangezien zijn maatschappelijke positie waarschijnlijk niet eens verandert. **Collectief is het dus moeilijk het welbevinden te vergroten door alleen inkomensstijging.** Inkomens-rangschikking helpt daarom verklaren waarom individuen in de veronderstelling kunnen verkeren dat meer geld hun inkomen sterker doet toenemen dan in werkelijkheid het geval is.

Winst en verlies

Een bijkomend antwoord op de vraag waarom de relatie tussen inkomen en welbevinden niet zo krachtig is als vaak wordt gedacht, is dat correlatie gemakkelijk verkeerd kan worden begrepen als causaliteit. Rijke mensen komen misschien gelukkiger over, maar dat wil daarom niet zeggen dat ze gelukkig *zijn* (vooral de rijken op tv en in de spotlights) en het is ook belangrijk te beseffen dat het niet per se geld hoeft te zijn dat hen gelukkig maakt. Het is wel aangetoond dat de mate van geluk voorspellende waarde heeft ten aanzien van hetgeen iemand zal verdienen en **daarom kan het misleidende idee postvatten dat je met geld hetzelfde geluk kunt kopen dat anderen lijken te hebben.**

Een laatste mogelijke verklaring die we proberen te begrijpen is dat geld wellicht alleen belangrijk wordt zodra iemand het heeft. In een recent onderzoek hebben we laten zien dat inkomensstijgingen weinig of niets toevoegen aan iemands welbevinden. **Wat het welbevinden van iemand echter wel degelijk verandert, is inkomensdaling.** Het lijkt er dus op dat individuen mogelijk verwachten dat meer geld ook meer geluk betekent vanwege het belang van hun *bestaande* inkomen voor hun welbevinden. Vrij ironisch komt daarbij dat mensen die onderzoek doen naar de effecten van inkomensveranderingen op het welbevinden, doorgaans geen onderscheid maken tussen inkomensdalingen en -stijgingen, wat doet vermoeden dat die onderzoekers mogelijk zélf het belang van meer geld voor ons welbevinden overschatten.

Risico

Tijd en middelen investeren in het nastreven van steeds hogere inkomens zou weleens fout kunnen zijn. Wat we wel moeten proberen te doen? Tijd doorbrengen met onze vrienden en familie; vertrouwen scheppen binnen onze gemeenschappen; het innerlijk proces begrijpen dat ons in staat stelt om te gaan met moeilijkheden; en investeren in onze lichamelijke en geestelijke gezondheid. Van al díé dingen, en niet van geld, is aangetoond dat ze krachtig verband houden met ons welbevinden en dat ze dreigen te worden opgeofferd bij het najagen van hogere inkomens.

De sleutels

- → **Mensen lijken over het algemeen te denken dat meer geld hun welbevinden sterker zal doen toenemen dan in de praktijk het geval blijkt.**
- → **Er zijn verscheidene redenen voor deze misvatting; sociale vergelijking is er een van.**
- → **Tijd en middelen investeren in het najagen van een steeds hoger inkomen kan een fout zijn. Belangrijker zijn vrienden en familie, vertrouwen, kunnen omgaan met moeilijkheden, en investeren in je lichamelijke en geestelijke gezondheid.**

Christopher Boyce, PhD, is verbonden aan de universiteit van Stirling (Verenigd Koninkrijk) en heeft diverse academische artikelen gepubliceerd over verschillende aspecten van de relatie tussen geld en geluk. Zijn onderzoek richt zich over het algemeen op menselijk geluk en welbevinden. Wat draagt bij tot ons geluk en waarom? Hij brengt ideeën uit de psychologie en uit de economie met elkaar in verband om te begrijpen hoe levensgebeurtenissen zoals een promotie op het werk, veranderingen in inkomen of werkloosheid van invloed kunnen zijn op ons welbevinden. Hij schrijft een persoonlijke blog over zijn eigen avonturen in de wereld van geluk.

'Adolescenten hebben vooral coaching nodig om zichzelf te leren kennen.'

Geluk in lichaam, verstand en psyche

Na de burgeroorlog in El Salvador kwam **Danilo Garcia** als vijftienjarige vluchteling terecht in Zweden, waar hij uiteindelijk hoofddocent psychologie is geworden en onderzoek doet naar de relatie tussen geluk en persoonlijkheid. 'Je hoeft adolescenten niet te vertellen wat ze moeten doen. Ze moeten worden gecoacht om zichzelf te leren kennen – om zich bewust te worden van hun lichaam, verstand en psyche.'

Het jaar 1989 betekende voor mij het einde van de burgeroorlog in mijn vaderland El Salvador, een oorlog waaraan pas in 1992 een einde zou komen. Als zoon van Violeta Jovel en wijlen Ernesto Jovel, beiden vooraanstaande figuren in de beginjaren van die Salvadoraanse burgeroorlog, kon ik niet opgroeien in dit o zo mooie landje in Midden-Amerika. Na een huisarrest van bijna drie jaar slaagde mijn moeder erin asiel te krijgen voor haarzelf, mijn zus en mij. Als vijftienjarige vluchteling arriveerde ik op 19 januari 1989 in Zweden, in een van de gelukkigste en meest ontwikkelde landen van de wereld.

Het heeft me veel moeite gekost me aan te passen aan deze nieuwe cultuur, aan vooroordelen en racisme, en ik heb zelfs een serieuze maar vruchteloze poging gedaan om op eigen houtje terug te gaan naar El Salvador, maar uiteindelijk heb ik me neergelegd bij mijn lot als balling. Die berusting was echter maar van korte duur. Dankzij het doorzettingsvermogen en de zelfverzekerdheid geërfd van – en gevoed door – mijn ouders en dankzij de verdraagzaamheid en hulpvaardigheid van nieuwe vrienden herleefde mijn nieuwsgierigheid naar de menselijke psyche. Ik raakte in het bijzonder geïnteresseerd in veerkracht, floreren en welbevinden. De afgelopen jaren ben ik steeds beter gaan inzien hoe de menselijke persoonlijkheid functioneert of juist disfunctioneert. In die context richt het grootste deel van mijn onderzoek zich op het persoonlijkheidsmodel van professor C. Robert Cloninger, dat twee deelgebieden onderscheidt in de menselijke persoonlijkheid: temperament en karakter.

Persoonlijkheid

Professor Cloninger heeft zijn persoonlijkheidsmodel ontwikkeld rond de 'drie-eenheid' van het menselijk wezen: lichaam, verstand en psyche. Volgens die indeling bestaat onze persoonlijkheid uit temperamenttrekken (het 'lichamelijke' aspect van onze persoonlijkheid), die verantwoordelijk zijn voor onze emotionele reacties en onze gevoelens van voorkeur en afkeer. Onze persoonlijkheid omvat ook karaktertrekken, die staan voor onze doelen en waarden in relatie tot onszelf en anderen (het 'verstandelijke' aspect van onze persoonlijkheid), maar ook in relatie tot iets wat groter is dan wijzelf (het 'spirituele' aspect van onze persoonlijkheid). In tegenstelling tot de emoties, die voortvloeien uit onze temperamenttrekken (zoals blijdschap, bedroefdheid, weerzin, angst en woede) zijn onze karaktertrekken verantwoordelijk voor noties van hoop, liefde en geloof.

Deze insteek doet vermoeden dat we ons bewustzijn van deze drie onafscheidelijke delen van ons wezen – lichaam, verstand en psyche – moeten voeden en koesteren om te komen tot duurzaam geluk. Het besef van een drieledige structuur van ons wezen is belangrijk omdat **lichaam, verstand en psyche functioneren als een verweven en dynamisch systeem dat ons helpt ons aan te passen aan veranderende omstandigheden in ons leven** (zie figuur). Met andere woorden, onze emoties oefenen een constante wisselwerking op elkaar uit – of we nu vervuld zijn van hoop omdat we het leven aankunnen, liefde voelen voor en van anderen of ons verbonden voelen met iets dat groter is dan wijzelf. Ook de wijze waarop wij ons eigen levensverhaal begrijpen speelt daarbij een rol.

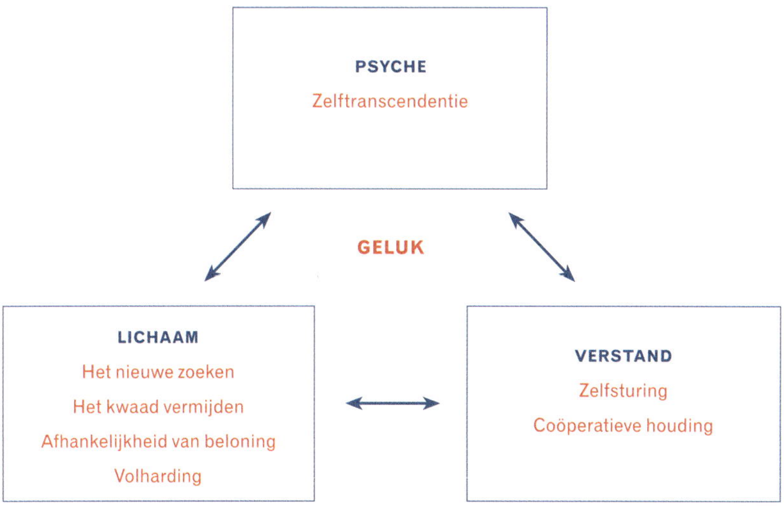

— Geluk in relatie tot persoonlijkheid: het menselijk wezen holistisch benaderd als samenstel van lichaam, verstand en psyche. —

Persoonsgericht

Het besef van de drieledige structuur van ons wezen is geprononceerd bij adolescenten die zichzelf gelukkig achten. Die adolescenten stellen zich welbewust doelen in hun opleiding en werken aan hun zelfredzaamheid (Cloningers karaktertrek 'zelfsturing'); ze koesteren welbewust hechte relaties en helpen anderen (Cloningers karaktertrek 'coöperatieve houding'); en ze gaan welbewust op zoek naar zinvolle flowsituaties waarin ze zich verbonden voelen met de hele wereld om hen heen (Cloningers karaktertrek 'zelftranscendentie'). Adolescenten moeten zelfkennis ontwikkelen om karakterontwikkeling in de drie aspecten van hun wezen te bevorderen. Om dat te bereiken hebben we ouders, scholen, zorgprofessionals en gemeenschappen nodig die adolescenten persoonsgericht benaderen. **Pas als ieder van ons begrijpt welke persoon we zijn, kunnen we een ander begrijpen en behandelen als een individu met een eigen parcours richting welbevinden.** Je hoeft adolescenten niet te vertellen wat ze moeten doen; ze hebben coaching nodig om zichzelf te leren kennen, dat wil zeggen om zich bewust te worden van hun lichaam, hun verstand en hun psyche. Dat zal hen helpen om te bouwen aan een gelukkige en veerkrachtige identiteit en een gelukkig levensverhaal.

De sleutels

- → **Om te komen tot duurzaam geluk moeten we ons bewust zijn van de drie componenten van ons wezen: lichaam, verstand en psyche. Het besef van die drieledige structuur is uitgesproken aanwezig bij adolescenten die zichzelf als gelukkig beschouwen.**
- → **Adolescenten moeten hun zelfkennis ontwikkelen om karakterontwikkeling binnen de drie componenten van hun wezen te bevorderen.**
- → **Om dat te bereiken hebben we ouders, scholen, zorgprofessionals en gemeenschappen nodig die handelen vanuit een persoonsgerichte visie op adolescenten.**

Danilo Garcia is gepromoveerd in de filosofie van de psychologie en is als universitair hoofddocent verbonden aan de afdeling Psychologie van de Universiteit van Gotenburg (Zweden). Hij is op dit moment directeur van het Blekinge Center of Competence, dat zich toelegt op vernieuwingen in de volksgezondheid en de gezondheidszorg. Danilo Garcia is samen met prof. Trevor Archer en dr. Max Rapp Ricciardi oprichter en hoofdonderzoeker van het Network for Empowerment en Well-Being. Hij verricht onderzoek naar de rol van temperament en karakter in welbevinden. Daarbij bedient hij zich van persoonsgerichte methoden, maar ook van tweelingonderzoek en van computationele methoden om – samen met prof. Henrik Anckarsäter en Sverker Sikström – tekst te kwantificeren. Hij is voorts gelukscoach en is verbonden aan de non-profitorganisatie The Anthropedia Foundation geleid door dr. Kevin M. Cloninger.

'Hoe ouder we worden, hoe beter we met onze emoties omgaan.'

De vier vragen

Het publiek heeft geboeid geluisterd naar de lezing over de psychologie van het geluk. Daarna is het tijd voor vragen. Prof. **Reynaldo Alarcón** (Peru) weet dat vier vragen altijd opnieuw worden gesteld. Dit zijn de antwoorden.

Leeftijd, huwelijk en persoonlijkheid

Wat maakt ons gelukkig? In volgorde antwoorden verschillende leeftijdscategorieën in Lima: 'Een goede gezondheid, een goede verhouding tot God, een goed gezin.' Die drie dingen veranderen naargelang geslacht, leeftijd en burgerlijke staat. Jonge universitair geschoolden tussen de twintig en dertig bijvoorbeeld vinden 'een succesvolle carrière' het meest begeerde goed, terwijl de leeftijdscategorie van zestig jaar 'een goed gezin' en 'een goede verhouding tot God' vooropplaatst. Uiteraard is dat wat 'goed' is voor de een niet noodzakelijk goed voor de ander. Geluk is heel persoonlijk.

Welke invloed heeft de leeftijd? We denken vaak dat oudere mensen minder gelukkig zijn dan jonge. Die hypothese is gebaseerd op feiten: naarmate je ouder wordt, takelt je gezondheid af, word je alleenstaande omdat je partner overlijdt, verdwijnen vrienden en familie en steken tal van andere problemen de kop op. Onderzoek waarbij het verband tussen leeftijd en geluk werd onderzocht, toont echter aan dat zestigers en zeventigers gelukkiger zijn.

Een vaak geciteerde verklaring daarvoor is dat oudere mensen beter omgaan met hun emoties. Ze hebben geleerd negatieve en positieve gebeurtenissen in toom te houden. Ze gaan niet uit hun dak als ze horen dat ze de lotto hebben gewonnen, noch wanneer ze slecht nieuws vernemen. Ze verwerken de emotionele stimulus voornamelijk door cognitief denken. Die vaststelling geldt voor ouderen die nog thuis of bij familie wonen. Bejaarden in een tehuis kampen vaker met depressieve symptomen, eenzaamheid, kregeligheid en andere problemen die hen ongelukkig maken.

Heeft de burgerlijke staat invloed op het geluk? We stellen vast dat gehuwde mensen gelukkiger zijn dan alleenstaanden. Er is geen wezenlijk verschil tussen het geluksniveau van mannen en vrouwen. We kunnen ervan uitgaan dat gehuwde mensen, zowel mannen als vrouwen, tijdens hun huwelijksleven bevredigende en prettige affectieve ervaringen opdoen. Een affectief evenwicht binnen het echtpaar en wederzijdse voldoening dragen bij tot een stabiel huwelijk. Negatieve ervaringen en egocentrisme geven daarentegen aanleiding tot een huwelijkscrisis. Sommige onderzoekers hebben vastgesteld dat mannen en vrouwen die ongelukkig zijn in hun huwelijk vergelijkbare mentale veranderingen ondergaan: neuroticisme, autoritaire houding, agressief gedrag…

Welke persoonlijke eigenschappen maken je gelukkig? Er zijn enkele psychologische factoren die geluk duidelijk in de hand werken, onder meer extravertheid. Extraverte mensen hebben een hogere geluksscore dan introverte. Wie tevreden is over zijn leven, over wie hij is en wat hij heeft bereikt, heeft de sleutels van geluk in handen. Die beoordeling is een zelfevaluatie. Op basis van die positieve zelfevaluatie beschouwen mensen zichzelf als waardevol: ze hebben er alle vertrouwen in dat ze voldoende kwaliteiten en capaciteiten bezitten om het leven het hoofd te bieden en hun toekomstige acties te bepalen. Er bestaat een nauw verband tussen geluk en eigenwaarde, maar dat mag niet leiden tot narcisme of overdreven zelfbewondering voor de eigen kwaliteiten en acties. Tot slot werd vastgesteld dat de 'frequentie van positief affect' bijdraagt tot een gemoedstoestand van persoonlijk geluk. Anders gezegd: in dagelijkse relaties iemand belonen, bewondering uitdrukken en die persoon naar waarde schatten, maakt hem gelukkig. We verlangen allemaal naar erkenning. Positieve affecten zijn gematigde emoties die geluk vergroten. Intense emotionele ervaringen bevorderen het geluk niet. De Griekse filosofen wisten al dat zintuiglijk genot niet gelukkig maakt. Integendeel, ze staan een gelukkig leven in de weg, want dat heeft evenwicht nodig. En daarin schuilt veel waarheid, of je nu jong, oud, gehuwd of vrijgezel bent.

De sleutels

- → **Ouder worden maakt je niet ongelukkig. Je leert je emoties beter onder controle te houden.**
- → **In het algemeen is de geluksscore van gehuwde mannen en vrouwen hoger.**
- → **Belangrijke persoonlijke eigenschappen zijn extraversie, eigenwaarde en krijgen/geven van positief affect.**

Reynaldo Alarcón is emeritus hoogleraar, doctor in de psychologie en filosofie aan de Universidad Nacional de Mayor de San Marcos in Lima (Peru). Van zijn hand verschenen acht boeken en 173 psychologische artikelen, waaronder empirisch onderzoek en theoretische rapporten. Hij is doctor honoris causa aan de Ricardo Palma University en is lid van de Interamerican Society of Psychology en de American Psychological Association. Sinds 2000 is hij actief in het domein van de positieve psychologie, gaf daarover lezingen op conferenties en publiceerde onderzoeksresultaten. Zijn recentste boek is *Psychology of happiness*.

'Waarom hebben we de neiging hoopvol en optimistisch te zijn zelfs wanneer dat onrealistisch is?'

Het fundament van een florerend leven

'Bij een estafetteloop van gemoedstoestanden zou hoop de startloper zijn', zegt dr. **Jan-Emmanuel De Neve**. 'Zonder hoop zou er geen reden zijn voor optimisme om het stokje over te nemen en er zou evenmin een gelukkige sprinter zijn om de zege binnen te halen. Gevoelens van hoop, optimisme en geluk staan weliswaar in een nauwe relatie tot elkaar, maar toch lijken die emoties zich in een duidelijke "volgorde" te manifesteren; hoop vervult de rol van het noodzakelijke fundament waarop een florerend leven kan worden opgebouwd.'

Hoop koesteren is een diepmenselijke trek. We blijven zelfs hopen wanneer informatie en feiten onze overtuigingen uitdagen. Dat doet een paar vragen rijzen die ik hier aan de orde wil stellen: waarom zijn we geneigd hoopvol en optimistisch te zijn, zelfs wanneer dat onrealistisch is? En meer in het bijzonder, doe je er goed aan om je overtuigingen, je verwachtingen van het leven zo bij te stellen dat ze van meer realisme getuigen?

Onderzoek duidt erop dat het 'beheren' van je persoonlijke verwachtingen gemakkelijker is gezegd dan gedaan en zelfs contraproductief kan werken. Neem nu de klassieke wijsheid dat weinig verwachtingen koesteren, je gelukkig maakt. De logica daarachter is de volgende: wie niet hoopt of verwacht succesvol en gelukkig te zijn, zal ook niet ontgoocheld zijn als het allemaal verkeerd loopt, en aangenaam verrast als het wél lukt.

Hoge verwachtingen

Er is een probleem dat je je verwachtingen moet matigen om je welbevinden te vergroten. Conceptueel lijkt er wel iets in te zitten, maar de redenering houdt geen stand als we daadwerkelijk de proef op de som nemen. Mensen die hoopvol gestemd zijn en hooggespannen verwachtingen koesteren blijken over het algemeen namelijk gelukkiger te zijn – of hun verwachtingen nu uitkomen of niet. Deze belangrijke bevinding lijkt het resultaat te zijn van drie cognitieve processen.

Ten eerste: relevant voor ons welbevinden is onze interpretatie van gebeurtenissen die we meemaken. Twee psychologen, Margaret Marshall en Jonathon Brown, vroegen studenten wat voor cijfer ze zouden scoren voor een examen halverwege het trimester. En inderdaad, de mensen die een acht verwachtten, maar een zesje scoorden waren verrast. Maar baalden ze erger dan degenen die van meet af aan een zes hadden verwacht? Nee, want de studenten die meenden niet hoog te zullen scoren, beschouwden dat als de bevestiging van hun geringere capaciteiten. Studenten die echter een acht verwachtten en een zes kregen, besloten de volgende keer langer en beter te studeren en gingen ervan uit die acht uiteindelijk heus wel te halen. De weinige studenten die zich geen illusies hadden gemaakt maar toch een acht haalden, bestempelden dat hoge cijfer als een toevalstreffer. Wie ten slotte hooggespannen verwachtingen had en ook een mooi cijfer noteerde, schreef dat toe aan persoonlijke talenten en vaardigheden: ik haal achten omdat ik nu eenmaal slim ben.

Ten tweede: als je iemands verwachtingen kunstmatig prikkelt en aanscherpt, blijkt die persoon ook daadwerkelijk beter te presteren. De cognitief neurologe Sara Bengtsson heeft onlangs aangetoond dat het volstaat om mensen te bestempelen met het woord 'slim' om ze hoger te laten scoren bij een opdracht. Waarom? Individuen die er door anderen van worden overtuigd goed te zullen scoren, zullen eerder geneigd zijn te leren van hun fouten en daardoor beter presteren. Wordt iemand er daarentegen van overtuigd dat zijn of haar kans van slagen gering is, dan is die persoon minder geneigd om van fouten te leren en neemt de kans op mislukking inderdaad toe. Het koesteren van subjectieve verwachtingen, bescheiden of hooggespannen, heeft objectieve gevolgen die weer van invloed zijn op iemands welbevinden.

Voorpret

En tot slot: hooggespannen verwachtingen koesteren en hoopvol gestemd zijn over de toekomst maakt ons gelukkiger in het heden. De gedragseconoom George Loewenstein vroeg studenten aan zijn universiteit om zich voor te stellen dat ze een kus zouden kunnen krijgen van hun favoriete beroemdheid. Hij vroeg vervolgens hoeveel ze bereid waren te betalen voor die kus en of ze die kus onmiddellijk wilden of over drie dagen. De studenten waren bereid het meeste te betalen niet voor die kus nú, maar voor de kus over drie dagen. Ze waren dus bereid extra neer te tellen voor de kans even te mogen te wachten. We zien meteen in dat de hoopvolle stemming dat er iets leuks staat te gebeuren, op zich al plezier oplevert: voorpret.

Deze drie recente bevindingen duiden erop dat hoop de hoeksteen van ons welbevinden vormt. Maar hoewel hoop een elementaire voorwaarde is voor een gelukkig leven, is het toch ook belangrijk te benadrukken dat hoop op zich niet volstaat om positieve veranderingen en meer welbevinden in onze wereld te stimuleren. Met hoop alleen komen we er niet. Hoop is een voorwaarde voor geluk en daadkracht, maar geen vervanger daarvan. Laten we daarom de gezamenlijke actie ondernemen die nodig is om ervoor te zorgen dat hoop en aspiratie ook degenen onder ons bereiken die nu geen perspectief hebben.

De sleutels

- → **Mensen die hoopvol gestemd zijn en hooggespannen verwachtingen koesteren, blijken over het algemeen gelukkiger – of hun verwachtingen nu uitkomen of niet.**
- → **Deze belangrijke bevinding lijkt het resultaat te zijn van drie cognitieve processen: hoe wij gebeurtenissen duiden, subjectieve verwachtingen en voorpret.**
- → **Met hoop alleen komen we er niet. Hoop is een voorwaarde voor geluk en daadkracht, maar geen vervanger daarvan.**

Dr. Jan-Emmanuel De Neve is hoofddocent Economie aan de University of Oxford (Verenigd Koninkrijk). Hij is geboren in België en heeft gestudeerd aan de Harvard University en aan de London School of Economics. Zijn onderzoek richt zich op de economische aspecten van het menselijk welbevinden en hij helpt bij de ontwikkeling van overheidsbeleid dat het algemene welbevinden verbetert en armoede terugdringt. Dat geeft hem hoop.

'Als managers, werknemers en organisaties hoopvol zijn, leidt dat tot betere attitudes, gedragingen en prestaties.'

Hoop in effectieve werkplekken

Hoewel algemeen erkend wordt dat het goed is om hoop te hebben, was hoop tot enkele jaren geleden een zeer vaag en wazig concept. Het miste een theoretische grondslag, een operationele definitie, steekhoudende meetmethoden en empirisch onderzoek naar de invloed ervan. Dit alles is veranderd met de komst van de positieve psychologie aan het einde van de vorige eeuw. Vervolgens heeft de bekende hoogleraar management **Fred Luthans** hoop op de werkvloer geïntroduceerd als een cruciaal onderdeel van het psychologisch kapitaal.

In 1999 werkte ik als hoogleraar management aan de University of Nebraska en als senior wetenschapper voor Gallup. Tot mijn vreugde mocht ik het eerste topcongres over positieve psychologie bijwonen in mijn woonplaats Lincoln, Nebraska. Dit congres was gesponsord door en gehouden bij de Gallup Organization, een jaar nadat Martin Seligman zijn beroemde rede voor de American Psychological Association had gehouden. Daarin had hij de wereld van de psychologie aangespoord **meer aandacht te schenken aan het positieve en aan wat er goed is aan mensen**, ter compensatie van de vrij eenzijdige aandacht voor het negatieve en voor wat er mis is met mensen. Seligman was de organisator van het congres, waar ook andere oprichters zoals Ed Diener en Barbara Fredrickson spraken. Hun presentaties en inzichten inspireerden mij om de positieve psychologie op de werkvloer te introduceren.

In het volgende najaar werd een tweede congres gehouden op het hoofdkantoor van Gallup in Washington D.C. Deze keer liet ik me vooral stimuleren door academische presentaties over hoop door professor C. Rick Snyder en zijn collega Shane Lopez van de University of Kansas. Zorgvuldig zetten zij de rijke theoretische grondslag van hoop uiteen. Ze formuleerden de operationele definitie van hoop – met zowel de doelgerichte, op zelfbeschikking gebaseerde *will-power* als de proactief uitgestippelde routes naar het einddoel, oftewel *way-power*. Ze gaven ook aan dat er steekhoudende methoden zijn om hoop te meten en wezen op onderzoek dat aantoont dat hoop een positieve invloed heeft op heel wat aspecten van het menselijke leven. Deze twee congressen over positieve psychologie en de relevante artikelen die daaruit voortkwamen, vormden het lanceerplatform voor mijn eigen presentatie op het derde congres in 2001, en de publicatie van mijn cruciale artikelen over *positive organizational behavior* (POB, positief organisatiegedrag) en *positive psychological capital* (PsyCap, positief psychologisch kapitaal).

De innerlijke held

Ik wilde POB en PsyCap duidelijk onderscheiden van de niet op onderzoek gebaseerde, positieve feelgoodbenaderingen die zo populair zijn in de hedendaagse managementliteratuur. Om te worden opgenomen in POB en PsyCap moesten componenten volgens mij aan de volgende criteria voldoen: (1) gebaseerd zijn op theorie en onderzoek; (2) steekhoudende meetmethoden bevatten; (3) openstaan voor ontwikkeling (in tegenstelling tot star vasthouden aan het uitgangspunt); (4) wenselijke invloed uitoefenen op de attitude, het gedrag en vooral de prestaties van de werknemer op de werkvloer. Na een zorgvuldige analyse van de grote aantallen mogelijke positieve componenten van PsyCap, bleken vier ervan verreweg het best aan de criteria te voldoen: **_Hope_ (hoop), _Efficacy_ (zelfeffectiviteit), _Resilience_ (veerkracht) en _Optimism_ (optimisme), oftewel de innerlijke _hero_ (held).**

In de positieve psychologie is behoorlijk wat onderzoek gedaan dat een positieve relatie heeft vastgesteld tussen hoop en tal van levensdomeinen. Op de werkvloer zijn er echter tot nu toe maar weinig onderzoeken verricht. Maar wij hebben bijvoorbeeld ontdekt dat er **in alle soorten organisaties en op elk niveau een significante positieve relatie bestaat tussen enerzijds de hoeveelheid hoop van werknemers en anderzijds hun attitudes** (denk daarbij aan arbeidsvreugde, tevredenheid over het werk, toewijding en betrokkenheid, gewenst gedrag zoals baanbehoud, en de prestaties van werknemers en van de organisatie als geheel). Ik heb ontdekt dat hoopvolle managers niet alleen goed zijn in klassieke functies als plannen, organiseren en controleren, maar dat ze ook zeer doelgericht zijn. Ze beschikken bovendien over de motivatie om deze doelen te bereiken (*will-power*) en stippelen daartoe proactief routes uit (*way-power*).

Ik ontmoet vaak managers en werknemers die zeggen dat ze 'hopen' hun prestaties te verbeteren. Ik vraag hun dan meteen of ze zich *stretch goals* (moeilijke maar haalbare doelen) hebben gesteld, of ze de routes naar deze doelen hebben uitgestippeld, of ze reële en potentiële obstakels hebben gesignaleerd en of ze proactief alternatieve routes hebben bepaald om deze barrières te omzeilen. Als ze daarop, zoals gebruikelijk, 'nee' of 'niet echt' antwoorden, maak ik hun duidelijk dat hun hoop niet echt is. Het is belangrijk om te constateren dat de doelen en de concreet uitgestippelde paden daarheen niet alleen hoopvolle managers prikkelen en motiveren, maar ook hun volgers. Met andere woorden: hoop heeft een besmettelijk effect dat een klimaat van openheid, vertrouwen en gemotiveerde prestaties creëert; een klimaat dat ook hoopvolle werknemers en hoopvolle organisaties kenmerkt.

Verstandige investering

De eerste empirische bewijzen laten zien dat hoop, in combinatie met de drie andere componenten van PsyCap, een positieve invloed heeft op de prestaties op de werkvloer. Daarnaast bestaat er nu ook overweldigend bewijs voor de ondersteunende rol die hoop in effectieve werkomgevingen kan spelen. Uit ons onderzoek blijkt duidelijk dat PsyCap als een kernconcept van hogere orde een gigantische invloed heeft op gewenste resultaten. Enkele jaren geleden hebben we bijvoorbeeld een meta-analyse uitgevoerd van eenenvijftig PsyCap-onderzoeken en een sterke gemiddelde relatie ontdekt tussen PsyCap (dat ook hoop omvat) en gewenste attitudes, gedragingen en prestaties van werknemers. Bovendien zijn deze bevindingen geverifieerd in een onlangs gepubliceerd overzicht van zesenzestig PsyCap-artikelen. Met andere woorden: de hoop van de werknemer heeft op zichzelf al een significante positieve impact op de werkvloer, maar dat wordt nog eens versterkt wanneer hoop is gecombineerd en een synergetische interactie vertoont met de andere psychologische *hero*-componenten van PsyCap: zelfeffectiviteit, veerkracht en optimisme.

Aangezien hoop als PsyCap-component openstaat voor ontwikkeling (in tegenstelling tot een starre persoonlijkheid of meer 'aangeboren' talenten en intelligentie), **kan hoop worden gestuurd en vergroot via korte ontwikkelingsprogramma's voor personeel.** We hebben ook experimentele onderzoeken gedaan waarbij we gebruikmaakten van controlegroepen. Daaruit bleek dat deze programma's leiden tot een toename van PsyCap (inclusief de hoop) van de deelnemende werknemers en tot een verbetering van hun prestatie. Via een utiliteitsanalyse in een van deze onderzoeken hebben we ontdekt dat de *return* *on development* (profijt uit ontwikkeling) meer dan 200 % bedraagt. Het is dus een zeer verstandige investering om PsyCap (en hoop) te ontwikkelen.

Vol hoop

In dit hoofdstuk wilde ik een 'nuchtere', pragmatischer benadering van hoop presenteren. Ik heb geprobeerd een feitelijk portret te schilderen van **hoop als een waardevol, positief onderdeel van het psychologisch kapitaal in de huidige werkomgeving.** Als managers, werknemers en organisaties hoopvol zijn, leidt dat tot betere attitudes, gedragingen en prestaties en tot concurrentievoordelen. En dat zijn allemaal facetten die nodig zijn om te gedijen of zelfs te overleven in de huidige dynamische mondiale economie.

De sleutels

- → **Hoop is meer dan een vaag feelgoodconcept. Het is gebaseerd op theorie en gedegen onderzoek, kent steekhoudende meetmethoden, staat open voor ontwikkeling en heeft een bewezen positieve invloed op tal van domeinen in het leven.**
- → **Voor werknemers en managers heeft veel hoop in combinatie met zelfeffectiviteit, veerkracht en optimisme *(hero)* een significante positieve invloed op de werkvloer.**
- → **Psychologisch kapitaal (waartoe ook hoop behoort) kan worden ontwikkeld en oefent een causale invloed uit op prestaties en een zeer hoge *return on development*.**

Fred Luthans is University and Distinguished Professor of Management aan de University of Nebraska (VS) en voormalig voorzitter van de Academy of Management. Hij heeft de fundamentele eerste teksten geschreven op het gebied van Organizational Behavior en van International Management. Hij is een productief onderzoeker en heeft het vakgebied van Positive Organizational Behavior (POB) opgericht en het concept en het onderzoeksfundament voor het Psychological Capital (PsyCap) bedacht. Fred is een verwoed amateurgolfer en een enorme fan van de football- en basketbalteams (mannen en vrouwen) van zijn universiteit. Hij beschouwt het echter als zijn grootste verwezenlijking dat hij deel uitmaakt van een groot, liefhebbend gezin.

'Een hoog percentage gelukkige mensen leidt niet tot decadente zelfgenoegzaamheid en stagnatie.'

De motor van vooruitgang

'Keer op keer wordt de moderne westerse maatschappij voorgesteld als de snelste weg naar ongeluk en depressie', zegt **Jan Delhey**. 'Toch is dat niet wat we vaststellen in ons onderzoek.'

Moderniteit is beter dan haar reputatie

Als socioloog ben ik vooral geïnteresseerd in hoe levensomstandigheden geluk beïnvloeden. Het is waar dat onderzoek telkens weer uitwijst dat ons subjectief welbevinden niet gewoon een weerspiegeling is van onze levensomstandigheden – hoe rijk we zijn of hoeveel aanzien onze job heeft. Die zaken worden gefilterd door onze persoonlijkheid, onze waarden en levensdoelstellingen, onze verwachtingen en vergelijkingen met de buren. Dat houdt onder meer in dat er heel veel adaptatie is. Mensen stemmen zich grotendeels (gemakkelijk) af op goede omstandigheden en schikken zich (minder gemakkelijk) in slechte. Maar ondanks die filters en adaptatieprocessen *hebben* levensomstandigheden wel degelijk een invloed op het gevoel dat we hebben over ons leven.

Binnen een land blijkt keer op keer uit de onderzoeksresultaten dat wie het objectief gezien goed heeft, tevredener is over zijn leven dan wie (kans)arm is. Er is een duidelijke kloof inzake tevredenheid tussen mensen bovenaan en onderaan op de maatschappelijke ladder. Volgens de traditionele wijsheid is geluk niet te koop. Toch lijkt het erop dat geluk wel degelijk hand in hand gaat met inkomen en overvloed. Maar de tevredenheidskloof tussen 'bezitters' en 'bezitlozen' is niet overal even groot. Ze is kleiner in rijke samenlevingen dan in arme.

Tussen landen onderling tekent zich een duidelijk patroon af: geluk vind je vooral in die landen waar de levensomstandigheden goed zijn. In het algemeen zijn mensen gelukkiger in rijke, vrije, goed bestuurde, egalitaire, tolerante landen met een groot sociaal kapitaal. Logischerwijze tekenen we dan ook hoge geluksscores op in landen als Denemarken en Zwitserland en lage in landen als Irak en Zimbabwe. En het zijn dezelfde omstandigheden die zorgen voor een hogere gemiddelde geluksscore, die ook de kloof in geluk tussen de burgers van een land verkleinen. Wat kunnen we daaruit leren?

Ten eerste dat goede of slechte 'objectieve' levensomstandigheden wel degelijk een invloed hebben op onze subjectieve appreciatie van het leven. Vaak gebruikte indicatoren zoals levensvoldoening vertellen ons dus wel degelijk iets over de toestand van een land. Daarom zijn ze belangrijk voor beleidsmakers. Ten tweede schetsen crossnationale vergelijkingen een goed beeld van de omstandigheden die bevorderlijk zijn voor geluk, zodat het nationale geluksniveau kan worden verhoogd door deze omstandigheden zo goed mogelijk te creëren. Ten koste van alles het bnp willen verhogen is niet noodzakelijk het juiste antwoord. Wat wel een uitkomst biedt, is een groeiende welvaart in ruimere zin die doorsijpelt naar alle lagen van de maatschappij. Ten derde draagt de huidige moderne maatschappij wel degelijk in grote mate bij tot het welbevinden, hoewel het tegenwoordig in sociologische analyses mode is om moderniteit af te kraken. De nieuwe kooi van de mcdonaldisering; het morele verval en de toenemende wetteloosheid; de uitholling van het karakter in een steeds flexibelere en snel veranderende economie – voortdurend wordt de moderne westerse maatschappij afgeschilderd als de snelste weg naar ongeluk en depressie. Toch is dat niet wat sociale studies aantonen. **Het gros van de mensen in moderne, geavanceerde maatschappijen zegt best tevreden en gelukkig te zijn met hun leven.** Dat betekent niet dat de sociologische analyses de bal compleet misslaan. Wel dat ze de voordelen onderschatten van moderniteit, onder meer een grotere autonomie en grotere vrijheid in hoe we ons leven leiden. Die voordelen sluiten mooi aan op de transformatie van menselijke waarden in welvaartsstaten: van materialisme naar postmaterialisme.

Zijn we dan zeker van een happy end? Niet noodzakelijk. **Vooruitgang komt niet vanzelf**, maar moet worden gegenereerd door acties van de mens. Het is best mogelijk dat gelukkige mensen hierin een belangrijke rol spelen, juist omdat ze vaak heel kritisch staan tegenover de maatschappij waarin ze leven. Ze hanteren hoge normen voor wat vooruitgang nu precies inhoudt en ondersteunen meer dan ongelukkige mensen de principes waarvan we weten dat ze bijdragen tot geluk. Een hoog percentage gelukkige mensen leidt dus niet tot decadente zelfgenoegzaamheid en stagnatie – het zou weleens kunnen dat de *'happy many'* de echte motor van verdere vooruitgang zijn.

De sleutels

- → **Goede of slechte 'objectieve' levensomstandigheden hebben wel degelijk een invloed op de subjectieve levensappreciatie. Crossnationale vergelijkingen geven duidelijk aan welke omstandigheden geluk bevorderen.**
- → **Het gros van de mensen in geavanceerde moderne maatschappijen geeft aan best tevreden en gelukkig te zijn met hun leven.**
- → **Het zou weleens kunnen dat de *'happy many'* de echte motor van verdere vooruitgang zijn.**

Jan Delhey is hoogleraar sociologie aan de Jacobs University Bremen (Duitsland). Hij studeerde sociologie in Bamberg, Groningen en Berlijn. Zijn PhD-promotor was Wolfgang Zapf, een van de toonaangevende vertegenwoordigers van de Social Indicators Movement. Zijn belangstelling gaat uit naar crossnationale vergelijkingen van menselijk geluk, interpersoonlijk vertrouwen en sociale veranderingen. De belangrijkste stuwkracht achter zijn persoonlijke geluk zijn zijn vrouw Andrea en zoon Niklas.

'Wie overleeft op een onbewoond eiland?'

Het gevoel van samenhang

Het tegengestelde van 'slecht' is 'niet slecht', maar dat is niet 'goed'. Het tegengestelde van 'ziek' is 'niet ziek', maar dat is niet 'gezond'. In onze zoektocht naar gezondheid en geluk mogen we ons niet concentreren op ziekte of ongeluk, maar op de tegengestelden. Dr. **Sakari Suominen** ontrafelt de oorsprong van gezondheid: salutogenese en het gevoel van samenhang *(sense of coherence)*. Problemen zijn onvermijdelijk. Maar hoe ga je ermee om?

De oorsprong van gezondheid

In het dagelijkse leven worden we onvermijdelijk met problemen geconfronteerd. Wanneer we nooit problemen zouden ondervinden, zouden we uiteindelijk dat verliezen wat het leven de moeite waard maakt. Of die confrontaties op lange termijn ons welbevinden fnuiken, hangt af van hoe toereikend de middelen zijn waarmee een individu algemeen weerstand biedt. Dankzij deze middelen kan hij alledaagse problemen oplossen. Die middelen kunnen eigen zijn aan onszelf, zoals bijvoorbeeld het genoten onderwijs, of door onze omgeving ter beschikking worden gesteld, zoals 'hulp van vrienden'. Als de middelen volstaan, kunnen de problemen worden opgelost. Succesvol met problemen omgaan kan zelfs het welbevinden bevorderen. Iedereen kent wel het goede gevoel wanneer je een moeilijke taak tot een goed einde brengt. In het tegenovergestelde geval ervaren we een overweldigend gevoel van spanning en stress. Men gaat ervan uit dat het juist die stress is die op lange termijn zowel de gezondheid als het welbevinden fnuikt.

Mijn onderzoek bouwt voort op het werk van Aaron Antonovsky. Hij ontrafelde het mysterie van de gezondheid en introduceerde de term 'salutogenese', wat zoveel betekent als 'de oorsprong van gezondheid'. Hij concentreert zich op wat iemand gezond maakt of – in ruimere betekenis – zorgt voor welbevinden, in plaats van op het tegengestelde, namelijk ziekte en ongeluk. Een fundamenteel uitgangspunt van de theorie is *sense of coherence* (SOC) of een gevoel van samenhang. *Sense of coherence* drukt uit in welke mate een individu het gevoel heeft dat zijn leven begrijpelijk is (*comprehensible*), beïnvloedbaar door hemzelf (*manageable*) en betekenisvol (*meaningful*). De SOC omvat de drie universele dimensies van het leven van de mens.

→ **Comprehensibility** verwijst naar de intellectuele capaciteit van de mens, namelijk om te onthouden, te waarderen en eigen conclusies te trekken.
→ **Manageability** verwijst naar de bereidheid tot interactie van de persoon met de gemeenschap waarin hij of zij leeft, m.a.w. om samen te werken met anderen en dingen te verwezenlijken.
→ **Meaningfulness** verwijst naar de perceptie die een individu heeft dat zijn leven een diepere betekenis heeft die verder reikt dan de dagelijkse beslommeringen. Dat gevoel kan bijvoorbeeld worden gecreëerd door de zorg voor kinderen of andere geliefden.

Wat betekent een sterk SOC? Het verwijst naar iemands bereidheid om het maximum te halen uit de middelen die hem ter beschikking staan. Een simpel voorbeeld ter verduidelijking: als twee mensen, van wie er één een sterk SOC heeft en de ander een zwak, op een onbewoond eiland stranden, zal diegene met een sterk SOC de middelen die de natuur hem schenkt beter gebruiken en maakt hij een grotere kans om te overleven en gered te worden dan de persoon die een zwak SOC heeft. Een sterk SOC wordt in onderzoek onafhankelijk in verband gebracht met goede gezondheid, op verschillende domeinen. Daaruit volgt dat die link niet toe te schrijven is aan andere gemeenschappelijke, onderliggende factoren die zowel SOC als gezondheid verklaren (bijvoorbeeld scholingsgraad), maar dat een sterk SOC de gezondheid wel degelijk kan beschermen. Tot dusver is het echter nog niet duidelijk hoe een SOC kan worden versterkt, zodat verder onderzoek nodig blijft.

Geluk kan worden opgedeeld in intense, soms momentane emotionele ervaringen enerzijds en een meer op denken gebaseerde component, die nog het best wordt gekenmerkt door tevredenheid en levensvoldoening, anderzijds. Die laatste component houdt verband met hoezeer een individu het gevoel heeft dat zijn diverse persoonlijke streefdoelen zijn verwezenlijkt. Hoe staan SOC en geluk nu met elkaar in verband? Heel nauw, zo blijkt uit onderzoeksresultaten. Zowel mensen die zeggen gelukkig te zijn als zij die een sterk SOC hebben, hebben minder last van depressies en spanningen.

Theoretisch verschillen beide concepten echter op een interessante manier. Je zou denken dat iemand met een sterk SOC wellicht het gros van de tijd gelukkig is. Maar dat is niet noodzakelijk zo. Integendeel zelfs. Essentieel voor een als sterk ervaren SOC is dat iemand, wanneer hij wordt geconfronteerd met een behoorlijke portie spanning (bijvoorbeeld een onprettige levensgebeurtenis zoals een scheiding), de moed niet laat zakken en gelooft dat hij de capaciteit heeft om op termijn de moeilijkheden te boven te komen. Je kunt niet én gelukkig zijn én vinden dat de situatie waarin je verkeert moeilijk of onbevredigend is. Het concept van SOC handelt dus over de middelen die kunnen worden aangewend om geluk te creëren, terwijl geluk zelf daarvan het resultaat is, m.a.w. hoe iemand zich voelt. Omgekeerd gaan gelukservaringen en een sterk SOC niet noodzakelijk hand in hand. Iemand die gelukkig is maar een zwak SOC heeft, zal zijn geluk verstoord weten door de onbeduidendste tegenslagen. Dat is niet het geval als het SOC sterk is.

De concepten geluk en salutogenese zijn niet in tegenspraak met elkaar, maar vullen elkaar aan. Het eerste heeft betrekking op het resultaat, het laatste op het potentieel mechanisme dat op termijn kan leiden tot geluk. Het concept en de theorie van salutogenese leveren alvast een interessante benadering op om de omstandigheden van geluk beter te begrijpen.

De sleutels

- → **Problemen zijn onvermijdelijk. Problemen oplossen zorgt voor welbevinden.**
- → **Een van de oorzaken van gezondheid en welbevinden is de *sense of coherence* (SOC): een algemeen gevoel dat uitdrukt in welke mate een individu zijn leven als begrijpelijk, betekenisvol en beïnvloedbaar door hemzelf ervaart.**
- → **Geluk is een resultaat. Salutogenese en *sense of coherence* geven ons de middelen om geluk te creëren.**

Sakari Suominen is universitair hoofddocent van het departement Openbare gezondheidszorg aan de universiteit van Turku (Finland). Hij is arts, onderzoeker in de gezondheidszorg en universitair docent voor studenten geneeskunde. Zijn onderzoek spitst zich toe op *sense of coherence* en gezondheid, gezondheid bij kinderen en adolescenten en gezondheidszorg. Verder was hij actief als supervisor en consultant in de gezondheidszorg en medische dienstverlening. Sakari is gek op houten boten.

'De juiste relaties zijn belangrijker dan talenten'

De puzzel van Arabisch ongeluk

De Arabische Lente kwam voor veel wetenschappers en beleidsmakers als een volslagen verrassing. De gebruikelijke economische graadmeters duidden op economische en sociale vooruitgang in de jongste decennia, maar toch bleek uit data over de levenstevredenheid dat de Arabische landen relatief ongelukkige oorden waren. 'Om deze paradox van de "ongelukkige ontwikkeling" te begrijpen, moeten we kijken naar perceptiedata die iets vertellen over onvrede met de levensstandaard en over de kwaliteit van bestuur en beleid', aldus dr. **Martijn Burger**, **Efstratia Arampatzi** en dr. **Elena Ianchovichina**.

Volgens de armoedestatistieken en indicatoren van menselijke ontwikkeling deden veel ontwikkelingslanden in de Arabische wereld het behoorlijk goed in de jaren 2000. De regio had gestage vooruitgang geboekt op het vlak van armoedebestrijding en de inkomensongelijkheid was naar internationale normen gering tot gematigd. Belangrijk was ook dat de regio grote stappen had gezet voor de openstelling van het onderwijs, de beschikbaarheid van drinkwater en gezondheidszorg, en het terugdringen van honger en van kinder- en moedersterfte.

Eind 2010 en in de eerste helft van 2011 hadden er evenwel revoluties plaats in Tunesië, Egypte, Jemen en Libië, leidde een opstand tot een aanslepende burgeroorlog in Syrië en was er sprake van grootschalige sociale onvrede in veel andere Arabische landen. **Deze gebeurtenissen verrasten de wereld, maar de opkomst van die onvrede had kunnen worden voorspeld door perceptiedata.**

Cijfers voor de tevredenheid met het leven daalden spectaculair aan de vooravond van de politieke onrust, vooral in de landen die een hoofdrol speelden in de Arabische Lente. Zo steeg in Egypte het percentage mensen dat moeite had te overleven van 75 % in 2007 tot 88 % medio 2010. Soortgelijke patronen zijn aantoonbaar in andere landen van de Arabische Lente. Tegen het einde van het vorige decennium behoorden Egypte, Syrië, Tunesië en Jemen tot de minst gelukkige landen ter wereld.

Waarom waren de Arabische mensen zo ongelukkig, ondanks de verbeteringen die sociaaleconomische statistieken te zien gaven en ondanks een lichte groei van het inkomen per hoofd van de bevolking? Hoe was deze 'ongelukkige ontwikkeling' in het Midden-Oosten en Noord-Afrika te verklaren?

Antwoorden op die vragen beginnen naar voren te komen uit nieuwe studies naar geluk in de Arabische ontwikkelingslanden. Ons onderzoek laat zien dat de revoluties van de Arabische Lente werden gevoed door een mengeling van grieven over de kwaliteit van het leven in de regio. Hoewel de economische ontwikkeling verwachtingen rond een beter leven opschroefde onder gewone mensen (vooral de middenklasse en de goed opgeleide jeugd), **toonden de mensen zich steeds ontevredener met hun levensstandaard en met de kwaliteit van de openbare dienstverlening.** De corruptie tierde welig in de regio met alle schadelijke effecten van dien op de algemene levenstevredenheid. De frustratie over de armzalige situatie op de arbeidsmarkt en over het feit dat alleen connecties met de elites uitzicht boden op hoogwaardige banen en zakelijke kansen nam toe. Mensen vonden dat relaties er meer toe deden om vooruit te komen in het leven dan talenten en vaardigheden.

Tunneleffect

Rond 2010 waren de Arabische ontwikkelingslanden voor veel mensen oorden zonder enige hoop. Met behulp van het 'tunneleffect', beschreven door de vermaarde econoom Albert Hirschman, krijgen we een scherper beeld van de situatie die toen heerste in de Arabische wereld. Stel je voor dat je in een tunnel in de file staat en dat de auto's op

één rijvak beginnen te rijden, terwijl op de andere banen alles nog muurvast zit. De mensen die nog stilstaan, zijn aanvankelijk hoopvol gestemd aangezien het einde van de opstopping in zicht lijkt te komen. Maar als het verkeer op hun strook na een tijdje nog geen meter is opgeschoten, dan wijkt die hoop voor afgunst en frustratie. Als reactie zullen die chauffeurs – misschien zelfs tegen de regels in – proberen van rijvak te veranderen.

We stelden vast dat **de meeste Arabische mensen, vooral in de middenklasse, het gevoel hadden geblokkeerd te zijn op de stilstaande rijstroken, terwijl slechts een gelukkige enkeling vooruit wist te komen** en baat ondervond van de hervormingen gericht op economische groei. Bij degenen die niet voor- of achteruit konden, sloeg hoop om in woede, met als gevolg dat ze in belangrijke Arabische steden de straat op trokken om lucht te geven aan hun frustratie en om te proberen een politieke verandering op gang te brengen die hun leven zou verbeteren.

De sleutels

- → **De revoluties van de Arabische Lente werden gevoed door een mengeling van grieven over de kwaliteit van het leven in de regio.**
- → **De meeste Arabische mensen, vooral in de middenklasse, hadden het gevoel geblokkeerd te zijn op de stilstaande rijstroken, terwijl slechts een gelukkige enkeling vooruit wist te komen en baat ondervond van de hervormingen gericht op economische groei.**
- → **Bij degenen die niet voor- of achteruit konden, sloeg hoop om in woede, met als gevolg dat ze in belangrijke Arabische steden de straat op trokken om lucht te geven aan hun frustratie en om te proberen een politieke verandering op gang te brengen die hun leven zou verbeteren.**

Dr. Martijn Burger is academisch directeur bij de Erasmus Happiness Economics Research Organisation (EHERO) van de Erasmus Universiteit in Rotterdam (Nederland), de instelling waar hij ook cum laude promoveerde in de economie. Het merendeel van zijn onderzoek spitst zich nu toe op de institutionele en sociale voorwaarden voor geluk.

Efstratia Arampatzi is onderzoeker bij de EHERO. Haar research concentreert zich op geluk in tijden van economische en politieke crisis.

Dr. Elena Ianchovichina is gepromoveerd aan de Purdue University (Verenigde Staten) en is Lead Economist bij de Chief Economist Office van de Wereldbank voor het Midden-Oosten en Noord-Afrika.

'Geluk is leren te zijn.'

Kinderen wijzen de weg

'De enige tijd in mijn leven dat ik echt gelukkig was, was toen ik kind was en nog niet wist wat geluk was of niet was.' Misschien denk jij er net zo over. Maar er is geen weg terug. Wat is het belangrijkste kenmerk van geluk voor kinderen? **Teresa Freire** weet het. De vraag is niet wat wij hun kunnen leren, maar wat zij ons kunnen leren.

Bruggen bouwen

Drie belangrijke domeinen van de wetenschap zijn cruciaal als we vandaag over geluk willen spreken: psychologie, onderzoek en onderwijs. Hoewel deze drie domeinen met elkaar verband houden, was elk ervan dankzij zijn specifieke benaderingswijze relevant voor mij om meer te leren over wat geluk nu precies is. Het belangrijkste wat ik heb geleerd? Dat openstaan voor kennis, vernieuwing, verschillen, betrokkenheid en anderen een van onze belangrijkste bronnen van geluk is.

Ik kan deze zienswijze op geluk niet loskoppelen van mijn eigen werk met jongeren. Kinderen, adolescenten en jongeren waren mijn belangrijkste proeftuin om te begrijpen wat geluk is en welke rol geluk speelt terwijl we ons leven opbouwen en leren. Dankzij hen worden we ons bewust van de eenvoudige wijsheid die nodig is als welbevinden een belangrijk levensdoel is. Dankzij hen begrijpen we hoe groei- en ontwikkelingsprocessen deel uitmaken van de zoektocht naar geluk en hoe geluk een opbouwend proces is. Jonge mensen zoeken steeds naar vernieuwing, nieuwe uitdagingen, nieuwe kansen om te denken, voelen of tot handelen over te gaan. Dankzij kinderen begrijpen we waarom anderen zo belangrijk zijn om maatschappelijke en affectieve bruggen te bouwen naar de rest van de wereld.

Geluk betekent kunnen kiezen, beslissen, samenzijn met anderen en er voor hen zijn. Geluk betekent dat we ons bewust zijn van onszelf omdat we anderen kennen, met hen samenleven en ons met hen kunnen vergelijken. We hebben anderen nodig om onszelf te kennen. Geluk is leren zijn, leren omgaan en leren betrokken zijn. Geluk is bovenal, zeker voor jongeren, complexer worden, je bewust worden van je beperkingen en de mate waarin we maatschappelijk bepaald zijn. Het is groeien. Het is onszelf en onze relaties verbeteren. Het is onze plek in het leven vinden. Onze eigen groei zien dankzij de groei en ontwikkeling van anderen. Het is de behoefte aan anderen en de behoefte om te delen met anderen. Het is verbondenheid en toewijding door bruggen te slaan naar anderen en andere omstandigheden.

Een belangrijke vraag die steeds opduikt, is of geluk een toestand is dan wel een proces om een toestand te bereiken. Als toestand is geluk subjectief, als proces kan het verschillende richtingen uitgaan naargelang de manier waarop individuen reageren op hun binnen- en buitenwereld en levensomstandigheden. Als we dit bekijken door de bril van ontwikkeling en complexiteit van de mens, begrijpen we dat geluk wordt opgebouwd uit individuele én sociale processen. Vanuit ontwikkelingsstandpunt zijn maatschappelijk of individueel engagement twee zijden van dezelfde medaille. Vraag een kind: 'Waarom ben je gelukkig?' Vraag een adolescent: 'Waarom ben je gelukkig?' En vraag het ten slotte aan een volwassene. Geluk is een onvoltooid proces zolang de ontwikkeling onvoltooid is. Ontwikkeling stimuleren is geluk vergemakkelijken. Wat is dan geluk? Geluk is gevoelens, emoties, waarnemingen, acties, krachten, waarden, gedrag, mensen, samenlevingen overbruggen… Maar geen enkele brug bouwt zichzelf. Elke brug moet worden gebouwd.

De sleutels

- → **Van kinderen leren we dat openstaan voor kennis, nieuwigheden, verschillen, betrokkenheid en anderen een van de belangrijkste bronnen van geluk is.**
- → **Groei en ontwikkeling stimuleren is geluk vergemakkelijken.**
- → **Geluk is gevoelens, emoties, waarnemingen, acties, waarden, krachten, gedrag, mensen, samenlevingen overbruggen… Maar geen enkele brug bouwt zichzelf.**

Teresa Freire is hoogleraar sociale psychologie aan de universiteit van Minho (Portugal). Ze is coördinator van het laboratorium van sociale cognitie en van de onderzoeksgroep Optimaal Functioneren. Ze werkt veel met kinderen en adolescenten. Teresa Freire maakt als lid van het Management Board Committee en vertegenwoordigster van Portugal deel uit van het European Network for Positive Psychology (ENPP).

'Als iets je gelukkig kan maken,
moet je er oprecht van leren houden.'

De kracht van liefde

'We're heading for something. Somewhere I've never been. Sometimes I am frightened. But I'm ready to learn. Of the power of love.' Miljoenen mensen kunnen deze songtekst van Céline Dion meezingen, een van de best verkopende artiesten ter wereld. Professor **José L. Zaccagnini** is het met haar eens. Hij verkent de echte kracht van liefde, die verder reikt dan de te verwachten vreugde.

De drie lessen die ik leerde

Het eerste wat ik zo'n tien jaar geleden ontdekte, toen ik de cognitieve psychologie achter me liet en 'geluk' als onderzoeksthema koos, verbaasde me. Zowel de filosofie als de volkspsychologie beweert dat iedereen in zijn leven 'uiteraard' op zoek is naar geluk. Toch is dat niet zo. De meeste mensen hebben in de loop van de geschiedenis hun handen vol gehad met gewoon overleven. Als soort is de mens biologisch geprogrammeerd om te overleven en kinderen groot te brengen. Alleen in geïndustrialiseerde landen, waar de basisbehoeften ruimschoots bevredigd zijn, mensenrechten worden beschermd, er onderwijs, gezondheidszorg en vrije tijd zijn, kun je aandacht besteden aan geluk en dat tot een streefdoel maken. Maar dan nog staan mensen in westerse landen niet stil bij hun eigen geluk. In plaats daarvan **jagen ze hun hele leven doelstellingen na die volgens onze cultuur 'sociaal wenselijk' zijn**, zoals een goede baan, een goede partner en gezin, veel geld/macht, materiële geneugten (lekker eten, seks, sport, drugs, media) enzovoort. Meestal nemen ze niet eens de moeite om na te gaan in hoeverre die doelstellingen echt waard zijn wat zij (en anderen) ervoor opgeven. Dat is nu eenmaal onze westerse manier van leven. Dagelijkse conflicten doen ons evenwel vermoeden dat die verre van perfect is.

Ten tweede ontdekte ik waarom onze culturele modellen niet perfect zijn. Het leeuwendeel van de 'culturele doelstellingen' garandeert geen langdurig psychologisch welbevinden. Wetenschappelijk onderzoek toont zelfs aan dat geen enkele ervan je gelukkig maakt als je niet weet hoe ermee om te gaan. Iets kan je alleen maar gelukkig maken, als je ervan houdt. Niet gewoon willen, eraan verslaafd zijn, niet zonder kunnen of verondersteld worden te hebben... echt houden van. Want negatieve emoties achter je laten (wat het geval is wanneer je uiteindelijk iets krijgt wat je denkt nodig te hebben) is nog iets anders dan positieve emoties kweken (iets wat alleen mogelijk is als je van iets of iemand houdt). **Het gaat dus niet louter om wat je hebt, maar ook om hoe je datgene wat je hebt benadert.** Dat maakt het verschil. Daarom hangt subjectief welbevinden ook nauwer samen met persoonlijkheid (de manier waarop je tegen het leven aankijkt), dan welk ander onderwerp ook. Er zijn mensen die krijgen wat ze willen en zich niet gelukkig voelen, en mensen die niet krijgen wat ze verwachten, maar toch gelukkig zijn. Vragen mensen me als psycholoog wat ze moeten doen om gelukkig te worden, dan antwoord ik altijd: 'Zorg er vooral voor dat je niet verbitterd raakt over je leven omdat je je focust op slechte dingen en de goede over het hoofd ziet.' Dat verklaart waarom superrijke mensen niet noodzakelijk gelukkiger zijn dan minder rijke en waarom machtige, knappe of getalenteerde personen niet gelukkiger zijn dan 'normale' mensen. Zelfs rijke landen zijn niet gelukkiger dan minder rijke, op voorwaarde dat daar de mensenrechten worden geëerbiedigd en de bestaansmiddelen toereikend zijn. Onze westerse levenswijze vormt geen garantie op geluk.

Het derde wat ik leerde uit mijn onderzoek is dat een gelukkig leven op verschillende manieren kan worden bereikt. Die manieren kunnen we opdelen in drie grote domeinen.

→ Het eerste is proberen een 'plezierig' leven te leiden, waarbij mensen positieve emoties nastreven door dingen en ervaringen te bemachtigen. Bijvoorbeeld lekker eten, seks, auto's, huizen, jachten, reizen, muziek, dans en ontspanning. Voor sommige mensen gaat plezier boven alles. Maar het plezier dat je aan dergelijke zaken ontleent, is niet blijvend. Je wordt het snel beu en je wordt er slachtoffer van. Je moet dan ofwel de dosis verhogen, ofwel een andere soort plezier zoeken. Het geluk en welbevinden dat je eruit put, is dus duidelijk beperkt. Een beroemde Spaanse filosoof zei ooit dat hoewel levensgeneugten door de media aan de man worden gebracht als de weg naar vrijheid en geluk, 'diegene die het verlangen naar plezier in het leven volgt niet vrij is, maar een slaaf van zijn eigen verlangens'. Uiteindelijk leidt dat pad ons altijd ver weg van psychisch welbevinden.

→ De tweede manier om een gelukkig leven te leiden is dankzij engagement, waarbij mensen volledig worden opgeslorpt door interessant werk of een dito activiteit. Meestal betekent dit dat je je leven wijdt aan kunst, handel, romantische liefde, literatuur, je gezin, je onderneming enzovoort. Als je oprecht van die activiteiten 'houdt', kun je ze lang volhouden. Een dergelijk leven schenkt dus een groter psychisch welbevinden dan het 'plezierige leven'. Heel vaak ben je daardoor echter te zeer op jezelf geconcentreerd en besteed je onvoldoende aandacht aan dingen buiten jouw interessesfeer, met inbegrip van de meeste mensen die je omringen. Zoals ik ooit hoorde zeggen in een film rechtvaardigt 'eerlijk zijn tegen jezelf' niet dat je 'oneerlijk' bent tegenover andere mensen. Een dergelijk bevlogen leven kan ertoe leiden dat je je afzondert in jezelf. Op langere termijn mondt dat uit in een verarmd leven waarin het voor het psychisch welbevinden broodnodige evenwicht zoek is.

→ De derde grote optie is een 'betekenisvol leven' of 'ethisch leven' waarin je je wijdt aan 'waarden die verband houden met het verbeteren van andermans leven'. Die optie omvat zowel de complete toewijding aan het leven en de rechten van de mens zoals bij Gandhi, Mandela of Martin Luther King, als de liefhebbende verbondenheid van ouders met het leven en geluk van hun kinderen. Ze omvat om het even welke manier waarop we met liefde zorgen voor het leven van andere mensen. **Ook hier geldt dat je echte 'liefde' moet voelen voor diegenen voor wie je zorgt** om uit je zorg geluk te kunnen puren. Doe je het alleen omdat het je 'plicht' is (bijvoorbeeld omdat God je daartoe 'dwingt'), dan levert dat jou niets op. Vandaar dat gelovige mensen niet altijd gelukkiger zijn dan ongelovige. Empirisch onderzoek toont evenwel aan dat wie oprecht van andere mensen leert houden, zijn welbevinden altijd maximaliseert. Eigenlijk is dat wat grote geestelijke leiders als Boeddha, Jezus en Mohammed door de hele geschiedenis heen hebben gezegd. Vanuit psychologisch standpunt is ons advies (paradoxaal) dat je het best van mensen kunt houden, niet alleen omdat zij dit nodig hebben, maar ook en vooral omdat jij dat nodig hebt om gelukkig te zijn.

Vraag je mij hoe je gelukkig kunt worden, dan lijkt mijn advies altijd wat tegenstrijdig. Enerzijds verwijs ik immers naar de oude wijsheid van het orakel van Delphi: 'Leer jezelf kennen.' Zoals gezegd moet je 'houden' van de streefdoelen waaraan je je leven wijdt. Om die doelstellingen te bepalen moet je echter diep in jezelf kijken en niet zomaar volgen wat anderen zeggen. Stel je jouw streefdoelen voor en overweeg of je ze echt kunt verwezenlijken. En vooral: ga na hoeveel inspanning ze je zullen kosten en hoe jij je zult voelen als je ze eenmaal hebt bereikt. Zul je je voldaan voelen? **Om gelukkig te zijn moet je van de echte 'ik' en van jouw leven leren houden** en niet van een vals beeld dat de media of iemand anders je voorspiegelen. Anderzijds raad ik aan verder te kijken dan jezelf, want de beste manier om gelukkig te zijn is door je te wijden aan de mensen rondom je. Wees je bewust van het welbevinden dat je ervaart wanneer je een vreedzaam en liefhebbend leven deelt met anderen. Wees je ervan bewust dat dit soort welbevinden beter en gezonder is dan om het even welk welbevinden dat je op een andere manier bereikt. Mijn laatste raad voor geluk? Probeer een leven op te bouwen waarin je doet waar je goed in bent en de levenskwaliteit van andere mensen bevordert. Probeer dat elke dag. Er zijn talloze mogelijkheden, zolang je van die mogelijkheden houdt als een middel om je liefde voor anderen uit te drukken. Wellicht is het niet zo gemakkelijk om je eigen weg te vinden, en andermans raad volgen is altijd gemakkelijker. Maar je kunt jouw geluk alleen vinden als je jouw eigen weg gaat. Natuurlijk is het niet fout om van het leven te genieten en het is ten stelligste te hopen dat je werk je begeestert. Maar als je die elementen niet kunt koppelen aan het positieve welbevinden van anderen (waarbij je negatieve effecten op het leven van anderen vermijdt), zal dat nergens toe leiden. Niet voor jou en niet voor de rest van de wereld.

De sleutels

- → **Je kunt je eigen geluk slechts vinden via jouw eigen weg.**
- → **We kunnen positieve emoties alleen doen toenemen door van iets of iemand te houden.**
- → **Ken jezelf en pas dit toe op anderen: probeer een leven op te bouwen waarin je doet waarin je goed bent om andermans levenskwaliteit te bevorderen.**

José L. Zaccagnini studeerde en werkte aan de universiteit van Madrid. Momenteel doceert hij psychologie aan de universiteit van Malaga (Spanje). Hij verdiepte zich in artificiële intelligentie, werkte systemen uit voor psychologische diagnose en publiceerde bijdragen over cognitieve psychologie. Sinds 1995 werkt hij aan de universiteit van Malaga bij de researcheenheid cognitie en emotie, die onderzoek verricht binnen het kader van de positieve psychologie. Hij stelt vooral belang in 'vriendschap' en 'emotionele conflicten'.

'Floreren is met succes aan te leren.'

'Florissante' mensen

Bij floreren gaat het erom dat je naast een gelukkig en bevredigend bestaan ook een zinvol leven leidt waarin je jezelf kunt waarmaken. Steeds meer onderzoek toont aan dat floreren belangrijke positieve gevolgen heeft – voor individuen, voor de samenleving en voor de economie. Maar is het mogelijk een ongelukkig leven om te vormen tot een blijvend florerend bestaan? Wat zijn de persoonlijke kenmerken van 'floreerders'? Beschikken ze over bijzondere vaardigheden en, zo ja, zijn die aan te leren door mensen met een laag geluksniveau? **Marijke Schotanus-Dijkstra** en **Ernst Bohlmeijer** spitsen hun onderzoek toe op die vragen, zodat meer mensen de kans krijgen te leren floreren.

Nederland staat in de top tien van de landen in de wereld waar de bewoners verklaren gelukkig te zijn. Sterker nog, bij een recent bevolkingsonderzoek constateerden we dat bijna 80 % van de Nederlanders gelukkig en/of tevreden met hun leven is. Toch kunnen we slechts 37 % van hen echte 'floreerders' noemen. **Floreerders zijn gelukkig, voelen dat ze hun leven in eigen hand hebben, onderhouden positieve relaties, stellen zinvolle doelen en voelen zich in positieve zin verbonden met de samenleving.** Floreren als een staat van geestelijke gezondheid blijkt ook om een aantal redenen psychologisch van belang te zijn. Zo maakt floreren mensen veerkrachtiger en kan het zelfs gedurende maar liefst tien jaar bescherming bieden tegen mentale aandoeningen zoals depressie en angst.

Sociale steun

Wat zijn floreerders voor mensen? We hebben ontdekt dat floreerders vaker vrouwen zijn dan mannen en eerder hoog dan laag opgeleid. Kenmerkend voor floreerders is ook een krachtig ontwikkeld plichtsbesef (anders gezegd: ze zijn zorgzaam en werken hard). Floreerders zijn ook extraverter van aard en vertonen minder neurotische verschijnselen, wat betekent dat ze doorgaans sociaal en assertief zijn, emotioneel in balans en minder ontvankelijk voor stress. Meestal genieten ze sociale steun van hun partner (als die er is), familie, vrienden en buren, en ze maken vaker positieve levensgebeurtenissen mee, zoals het vinden van een levenspartner of aan een nieuwe baan beginnen. Interessant genoeg ontdekten we dat **het aantal negatieve levensgebeurtenissen dat hun overkomt, zoals de dood van een dierbare of een echtscheiding, geen verband blijkt te houden met het vermogen om te floreren.** Om een floreerder te worden – globaal beschouwd duiden onze resultaten daar tenminste op – is het zaak dat je geniet van positieve ervaringen, bouwt aan ondersteunende relaties en hard werkt om zinvolle doelen te bereiken.

Florerende mensen beschikken over een bijzonder vaardighedenpakket, dat is onder te verdelen in zes kernvaardigheden. Floreerders:

- → gunnen zichzelf positieve emoties;
- → kennen hun sterke kanten en gebruiken die ook;
- → zijn optimistisch;
- → geven blijk van zelfacceptatie en zelfcompassie;
- → kunnen omgaan met tegenslag;
- → ontwikkelen positieve relaties.

Met die vaardigheden in gedachte hebben we een praktisch zelfhulpboek geschreven met informatie en oefeningen waarmee iedereen kan leren floreren. Gebruikmakend van dit boek hebben we de doeltreffendheid getest van een negen weken durend trainingsprogramma voor Nederlandse niet-floreerders die het boek zelfstandig doorliepen en daarbij wekelijks e-mail-contact hadden met een persoonlijke consulent. De resultaten onthulden dat het programma doeltreffend was om welbevinden en floreren te vergroten en om symptomen van depressie en angst terug te dringen. Dat bleek na vergelijking tussen de experimentele groep met een controle-groep die de opleiding niet volgde. **Na afronding van de training werd namelijk meer dan 30% van de deelnemers in de experimentele groep floreerder**, tegenover 12% in de controle-groep. De positieve effecten van de training waren na een jaar nog altijd waarneembaar.

Onze studie heeft aangetoond dat we floreren op duurzame basis kunnen bevorderen, of toch ten minste in een steekproefpopulatie van hoofdzakelijk hoger opgeleide vrouwen.

Uitgaande van die resultaten hebben we ons afgevraagd welke zes kernvaardigheden van het programma het meeste effect hadden op welbevinden en floreren. De deelnemers zelf vonden het hoofdstuk over zelfcompassie het waardevolst, gevolgd door de hoofdstukken over positieve emoties, de inzet van sterke punten en het koesteren van positieve relaties. Die bevindingen zagen we bevestigd bij onze diepteanalyses, die inderdaad lieten zien dat de voornaamste bijdragende effecten uitgingen van **positieve relaties gevolgd door zelf-compassie.** Ook de overige kernvaardigheden droegen bij tot floreren, maar in mindere mate.

Je kunt floreren zelf vergroten door een medelevende innerlijke stem en je zelfaanvaarding te ontwikkelen, door te investeren in positieve en ondersteunende relaties, door positieve emoties intenser te doorleven en door te genieten van positieve ervaringen. Gezinnen, scholen en organisaties dienen te beseffen dat **in potentie iedereen kan floreren** en dat ze de ontwikkeling van 'floreervaardigheden' kunnen stimuleren, bijvoorbeeld het onderkennen en inzetten van je persoonlijke sterke kanten, optimistisch denken en veerkrachtig omgaan met tegenslag. Wie wil blijven werken in de richting van een florerend leven, doet er goed aan zich te concentreren op de vaardigheden en op de oefeningen uit de positieve psychologie die het beste aansluiten op iemands persoonlijke behoeften. Met een dergelijke benadering blijf je namelijk gemotiveerd – mét of zonder persoonlijke coach.

De sleutels

- → **Floreren is een optimale gemoedstoestand die geluk, zingeving en verbondenheid met de samenleving omvat. Je floreert wanneer je een gelukkig en vervullend leven kunt leiden.**
- → **Floreren is met succes aan te leren.**
- → **Je kunt floreren zelf vergroten door een medelevende innerlijke stem en zelfaanvaarding te ontwikkelen, door te investeren in positieve en ondersteunende relaties, door positieve emoties intenser te doorleven en door te genieten van positieve ervaringen.**

Marijke Schotanus-Dijkstra is wetenschappelijk medewerkster bij het Trimbos Instituut, het Nederlands kennisinstituut voor geestelijke gezondheid, verslavingszorg en maatschappelijke zorg. Op dit moment werkt ze bij het CEWR aan haar proefschrift. Haar onderzoek spitst zich hoofdzakelijk toe op de rol van de positieve psychologie bij de bevordering van de geestelijke volksgezondheid.

Ernst T. Bohlmeijer is als hoogleraar geestelijke gezondheidsbevordering verbonden aan het Centre for eHealth and Well-Being Research (CEWR) van de Universiteit van Twente (Nederland). Zijn voornaamste onderzoek focust op de ontwikkeling en evaluatie van (eHealth)interventies die mensen in staat stellen te floreren en succesvol om te gaan met tegenslag.

'Wij reageren instinctief op diverse natuurprikkels.'

Biodiversiteit: bron van geluk

'Wat doet een portie natuur met een mens? Worden we aantoonbaar gelukkig van het horen van vogels en het ruiken van bloemen? En hoe zit dat met een stadspark, een tuin of een bloemrijke berm?' Prof. dr. **Hans Van Dyck** vraagt het zich af. Onze zoektocht naar een natuurlijke bron van geluk leidt ons naar het belang van biodiversiteit.

Uitwaaien langs de kust of wandelen in een bos na een drukke week. Dat de natuur ons goeddoet, lijkt vanzelfsprekend. Toch staat de wetenschap die zich toelegt op de verscheidenheid en de complexiteit van gezondheidsvoordelen door contact met de natuur nog maar in de kinderschoenen. Natuur en contact met de natuur worden echter almaar minder vanzelfsprekend in onze wereld op mensenmaat. Zijn natuurreservaten dienstencentra voor geestelijke rust, fysieke gezondheid en geluk? Een mooi verkooppraatje voor natuurorganisaties, of is er wetenschappelijk bewijs?

Brein en gedrag

Mens en dier – of breder cultuur en natuur – zitten in onze hoofden vaak als aparte hokjes. Dat leidde tot grotendeels gescheiden vakgebieden: natuurwetenschappen enerzijds en humane wetenschappen anderzijds. Maar de jongste jaren zien we een boeiende toenadering. Zo is er een groeiende belangstelling vanuit het natuurbehoud voor de vele diensten die de natuur de mens te bieden heeft. Men spreekt van ecosysteemdiensten. Bossen leveren hout, houtkanten beschermen akkers tegen bodemerosie, wilde bijen bestuiven ons fruit en tal van gewassen, en dies meer. Dit natuurlijk dienstencentrum reikt echter een eind verder dan voedsel en grondstoffen alleen. Natuur heeft een complexe invloed op onze fysieke en mentale gezondheid. Die relatie wordt de jongste jaren vaker onder de loep genomen door samenwerking tussen biologen, gezondheidsonderzoekers en psychologen.

Mensen die zich in de natuur bevinden, blijken aantoonbaar gelukkiger dan mensen in de stad. Het statistisch verband blijft overeind na controle van allerlei factoren. Waarom dat zo is, is echter geen eenvoudige kwestie. Meerdere directe en indirecte elementen spelen een rol bij de psychische toestand en de aanwezigheid van dieren, planten en natuurlijke leefgebieden. Zo is er onze biologische aard. Het is niet omdat we lekker modern in *urban style* met smartphone en co. door de stad laveren, dat ons brein de natuur reeds achter zich liet liggen. De evolutionaire psychologie leert ons dat het menselijk brein en gedrag nog sterk doorspekt zijn met sporen uit ons natuurrijk verleden. We lijken instinctief te reageren op diverse natuurprikkels.

Zintuiglijke prikkels

Naast de biologische aard, spelen opvoeding en cultuur ook een rol. Wie als kind opgroeit tussen dieren en planten, ontwikkelt een nauwere band met die andere levensvormen en wordt er ook later door geprikkeld. In deze context maken wetenschappers zich trouwens zorgen over het verdwijnen van frequente contacten tussen mens en natuur. Vooral tijdens de ontwikkeling van kinderen speelt dat gemis. Wie in de natuur zit, beweegt meer, ervaart minder stress en profiteert van een breed gamma van zintuiglijke prikkels in de vorm van natuurlijke geluiden, wisselende beelden en natuurlijke geuren. Die elementen blijken overwegend gunstig te zijn voor het welbevinden van de meeste mensen. In de stad missen we vaak deze elementen. Lawaai en sociale drukte zijn bekende bronnen voor geestelijke en lichamelijke stress. Het belang van natuur in of nabij de stad wordt daarom hoe langer hoe meer vanuit het oogpunt van fysiek en mentaal welzijn bekeken.

Hoewel experimenten met foto's tonen dat natuurplaatjes al gunstige invloeden kunnen hebben op het gevoel, maar ook zelfs op bepaalde genezingsprocessen, blijken de relaties verder te gaan dan de aanblik van een 'groen decor'. Recente studies suggereren dat bijvoorbeeld **stadsparken met meer natuurlijke soortendiversiteit (bv. meer verschillende vogelsoorten) gunstiger inwerken op de menselijke psyche van de bezoekers dan soortenarme parken.** Natuurlijke speelplaatsen op scholen zorgen ook voor diverse gunstige effecten bij leerlingen en leerkrachten.

Immuunsysteem

De invloed van biodiversiteit op het menselijk welzijn en geluk laat zich gelden via verschillende kanalen. Zo zijn er dus de psychologische voordelen, maar verder ook fysiologische voordelen, afname van allergieën en inflammatoire ziekten, regulatie van de transmissie van infectieziekten, en een ruim gamma van esthetische, culturele en recreatieve voordelen. Allergieën kunnen zich ontwikkelen door een gebrek aan blootstelling aan diverse micro-organismen, vooral tijdens de kindertijd. **Natuurgebieden blijken rijk aan micro-organismen te zijn en bieden daarom een prima 'training' van het immuunsysteem.** Maar mogelijk beperkt het belang van die kleine beestjes zich niet tot onze fysieke gezondheid. De jongste jaren werd duidelijk dat ons darmsysteem een dynamisch en rijk ecosysteem is dat ook beïnvloed wordt door de biodiversiteit in de omgeving. Die beestenboel in onze darmen beïnvloedt niet alleen lijf en leden, maar heeft ook een beduidende impact op onze geestelijke toestand, zo blijkt. *Gutfeeling* blijkt dus echt te bestaan.

Het begrijpen van de invloed van andere levensvormen op ons welzijn en geluk is niet alleen een kwestie voor biologen en natuurbeschermers. Ook artsen, psychologen, stadsplanners, onderwijsmensen, bedrijfsleiders en diverse beleidsmakers doen er goed aan om te pleiten voor en te werken aan een biodiverse omgeving, ook in de stad.

De sleutels

- → **Natuur heeft een complexe invloed op onze fysieke en mentale gezondheid. Mensen die zich in de natuur bevinden, blijken aantoonbaar gelukkiger dan mensen in de stad.**
- → **Stadsparken met meer natuurlijke soortendiversiteit werken gunstiger in op de menselijke psyche dan soortenarme parken.**
- → **Artsen, psychologen, stadsplanners, onderwijsmensen, bedrijfsleiders en beleidsmakers doen er goed aan om te pleiten voor en te werken aan een biodiverse omgeving, ook in de stad.**

Prof. dr. Hans Van Dyck is gewoon hoogleraar gedragsbiologie aan het Earth & Life Institute van de Université Catholique de Louvain (België). Hij leidt er de onderzoeksgroep Behavioural Ecology & Conservation en doceert er onder andere natuurbehoud, landschapsecologie, toegepaste evolutiebiologie en gedragsecologie. Zijn internationaal onderzoek richt zich in de eerste plaats op het begrijpen van veranderingen in het gedrag van dieren in een landschap op mensenmaat, en wat dat voor natuurbehoud betekent. Maar Van Dyck is ook erg geboeid door het bijzondere dier *Homo sapiens* en hoe dat met andere levensvormen en zijn omgeving omspringt.

'Zoek naar het beste in jezelf.'

Een gelukkige moslim

Wat zegt de Koran over geluk? **Sheima Salam Sumer** is de auteur van het boek *How to be a Happy Muslim* en host van de website met dezelfde naam. Het is haar bedoeling mensen te helpen om te komen tot gemoedsrust en blijdschap door de leringen van de islam te combineren met concepten uit de geestelijke en lichamelijke gezondheid. Daarbij draait het rond vier basiselementen: zingeving, positiviteit, geduld en eigen verantwoordelijkheid.

Het beeld van een rimpeling in het water staat voor een alledaags stressmomentje dat je innerlijke vrede kan verstoren. Je bent echter in staat die toestand van kalmte en innerlijke rust te herwinnen. Als je de vaardigheid meester bent om terug te keren naar innerlijke rust, zul je meer blijdschap ervaren in je leven. Mensen zouden ondersteund moeten worden om het vermogen te ontwikkelen om zich tevreden te voelen, om grip te houden op hun emoties wat er ook in hun leven gebeurt en om elk probleem op hun pad het hoofd te bieden en op te lossen. Ik help mensen om in de meest uiteenlopende situaties positief te denken en te voelen, om in een staat van ononderbroken dankbaarheid jegens Allah te verkeren en om uiteindelijk 'hun eigen beste vriend' te worden. De Koran is de basis en voornaamste bron van de islam. In dit artikel laat ik iets zien van de gelukswijsheid die de Koran biedt langs de weg van zingeving, positiviteit, geduld en persoonlijke verantwoordelijkheid.

1. Zingeving De Koran leert dat het leven een test is om te zien wie 'de beste in daden' zal zijn. Dat verschaft ons bestaan een hoger doel, extra zin. Goede daden bezorgt ons natuurlijk ook gewoon een fijn gevoel. 'Gezegend is Hij (...) die de dood en het leven heeft ingesteld, opdat Hij u moge beproeven wie onder u zich het beste gedraagt (...).' (67:1-2)

De Koran beschrijft **het 'steile pad' naar goede daden**. Goede daden zijn onder meer: slaven bevrijden, hongerigen voeden, en geduld en barmhartigheid verspreiden. 'En wat weet gij (ervan) wat de heuvel is? Een slaaf te bevrijden. Of, op de dag van honger iemand

te voeden. Of een wees die u verwant is. Of een arme die in het stof rolt. Bovendien behoort hij (die dit doet) tot hen die geloven en elkander aansporen tot geduld en die elkander aansporen tot barmhartigheid.' (90:12-17)

De Koran inspireert ons goede daden boven materiële genoegens te stellen: 'Rijkdom en kinderen zijn een sieraad van het leven dezer wereld, maar blijvende goede werken zijn beter (...).' (18:46)

Dat hogere doel motiveert ons om prioriteit te geven aan innerlijk geluk, aangezien een goed gevoel resulteert in goede daden.

2. Positiviteit Je bent erbij gebaat om te focussen op het goede en om dankbaarheid te voelen. '(...) want hij die dankbaar is, is dankbaar voor zichzelf (...).' (31:12)

Toen de Profeet Mohammed (vzmh) wederom de tragische dood van een kind moest ervaren, zond God – zo geloven moslims – een koranvers naar de aarde om hem te troosten met positiviteit:

'Voorwaar, Wij hebben u in overvloed het goede gegeven.' (108:1). De Profeet werd aangespoord zich te richten op het positieve in tijden van een smartelijk verlies.

Problemen zijn leerkansen. De Koran leert dat onze hele groei in deze wereld draait om het verwerven en weerspiegelen van wijsheid: 'Hij is het Die u uit stof schiep, dan uit een levenskiem en uit een klonter bloed, vervolgens brengt Hij u voort als een kind, dan bereikt gij de volwassenheid (...) opdat gij tot inzicht komt.' (40:67)

Zoek naar het beste in jezelf. Je hoeft niet volmaakt te zijn, maar iedereen beschikt over positieve kwaliteiten. De Koran leert dat God op zoek is naar het beste in ons: 'Die juist handelt, hetzij man of vrouw en een gelovige is, hun zullen Wij voorzeker een goed leven schenken; en gewis zullen Wij hen belonen naar hun beste werken.' (16:97)

3. Geduld De Koran leert dat problemen een onderdeel van het leven zijn. De beste reactie op een probleem is geduld: kalm blijven wanneer je op iets moet wachten of met problemen kampt. 'En Wij zullen u een weinig beproeven door vrees, honger, verlies van bezittingen, levens en vruchten; maar verkondig blijde tijdingen aan de geduldigen.' (2:155)

Wat er vandaag gebeurt in delen van de moslimwereld gaat veel moslims zeer aan het hart. Onschuldige mensen lijden, en mijn godsdienst, die mij vrede en zin brengt en die eerbied eist voor alles wat leeft, wordt door misdadigers in een verkeerd daglicht geplaatst. Dit zijn tijden om geduld te oefenen en parallel positieve actie te ondernemen. Reageren met geduld versterkt het zelfrespect en vergroot de mogelijkheid om problemen op te lossen. Reageren met negatieve emoties maakt problemen alleen maar erger.

De Koran leert ook dat we mogelijk een afkeer ervaren voor iets wat uiteindelijk goed blijkt te zijn: '(...) het kan zijn dat gij afkeer hebt van iets, waarin Allah veel goeds kan hebben gelegd.' (slot van koranvers 4:19) We weten nooit wat voor positieve resultaten onze problemen kunnen opleveren.

Sommige mensen voelen zich misschien schuldig of beschaamd wanneer ze niet gelukkig zijn. **Ik moedig mensen aan geduld met zichzelf te hebben.** Het is normaal om je soms down te voelen. Het is belangrijk om te aanvaarden dat het leven niet altijd gemakkelijk is. Het is belangrijk dat we onze gevoelens aanvaarden. Aanvaarding is de eerste stap op weg naar positieve verandering. Geduld is ook een uitstekende keuze op momenten dat we niet weten wat we moeten doen. Afwachten totdat dingen duidelijker worden is soms de beste 'oplossing' voor een probleem. 'Heb daarom gepast geduld.' (70:5)

4. Persoonlijke verantwoordelijkheid De Koran leert dat het onze eigen verantwoordelijkheid is om ons leven te verbeteren. We moeten in onszelf schouwen wanneer het aankomt op persoonlijke verantwoordelijkheid en oplossingen. '(...) Voorzeker, Allah verandert de toestand van een volk niet voordat zij hetgeen in hun hart is veranderen. (...)' (13:11)

In de Koran nemen Adam en Eva verantwoordelijkheid voor hun fout, voor het eten van de verboden boom: 'Zij (Adam en Eva) antwoordden: "Heer, wij hebben onszelf onrecht aangedaan" (...).' (7:23) Satan wijt zijn situatie echter aan God: '(Satan) antwoordde: "Welnu, daar gij mij liet dwalen zal ik hen voorzeker in de weg gaan zitten op Uw rechte pad."' (7:16)

Persoonlijke verantwoordelijkheid draait rond het herkennen van onze eigen rol in onze levensgeschiedenis. Het stelt ons in staat om geluk van binnenuit te creëren. Een onderdeel van de persoonlijke verantwoordelijkheid is leren omgaan met negatieve emoties. Ga op zoek naar de beste 'beheersstrategieën', naar ideeën om in tijden van spanning en druk te kalmeren.

De sleutels

- → **Ons hogere doel is goede daden te verrichten.**
- → **Bij positiviteit draait het erom dat je dankbaar bent, focust op het goede, leert van problemen en op zoek gaat naar het beste in jezelf.**
- → **Geduld is noodzakelijk, want problemen maken nu eenmaal deel uit van het leven.**
- → **We moeten persoonlijk verantwoordelijkheid opnemen voor ons leven en onze emoties.**

Sheima Salam Sumer behaalde haar mastergraad in Counselor Education aan de University of South Carolina (Verenigde Staten). Ze is als professioneel consulent werkzaam in uiteenlopende omgevingen (school, thuisomgeving en bedrijfsleven) om individuen, gezinnen en groepen te begeleiden. Ze is de host van de website www.howtobeahappymuslim.com en schreef de boeken *The Basic Values of Islam* en *How to be a Happy Muslim*.

Geluk in de bijbel

Blijkbaar herkennen veel moslims zich in de resultaten van het wetenschappelijk onderzoek naar geluk. Gelukkig geldt dat ook voor de meeste andere godsdiensten. Zo publiceerden het Duitse evangelische nieuwsagentschap Idea en het Zwitserse christelijke nieuwskanaal Livenet een vergelijkend onderzoek naar de overeenkomsten tussen citaten uit *Geluk. The World Book of Happiness* en de Bijbel. Voor tientallen citaten uit de academische bijdragen vonden ze zowel in het Oude als in het Nieuwe Testament analoge passages.
Enkele voorbeelden.

De raad die het meest te beluisteren valt bij geluksonderzoekers betreft het omgaan met de medemens. Zo adviseert Christopher Peterson, de hoogleraar psychologie uit Michigan (VS) die geldt als een van de stamvaders van de 'positieve psychologie': 'Bemin en eer de mensen die belangrijk voor je zijn: je ouders, leraren, familieleden, collega's en vrienden.' Nagenoeg hetzelfde lezen we in Romeinen 12:10: 'Hebt elkander hartelijk lief met broederlijke liefde; met eer de een den ander voorgaande.'

De Spaanse hoogleraar José L. Zaccagnini (Madrid) wijst op de samenhang tussen eigen- en naastenliefde: 'Om gelukkig te zijn moet je ermee beginnen van je "ware ik", je leven, te houden (...) Anderzijds raad ik je aan om het ook buiten jezelf te zoeken, want we weten tegenwoordig ook dat de beste weg naar geluk gelegen is in de mate waarin je je inspant voor de mensen om je heen.'

Bijbelkenners zullen bij die opmerking onmiddellijk denken aan Jezus' gebod in Mattheüs 22:39: 'Gij zult uw naaste liefhebben als uzelven.' Hoe dat praktisch in zijn werk kan gaan, toont een gelukstip van de Zuid-Afrikaanse hoogleraar psychologie D.J.W. Strümpfer uit Kaapstad: 'Reken op de steun van alle mensen in je omgeving, span je daarvoor actief in en steun zelf anderen evenzeer.' Of om het met Paulus in zijn Brief aan de Galaten (6:2) te zeggen: 'Draagt elkanders lasten, en vervult alzo de wet van Christus.'

'Je tijdsgebruik weerspiegelt je keuzes.'

Tijd is de vijand

'Tijd is de vijand' en 'tijd is je vriend'. Beide gezegdes zijn even populair in songteksten. In de zakenwereld is timemanagement een van de drukst bijgewoonde cursussen. Maar de tijd laat zich niet managen. Het enige wat we kunnen managen, is onze eigen activiteit. *'Time is a mustang that you cannot tame.'* (Tijd is een mustang die je niet kunt temmen). Dr. **Ilona Boniwell** ontdekte tijdens haar geluksonderzoek hoe essentieel de factor tijd is. Op de achtergrond gaat het liedje verder: *'Time is a wish, you can throw coins at a fish but you're still gonna have to feed it.'* (De tijd is als een wens, je kunt een muntje naar de vis gooien, maar dat is nog geen voer.)

De tijd is een vriend

Ik houd ervan de relatie tussen mensen en tijd te bestuderen, samen met de impact die tijd heeft op ons geluk en welbevinden. Tegenwoordig is tijd een huizenhoog probleem. Weinigen van ons beschikken over de gave om alles in evenwicht te houden. Onderzoek wijst uit dat **tevredenheid over ons tijdsgebruik een van de belangrijkste indicatoren**

is voor ons algemeen welbevinden. Dat betekent echter niet dat je het maximum uit elke seconde moet persen om zo efficiënt mogelijk te worden. Wel dat je moet leren gelukkig te zijn met de tijd waarover je beschikt. En soms houdt dat in dat je beter wat minder kunt werken.

De belangrijkste conclusie uit mijn onderzoek is dat het cruciaal is dat je elke dag wat tijd hebt voor jezelf. Mensen die tijd voor zichzelf opeisen, zijn in het algemeen tevredener over hun tijdsgebruik. Ze vinden gemakkelijker een evenwicht tussen tijd voor henzelf en tijd voor anderen, tijd voor dingen die moeten worden gedaan en tijd voor dingen die ze willen doen. Een andere vaststelling is dat het heel belangrijk is om elke dag iets af te werken. We zijn tevreden over de tijd als we iets hebben bereikt. Dat hoeft niets gigantisch te zijn, het volstaat al om een stukje van een groter project af te werken. Tot slot zijn alleen zij die verantwoordelijkheid opnemen voor hun tijdsgebruik er ook gelukkig mee. Het is al te gemakkelijk de schuld op anderen te schuiven – je werkgever, de e-mails, de werkdruk… Zolang je niet zelf verantwoordelijkheid opneemt voor je tijdsgebruik, zal er niets veranderen.

Besteed je tijd aan wat voor jou belangrijk is of heb je het gevoel dat de tijd je door de vingers glipt en geen spoor achterlaat? Jouw tijdsgebruik weerspiegelt jouw levenskeuzes en vormt zo een sleutel tot geluk.

De sleutels

- → **Maak elke dag wat tijd vrij voor jezelf.**
- → **Werk elke dag iets af.**
- → **Neem verantwoordelijkheid op voor je eigen tijdsgebruik.**

Dr. Ilona Boniwell (University of East London, VK) is programmahoofd van de eerste postgraduaat Masters in Toegepaste Positieve Psychologie (MAPP) in Europa. Ze is een actieve researcher en een van de eerste positief psychologen in het VK. Ze stichtte het European Network of Positive Psychology, waarvan ze de eerste voorzitter was. Ze organiseerde de eerste Europese conferentie over positieve psychologie, was raadgever van BBC2 voor de serie *The Happiness Formula* en is auteur van de bestseller *Positive Psychology in a Nutshell.* Ze is een gewaardeerde gast op talrijke internationale conferenties.

'In tien sessies een positieve benadering aanleren.'

Geluk vergroten bij depressieve patiënten

In hoeverre kan Quality of Life Therapy het geluk van ernstig depressieve patiënten vergroten? Prof. **Hossein Jenaabadi** verdeelde zijn patiënten in twee groepen. De ene groep kreeg tien QLT-sessies van 45 minuten en wat extra huiswerk om de nieuwe vaardigheden te oefenen. De andere groep kreeg deze behandeling niet. Wat zijn de resultaten?

Depressiviteit is een van de meest voorkomende diagnoses als het gaat om geestelijke stoornissen. Veel mensen met verschillende achtergronden worden er als een epidemie door getroffen. Volgens bepaalde voorspellingen zal deze stoornis in 2020 wereldwijd de op een na vaakst gestelde diagnose zijn voor elke leeftijdsgroep en elk geslacht, terwijl **minder dan 25 % van deze patiënten toegang zal hebben tot effectieve therapie**.

Een depressieve periode duurt minimaal twee weken, waarin de patiënt ofwel depressief is ofwel zijn of haar belangstelling voor de meeste activiteiten verliest. Om de diagnose 'depressieve stoornis' te krijgen moet iemand minimaal vier symptomen hebben uit een langere lijst van symptomen. Daartoe behoren veranderingen in eetlust en gewicht, veranderingen in slaapgedrag en activiteit, futloosheid, schuldgevoel, moeite met denken en besluiten nemen en terugkerende gedachten aan dood en zelfmoord. Depressiviteit is een terugkerende ziekte met tal van sociale, economische, fysieke en psychische gevolgen. Ze oefent grote invloed uit op de kwaliteit van leven doordat ze leidt tot langdurige pijn, en tot problemen op het werk, bij de studie en in huiselijke en interpersoonlijke relaties. Depressiviteit kan zelfs leiden tot zelfmoord. De ziekte berokkent ook grote economische schade omdat mensen arbeidsongeschikt raken en bedrijven getroffen worden door veelvuldig arbeidsverzuim.

Effectieve therapie

Deze ziekte zorgt ervoor dat mensen niet meer functioneren en heeft daardoor grote menselijke, economische en sociale gevolgen. Daarom zijn er tal van benaderingen ontwikkeld om depressiviteit te behandelen. Een van de meest toegepaste therapeutische benaderingen is die van de cognitieve gedragstherapie. Het probleem met dit type behandeling is echter dat de ziekte na een ogenschijnlijk succesvolle therapie in veel gevallen toch weer de kop opsteekt. Dat komt onder meer doordat er **geen aandacht is voor geluk en kwaliteit van leven.** Tegenwoordig zijn gezondheidspsychologie en positieve psychologie wijdverbreid geraakt. Daardoor vallen opvattingen over stoornissen niet langer binnen het medische kader en gaan therapeuten er niet langer van uit dat er maar één factor in het spel is. Onderzoekers denken dat een slechte levensstijl en een lage kwaliteit van leven mede bepalend zijn voor het ontwikkelen van mentale stoornissen. Zij vinden dan ook dat therapie moet worden gekoppeld aan een herziening, omvorming en verandering van de kwaliteit van leven. Ze moet individuele capaciteiten uitbouwen, persoonlijke hulpbronnen en nieuwe sterke eigenschappen aanboren en levenstevredenheid en welbevinden in mensen en samenlevingen verwezenlijken.

Onderzoekers zijn het erover eens dat het concept 'kwaliteit van leven' uit objectieve en uit subjectieve factoren (innerlijk welbevinden) bestaat. Objectieve factoren zijn het niveau van geletterdheid, inkomensniveau, werkomstandigheden, huwelijkse staat, mate van veiligheid, sociaal-economische positie en mentale indicatoren gebaseerd op de wijze waarop mensen hun niveau van tevredenheid, geluk enzovoort beoordelen en ervaren. Een toename in geluk draagt dan ook bij aan de subjectieve component van kwaliteit van leven en vergroot de kwaliteit van leven.

Vijf strategieën

Gezien de invloed van geluk op de kwaliteit van leven bij mensen en in de samenleving en om terugval in depressiviteit te voorkomen heeft Frisch een nieuwe benadering geïntroduceerd: de Quality of Life Therapy (QLT), die een mengsel is van de cognitieve gedragstherapie en de positieve psychologie. QLT is een van de talrijke benaderingen in de positieve psychologie die het streven naar levenstevredenheid inzetten als middel om het geluk en de kwaliteit van leven te vergroten. Deze benadering combineert de cognitieve benadering in het klinisch domein van Aaron T. Beck, de activiteitstheorie van Mihaly Csikszentmihalyi en de positieve psychologie van Martin Seligman. De groep waarop deze benadering is gericht, bestaat niet louter uit mensen met stoornissen als depressiviteit, maar ook uit normale en gezonde mensen, die een hoger niveau van welbevinden, geestelijke gezondheid en algehele kwaliteit van leven zullen ervaren. **De principes en vaardigheden die in deze**

benadering worden aangeleerd, helpen patiënten hun behoeften, doelen en wensen in de belangrijke en waardevolle domeinen van het leven te bepalen, na te streven en te vervullen. Domeinen waarop deze benadering zich richt, zijn: lichamelijke gezondheid, zelfwaardering, doelen en waarden, werk, geld, spel, leren, creativiteit, anderen helpen, liefde, vrienden, kinderen, verwanten, huis en buren, samenleving, partner en het leven in het algemeen.

QLT concentreert zich hoofdzakelijk op het vergroten van geluk en levenstevredenheid door middel van cognitieve-gedragsverandering in vijf contexten: omstandigheden, opvattingen, maatstaven die wij voor onszelf vaststellen, betekenis en andere factoren die van invloed zijn op de levenstevredenheid. Dit levert vijf strategieën op die in zulke contexten tot voldoening kunnen leiden; strategieën die de kwaliteit van leven vergroten. Ze doen dat door mensen op een bevredigende manier te leren omgaan met het verschil tussen wat ze willen en wat ze hebben. Dit model verandert deze vijf contexten en helpt patiënten hun tevredenheid en geluk te vergroten. Bovendien biedt deze methode handvaten om adequaat te reageren als patiënten hun geluk zien verminderen. Deze handvaten zijn: positieve concepten, attitude, sterke eigenschappen en schema's en opvattingen die bijdragen tot stabiele tevredenheid en duurzaam geluk.

Geestelijke gezondheid

Huidige therapieën zijn relatief weinig succesvol bij het behandelen van depressiviteit en tonen weinig aandacht voor het verhogen van het geluksniveau van depressieve mensen. De QLT-benadering stelt echter dat ze capaciteiten en geluk kan vergroten. Dat alles heeft ons geprikkeld te onderzoeken in hoeverre deze benadering het geluk van depressieve mensen daadwerkelijk kan vergroten. **Het bleek dat QLT uitstekend in staat is bij mensen met een depressieve stoornis de depressiviteit te verminderen en het geluk te vergroten.**

De resultaten komen overeen met de uitkomsten van andere studies die bevestigen dat QLT dit effect heeft. Ze stroken bijvoorbeeld met de resultaten van Ghasemi, die ontdekte dat QLT (in de vorm van groepstherapie) in combinatie met positieve psychologie en cognitieve gedragstherapie iemands geestelijke gezondheid en geestelijk welbevinden kan versterken. Evenzo toonde Toghyani aan dat QLT positieve affectie kan vergroten en negatieve affectie kan verkleinen en als gevolg daarvan de geestelijke gezondheid van mannelijke volwassenen kan versterken. Bovendien suggereerden Sin en Lyubomirsky dat positieve psychotherapieën geluk kunnen vergroten. Ten slotte komen de resultaten overeen met Mitchells studie, waaruit blijkt dat positieve psychotherapieën geluk veel meer kunnen vergroten dan op probleemoplossing gebaseerde psychotherapieën of het gebruik van placebo's.

Directe relatie

Om deze resultaten te verklaren moeten we enkele punten aanstippen.
1. Deze benadering gaat uit van een algemene of universele kijk op het leven, en haar doelen in elke fase van de interventie houden verband met de algehele doelen van patiënten in hun leven. Zo kunnen patiënten **een directe relatie** waarnemen tussen een interventie of huiswerk en de verwezenlijking van belangrijke behoeften, doelen of eisen.
2. Daarnaast biedt het beoordelen en conceptualiseren van de problemen en capaciteiten van patiënten **een universele kijk** op het leven die gebaseerd is op het functioneren in zestien domeinen van het dagelijks leven van iemand met een psychische of fysieke beperking, stoornis of handicap.
3. De andere reden waarom deze benadering effectief is, is de zoektocht naar efficiënte **doelen en waarden**. In deze vorm van therapie formuleren de patiënten bepaalde doelen en waarden en leren ze fundamentele vaardigheden om greep op het leven te behouden en om hun temperament te bedwingen. Dit moet ertoe leiden dat ze chronische moeilijkheden en problemen vermijden en dat ze hun negatieve emoties onder controle houden en hun leven ordenen in hun zoektocht naar persoonlijke doelen in belangrijke domeinen van het leven.
4. Deze benadering is een logotherapie die patiënten helpt **de betekenisvolste dingen te vinden** die leiden tot geluk en gezondheid in het heden en in de toekomst.

Tien sessies

Voor dit onderzoek is gebruikgemaakt van de Beck Depression Inventory en de Oxford Happiness Questionnaire. Hier volgen de voornaamste onderwerpen van de therapiesessies. Het huiswerk bestaat grotendeels uit het toepassen van geleerde vaardigheden in het dagelijks leven.

1. Relaties opbouwen; beschrijven van de depressieve stoornis en de invloed van geluk op de stoornis; uitleg van de QLT-benadering aan patiënten; bespreken van de zestien domeinen van levenstevredenheid; de reikwijdte van de problemen van de groepsleden bepalen. Huiswerk: denk na over de vraag hoe we de kwaliteit van leven kunnen verbeteren.
2. Bespreken van zelfwaardering en de rol ervan bij het vergroten van geluk; bespreken van huidige vaardigheden op deze terreinen.
3. Het model van zelfrespect bespreken en toepassen, gezondheidskwesties bespreken en daarmee samenhangende vaardigheden presenteren.

4. Bespreken van doelen en waarden; bespreken van de principes van de kwaliteit van leven, uitleg van de principes en toepassen van deze principes om tevredenheid te vergroten.
5. Spreken over vrienden en verwanten en hun rol in de levenstevredenheid; presenteren van relevante vaardigheden, zoals het schrijven van een brief.
6. Bespreken van de rol van vrije tijd bij het vergroten van geluk; presenteren van daarmee samenhangende vaardigheden. Huiswerk: het plan toepassen, routine krijgen om vrije tijd te nemen of (nieuwe) hobby's te beoefenen.
7. Bespreken van het leervermogen; presenteren van daarmee samenhangende vaardigheden. Huiswerk: in het dagelijks leven toepassen van probleemoplossende vaardigheden.
8. Technieken uit de positieve psychologie aanbieden om terugval te voorkomen. Huiswerk: werken rond drie basisprincipes van geluk: innerlijke rijkdom, kwaliteit van tijd en het zoeken naar zingeving.
9. Bespreken van de principes en van de reikwijdte en toepassing van de principes in het domein van relaties.
10. Alle therapiesessies en conclusies evalueren.

De sleutels

- → **Voor depressieve mensen is QLT een goed alternatief voor de minder effectieve benadering van de cognitieve gedragstherapie.**
- → **Uit onderzoek blijkt dat QLT zeer effectief is bij het behandelen van een depressie, in de zin van een stoornis die zich tegen behandeling verzet.**
- → **Aandacht voor geluk bij de behandeling van depressieve stoornissen kan een aanzienlijke bijdrage leveren aan het herstel van patiënten.**

Prof. Hossein Jenaabadi is universitair hoofddocent psychologie aan de Universiteit van Sistan en Beloetsjistan, Zahedan (Iran). In zijn onderzoek concentreert hij zich op de effectiviteit van QLT op het vergroten van geluk van patiënten met een depressieve stoornis.

Baharez Azizi Nejad is werkzaam aan het departement Onderwijskunde, Payame Noor-universiteit in Teheran.

Ghazal Fatehrad is werkzaam aan het departement Management en Economie, afdeling Wetenschap en Onderzoek, Islamic Azad-universiteit.

'Voor de meesten is de school een saaie en weinig inspirerende plek.'

De beste tienerdrug

MTV vroeg aan tieners wat hen gelukkig maakt. Hun antwoord was niet meteen het eerste wat in bezorgde, ongeruste ouders opkomt (*'Seks, drugs en rock-'n-roll?'*). 'Tijd doorbrengen met het gezin' stond op nummer een. Hun helden? Voor ruim de helft: hun ouders. Voor **Katie Hanson** was dat geen verrassing: 'Adolescentie hoeft echt geen probleem te zijn.' Ze ontdekte welke drug de beste is voor tieners: flow.

De school voor succes

Tienerjaren worden doorgaans beschouwd als probleemjaren. De traditionele psychologie en media slaan ons om de oren met berichten over tienerzwangerschappen, drugverslaving, geweld, zelfmoord, eetstoornissen, leerproblemen enzovoort. De positieve psychologie heeft echter een andere kijk op adolescenten en gaat ervan uit dat het goed komt met tieners in plaats van te denken dat ze delinquent worden, verslaafd raken of uit de boot zullen vallen. Minder dan 10% van de gezinnen met een tiener in huis ondervindt zware relationele problemen. Toch bleef de opvatting dat de adolescentie een periode vol trauma's, stress en delinquentie is, jarenlang overeind. Heel wat research in verband met adolescenten concentreerde zich op schoolprestaties en poogde te achterhalen waarom bepaalde groepen het meestal niet goed doen tijdens hun opleiding. De positieve psychologie reikt meerdere theorieën aan om te begrijpen waarom adolescenten slecht presteren op school. Een van de sleutels is flow.

In tal van onderzoeken werd vastgesteld dat flow gepaard gaat met positieve resultaten voor adolescenten, zoals een verhoogde concentratie, vreugde, geluk, sterkte, motivatie, eigenwaarde, optimisme en toekomstgerichtheid. Ook wanneer met andere factoren rekening werd gehouden (bijvoorbeeld socio-economische achtergrond, cijfers op school, etnische afkomst), kwamen we tot dezelfde vaststelling. Onderzoekers kwamen tot de slotsom dat **adolescenten die langer in flow verkeerden gelukkiger, opgewekter, vriendelijker en socialer waren.** Intussen weten we dat flow bij adolescenten positief gecorreleerd is met intrinsieke motivatie en plezier en negatief met pessimisme. Adolescenten die zelden in een toestand van flow verkeren, vervelen zich sneller, zijn minder betrokken, minder enthousiast en minder geestdriftig.

Adolescenten brengen het gros van hun tijd verplicht door in de schoolbanken. Of zich binnen de schoolse omgeving flow voordoet, is wellicht de belangrijkste vraag waarop onderzoekers zich moeten concentreren. Researchers hebben vastgesteld dat de school voor de meeste tieners een saaie en weinig inspirerende plek is. Verveling is dermate troef dat de meeste tieners dat als een normaal onderdeel van hun ontwikkeling beschouwen. Voor leerlingen die wel geëngageerd zijn, zijn de voordelen niettemin groot. Leerlingen met een hoger niveau van flow zijn meer betrokken op hun studie en presteren beter dan leeftijdsgenoten met een laag niveau van flow. De hoeveelheid flow tijdens een les vormt een betere voorspeller voor succes dan de meetinstrumenten voor klassieke leerhoudingen. Wel valt uit deze onderzoeken niet op te maken of de gunstige resultaten het gevolg zijn van de tijdens de schoolse activiteiten ervaren flow, dan wel of flowactiviteiten ertoe leiden dat leerlingen ze vrijwillig gaan herhalen, m.a.w. dat adolescenten die meer flow ervaren zich meer met schoolwerk bezighouden omdat ze dat intrinsiek lonend vinden. Gemiddeld besteden studenten met hoge flow zeven uur per week meer aan productieve activiteiten dan studenten met lage flow. Leerlingen met hoge flow besteden ook meer tijd aan hun huiswerk en kijken minder televisie.

Schoolse activiteiten zorgden voor de meeste flow bij tieners. Willen we echter daadwerkelijk een leeromgeving creëren die bevorderlijk is voor flow, dan is het zinvol na te gaan welke manier van leren de meeste kans biedt op flow. Examens, individueel en groepswerk zorgen voor een meer dan gemiddeld niveau van flow, terwijl luisteren naar een voordracht van de leerkracht of educatieve video's bekijken weinig of geen flow teweegbrengt. De schoolvakken die doorgaans een hoog niveau van flow veroorzaken zijn technische vakken, computerwetenschappen en kunst. Het theoretische vak dat doorgaans de meeste flow bewerkstelligt, is wiskunde; voor moedertaal en wetenschap is dat al heel wat minder en geschiedenis is het vak dat steevast de minste flow opwekt.

Flow is bijzonder vruchtbaar voor tieners die het ervaren. Niet alleen presteren ze beter op school (wat een positief gevolg heeft voor hun latere leven), ze zijn ook gelukkiger, gemotiveerder en optimistischer. Aangezien flow zo veel voordelen oplevert in een schoolse omgeving, is het raadzaam dat onderwijsdeskundigen daar bij het opstellen van de leerplannen rekening mee houden en dat leraren flow laten ontstaan in hun lessen. Als we tieners kunnen begeesteren en leren hoe ze in hun taken en activiteiten flow kunnen ervaren, zullen ze meer kans maken om een gefocust, geëngageerd en gelukkig leven te leiden.

Wat is flow?

Flow is een concept dat werd bedacht door de psycholoog Mihaly Csikszentmihalyi. Het verwijst naar een ervaring die iemand totaal in beslag neemt; terwijl we geconcentreerd zijn, lijkt de tijd voorbij te vliegen en zijn we ons niet bewust van wat er rondom ons gebeurt. Zelfs honger, temperatuur en zelfbewustzijn gaan aan ons voorbij. Aangenomen wordt dat flow bijzonder heilzaam is voor ons geluk. We ervaren flow wanneer we bezig zijn met een interessante uitdaging die we aankunnen en die een grote vaardigheid vergt. Activiteiten die flow voortbrengen, zijn intrinsiek motiverend en dus waardevol omdat ze een gemoedstoestand creëren die een doel op zich is. Verder wordt aangenomen dat flowervaringen iemand in staat stellen om te bloeien en optimaal te functioneren.

De sleutels

- → **De adolescentie hoeft helemaal geen probleem te zijn.**
- → **Flow is bijzonder heilzaam voor tieners: ze zijn gelukkiger, presteren beter en zijn gemotiveerder.**
- → **Creëer een leeromgeving die ertoe aanzet om flow te vinden in taken en activiteiten.**

Katie Hanson studeerde af in het MAPP-programma (*Msc Applied Positive Psychology*) aan de University of East London. Ze heeft een ruime belangstelling voor alle domeinen in verband met positieve psychologie, welbevinden en geluk. Momenteel werkt ze aan de Sheffield Hallam University in Engeland, waar ze onderzoek verricht naar het welbevinden en welslagen van studenten. Ze besteedt daarbij vooral aandacht aan de vraag hoe we de schoolresultaten kunnen voorspellen en verbeteren van die leerlingen die ondervertegenwoordigd zijn in het hoger onderwijs en traditioneel slechter presteren op school.

'Optimisme vermindert pijnklachten.'

Je best mogelijke zelf

'Optimisme lijkt ons zelfs te beschermen tegen (chronische) pijnklachten', zeggen **Marjolein M. Hanssen** en **Madelon L. Peters**. 'In ons onderzoek hebben we proberen te ontrafelen waarom optimisten minder sensitief zijn voor pijn en waarom ze zich beter kunnen aanpassen aan chronische pijnklachten. Daarnaast onderzoeken we ook op welke manier we meer mensen van de voordelen van optimisme kunnen laten profiteren.'

Ken je mensen die altijd optimistisch zijn over hun toekomst? Wel, de kans is groot dat zij ook meer positieve dingen in het leven tegenkomen en dat ze bereiken waar ze van dromen. Onderzoek wijst namelijk uit dat optimisten of mensen die meestal verwachten dat het wel goed komt langer leven, meer geld verdienen, betere sociale netwerken hebben en minder fysieke en psychologische klachten ervaren.

Pijnexperiment

In een van onze studies werden gezonde vrijwilligers uitgenodigd in het lab om deel te nemen aan een pijnexperiment. Er werd aan de deelnemers gevraagd om hun hand

onder te dompelen in een container met water van 5° Celsius en hun pijn te rapporteren. Ook al klinkt koud water misschien niet zo pijnlijk, deze taak is herhaaldelijk en succesvol gebruikt om pijn te induceren in het lab. Vlak voor de onderdompeling hebben we de helft van de deelnemers optimistisch gemaakt door ze te laten schrijven en visualiseren over hun Best Mogelijke Zelf. De andere helft van de proefpersonen kreeg een neutrale oefening, waarin ze schreven en visualiseerden over een neutraal onderwerp.

De resultaten van dit experiment toonden ons verschillende belangrijke dingen. Ten eerste vonden we dat de optimistische groep significant minder pijn rapporteerde dan de neutrale groep, dus 'meer optimisme leidt tot minder pijn'. Ten tweede vonden we **dat de optimistische groep significant minder negatieve gedachten had tijdens de pijnlijke taak.** Het hebben van minder catastrofale gedachten over pijn kan mogelijk verklaren waarom optimisten minder sensitief zijn voor pijn. Ten slotte demonstreerde dit experiment dat het mogelijk is om een tijdelijke optimistische toestand te bewerkstelligen met behulp van een eenvoudige schrijf- en visualisatieoefening. Dit wil zeggen dat de voordelen van optimisme toegankelijk kunnen zijn voor ons allemaal, zelfs al ben je van nature geen optimist.

Visualiseren

Twee andere studies toonden ons dat optimisme leidt tot een beter welzijn zowel in mensen zonder fysieke klachten als in mensen met chronische pijnklachten. De manier waarop optimisten doelen nastreven in het leven draagt bij tot hun welzijn. **Optimisten blijken niet enkel goed in het actief nastreven van levensdoelen, ze zijn ook experts in het aanpassen van doelen als dat nodig is.** Deze vaardigheid zou weleens extra belangrijk kunnen zijn wanneer doelen (zoals een marathon lopen, een diploma halen of een bepaalde job uitvoeren) geblokkeerd worden door chronische pijnklachten of andere condities.

1. Wat kunnen we doen om in het dagelijkse leven dezelfde voordelen als optimisten te ervaren?

Schrijf over jouw Best Mogelijke Zelf in de toekomst. Beeld je in dat alles zo goed mogelijk is verlopen. Je hebt hard gewerkt en je bent geslaagd in het bereiken van jouw levensdoelen. Beschouw het als de realisatie van jouw dromen. Schrijf over de best mogelijke manier waarop dingen kunnen uitdraaien in jouw familieleven, op het werk, in jouw liefdesleven, in jouw vriendschappen enzoverder. Maak je tijdens de oefening geen zorgen over spelling of herhaling… blijf gewoon schrijven gedurende vijftien minuten. Sluit nadien de ogen gedurende vijf minuten en probeer jouw Best Mogelijke Zelf zo levendig mogelijk voor te stellen.

2. Wat zijn de voordelen?

Wanneer je schrijft en visualiseert over jouw Best Mogelijke Zelf, dan kan je ervaren dat je meer optimistisch wordt over jouw toekomst. Je kunt een klare blik krijgen op wat belangrijk is in jouw leven. Wanneer je deze oefening op dagelijkse basis uitvoert, is het behulpzaam om te schrijven over verschillende levensdomeinen (professioneel, sociaal, gezondheid, …) op verschillende dagen om de oefening interessant te houden.

3. Zijn er risico's?

Wanneer je schrijft en visualiseert over jouw Best Mogelijke Zelf in de toekomst, dan kun je je bewust worden van het feit dat je er nog niet helemaal bent of dat bepaalde doelen zelfs onbereikbaar zijn. Er zijn twee manieren om hiermee om te gaan. Ten eerste kun je de oefening aanpassen. Wanneer we deze oefening gebruiken met chronische pijnpatiënten, vragen we hun ook om hun Best Mogelijke Zelf met Pijn te visualiseren om zo in contact te blijven met de realiteit. Ten tweede kun je schrijven en visualiseren over een Best Mogelijke Zelf zonder limitaties. Vervolgens kun je je afvragen wat je op korte en op lange termijn kunt doen om deze doelen te bereiken. Zoals eerder vermeld zal deze oefening ervoor zorgen dat je kunt identificeren wat belangrijk is voor jou. Zelfs kleine stappen in de richting dragen bij tot het leiden van het waardevolle en betekenisvolle leven waarvan je droomt.

De sleutels

- → **Meer optimisme leidt tot minder pijn en minder negatieve gedachten.**
- → **Het is mogelijk om een tijdelijke optimistische toestand te bewerkstelligen met behulp van een eenvoudige schrijf- en visualisatieoefening: je Best Mogelijke Zelf.**
- → **Zelfs kleine stappen dragen bij tot het leiden van het waardevolle en betekenisvolle leven waarvan je droomt.**

Marjolein M. Hanssen is docent en onderzoeker aan het departement Klinisch Psychologische Wetenschappen aan de Universiteit Maastricht. Ze doet onderzoek naar psychologische determinanten bij (chronische) pijn en richt zich hierbij voornamelijk op bronnen van veerkracht.

Madelon L. Peters is hoogleraar experimentele gezondheidspsychologie aan de Universiteit Maastricht. Haar onderzoeksinteresse richt zich vooral op psychologische aspecten van chronische pijn, psycho-oncologie en positieve psychologie en gezondheid.

'Het is niet het geluk uit de blinkende tijdschriften, waarin seks door het navertellen van orgasmefabeltjes wordt gekoppeld aan een brede glimlach.'

En seks dan?

'Seksuele energie kan je globale vitaliteit en passie voor het leven vergroten. Het kan je aanzetten tot schrijven, tot het maken van kunst of muziek en zelfs tot politieke en sociale ambitie. Als de seksuele energie van nature stroomt, ervaren we de sterkste harmonie in onze relaties met onze medemens', zegt de Londense **Cassie Robinson**.

Het rijke gamma van seks

In 1994 werd op een bijeenkomst van seksuologen verklaard dat 'seksueel genot, met inbegrip van zelfbevrediging, een bron van fysiek, psychologisch, intellectueel en spiritueel welbevinden' is. Toch gaat het in het publieke debat nog steeds voornamelijk over de gevaren en risico's van seksualiteit: misbruik, verslaving, stoornissen, infecties, pedofilie, tienerzwangerschappen en de strijd van seksuele minderheden voor hun mensenrechten. Een publiek debat over de fysiologische en psychologische gezondheidsvoordelen van seksuele expressie, met inbegrip van de fysieke, intellectuele, emotionele en sociale voordelen, is zogoed als onbestaande.

In mijn onderzoek wil ik duidelijk maken hoe rijk en divers de belichaming en ervaring van seksualiteit is en probeer ik een verband te leggen met welbevinden en geluk. Ik heb

mijn onderzoek losgekoppeld van de prestatiegerichte definities van seksuele respons en seks niet bekeken vanuit een medische, consumptiegerichte of politieke invalshoek. In plaats daarvan onderstreep ik de mogelijkheden van een erotisch bewustzijn dat complex, transformerend en evoluerend is. **Het is niet het geluk uit de blinkende tijdschriften, waarin seks door het navertellen van orgasmefabeltjes wordt gekoppeld aan een brede glimlach** en gericht is op prestaties en esthetica. Ik heb het hedonistische/eudaimonische uitgangsmodel gebruikt om welbevinden te beoordelen. Hedonisme is het verlangen naar stabiliteit en vertrouwdheid, waarbij verandering weerstand oproept. Het eudaimonische model streeft naar verandering, zin, mogelijkheid, nieuwsgierigheid en interesse. Door seksuele expressie te zien als een deel van het eudaimonische welbevinden, bekijken we dat niet louter als iets dat we in bedwang moeten houden of beheersen.

Het onderzoek leverde een aantal factoren op die seksuele expressie verbinden met welbevinden, namelijk emotionele aspecten van seksuele expressie die de verbinding met zichzelf en anderen beïnvloeden, de ontwikkeling van het zelfbewustzijn, zelfaanvaarding, eigenaarschap, actie ondernemen, levenslust, de integratie in een geheel en het vinden van een evenwicht in relatie met het seksuele zelf. We constateerden verder dat seksuele expressie energie geeft en een invloed heeft op onze ontwikkeling en transformatie. De resultaten wijzen erop dat indien de positieve affecten van seksuele expressie op één lijn worden gebracht met eudaimonisch welbevinden, seksualiteit ruimere en belangrijkere betekenis krijgt. **Seksualiteit biedt een manier om het potentieel van elk individu te ontdekken** en de realisatie van dat potentieel zorgt voor de grootste voldoening.

Iemand die zijn geluk wil vergroten of verdiepen, kan dat doen door seksualiteit te verwelkomen als iets essentieels voor het leven. Hij kan zich voornemen om zijn ervaring, begrip en toepassing van deze prachtige energiebron te vergroten. Naarmate ze hun eigen authentieke seksuele zelf leerden kennen en ontdekken, vertelden mijn respondenten me dat ze dankzij die energie meer openstonden voor de wereld, het gevoel hadden volledig te zijn, flow en levendigheid voelden. Door verder te kijken dan de fysieke prestatie en ook rekening te houden met de emotionele, relationele en spirituele dimensie van de seksuele ervaring, vind je aansluiting bij een bredere opvatting van seksuele expressie die iemands gevoel van zelf, liefde, creativiteit en welbevinden kan doen opbloeien. Hedonisme kan mensen motiveren tot een stabiele kijk op hun interne en externe omgeving, eudaimonisme motiveert mensen om zichzelf en het universum te begrijpen door hun kennisstructuren uit te breiden. Seksuele expressie is als een transportmiddel waarmee je dit doel kunt bereiken en een manier om het leven te sturen in de richting van een grotere complexiteit en zingeving.

Een geloofsovertuiging die seksuele expressie beschouwt als een energie die stimuleert, levensbevestigend en natuurlijk is, waarbij mensen leren om zichzelf te respecteren, waarderen en bezitten, zal hen in staat stellen om ook anderen op een dieper niveau te aanvaarden. Maar vooral zullen mensen, zodra ze de toestemming en informatie bezitten die nodig is om hun optimale seksuele zelf te bereiken, misschien wel een beter sociaal systeem eisen (en scheppen) dat ieders gezondheid, seksuele en relationele keuzes, genot en rekening houden met elkaar bevordert en ervoor zorgt dat ze hun potentieel ten volle kunnen aanwenden voor een hoger doel.

Jouw ervaring van seksualiteit is uiteindelijk jouw eigen creatie. Ik raad je aan om seksualiteit een vitale, positieve plaats te geven in je leven – dat is je recht – en zo de voorwaarden te scheppen waarmee je jouw seksualiteit integreert in je gezondheid, welbevinden en levensdoel.

De sleutels

- → **Zorg voor een andere kijk op je seksuele expressie en beschouw die niet louter als iets dat moet worden beheerst of onder controle gehouden.**
- → **Verwelkom seksualiteit als essentieel in het leven. Neem je voor deze prachtige energiebron ruimer te ervaren, begrijpen en toe te passen.**
- → **Als we onszelf leren respecteren, waarderen en bezitten op seksueel gebied, zullen we beter in staat zijn om ook anderen op een dieper niveau te aanvaarden.**

Cassie Robinson is positief psycholoog en creatief pionier (Master of Science Positive Psychology, University of East London, VK). Haar grootste belangstelling gaat uit naar het sociale potentieel en sociale ontplooiing. Ze is researcher in sociale innovatie, design en psychologie in Londen.

'Het heeft te maken met keuzevrijheid en vat hebben op die keuze.'

De universele wet van de keuze

Beide studenten dachten maximaal een zeven te halen, maar kregen allebei een acht. De eerste is gelukkig ('Mijn inspanning rendeert!'), de tweede niet ('Toeval!'). De realiteit lijkt voor de twee studenten dezelfde, maar toch reageren ze verschillend. En waarom voelen we ons niet gelukkiger als het assortiment in de supermarkt verdubbelt? **Paolo Verme** bezocht meer dan tachtig landen en ontsluiert de universele wet van de keuze.

Wie of wat bepaalt het gevolg van jouw keuze?

Geluk heeft te maken met keuzevrijheid en vat hebben op die keuze. Mensen met een grotere keuzevrijheid voelen zich gelukkiger, maar alleen wanneer ze ervan overtuigd zijn dat ze het gevolg van die keuze zelf beïnvloeden. Een grotere keuzevrijheid leidt niet automatisch tot meer geluk. We moeten die keuzevrijheid waarderen en beseffen dat keuze een waardevol goed is voordat we er geluk uit kunnen puren.

Het is bewezen dat een dergelijk besef afhankelijk is van een persoonlijkheidskenmerk dat *locus of control* heet. Iemand die denkt dat de gevolgen van zijn keuzes toe te schrijven zijn aan zijn eigen capaciteiten en inspanningen (interne locus of control) is geneigd keuzevrijheid hoger te waarderen dan mensen die denken dat de gevolgen van hun keuzes bepaald worden door toeval en lotsbestemming (externe locus of control).

Studies in de vakgebieden psychologie en economie tonen aan dat dergelijke overtuigingen niet louter genetisch bepaald zijn, maar verband houden met de sociale ontwikkeling, met inbegrip van het leerproces in het gezin en de school. Zowel ouders als leerkrachten spelen een rol in het geluk van toekomstige volwassenen. Wanneer kinderen gewapend worden met de overtuiging dat ze dankzij hun eigen capaciteiten zelf het gevolg van hun keuzes bepalen, is dat van onschatbare waarde voor het geluk van zowel individuen als samenlevingen.

De sleutels

- → **Keuzevrijheid maakt ons alleen gelukkig als we ervan overtuigd zijn dat we vat hebben op de resultaten van onze keuze.**
- → **We zijn gelukkiger als we sterker geloven in onze eigen capaciteiten en inspanningen dan in toeval en lotsbestemming.**
- → **Deze houding kan worden aangeleerd. Ouders en leerkrachten zouden kinderen moeten wapenen met een groot vertrouwen in hun eigen capaciteiten.**

Paolo Verme heeft in ruim tachtig verschillende landen gewoond, gewerkt en gereisd. Hij begon zijn loopbaan als vrijwilliger voor een ngo in Afrika en heeft gewerkt als senior beleidsadviseur voor de economie van ontwikkelingslanden en landen in overgang, voor regeringen, internationale organisaties en bedrijven zoals de Europese Unie, Unicef en Unesco. Momenteel doceert hij economie aan de universiteit van Turijn en de Bocconi Universiteit in Milaan (Italië) en is hij consultant voor de Wereldbank.

'Jij bepaalt zelf de koers van je leven.'

Geluk: waarden en behoeften

'We wilden meer inzicht krijgen in de interne en externe factoren die verband houden met welbevinden', zegt dr. **Iva Šolcová**. Ze is al sinds 1971 klinisch psychologe en ontving de National Psychiatric Award voor haar theoretisch en onderzoekstechnisch werk op het vlak van psychologische stress. Nu focust ze op geluk en welbevinden. Hier zijn de resultaten van recent onderzoek dat ze met **Vladimir Kebza** verrichte onder vijfhonderd universiteitsstudenten en meer dan duizend andere Tsjechen.

Wat zijn de doorslaggevende factoren voor welbevinden?

→ **Drie waarden:** conformiteit, zekerheid en hulpvaardigheid. Waarden zijn wenselijke, in belang variërende doelen die dienen als sturende beginselen in het leven van mensen (definitie van Schwartz). Personen die groot belang hechten aan het naleven van duidelijke regels en structuren (conformiteit), personen die sterker dan anderen gericht zijn op gezondheid en veiligheid (zekerheid) en personen die vrijgevig zijn, anderen proberen te helpen en zich inspannen voor het algemeen welbevinden (hulpvaardigheid) vertonen doorgaans een krachtiger mate van welbevinden.

- **Drieledige behoefte aan zelfbevestiging:** voor welbevinden bleek de behoefte aan drie zelfbevestigende elementen belangrijk: autonomie, competentie en verbondenheid. Bij de behoefte aan autonomie gaat het om het inherente verlangen van individuen om wilsvrijheid te ervaren. Competentie wordt gedefinieerd als het inherente verlangen van individuen om zich doeltreffend te voelen in hun interacties met de omgeving. De behoefte aan verbondenheid is de inherente neiging van individuen om zich verbonden te voelen met anderen, om deel uit te maken van een groep, om lief te hebben en aandacht te geven, en om zich geliefd te voelen en aandacht te krijgen (definities van Deci en Ryan).
- **Drie veerkrachtfactoren:** onafhankelijkheid, zelfeffectiviteit en interne *locus of control.* Onafhankelijkheid komt naar voren als een kernfactor van welbevinden in positieve zin. Het concept benadrukt de individualistische aspecten van het zelf en positioneert het individu als een afzonderlijke en vrije persoon. Uit onze bevindingen kunnen we afleiden dat zelfeffectiviteit – een positief zelfbeeld en een positieve ingesteldheid tegenover jezelf – eveneens een centraal kenmerk van welbevinden is. Zelfeffectiviteit is bepalend voor positieve zelfactualisatie, optimaal functioneren en maturiteit. De term 'interne locus of control' (of beheersingsoriëntatie) beschrijft het gevoel het leven in eigen hand te hebben, zelf te beschikken en gedrag uit eigen beweging te reguleren. De notie kan worden geduid als een derde karakteristiek van welbevinden.
- **Zelfverklaarde gezondheid.** Het verband tussen welbevinden en zelfverklaarde gezondheid is degelijk gedocumenteerd in de psychologische literatuur. Het is genoegzaam bekend dat beide termen vervat zijn in de definitie van gezondheid zoals geformuleerd door de Wereldgezondheidsorganisatie. Hoewel eerdere publicaties vooral de bijdrage van gezondheid aan de voorspelling van welbevinden benadrukten, wijzen recentere studies erop dat die relatie vermoedelijk in beide richtingen werkt; er dus zijn manieren waarop welbevinden van invloed is op gezondheid én andersom.
- **Opleidingsniveau.** Dit geldt doorgaans niet als een variabele die met welbevinden wordt geassocieerd. Onze onderzoeksresultaten geven echter aan dat een universitaire opleiding het subjectief welbevinden met 150 % verhoogt en dat het met een diploma hoger secundair onderwijs met 100 % toeneemt (vergeleken bij alleen basisonderwijs). Mirowsky en Ross wijzen erop dat individuen via een (hogere) opleiding de capaciteit verwerven om hun leven op effectieve wijze zelf te sturen. Onderwijs staat garant voor de ontwikkeling van de gewoonten, bekwaamheden, instrumenten en talenten die mensen in staat stellen een beter leven voor zichzelf te creëren. Opleiding is zoiets als 'aangeleerde effectiviteit', in die zin dat hoger opgeleide mensen de uitdagingen van alledag met meer succes het hoofd kunnen bieden. Juist die greep op het leven vergroot de kans dat ze tevredener met hun leven zijn. Deze bevindingen lijken erop te duiden dat welbevinden niet alleen afhangt van iemands individuele 'constellatie' van waarden,

behoeften en persoonlijke hulpbronnen, maar ook dat het een sociaal aspect heeft – in die zin dat een lager opleidingsniveau de kans op welbevinden doet dalen. Op grotere schaal investeren in onderwijs en het onderwijs openstellen voor alle burgers mag worden gezien als investeren in het geluk van de mensen.

Onze aanbevelingen om subjectief welbevinden te vergroten:

1. **Bedenk welke waarden je verkiest.** Conformiteit, zekerheid en hulpvaardigheid hebben een gunstig effect op ons welbevinden.
2. Wie zijn welbevinden wil opschroeven, zal eerst in zijn behoefte aan zelfbevestiging moeten voorzien. Dus zal hij moeten **groeien op het vlak van autonomie, competentie en verbondenheid.**
3. Als je het gevoel hebt dat **je de koers van je leven zélf bepaalt**, dat je in staat bent de zaken op je eigen manier aan te pakken en dat je vaardig de uitdagingen van alledag aanpakt, dan is dat goed voor je welbevinden.
4. Besteed voldoende aandacht aan je gezondheid.
5. Je leven lang blijven leren, **nieuwe kennis en vaardigheden verwerven is heel belangrijk.**

De sleutels

→ **Welbevinden wordt bepaald door drie waarden (conformiteit, zekerheid en hulpvaardigheid) en door de drieledige behoefte aan zelfbevestiging (autonomie, competentie en verbondenheid).**

→ **Drie veerkrachtfactoren (onafhankelijkheid, zelfeffectiviteit en interne locus of control), de subjectieve gezondheidstoestand en het opleidingsniveau spelen eveneens een voorname rol.**

→ **Je kunt proberen deze factoren te beïnvloeden door eigen keuzes en beslissingen.**

Iva Šolcová is wetenschapper bij het Instituut voor Psychologie van de Academie van Wetenschappen in Praag (Tsjechië). Als onderzoeker ontving ze de National Psychiatric Award voor het beste theoretische werk en onderzoek omtrent psychologische stress.

Vladimir Kebza is professor klinische psychologie aan de faculteit Economie en Bedrijfskunde van de Czech University of Life Sciences en aan de faculteit Filosofie en Geesteswetenschappen van de Karelsuniversiteit (beide in Praag). Hij is de hoofdonderzoeker en coördinator van verscheidene projecten uitgevoerd met nationale en internationale steun, waaronder 'Psychosocial Determinants of Health.'

Tien prioriteiten voor een gelukkig leven

Mexico doet het vaak goed in de statistieken van gelukkigste landen ter wereld. Prof. **Leon R. Garduno** was lange tijd directeur van het Centre for the Study of Quality of Life in Mexico. Wat heeft hij uit eigen ondervinding en via zijn research geleerd over geluk en subjectief welbevinden? Tien prioriteiten voor een gelukkig leven.

Sinds geld wereldwijd deel is gaan uitmaken van het leven van mensen, wordt het beschouwd als een belangrijk middel om tot geluk te komen. Hoewel er veel onderzoek is gewijd aan het in kaart brengen van de relatie tussen inkomen en geluk, met bijna evenveel theorieën om dat verband vanuit dit perspectief te verklaren, zijn er nog altijd geen solide conclusies ten gunste van de ene of de andere theorie. In het algemeen lijkt men niettemin de hypothese te delen dat meer geld ons geluk slechts marginaal zou doen groeien als ons inkomen volstaat om te voorzien in de basisbehoeften (voedsel, huisvesting, gezondheid en dergelijke).

Een verhoging van inkomen heeft slechts een tijdelijk effect; na een tijdje verdwijnt dat extra beetje geluk. Met geld kun je momenten van geluk verwerven, bijvoorbeeld als je kleren, een auto of een huis koopt, maar geen lange geluksperiodes. Het is wel zo dat mensen in veel landen via de media worden blootgesteld aan een ononderbroken bombardement aansporingen om toch vooral te consumeren. Daardoor zijn we nooit helemaal vrij van de invloed die die boodschappen uitoefenen op onze beslissingen. **Materialisme conditioneert onze opties, beperkt onze keuzen** en daardoor dreigt ons 'geluk' afhankelijk te worden van consumptie.

Als je anderzijds naleest wat grote denkers, filosofen en mystici hebben gezegd over geluk, dan zie je een breed scala van uiteenlopende ideeën. Velen van hen lijken het erover eens te zijn dat je het geluk niet buiten jezelf moet zoeken maar binnen jezelf. Het ware geluk is onder andere te vinden in de kleine dingen van het leven, zoals in het genieten van elk moment en in het herkennen van de mooie kanten van hetgeen ons overkomt in het leven van alledag. Volgens Boeddha bereik je de ware zelfverwezenlijking wanneer de belangstelling voor het eigen ego eindigt, waardoor het verlangen om je vast te klampen aan dingen 'verdampt'. Pas wanneer je beseft dat niets permanent is, ben je werkelijk vrij en word je één met de onmetelijkheid van het leven.

Tien tips om je geluk te verbreden, te verdiepen en te verbeteren:

1. Zoek het geluk niet buiten jezelf maar binnen jezelf. Werk aan je eigenwaarde en zelfvertrouwen. Het geluk bevindt zich ín je. Schep voldoening in alles wat je doet en vind zo geluk in alles wat je doet.

2. Geluk draait niet alleen om objectieve levensomstandigheden. Belangrijker dan dat is de subjectieve perceptie ervan; hoe je het leven opvat en ervaart. Bedenk dat je je realiteit zélf construeert.

3. Bedenk dat wij het resultaat zijn van ons denken. Besteed aandacht aan je gedachten.

4. Geef niet te veel om geld. Honger naar geld doet karakter en moreel ontaarden in hebzucht en egoïsme. Onderzoek bewijst dat geld slechts een relatief en kort effect heeft op geluk. Bedenk dat je alleen kunt verliezen wat je als je eigendom beschouwt. Alles verandert en niets is werkelijk van ons.

5. **Probeer een antwoord te formuleren op wat waarschijnlijk de meest fundamentele vraag is: waarop wil je je geest, je wezen richten?** Waaraan hecht je als mens de meeste waarde in een wereld met zoveel problemen? Besteed daar eens wat tijd en energie aan.
6. **Bekommer je niet te veel om je ego.** Het leven verandert continu: op het werk, in het gezin, tijdens het autorijden... Steeds wanneer je in contact komt met iemand anders, zul je niet krijgen wat je verwacht. Zorg dat je ego niet te gemakkelijk kan worden gekwetst. Woede, haat, verbittering, geweld, weerzin zijn voorbeelden van een gekwetst ego.
7. **Doorleef het heden met optimisme en kijk met hoop naar de dag van morgen.** Zeul het verleden niet als een schuld met je mee en steven zonder spanningen af op de toekomst.
8. **Besef dat je leven bestaat uit verschillende onderdelen**, onder andere uit je fysieke zelf, familie, vrienden, je aard, je zielenleven (gemoedsrust, emoties, ontologische 'volheid' enzovoort). Bedenk dat elk van die onderdelen een andere betekenis voor je heeft. Probeer het belang van die elementen recht te doen met de kwaliteit en kwantiteit van de tijd die je aan elk deel besteedt.
9. **Gun jezelf het voorrecht om van eenvoudige dingen te genieten.** Schenk meer aandacht aan de dingen die het leven ons gratis en voor niets geeft: de natuur, een zonsondergang, noem maar op.
10. **Probeer je spirituele kant te ontwikkelen.** Of je nu wel of niet in God gelooft, beschouw jezelf als onderdeel van een geheel. We staan allemaal in een voortdurende relatie tot de 'heelheid' en onze handelingen zijn daarop van invloed. Waardeer het leven in elke verschijningsvorm. Wees een actieve deelnemer aan de vele dingen om je heen. Je zult er wel bij varen.

De sleutels

- → **Een verhoging van inkomen heeft slechts een tijdelijk effect op geluk. Materialisme conditioneert onze opties, beperkt onze keuzes en daardoor wordt ons geluk afhankelijk van consumptie.**
- → **Ware zelfverwezenlijking bereik je als de belangstelling voor het eigen ego eindigt, en er zo een einde komt aan het verlangen je vast te klampen aan dingen.**
- → **Er zijn minstens tien prioriteiten om een gelukkig leven te leiden en om je geluk te verbreden, te verdiepen en te verbeteren.**

Prof. Leon R. Garduno is hoogleraar en voormalig directeur van het Centre for the Study of Quality of Life en Social Development van de Universidad de las Américas, Puebla (Mexico). Hij is de auteur van *Manual of Quality of Life*.

'De zoektocht naar geluk
is altijd een treffen
met de ongelukkige kant van het leven.'

Geluk in een vijandige wereld

De meeste mensen lopen rond met een permanent 'vijandigewereld-scenario' in gedachten, een voorstelling van reële of potentiële bedreigingen van hun bestaan. Dat scenario wordt nog gevoed door denkbeelden over rampen en andere ellende. Prof. **Dov Shmotkin** laat zien hoe we continu balanceren tussen (en interageren met) dit doemscenario en systemen die ons geluk bevorderen.

Het conceptuele model dat ik studenten voorleg en in vakbladen met collega's bespreek, wordt vaak betiteld als 'de zoektocht naar geluk in een vijandige wereld', hetgeen zinspeelt op de dynamische en dialectische benadering van geluk. Dit model draait om het conflict tussen twee afzonderlijke bewijsbronnen. De eerste bron betreft de talrijke enquêtes uit de hele wereld die laten zien dat de overgrote meerderheid van de respondenten verklaart bovengemiddeld gelukkig te zijn, met inbegrip van mensen in een minder gunstige bestaanssituatie – denk aan bejaarden, armen, mindervaliden of mensen die grote tegenslagen in hun leven hebben doorstaan. Een analyse van die enquêteresultaten duidt erop dat **de meeste mensen gelukkig zijn.** Inderdaad is 'gelukkig zijn' zowel vanuit evolutionair als sociaal perspectief universeel voordelig. Als ons wordt gevraagd hoe het ermee gaat, zullen we zelden een negatief antwoord geven.

In een heel andere geest laat een andere bewijsbron zien dat onwenselijke, schadelijke of onplezierige resultaten meer impact op ons hebben dan wenselijke, heilzame of aangename uitkomsten. Hoewel mensen er meestal in slagen zich aan te passen aan tegenspoed, kunnen bepaalde negatieve gebeurtenissen (bv. invaliditeit of werkloosheid) iemands geluk blijvend verstoren. Een psychologisch trauma genereert vaak onuitwisbaar leed, dat zijn ongenadige effect blijvend doet voelen in verliescycli die erop volgen. Uit de bevindingen in de tweede bewijsbron kunnen we concluderen dat **het slechte sterker is dan het goede**. Dat het negatieve tegenover het positieve de overhand heeft, is te verklaren door de kritieke gevolgen die negatieve gebeurtenissen kunnen hebben voor iemands veiligheid en voortbestaan.

Hoe kunnen de meeste mensen gelukkig zijn als het slechte in hun leven sterker is dan het goede? Mijn psychologisch model stelt dat dit een levenslang dilemma is waar mensen onafgebroken mee kampen in de vorm van continu actieve interacties tussen systemen die het geluk bevorderen en het scenario van de vijandige wereld. Dat scenario is een voorstelling van reële of potentiële bedreigingen van iemands leven of – ruimer opgevat

– van iemands lichamelijke en geestelijke integriteit. Dat scenario wordt gevoed door denkbeelden over rampen en andere ellende, zoals ongevallen, geweld, natuurrampen, oorlogen, ziekte, de verbreking van nauwe relaties, het verlies van geliefden, ouder worden en de dood. **In ieders hoofd speurt dit beeld van tegenslag naar potentieel ontwrichtende situaties in het leven**, en helpt zo mensen attent te zijn op bedreigingen in hun onophoudelijke strijd om veilig en gezond te blijven.

Beschouwen de meeste benaderingen geluk als een *resultaat*, mijn model ziet het als een *proces*. **De zoektocht naar geluk verloopt via een continue activering van twee belangrijke systemen:** *subjectief welbevinden* (de mate waarin wij tevreden zijn met het leven en het als plezierig beschouwen) en *levenszin* (de mate waarin wij menen een leven te leiden dat strookt met onze waarden en mogelijkheden). Beide systemen temperen het scenario van de vijandige wereld door óf de prominente plek ervan te reguleren ('Ik geniet zo van het leven dat ik zelden stilsta bij nare dingen die me kunnen overkomen') of door de hoofdonderdelen ervan te reconstrueren ('Het leven dat ik leid, heeft zo veel betekenis voor mij dat het elke inspanning waard is om toekomstige uitdagingen het hoofd te bieden'). Toch kan dit scenario soms rare dingen doen. Bij sommige individuen schakelt het zichzelf gewoon uit, wat die mensen aanzet tot volslagen roekeloosheid, alsof ze in een droomwereld verkeren waarin hun niets kan overkomen. Bij anderen neemt het doemscenario dan weer zulke buitensporige proporties aan dat elke kleinigheid het gruwelijke gevoel teweegbrengt dat de wereld één rampzalig oord is. In het licht van die complexiteit heeft onderzoek ons meer inzicht verschaft in mechanismen die maken dat **subjectief welbevinden en levenszin ingrijpen om een extreem actief scenario van de vijandige wereld af te remmen.** In die context kunnen die twee systemen elkaar versterken bij ernstige bedreigingen (in dergelijke omstandigheden bestaat er een krachtiger correlatie tussen beide) of ze kunnen elkaar compenseren (wanneer de ene laag is, eist de ander een krachtiger rol op om schadelijke effecten van tegenslag te temperen).

Alarmsysteem

Een reeks empirische studies schraagt de principes van mijn model. Zeer pertinent zijn studies onder individuen die ongunstige situaties of aanhoudend leed voortdurend het hoofd moeten bieden, zoals getraumatiseerde en hoogbejaarde mensen. Zulke levensomstandigheden maken je scenario van de vijandige wereld uitermate gevoelig voor nare ervaringen en tastbare bedreigingen. Onderzoek bewijst dat de genoemde geluksbevorderende systemen van mensen in die omstandigheden zich vaak zo aanpassen dat ze iemands veerkracht op peil houden door middel van uiteenlopende strategieën zoals emotieregulatie (positieve gevoelens voorrang geven boven negatieve en zo het subjectief welbevinden versterken) of bijstelling van het tijdperspectief (prioriteit aanbrengen in opvattingen over verleden, heden en toekomst, en zodoende de levensbetekenis versterken). Daarom is het ook meestal verkeerd om onderscheid te maken tussen kwetsbare en veerkrachtige mensen binnen 'beproefde' populaties; **kwetsbaarheid en veerkracht bestaan in hetzelfde individu naast elkaar** conform mijn dialectische visie.

Tot slot zij vermeld dat mensen er van nature op ingesteld zijn om op zoek te gaan naar zowel subjectief welbevinden als naar levenszin. Zodoende verschaft geluk, zoals het verschijnt in beide systemen, individuen een gunstige psychologische omgeving die ze in staat stelt normaal en bekwaam te functioneren ondanks de donkere wolk van een vijandigewereldscenario. Hoewel dat scenario de door ons gepercipieerde bedreigingen in een intimiderende en meedogenloze wereld vertegenwoordigt, functioneert het ook als een zich aanpassend alarmsysteem. En dus is de zoektocht naar geluk altijd een dialectische ontmoeting met de ongelukkige kant van het leven.

De sleutels

- → **Geluk omvat twee positieve systemen: 'subjectief welbevinden' en 'levenszin'. Beide systemen creëren een gunstige psychologische omgeving die individuen in staat stelt normaal en bekwaam te functioneren ondanks de donkere wolk van het scenario van de vijandige wereld.**
- → **Tegenover een ernstige bedreiging versterken subjectief welbevinden en levenszin elkaar, maar ze kunnen elkaar ook compenseren. Het vijandigewereldscenario helpt mensen om attent te blijven op dreigingen in de strijd om een veilig en gezond bestaan.**
- → **Het is verkeerd om onderscheid te maken tussen kwetsbare en veerkrachtige mensen.**

Prof. Dov Shmotkin is hoogleraar aan de School of Psychological Sciences en directeur van het Herczeg Institute on Aging, allebei instellingen van de Universiteit van Tel Aviv (Israël). Hij heeft een theoretisch model ontwikkeld dat de rol van geluk in de context van grote tegenslagen betreft. Dit werk is een verbreding van zijn onderzoek naar welbevinden gedurende de hele levensloop en naar de effecten op lange termijn van trauma's (onder meer bij overlevenden van de Holocaust).

'Geluk is geen kijksport.'

Van geluk een gewoonte maken

Succesvolle sporters weten dat ze zich moeten concentreren op winnen, en niet op verliezen. Waarom concentreren mensen die hun geluk willen vergroten zich dan zo vaak op hun ongeluk? **Miriam Akhtar** is een positief psychologe die trainingsprogramma's opstelt om de geluksspieren te ontwikkelen: van geluk een gewoonte maken.

Het voornaamste inzicht dat ik heb opgedaan in mijn coachwerk als positief psychologe is dat als je je welbevinden wilt vergroten, het devies luidt 'What you focus on is what you get'. Je krijgt waarop je je concentreert. Geluk is als een spier die je kunt ontwikkelen en die groeit als je je aandacht erop richt. Sinds de eerste uitgave van *Geluk – The World Book of Happiness* is dit door tal van neurowetenschappelijke bevindingen bevestigd. De hersenen ontwikkelen zich als gevolg van ervaring en oefening. Neuronen die tegelijkertijd vuren, gaan verbindingen met elkaar aan.

Zaken waarvan wetenschappelijk bewezen is dat ze het geluk vergroten, zijn positieve ervaringen koesteren, dankbaarheid uiten, je sterke eigenschappen inzetten, relaties cultiveren en optimisme aanleren. Wat belangrijker is: deze praktijken helpen niet alleen je welbevinden te vergroten, maar ze kunnen je ook helpen je welbevinden te herstellen. De verwachting is dat depressiviteit in deze eeuw wereldwijd de belangrijkste ziekteoorzaak zal worden. **Deze wetenschappelijk gefundeerde praktijken zijn natuurlijke anti-depressiva die mensen kunnen helpen zich beter te voelen en beter te functioneren.**

Oefening

De praktijken van de positieve psychologie fungeren een beetje als fysiotherapie voor de geest. 'Geluk is geen kijksport', is het motto van een van de stamvaders van de positieve psychologie, Chris Peterson. Als je je geluksniveau wilt verhogen, is het niet voldoende om over geluk te lezen of het te bestuderen. Je moet verder gaan dan je intellectuele nieuwsgierigheid bevredigen. Je moet je plekje op de tribune verlaten en het speelveld betreden. **Door oefening ontwikkel je de neurale paden en maak je van geluk een gewoonte.** Dit geldt zowel in de moderne wetenschap als in de oude spiritualiteit. Het blijkt dat boeddhistische monniken die dagelijks aan mindfulnessmeditatie doen, meer activatie vertonen in de linker frontale cortex van de hersenen, die de positieve emoties beheerst. Dus hoe meer je aan mindfulness doet, hoe meer je je vermogen tot positieve emoties als vreugde, kalmte en sereniteit traint.

'Geluk is geen kant-en-klaar product, het komt voort uit je eigen handelingen', zegt de dalai lama. Ook hij onderstreept het belang van oefening. Hij is de beschermheer van Action for Happiness, de wereldwijde beweging voor positieve sociale verandering.

Lichaam en ziel

Je kunt de geest trainen gelukkig te zijn, maar geluk bestaat niet alleen in de geest. Gelukstraining is holistisch – zowel voor het lichaam als voor de ziel. Het voedsel dat je eet, is van invloed op je stemming, evenals je lichamelijke activiteit. Als je gedeprimeerd en ongemotiveerd bent, probeer dan iets fysieks te doen. Het vrijkomen van endorfine leidt onmiddellijk tot een betere stemming zonder dat je aan geestelijke gymnastiek hoeft te doen. 'Groene lichaamsbeweging' is een lichamelijke activiteit in een natuurlijke omgeving. Al na een paar minuutjes wandelen in het park begin je bijvoorbeeld positieve emoties aan te maken. Spiritualiteit is ook belangrijk. Daarbij gaat het niet alleen over de vraag of je een geloof aanhangt of bepaalde spirituele oefeningen doet. Als je het gevoel hebt dat het leven zin en betekenis heeft en als je een verbinding ervaart met iets wat groter is dan het zelf, is dat een vorm van eudaimonisch welbevinden, een dieper soort geluk. Deze vorm van welbevinden wijkt af van het hedonistisch welbevinden, het andere type authentiek geluk dat uit positieve emoties en levenstevredenheid bestaat. Eudaimonisch welbevinden kent namelijk geen ingebouwde limiet. Je raakt nooit zo gewend aan deze vorm van geluk dat hij niet meer werkt. Eudaimonisch welbevinden is een pad naar duurzaam geluk.

Als ik mensen coach, merk ik vaak dat ze zich sterk concentreren op wat hen ongelukkig maakt. Bij veel vormen van therapie wil men graag uitgebreid de bron van het ongeluk onderzoeken. Een coachingsessie in de positieve psychologie zal daarentegen praktijken en oefeningen beschrijven en aanreiken die een cliënt helpen psychologisch welbevinden te scheppen.

De sleutels

- → **Geluk is als een spier die je kunt ontwikkelen en die groeit als je je aandacht erop richt.**
- → **Geluk is een holistisch streven, niet alleen voor de geest maar ook voor lichaam en ziel.**
- → **De wetenschappelijk gefundeerde praktijken van de positieve psychologie vergroten niet alleen je welbevinden, maar kunnen je ook helpen je welbevinden te herstellen.**

Miriam Akhtar MSc is een positief psychologe, coach, trainster en spreekster uit Bristol (Verenigd Koninkrijk). Ze is gespecialiseerd in positief-psychologische interventies en heeft een boek geschreven over het nut van positieve psychologie bij depressiviteit. Ze is afgestudeerd in de toegepaste positieve psychologie (MAPP) en was een van de eerste positief psychologen die in Europa aan het werk gingen. Ze is nu gastdocent bij MAPP-programma's in het Verenigd Koninkrijk en bij het Executive MAPP aan de Universiteit van Lissabon.

'Begin met een goede oven.'

Het recept

'Er bestaat geen recept voor geluk', menen de sceptici. 'Wat zou jij in de pan kieperen?' Het recept van **Dubravka Miljkovic en Majda Rijavec** komt echter aardig dicht in de buurt. Zij hebben ontdekt wat de basisingrediënten zijn en welke de smaakmakers. De verhouding hangt af van de individuele smaak. Het belangrijkste is echter dat je niet mag wachten tot je een groot feest geeft om dit recept uit te proberen. Het is een recept voor een alledaagse portie geluk, elke dag opnieuw.

Zes essentiële en vijf optionele ingrediënten

Wat je nodig hebt is een goede oven, eentje die al lang familiebezit is, een beetje kookkunst, de juiste baktemperatuur en genoeg tijd.

Zes basisingrediënten: enkele goede, betrouwbare vrienden (en indien mogelijk één slechte zodat je je bewust bent van het verschil). Een stabiele liefdesrelatie (eentje tegelijk). Professionele uitdagingen die afgestemd zijn op jouw vaardigheden. Voldoende geld om je basisbehoeften te bevredigen (en af en toe ook wat niet-basisbehoeften). Per dag minstens drie positieve dingen. Dankbaarheid omdat je dat allemaal hebt.

Vijf optionele ingrediënten: een of meer kinderen (met nog wat extra dankbaarheid). (Meestal) een god en vele heiligen. Enkele extra jaren onderwijs. In goede fysieke en (min of meer) goede psychische gezondheid verkeren. Enkele teleurstellingen.

Meng alles met rauwe betekenis. Dien op met meer positieve dan negatieve emoties. Maak je zorgen, maar wees gelukkig(er). Houd nooit op met nieuwsgierig te zijn, nieuwe dingen te leren en te groeien als persoon.

De sleutels

- → **Je eigen geschiedenis, talenten en vaardigheden zijn fundamenteel.**
- → **Maak een persoonlijke mix van basisingrediënten en enkele optionele ingrediënten.**
- → **De positieve saus brengt alles op smaak.**

Dubravka Miljkovic en Majda Rijavec schreven succesvolle boeken over ambities en levensvoldoening. Ze leiden leerkrachten op en hebben een programma positieve psychologie voor middelbare scholen ontwikkeld. Als hoogleraren psychologie in Zagreb (Kroatië) werken ze vaak samen. 'Geluk? Zoek uit waar je goed in bent en gebruik je talent. Wijzelf zijn goed in schrijven en lesgeven en we zijn op ons best als we het samen doen. Delen is een vitaal bestanddeel van geluk en we genieten er met volle teugen van.'

'Welk type hoop hebben we het hardste nodig als we het stuur niet meer zelf in de hand hebben?'

Hoop verspreiden

Steeds meer landen meten niet alleen traditionele parameters zoals bezorgdheid en angst, maar ook de mate van hoop die onder de bevolking leeft. Dr. **Andres M. Krafft** behoort tot de toonaangevende onderzoekers die accurate hoopbarometers ontwikkelen. Niet alleen voor academische doeleinden, maar ook om hoop te propageren in de brede samenleving. Welke variant van hoop levert de beste resultaten op: 'cognitieve hoop', 'gepercipieerde hoop' of onversneden optimisme?

Al dertig jaar organiseren twee belangrijke financiële instellingen in Zwitserland jaarlijks een enquête in het kader van de 'bezorgdheids- en angstbarometer'. Daarbij wordt de Zwitserse bevolking gevraagd naar haar grootste punten van bezorgdheid (bv. werkloosheid, pensioenvoorzieningen, gezondheidszorg, veiligheid) en ook hoeveel (of hoe weinig) vertrouwen ze hebben in degenen die verantwoordelijk zijn voor politieke, zakelijke en maatschappelijke beslissingen. Interessant genoeg staat Zwitserland al vele jaren op de vierde plaats van de internationale Index van Levenskwaliteit. Dat doet vermoeden dat er iets moet zijn dat groter en voornamer is dan de bezorgdheid van de mensen.

In samenwerking met de grootste Zwitserse krant houdt Swissfuture sinds 2009 jaarlijks een landelijk onderzoek om bij wijze van alternatief voor de traditionele kommer-en kwelbarometers hoop en een aantal andere positieve waarden te meten. Ons doel was een nieuwe hoopbarometer te ontwikkelen, niet alleen uit academische overwegingen, maar ook om hoop te 'zaaien' in de hele samenleving. In 2012 hebben we het onderzoek uitgebreid naar Duitsland en het jaar daarop naar Tsjechië. Jaarlijks nemen meer dan tienduizend mensen deel aan de enquête. De uitkomsten worden elk jaar rond Kerst en Nieuwjaar gepubliceerd met de bedoeling tijdens die hoopvolle feestdagen 'goed nieuws' te presenteren.

Drie concepten

Ons onderzoek levert allerlei interessante inzichten op, maar toont vooral aan dat hoop in twee verschillende basisvarianten lijkt te bestaan. De eerste hoopvariant houdt verband met een cognitieve invulling van het begrip hoop. Deze 'cognitieve hoop' is geworteld in het vertrouwen in individuele vaardigheden, in eigen kracht en in eigen routes om onze doelen te realiseren. De tweede variant betreft een ruimere betekenis van het begrip hoop. We zeggen bijvoorbeeld vaak: 'Ook al… toch ben ik hoopvol gestemd.' Daaruit blijkt dat hoop ook een gevoel of perceptie kan zijn, een elementair vertrouwen in een positieve afloop, ondanks bepaalde negatieve feiten. Natuurlijk zou je dat type hoop ook kunnen definiëren als optimisme.

Ons onderzoek toont aan dat die drie concepten – cognitieve hoop, gepercipieerde hoop en optimisme – weliswaar verband met elkaar houden, maar onderling toch duidelijk verschillen, in het bijzonder wat betreft de bronnen, gedragingen en resultaten die de drie vormen typeren. Zo is cognitieve hoop gekoppeld aan specifieke externe doelen zoals succes op school of op het werk. Daarbij wordt cognitieve hoop gevoed door persoonlijke triomfen in het verleden en door het vertrouwen in eigen kunnen. **Het ruimere hoopgevoel kan daarentegen worden gefocust op zowel specifieke persoonlijke doelen als zaken die wij niet (of maar ten dele) zelf in de hand hebben.**

Diepe betekenis

Maar in hoeverre verschilt dat van 'gewoon' optimisme? Uit onze ondervraging van mensen die een traumatische ervaring achter de rug hadden, bleek dat negatieve resultaten, zoals een verminderd zelfvertrouwen en minder vertrouwen in anderen, duidelijker in verband zijn te brengen met een gebrek aan optimisme en gepercipieerde hoop, dan met een gebrek aan persoonlijke bekwaamheid. Wat betreft positieve resultaten, zoals persoonlijke groei en grotere verdraagzaamheid, gaf ons onderzoek te zien dat persoonlijke bekwaamheid nauwelijks van belang was en optimisme helemáál niet; de krachtigste relatie was duidelijk gelegen in het bredere hoopgevoel. Dat betekent dat hoopvol gestemd zijn, in de ruimere zin van het woord, ons een fundamenteel vertrouwen in positieve uitkomsten bezorgt, vooral in moeilijke situaties en wanneer we het stuur zelf niet meer in de hand hebben.

We stelden ook vast dat **de bronnen van het diepere hoopgevoel voornamelijk te herleiden zijn tot het geloof en het vertrouwen in iets dat groter is dan wijzelf, en ook tot de steun van mensen die we liefhebben en vertrouwen.** Dit soort hoop is krachtiger gekoppeld aan zelftranscendente standpunten en verlangens – zoals het besef zinvol bezig te zijn, andere mensen helpen, zich verheugen in goede en betrouwbare relaties en de beleving van waardevolle momenten van godsdienstige of spirituele aard. Ter vergelijking: het soort hoop dat gebaseerd is op het vertrouwen in eigen kunnen, is eerder gekoppeld aan egocentrische aspecten zoals persoonlijke onafhankelijkheid en zelfbeschikking. Opvallend genoeg leerde een analyse van de demografische data dat iemands burgerlijke staat de krachtigste voorspeller is van hogere of lagere niveaus van gepercipieerde hoop. Gehuwde mensen gaven een grotere mate van hoop te zien dan alleenstaanden en zelfs ongehuwde stellen. De mate van cognitieve zelfredzaamheid wordt daarentegen sterk beïnvloed door iemands professionele positie op de carrièreladder.

Zelfvertrouwen

De resultaten van onze enquête tonen aan dat maar weinig mensen vertrouwen op zelftranscendente bronnen van hoop. Dat correspondeert met de geringe mate van godsdienstige of spirituele overtuigingen en met het slinkend aantal leden van religieuze instellingen in de hedendaagse samenleving. **De meeste mensen prefereren een eigen analyse van situaties en maken zich liever sterk voor concrete activiteiten om persoonlijke doelen te realiseren**; slechts weinigen kiezen ervoor te mediteren, te bidden, naar de kerk te gaan of gewoon op God te vertrouwen. Interessant genoeg was er bij mensen die verklaarden een vrij krachtige religieuze of spirituele overtuiging te koesteren, ook sprake van een sterkere mate van gepercipieerde hoop. Het positieve gevolg was dat als mensen werd gevraagd of ze optimistisch of pessimistisch gestemd waren over hun persoonlijke leven in het nieuwe jaar, 'in ruime zin hoopvolle' mensen positievere verwachtingen hadden van het nieuwe jaar dan degenen die 'slechts' vertrouwden in hun eigen persoonlijke bekwaamheid. Hetzelfde was het geval wanneer ze antwoordden op vragen over economische, politieke, sociale en ecologische vooruitzichten.

Hoewel hoop uiteenlopende bronnen en doelen kent, stellen we vast dat deze verschillende soorten hoop elkaar toch aanvullen en versterken Als het gaat om de tevredenheid met het leven, dan wordt de hoogste score genoteerd wanneer beide soorten hoop samenkomen – dus hoop op basis van persoonlijke vaardigheden en hoop in de zin van vertrouwen in transcendente sferen. Hetzelfde geldt voor positieve emoties, maar dan omgekeerd. Mensen met een brede, zelftranscendente hoop verkeren in een positievere stemming en dat wordt nog versterkt door het vertrouwen in eigen kracht.

Onze conclusie, vanuit een psychologisch standpunt tenminste, is dat **het goed is om onafhankelijk te zijn en te geloven in de eigen vaardigheden en mogelijkheden, maar het is ook positief om te geloven in iets dat groter is dan wijzelf** en dat ons vervult van een diepere zekerheid dat dingen zich gunstig zullen ontwikkelen, ook al is dat op het eerste gezicht niet het geval. Het is in veel gevallen aantoonbaar dat mensen die geloven in een goedaardige, zorgzame en liefhebbende Hogere Macht ook een solide en gezond zelfvertrouwen kunnen ontwikkelen.

De sleutels

- → **De drie concepten – cognitieve hoop, gepercipieerde hoop en optimisme – houden weliswaar verband met elkaar, maar verschillen onderling toch duidelijk, in het bijzonder wat betreft de bronnen, gedragingen en resultaten die de drie vormen typeren.**
- → **Hoopvol gestemd zijn, in de ruimere zin van het woord, bezorgt ons een fundamenteel vertrouwen in positieve uitkomsten, vooral in moeilijke situaties.**
- → **We zien dat de verschillende soorten hoop elkaar aanvullen en versterken. Als het gaat om de tevredenheid met het leven, dan wordt de hoogste score genoteerd wanneer beide soorten hoop samenkomen – dus hoop op basis van persoonlijke vaardigheden en hoop in de zin van vertrouwen in transcendente sferen.**

Dr. Andreas M. Krafft is onderzoeker en docent aan het Institute for Systemic Management and Public Governance van de Universiteit van Sankt-Gallen (Zwitserland). Ook zetelt hij in de bestuursraad van Swissfuture, de Zwitserse vereniging voor toekomstonderzoek en strategische planning. Hij legt zich verder toe op vrijwilligerswerk via een stichting die mensen met een chronische, ongeneeslijke of terminale ziekte bijstaat, in het bijzonder in Latijns-Amerika.

'Verdriet kan ons helpen groeien, maar kan ons ook te gronde richten.'

Het vermogen om te lijden

'Je zou kunnen zeggen dat een van de sleutels tot geluk het vermogen is om te lijden – dat je beseft dat geluk grenzen kent en dat ook verdriet een plaats heeft in het leven', zegt **Pedro Tabensky**. Hij werd geboren in Chili als zoon van een Hongaarse moeder die de Holocaust overleefde en van een in China geboren Poolse vader. 'Ik ben inmiddels neergestreken in Zuid-Afrika – een merkwaardig land dat even inspirerend als angstaanjagend is. Of ik hier gelukkig ben? Mmm… ja en nee.'

Gedurende een flink stuk van mijn leven heb ik een nomadisch bestaan geleid. Ik heb in Chili beeldende kunsten gestudeerd en wijsbegeerte in Australië. Geluk is een heel complex concept, iets waarop geen simpele formules van toepassing zijn en iets wat ook niet los kan worden gezien van leed. Maar ik ben over het algemeen best vrolijk, hoor.

Een van de hevigste vormen van verdriet is verdriet om ons verdriet. Je hebt het dan over leed van een tweede orde, droefenis die is gegroeid uit ontgoocheling, uit het gevoel dat lijden voor niets is, dat er geen bedoeling achter schuilt, dat het gewoon triest is en daarmee basta. Kortom, dat lijden zinloos is. Ontgoocheling kan vele vormen aannemen en allerlei gronden hebben, maar er is er hier maar één relevant: **ontgoocheling omdat een onmogelijk geluk niet is gerealiseerd**, dat wil zeggen een geluk dat niet weggelegd is voor schepselen als wij (wat misschien maar goed is ook).

Leed en verdriet zijn onuitroeibaar en daarom kunnen we er maar beter mee leren leven dan krampachtig hopen op het onmogelijke. We moeten wel voorkomen dat we ons erdoor laten meeslepen en dat betekent dat we ons moeten inspannen om er iets goeds mee te doen, al kunnen we niet al het leed een positieve wending geven. Verdriet kan ons helpen groeien, maar kan ons ook te gronde richten. En meer in het algemeen **zijn tragische wendingen van het lot nooit uit te sluiten**. Ondanks alles is dit gevaar, die onvoorspelbaarheid die veel te vaak tot droefenis leidt, een essentiële factor, een bepalend element dat ons leven interessant en de moeite waard maakt (ik beschouw de kwalificatie 'de moeite waard' als een basisvoorwaarde voor het geluk dat we onszelf toewensen). Dat we niet weten wat de toekomst voor ons in petto heeft, maakt ons alert, verwachtingsvol en maakt idealiter dat we ons creatief aanpassen. Maar hoe hard we ook proberen, wat de toekomst zal brengen, hebben we niet – of niet helemaal – in de hand. Dat motiveert ons om door te zetten, om te werken zonder de garantie van een betere toekomst. Maar al die creatieve onvoorspelbaarheid gaat gepaard met de zeer reële (en dus niet zuiver academische) mogelijkheid dat er verdriet bij komt kijken.

Een elementaire fout van degenen die onmogelijke opvattingen over geluk huldigen is dat ze niet inzien dat goede zaken die leiden tot geluk een systeem vormen waarin te veel van één goede zaak kan leiden tot een verstoring van het evenwicht in de toch al wankele architectuur van het geheel. Bovendien, wat scherper en in de lijn van Nietzsche gesteld: **een gelukkig en blij leven kan niet alleen uit goede zaken bestaan, aangezien een aantal slechte dingen de prijs zijn die je moet betalen voor bepaalde goede elementen** die nodig zijn om te komen tot het type vreugdevol bestaan dat we 'de moeite waard' vinden. Zo is sterfelijkheid, waarschijnlijk de meest onwelkome van de slechte zaken, te beschouwen als een van de elementaire ordenende beginselen van het menselijk leven, een noodzakelijke vereiste om het menselijk leven optimaal te kunnen beleven. En als we goed omgaan met angst – die slechte raadgever maar kolossale inspiratiebron – dan stimuleert die ons om creatief door te zetten. Zonder angst zou het gevoel dat dingen beter zouden kunnen zijn dan ze nu zijn – hoop dus – niet kunnen bestaan, of in elk geval zou de vitale en positieve werking ervan in ons leven danig verschralen.

Wie het onmogelijke verlangt, stevent af op een nederlaag. Dergelijke mislukkingen zijn inderdaad nederlagen, omdat ze voorbijgaan aan de grenzen die het menselijk bestaan afbakenen, terwijl juist die grenzen uiteindelijk definiëren wat de bestanddelen van geluk zijn. Te veel van iets wat geldt als goed kan juist slecht zijn, zoals **te veel water kan leiden tot rottende wortels en te veel zonlicht een plant kan doen verdorren**. Hoewel ik niet meer achter de hoofdlijnen van de filosofie van Aristoteles kan staan, gebruik ik toch met opzet een aan hem ontleende botanische metafoor. Ik ben het namelijk wél eens met

Aristoteles dat een gelukkig leven een florerend leven is, een leven dat bloeit. En ja, te veel positieve gevoelens kunnen 'verrotting' veroorzaken, kunnen ertoe leiden dat we zelfgenoegzaam, saai, middelmatig, in alle opzichten miserabel worden, en om die reden ongelukkig – hoe rijkelijk voorzien van pleziertjes ook. En ook dat schraagt het standpunt dat geluk op maat van de mens moet worden gesneden.

Als we proberen te bedenken wat ons gelukkig zou kunnen maken, hebben we meestal allerlei goede zaken voor ogen die losstaan van elkaar. Om maar eens een notie uit de economie te gebruiken denken we anderzijds zelden aan de 'externaliteiten', aan de concrete prijs die we moeten neertellen voor het ene of het andere goed, aan de offers die we zullen moeten brengen om een naar verluidt geluksbevorderend goed te verwerven. Met andere woorden, we staan niet stil bij wat we dreigen te verliezen als we ooit dit of dat goed – in deze of gene hoeveelheid – in ons bezit zouden krijgen dat op het eerste gezicht ons geluk belooft te vergroten. Als we niet oppassen, **beschouwen we goede zaken als dingen die ons voor (bijna) niets in de schoot vallen**, en dat is de fundamentele fout die leidt tot het perfectionisme dat ons steevast de moed doet verliezen en tot ontgoocheling leidt. En dat is, denk ik te mogen stellen, waarschijnlijk ook meteen een van Aristoteles' centrale misvattingen.

De sleutels

- **Leed is onuitroeibaar en daarom kunnen we er maar beter mee leren leven dan krampachtig hopen op het onmogelijke. We moeten wel voorkomen dat we ons erdoor laten meeslepen.**
- **Goede zaken die leiden tot geluk vormen een systeem. Een gelukkig leven kan niet alleen uit goede zaken bestaan; een aantal slechte dingen zijn de prijs die je moet betalen.**
- **Een gelukkig leven is een florerend leven. Het moet op maat van de mens worden gesneden. Te veel van iets wat geldt als goed kan juist slecht zijn, zoals te veel water kan leiden tot rottende wortels en te veel zonlicht een plant kan doen verdorren.**

Pedro Tabensky is directeur van het Allan Gray Centre for Leadership Ethics, een onderdeel van de afdeling Wijsbegeerte van de Rhodes University (Zuid-Afrika).

'Het is alsof mijn hart weer één groot geheel wordt.'

Kinderen: mindful en gelukkiger

Sinds 2011 onderzoeken en ontdekken **Karen Ager** en **Nicole Albrecht** hoe kinderen staan tegenover het leren van mindfulness op school. 'De afgelopen jaren hebben we veel dingen geleerd die onze opvatting bevestigen dat kinderen echt verbluffend zijn. Kinderen zijn het gelukkigst als ze zich volledig bewust zijn van hun omgeving, als ze volledig in beslag genomen worden door wat ze doen en als ze zich bemind en begrepen voelen.'

Een van de eerste dingen die we ondervonden was hoeveel plezier kinderen beleven aan het leren over en beoefenen van mindfulness. Die leerlingen slagen erin rust te vinden in een drukke omgeving, ze worden in beslag genomen door wat ze doen en lijken te stralen van blijdschap, liefde en geluk wanneer ze de tijd nemen om *mindful* te zijn. Het beoefenen van mindfulness maakt kinderen extra bewust van hun geluk en van positieve emoties die ze ervaren. De dagelijkse ademhalingsoefeningen ontlokten een kleuter de uitspraak: 'Het was alsof mijn hart in twee stukken was gebroken. Maar als ik hier kom, denk ik aan lieve en leuke dingen en dan is het alsof mijn hart weer één groot, heel ding wordt.'

'Ik hou van je'

Door goed te luisteren naar wat de kinderen zeiden, ontdekten we dat mindfulness weerklinkt in hun ziel. De beoefening ervan versterkt de aansluiting met hun innerlijke zelf, hun vriendjes, broers en zussen, ouders, docenten en de gemeenschap als geheel. Ze zijn

ook in staat wat ze hebben geleerd door te geven aan hun ouders. **Kinderen worden de docenten van hun ouders:** ze leren hun ouders om te leven, om te zijn, om elk moment te koesteren, in plaats van multitaskend voort te jakkeren.

We hebben geconstateerd dat familie en vrienden een reusachtig onderdeel van het geluk van een kind uitmaken. Kinderen schreven over gelukkige gevoelens wanneer ze een knuffel hadden gekregen en ze verlangen ernaar uiting te geven aan hun eigen liefde om tegen hun ouders dingen te zeggen als 'Ik hou van jullie'. Vertrouwen, liefde en connectie gecultiveerd door een 'achtzame' manier van zijn maken bij hen de gelukservaring veel breder. Kinderen lijken het gelukkigst te zijn wanneer ze zich scherp bewust van alles zijn, volledig in beslag worden genomen en zich bemind en begrepen voelen.

Vredig

Toen we onderzochten hoe kinderen tegenover het aanleren van mindfulness staan, ontdekten we dat zelfverwezenlijking deel uitmaakt van het geluk van kinderen. Zodra ze zich via mindfulness bewuster zijn van hun omgeving en hun ademhaling weten te gebruiken als anker, hebben kinderen het gevoel meer zeggenschap te hebben over hun denken, hun aandacht en hun emotionele reacties. Sommige kleintjes beginnen zelfs extra zorgvuldig hun woorden te kiezen, zijn verdraagzamer en beheersen hun stress en woede beter.

Een 'mindful' kind is een gelukkiger kind. Als kinderen een medelevend hart leren koesteren – door vriendelijke gebaren, door complimentjes te geven en dankbaarheid te tonen – voelen ze zich gelukkiger en vrediger. Kinderen aanmoedigen om het leven bewust te beleven via mindfulness versterkt bij hen het besef van hun eigen geluk en maakt hen blij.

De sleutels

- → **Het beoefenen van mindfulness maakt kinderen extra bewust van hun geluk en van positieve emoties.**
- → **Kinderen lijken het gelukkigst te zijn wanneer ze zich scherp bewust zijn van alles, als ze volledig in beslag worden genomen en zich bemind en begrepen voelen.**
- → **Als kinderen een medelevend hart leren koesteren – door vriendelijke gebaren, door complimentjes te geven en dankbaarheid te tonen – voelen ze zich gelukkiger en vrediger.**

Blauwdruk voor een mindful en gelukkiger kind

Inzoomen op onze zintuigen en op het type emotionele aansluiting dat we hebben met onszelf, met anderen en met onze omgeving kan leiden tot een verhoogd gevoel van blijdschap en geluk.

→ Luister naar je kind – luister écht.
→ Gun stilte de ruimte – kinderen de tijd geven om na te denken en te spreken versterkt hun zelfvertrouwen.
→ Let op dingen waar je kind blij van wordt.
→ Moedig kinderen aan om specifieke, haalbare doelen te stellen en vier het bereiken daarvan.
→ Let op de mate van stress bij je kind – kijk hoe hun lichaam reageert.
→ Doe het zelf wat rustiger aan – laat het multitasken van tijd tot tijd varen.
→ Wees volledig aanwezig – één en al oor.
→ Multimediatoestellen kunnen de flow verstoren; kinderen merken en voelen dat.
→ Complimenteer je kind met iets wat specifiek goed ging.
→ Speel met je kind en wees vrolijk.
→ Geef kinderen ruimte voor eigen keuzes zodat ze voelen dat ze zeggenschap hebben.
→ Moedig activiteiten aan waar ze dol op zijn en ga mee op in hun flow.
→ Inspireer je kind om mindful in het leven te staan – achtzaam op lopen, eten, ademen, de omgeving, relaties, leren.
→ Stel liever vragen die beginnen met 'Hoe zou het komen dat' dan met 'Waarom'.
→ Spreek de universele taal van de liefde.

Karen Ager behaalde een masterdiploma Wellness aan de RMIT University in Australië. Ze was medewinnaar van de Health Science Award in 2014 en maakt deel uit van de staf van de United Nations International School (UNIS) in New York. Daarnaast is ze wellnesscoach en lid van de Golden Key Honors Society. Karen boekt successen met het integreren van mindfulnessactiviteiten in het klaslokaal, waarvoor ze samen met een collega bij de UNIS in 2014 de prestigieuze CTAUN Best Practices Award won. Karen heeft tal van publicaties op haar naam staan, waaronder de inspirerende autobiografie, waarin ze beschrijft hoe ze ondanks een chronische auto-immuunziekte het geluk bereikte.

Nicole Jacqueline Albrecht mediteert al sinds haar kinderjaren. Ze doceert en verricht onderzoek aan de RMIT University, de grootste universiteit van Australië, en heeft onlangs aan de Flinders University haar proefschrift over mindfulness in het onderwijs verdedigd. Nicole treedt op als adviseur voor verschillende projecten in Australië en Nieuw-Zeeland bij openbare en confessionele scholen en instellingen voor buitengewoon onderwijs.

'Op lange termijn overleven alleen gelukkige samenlevingen.'

Leren gelukkig te zijn

'De nieuwe, experimenteel getoetste sociale maatregelen ter bevordering van het geluk beginnen hun vruchten af te werpen in het onderwijs, de economie, gezondheidszorg, huisvesting, kerken en sportclubs', zegt **Ernst Gehmacher**. Er zijn goede en slechte vormen van geluk. Maar leren we de goede wel vanzelf?

Fit, friends & fun

Mijn werk als sociaalwetenschappelijk onderzoeker naar geluk heeft me de voorbije veertig jaar twee fundamentele natuurwetten bijgebracht:

→ **Op de lange termijn overleven alleen gelukkige samenlevingen: zij zijn de winnaars van de culturele evolutie.** Menselijk geluk is in het verleden de cruciale toetssteen gebleken voor het succes van beschavingen, culturen, gemeenschappen en economieën. Menselijk geluk was en is immers het criterium voor de sociale cohesie in elke sociale eenheid, van het gezin tot de mensheid als geheel.

→ **Vooruitgang stoelt op kennis, kennis op objectieve waarnemingen, objectieve waarnemingen op metingen.** We kunnen de atomen en het heelal meten, de activiteit van onze hersenneuronen, de economische cycli van vraag en aanbod, maar er is geen algemeen aanvaard meetstelsel voor geluk. Een echt functionerende objectieve maatstaf voor het 'bruto nationaal geluk' is dringend nodig als we een nieuwe wereldorde willen en catastrofes willen vermijden.

Maar geluk wordt je niet in de schoot geworpen. Er zijn goede, blijvende vormen van 'duurzaam' geluk: plezier beleven aan iets wat je doet, liefde en vriendschap, gezondheid en fitheid bevorderen, vrienden maken, de wereld verbeteren. En er zijn slechte vormen van 'verslavend' geluk: drugs en verslavingen, het najagen van succes en status, saaie ontspanning en je terugtrekken op jezelf. Op lange termijn zijn die funest voor jezelf, het milieu en de maatschappij. De goede vormen moet je leren en trainen. Mensen zijn gemakkelijk te verleiden tot de slechte vormen wanneer ze ongelukkig of gestrest zijn. Duurzaam geluk is echter niet alleen goed voor vrienden, buren, de maatschappij en zelfs de mensheid, maar is ook het beste voor jezelf. **Geluk is fundamenteel democratisch**: niemand kan gelukkig zijn zonder persoonlijk engagement, maar geen enkel persoonlijk engagement kan je gelukkig maken zonder de hulp van anderen.

Onderzoek naar geluk levert een duidelijke boodschap op: geluk is gegeven en neemt toe met de jaren als drie fundamentele voorwaarden vervuld zijn: fit, friends & fun.

- **Fit? Blijf fit en verzorg jezelf.** Chronische ziektes treffen meer dan 80 % van de vijftigplussers met een eenzame en ongezonde levensstijl. Voor vijftigplussers met een goed 'sociaal kapitaal' (sociaal leven), die plezier bleven aan hun werk of actief een hobby beoefenen, bedraagt dat percentage 5 %.
- **Friends?** Je maakt de meeste kans op 'sociaal' geluk wanneer je minstens vier maar maximaal twaalf hechte vriendschaps- of familierelaties hebt waarin 'volledig vertrouwen' en 'betrouwbare hulp' mogelijk zijn. Sociaal gelukkige mensen hebben ook minstens vijftien (hierop staat geen maximum) goede bekenden met wie ze vriendschappelijk omgaan en samenwerken, en voelen een sterke binding met een groter sociaal geheel (het criterium van 'optimaal sociaal kapitaal').
- **Fun?** Rijkdom (de som van inkomen en bezittingen) maakt de armen gelukkiger, de superrijken ongelukkiger. Een toename van de rijkdom (successen, winst, carrière, loonsverhoging, economische groei) verhoogt gedurende korte tijd het geluk, maar dat gevoel is niet blijvend. Grote ongelijkheid in de verdeling van de rijkdom wakkert agressie en ongeluk voor iedereen aan. **Mik op de goede en duurzame vormen van geluk.**

Geluk moet je leren. Geluk kan zelfs op school worden aangeleerd. De eerste experimenten met 'lessen in geluk' op de middelbare school hebben hun doeltreffendheid onomstotelijk bewezen.

De sleutels

- **Vergeet slecht, verslavend geluk en kies voor de goede, duurzame vormen.**
- **Je geluk neemt toe als je let op drie fundamentele factoren: fit, friends & fun.**
- **Geluk kun en moet je leren. Laten we dus meteen beginnen les te geven in geluk!**

'Bijdragen aan *Geluk. The World Book of Happiness* is bijdragen tot mijn eigen geluk', zegt prof. **Ernst Gehmacher** van de Club van Rome en BoaS (Büro für die Organisation angewandter Sozialforschung, bureau voor de organisatie van toegepast sociaal onderzoek) in Wenen (Oostenrijk). Hij is tevens actief in de OESO. Het OESO-programma Measuring Social Capital stimuleert onderzoek naar geluk als een eerste stap om een wereldwijd beleidsinstrument te creëren voor de *'pursuit of happiness'* (het streven naar geluk).

De Gouden Geluksdriehoek

'De mate van stabiliteit van stemmingsgeluk is verbluffend', zegt prof. **Robert A. Cummins**. Hij is een internationale autoriteit op het vlak van onderzoek naar levenskwaliteit of QOL (Quality of Life studies). Om depressie te vermijden kunnen we onze homeostatische veerkracht vergroten door gebruik te maken van de hulpbronnen van de Gouden Geluksdriehoek.

In de gedragswetenschappen is geluk tegenwoordig een heel gewoon onderzoeksthema. Dat is ooit anders geweest. Omdat geluk in het verleden gold als een geheimzinnige en efemere gemoedstoestand, achtte men het niet waardig voor nadere wetenschappelijke beschouwing. Maar in de loop van de jongste decennia hebben onderzoekers geluk ontdaan van zijn mysterieuze sluier en laten zien dat geluk een gewone gemoedstoestand is die kan worden bestudeerd en begrepen. Dat maakt geluk extra interessant. Alvorens het concept uitvoeriger te beschrijven, is het goed te vermelden dat geluk, zoals in zoveel Engelse woorden, een lastige term is, omdat het meer dan één betekenis heeft. Voor de meeste mensen verwijst geluk naar een kortstondige emotie teweeggebracht door een leuke of fijne ervaring. Denk aan een fris biertje op een warme zomerdag of aan een moment van verdiende rust na een knap staaltje werk. De belangstelling van onderzoekers focust echter vooral op *mood happiness*, stemmingsgeluk, en dat is een heel andere gemoedstoestand, een ander 'affect' zoals psychologen zeggen.

Terwijl emoties kortstondig van aard zijn, zijn stemmingen stabieler. Stemmingsgeluk staat voor een diepe gevoelstoestand die constant aanwezig is, al verliezen we soms het contact ermee. Het is het hoofdbestanddeel van wat onderzoekers gewoonlijk 'subjectief welbevinden' noemen en het vertoont enkele heel interessante kenmerken.
Het belangrijkste kenmerk van stemmingsgeluk is misschien wel dat het positief is. Om die reden hebben mensen doorgaans een positief gevoel over zichzelf. Daar komt bij dat die positieve gevoelens zo stabiel zijn dat het heeft geleid tot het idee dat het gelukspeil van een individu een genetisch bepaalde standaardwaarde kent. En inderdaad, het bestaan van dergelijke 'ijkpunten' is op betrouwbare wijze bevestigd.

Stemmingsgeluk is verbluffend stabiel. Op basis van de Australian Unity Well-being Index is aangetoond dat in de loop van vijftien jaar het gemiddelde niveau van iemands stemmingsgeluk in Australië een variatie te zien geeft van slechts drie procentpunten. Die resultaten zijn verkregen uit 32 enquêtes. Wat ligt er ten grondslag aan die stabiliteit? Wij vermoeden dat het geluksniveau wordt aangestuurd door een systeem dat we de 'homeostase van het subjectief welbevinden' noemen. De term is gekozen naar analogie van de fysiologische controleprocessen die levensnoodzakelijke toestanden constant houden (zoals lichaamstemperatuur) om duidelijk te maken hoe we ons geluk normaliter binnen een vrij smal waardebereik weten te houden. De breedte van die geluksmarge beloopt voor iedere persoon acht procentpunten aan weerszijden van hun persoonlijke standaardwaarde. Een belangrijk kenmerk van alle homeostatische systemen is dat ze bijzonder veerkrachtig zijn. Als gevolg van een hevige emotie wordt de homeostase korte tijd opgeschort, maar dan veert ze terug om het geluk terug te brengen tot zijn normale waarden. Dat is tenminste wat er normaliter gebeurt. Homeostatische systemen hebben echter maar een beperkte capaciteit om 'aantasting' van hun gezag te bolwerken. Als negatieve ervaringen te lang te krachtig zijn, slaagt het systeem er niet in te herstellen. Op dat moment ligt het gelukspeil aanhoudend onder zijn normale waarde, met een verhoogd risico op depressie als gevolg.

Hoe kunnen mensen hun homeostatische veerkracht vergroten om depressie te vermijden? Daarvoor hebben ze de hulpbronnen van de Gouden Geluksdriehoek nodig. Die drie 'externe' hulpbronnen zijn relaties, levenszin en geld. Een intieme relatie vormt het krachtigste homeostatische afweermechanisme. Een vertrouweling helpt zowel om negatieve uitdagingen te vermijden als om problemen door te praten; een eeuwenoude en doeltreffende remedie tegen een laag gelukspeil.

Elke ochtend opstaan met het vooruitzicht van een persoonlijk waardevolle activiteit die dag vormt de tweede hoeksteen. Het gevoel dat je leven een doel dient is een **bron van eigenwaarde en van actieve betrokkenheid bij de wereld.**
Het derde punt van de driehoek is geld. Geld voorziet niet alleen in materiële levensbehoeften, maar je kunt er ook homeostatische afweermiddelen mee kopen. Vind je het vreselijk om het huis schoon te maken? Als je het geld ervoor hebt, huur je iemand in om dat voor je te doen. Maar bedenk wel dat dit iets anders is dan geluk 'kopen' door luxeartikelen aan te schaffen. Zulke aankopen bezorgen je slechts emotioneel geluk, en daar wen je aan zodat dat plezierige gevoel maar van korte duur is. Als je een schoonmaker inhuurt, investeer je in bescherming van je stemmingsgeluk.

Is meer van deze Gouden Driehoek-middelen altijd beter? We zijn zo geprogrammeerd dat we dat inderdaad denken. De evolutie heeft ons voorzien van een zeer ontwikkelde startknop die ons aanmoedigt om steevast naar meer te streven. Dat is in een middelen-arme omgeving een nuttige strategie, maar minder geschikt in het hedendaagse leven. Het is misschien goed te weten dat het geluk in Australië gemiddeld maar marginaal toeneemt boven een brutogezinsinkomen van (omgerekend) zo'n 66.000 euro, en dat er boven 100.000 euro helemaal geen sprake is van een aantoonbare verbetering. De reden voor dat plafond is dat bepaalde vormen van homeostatische beproeving de toepassing van verschillende hulpbronnen vereisen. Problemen die samenhangen met een slecht huwelijk of vervelende kinderen los je immers niet op door meer te verdienen. De vereiste hulp komt dan uit persoonlijke relaties. Meer in het algemeen is **de ontwikkeling van relaties trouwens dé strategie om de persoonlijke veerkracht te vergroten**. Niet alles is verloren als die drie externe afweermechanismen het laten afweten – wat af en toe beslist het geval zal zijn. Interne denkprocessen gaan dan aan de slag met het doel de impact van de nare gebeurtenis te verkleinen. Dus ben je je baan kwijt? Dan zul je jezelf er snel van overtuigen dat het toch een rotjob zonder perspectief was en dat je blij mag zijn dat je weg bent bij die baas. Dat soort 'cognitieve herstructurering' biedt ons de kracht om de situatie in ons eigen voordeel te rationaliseren en om de zaken snel weer positief in te zien.

Samen maken die externe en interne hulpbronnen het mogelijk de meeste uitdagingen het hoofd te bieden. Het is normaal een positief gevoel over ons leven te hebben. Dat is de manier waarop onze genen laten weten dat het goed met ons gaat.

De sleutels

- → **Zijn emoties veranderlijk van aard, stemmingen zijn constanter. Stemmingsgeluk is een diepgewortelde geestesgesteldheid die altijd aanwezig is, ook al verliezen we er soms het contact mee.**
- → **Mensen kunnen hun homeostatische veerkracht versterken om depressie te voorkomen. Daarvoor hebben ze de middelen van de Gouden Geluksdriehoek nodig: relaties, levenszin en geld.**
- → **Niet alles is verloren zonder die drie externe afweermechanismen. Interne denkprocessen gaan dan aan de slag om de impact van de nare gebeurtenis te verkleinen. Het is normaal een positief gevoel over ons leven te hebben.**

Prof. em. Robert Ashley Cummins was van 1997 tot 2013 verbonden aan de Deakin University (Australië). Hij is internationaal een autoriteit op het vlak van onderzoek naar levenskwaliteit, lid van de Australian Psychological Society en ook lid van de International Society for Quality of Life Studies. Hij zetelt in de redactieraad van vijftien vakbladen en is een van de redacteurs van *The Journal of Happiness Studies*.

'Gelukkige mensen zijn gezonder.'

Het medicijn

Finland volgt al ruim twintig jaar meer dan twintigduizend mensen tussen 18 en 64 jaar oud uit het Finnish Twin Cohort. Daarbij worden hun levensvoldoening en geluk gemeten. Onderzoeker **Heli Koivumaa-Honkanen** stelt vast dat gezonde mensen niet gelukkiger zijn, maar dat het omgekeerde wel opgaat: gelukkige mensen zijn gezonder. Drie ingrediënten van het krachtige medicijn.

Uiteindelijk doet het er niet toe of mensen al dan niet gezond zijn en wat er nadien met hun gezondheid gebeurt (zelfs niet wanneer het om een handicap gaat). Wie vertrekt vanuit een tevreden gevoel over zijn leven, is er altijd beter aan toe dan wie ontevreden is. Levensvoldoening behelst vier aspecten (geluk, eenzaamheid, interesses en levenscomfort) en is een sterke indicator en predictor voor de huidige gezondheid en gezondheid binnen twintig jaar. **Tevreden mensen leven langer en plegen minder vaak zelfmoord.**

Bij zowel depressie als schizofrenie zorgt **sociale steun** voor een betere levensvoldoening en succesvollere behandeling.

Mensen hebben van oudsher naar geluk en gemoedsrust gestreefd zonder te weten dat levensvoldoening en geluk goed waren voor hun gezondheid. Nu weten we zeker dat dit zo is. **Een positieve psychische gezondheid heeft langdurige voordelen.** De belangrijkste vaardigheden zijn: genieten van jezelf en je leven, anderen respecteren, nodig hebben en liefhebben, goede relaties opbouwen en in stand houden. Die vaardigheden verwerf je niet vanzelf. Vanaf het prille begin van ons leven moeten we ze voeden.

Een positieve psychische gezondheid kan en moet worden opgebouwd, bewaard en gestimuleerd in de verschillende maatschappelijke sectoren. **Een gebrek aan de nodige steun impliceert dat we de rekening doorschuiven naar de komende generaties en decennia.** Ik hoop dan ook dat dit boek wereldwijd de aandacht zal vestigen op geluk en subjectief welbevinden als een manier om de psychische gezondheid van de bevolking te beoordelen, de gezondheid te bevorderen en psychische problemen in een vroeg stadium te voorkomen.

De sleutels

- → **Wie een tevreden gevoel heeft over zijn leven, is er altijd beter aan toe.**
- → **Sociale steun zorgt voor betere levensvoldoening en behandeling.**
- → **Een positieve psychische gezondheid kan en moet worden opgebouwd, bewaard en gestimuleerd.**

Heli Koivumaa-Honkanen is hoogleraar aan de afdeling Psychiatrie van de Universiteit van Oulu, het Lapland Hospital District en Kuopio University Hospital (Finland). Ze is ervan overtuigd dat het bijzonder goed is voor de geestelijke gezondheid om na een saunabeurt van de zonsondergang te genieten in een rustig Fins zomerhuisje.

'We leren meer van onze fouten dan van onze successen.'

Kan een perfectionist ooit gelukkig zijn?

'Onderzoek toont aan dat aanvaarding de sleutel is voor de kwaliteit van iemands levensreis. Kan een perfectionist in dat licht ooit gelukkig zijn? Dat hangt af van het "type" perfectie zoals bepaald door de emotionele gevolgen van verschillende bekrachtiging', zegt prof. **Lawrence Burns**. Hij bestudeert positief perfectionisme en de rol van een gezonde manier om ambities na te jagen.

Als zeezeiler ben ik getraind om te vertrouwen op mijn sextant en de sterrenhemel om mijn positie te bepalen en een veilige koers uit te zetten. De Poolster is een betrouwbaar baken, het Zuiderkruis is adembenemend, maar verreweg mijn favoriete sterrenbeeld is Orion. De sterren hebben me altijd gefascineerd en geïnspireerd. Door de jaren heen is het zicht op die hemellichamen vaak zeer welkom geweest: vertrouwd en geruststellend. **In het holst van de nacht op zee zeilen vereist een perfectionistische en ononderbroken aandacht voor een groot aantal zich herhalende details.** Paradoxaal genoeg gebeurt dat parallel aan de zekerheid dat de tijd en de natuur altijd voor veranderingen zullen zorgen: onvoorspelbare stromingen, wind en stormen, of windstilten die alles opschorten. Onderzoek van Lars-Gunnar Lundh bevestigt dat aanvaarding de sleutel is tot de kwaliteit van iemands levensreis. Zelfaanvaarding en ook de aanvaarding van de situatie waarin je verkeert. We streven ernaar onze koers te perfectioneren en ons schip veilig te houden. We weten echter ook dat veranderingen ons verplichten het traject voortdurend bij te stellen.

Hedendaagse studies op het gebied van perfectionisme laten zien dat verbeterde theoretische modellen en extra toewijding leiden tot belangrijke veranderingen. Zozeer zelfs dat 'perfectie' tegenwoordig een controniem lijkt te worden – een woord met twee tegenovergestelde betekenissen. Werd perfectionisme lange tijd gezien als een louter pathologisch gegeven, grootschalig en recent onderzoek toont dat perfectionisme voor veel mensen samenvalt met een kerngezonde kijk op het leven. **Negatieve perfectionisten**, die worden gedreven door de angst te falen, melden vaak aanhoudende perfectionistische ongerustheid en knagende bezorgdheid om door anderen negatief te worden beoordeeld. **Positieve perfectionisten** beschrijven steun van thuis uit als kind – waarbij ook vaak sprake is van onvoorwaardelijke bijval – en spreken van de royale en positieve bekrachtiging die gekoppeld is aan het perfectionistisch streven naar hun doelen. Het gevolg daarvan is een groot onderscheid tussen enerzijds de zelfverklaarde perfectionist die zichzelf doodongelukkig onmogelijk hoge normen oplegt of die stug onberispelijkheid van zichzelf blijft eisen, en anderzijds de perfectionist die aangeeft verschillende idealen en doelen na te streven, en die dat opzettelijk, enthousiast, opgewekt, met een zekere mate van inzicht en – belangrijk – zelfaanvaarding doet.

Van buitenaf bezien kunnen twee perfectionisten dezelfde keuze maken. Zo kunnen ze zich beiden aanmelden om auditie te doen voor het New York Philharmonic Orchestra. Het verschil zit 'm in de gemoedstoestand van de twee. Negatieve perfectionisten worden gekweld door de angst te mislukken; positieve perfectionisten worden gedreven door de voldoening die een knap resultaat kan schenken.

Positieve perfectionisten scoren hoger op eigenwaarde en tevredenheid met het leven. Onderzoek toont aan dat ze betere probleemoplossers zijn en ze hebben voldoende zelfvertrouwen om mislukkingen te aanvaarden en te overwinnen. Hun mentaliteit is er eentje van 'die niet waagt, die niet wint'. **Negatieve perfectionisten beschrijven vaak het gevoel te hebben dat ze het leven niet zelf in de hand hebben en worden gedreven door de angst te mislukken.** Positieve perfectionisten streven naar het gevoel van voldoening en trots dat een goed uitgevoerde taak bezorgt. Gedurende hun hele leven zullen positieve perfectionisten, wanneer zich op het pad naar een doel hindernissen en onvoorziene uitdagingen aandienen, goed bij zichzelf te rade gaan, een andere strategie bedenken en vervolgens een nieuwe aanpak uitproberen.

Het leven is een aaneenschakeling van ervaringen. Dromen en ambities kunnen een prikkelend en spannend onderdeel van het landschap uitmaken. Wanneer het streven naar geluk mensen inspireert de lat hoog te leggen, hen voedt en doet floreren, verandert het leven in een reis. Positieve perfectie is onlosmakelijk verbonden met aspiraties, en mensen geven vaak aan dat ze de intenste tevredenheid en het grootste geluk ervaren als ze volledig opgaan in en betekenis ontlenen aan die inspanningen – en dat met aanvaarding van successen én van mislukkingen. Alfred Alder betoogde overigens dat we meer leren van onze mislukkingen dan van onze successen. **Positieve perfectionisten putten energie uit het succesvol overkomen van de valkuilen en problemen van het leven.** Ze zijn koppig genoeg om te volharden en kunnen onbekommerd feestvieren als ze hun doel bereiken. Ze stropen enthousiast de mouwen op en zijn niet te benauwd om wat risico's te nemen bij het najagen van hun dromen. Bij tegenslag passen ze zich aan en ze gebruiken eerdere successen om nieuwe ambities te doen oplaaien; en dat vormt uiteindelijk hun pad naar welbevinden en blijvend geluk.

Positief perfectionisme is de inspiratie om op zoek te gaan en te streven naar allerlei dromen die ons sturen en voortstuwen tijdens de reis die het leven is. Bedenk dat geluk niet een toestand is waarin je aankomt, maar een manier van reizen. En de perfectionistische drang om dingen waar te maken blijkt een inspirerende reisgezel te zijn. Mijn raad? Vier je triomfen. Sta niet te lang stil bij nederlagen. Bedenk altijd een andere aanpak en probeer het opnieuw.

De sleutels

- → **Negatieve perfectionisten worden gekweld door de angst te mislukken; positieve perfectionisten worden gedreven door de voldoening die een knap resultaat kan schenken.**
- → **Positieve perfectionisten scoren hoger op eigenwaarde en tevredenheid met het leven. Het zijn betere probleemoplossers en ze hebben voldoende zelfvertrouwen om mislukkingen te aanvaarden en te overwinnen.**
- → **Positief perfectionisme is de inspiratie om op zoek te gaan en te streven naar allerlei dromen. Vier je triomfen. Blijf niet te lang stilstaan bij nederlagen. Denk altijd na over een andere aanpak en probeer het opnieuw.**

Prof. Lawrence Burns is hoogleraar klinische en persoonlijkheidspsychologie bij de afdeling Psychologie van de Grand Valley State University in Allendale, Michigan (Verenigde Staten). Hij studeerde scheepsbouwkunde aan de California Maritime Academy, maar behaalde in 1996 zijn doctorsgraad in de klinische psychologie aan de State University of New York (Stony Brook). Het grootste deel van zijn werk richt zich op de voordelen verbonden aan positief perfectionisme en op een beter begrip van de theoretische en toegepaste kenmerken ervan.

'Jij bent ik en ik ben jij.'

Omoi-kiri

'Er zijn twee soorten geluk: "geluk door actie" en "geluk door bezit"', zegt dr. **Kohji Hayase**. Hij probeert erachter te komen welke vorm belangrijker is om écht gelukkig te zijn. Inzicht in de betekenis van het Japanse woord *'omoi'* kan daarbij een handje helpen.

Uit twee studies in Japan (2010 en 2011, met meer dan 2000 respondenten) komt naar voren dat veel meer personen 'geluk uit actie' verkiezen boven 'geluk uit bezit'. Verhoudingsgewijs is die voorkeur meer uitgesproken bij vrouwen dan bij mannen en vervolgens ook weer nadrukkelijker aanwezig bij oudere mensen dan bij jongeren. Overigens slaan alle vier de categorieën (mannen, vrouwen, jongeren en oudere mensen) 'actie ondernemen' hoger aan dan 'bezit'. Het is interessant om op zoek te gaan naar verklaringen voor die tendens. Men vermoedt dat deze fenomenen gekoppeld zijn aan de kernfactoren die de mens echt gelukkig maken en niet alleen in bepaalde perioden.

Actie

Waarom verkiezen de meeste mensen in het streven naar geluk 'actie' boven 'bezit'? De antwoorden van de respondenten op open vragen werpt enig licht op die voorkeur.

1. Waarin materieel bezit tekortschiet

De mensen houden niet van iets vergankelijks, iets waarmee ze geen emotionele band hebben, iets wat hun persoon geen recht doet of geen geestelijke waarde heeft, en zeker niet als dat verkregen is in de vorm van louter materiële eigendom, omdat die dingen verloren gaan, vervallen en niet mee te nemen zijn als je doodgaat.

2. Wat goed is aan actie ondernemen

Mensen verkiezen het geluk dat ze ontlenen aan het doen van iets waardevols met en/of voor anderen. Bijna alle mensen zijn blij als ze iets plezierigs doen voor en/of met kennissen, vrienden, broers en zussen, ouders, kinderen, hun levenspartner en/of andere naaste relaties.

3. Directe vergelijking tussen bezit en actie

Geluk dat je ontleent aan ondernomen actie is onbeperkt en werkzaam, draagt bij tot ontplooiing en je wordt het nooit beu. Geluk dat je ontleent aan bezit is daarentegen beperkt en passief, bereikt op zeker moment een plafond én een verzadigingspunt. Op dat moment stellen mensen vast dat ze geluk liever aan actie dan aan bezit ontlenen.

4. Filosofische, transcendente aspecten van bezit

Eén respondent stelde op filosofisch-transcendente wijze dat we niet de eigenaar zijn van materiële goederen. 'Materiële bezittingen waarvan we de eigenaar menen te zijn, zijn niet meer dan zaken die de aarde ons heeft toevertrouwd', schreef hij. Die uitspraak herinnert ons aan fundamentele filosofische vragen zoals 'Kunnen dingen op aarde intrinsiek onze eigendom zijn?'.

Omoi

Stelt u zich het volgende scenario over materieel bezit voor. In een kamer bevindt zich een potlood dat niemands eigendom is. We gaan ervan uit dat slechts één persoon de kamer betreedt en opmerkt dat er een potlood ligt. Die persoon beseft dat hij op dat moment niet de eigenaar van het potlood is. Maar nadat hij het heeft aangetroffen, zal hij het de kamer mee uit nemen als hij de eigenaar ervan wil zijn, waarna hij kan denken dat hij inderdaad de eigenaar van het potlood is. Je zou kunnen zeggen dat hij van gedachte is veranderd, dat hij aanvankelijk dacht niet de eigenaar te zijn en vervolgens meent dat wél te zijn. Japanse mensen gebruiken in dat verband het woord *omoi*. Bijvoorbeeld in een zin van het type 'Hij veranderde zijn *omoi*: van het potlood niet bezitten naar het wel bezitten ervan.'

Als hij anderzijds niet de eigenaar van het potlood wil zijn, zal hij het ook niet meenemen. In dat geval kun je zeggen dat hij niet van gedachte verandert. Zou je in deze situatie het woord '*omoi*' moeten gebruiken, dan zouden we doorgaans zeggen dat hij zijn *omoi* niet veranderde. Of iets van ons is, **hangt slechts af van de vraag of iemand al dan niet denkt er de eigenaar van te zijn**, omdat niet objectief is te bewijzen wie anders de eigenaar zou zijn.

Bij materiële zaken hangt het eigenaarschap slechts af van de gedachten en/of verbeelding van mensen, en niet van absolute criteria. Met andere woorden, het eigenaarschap van iets hangt louter af van onze *omoi*. Het Japanse woord '*omoi*' betekent (onder andere) 'bezorgdheid', 'aandacht voor', 'zorg', en het gevoel om ergens om te geven.

Bezit

Politieke filosofen uit de vroegmoderne tijd zoals John Locke hebben met vergelijkbare argumenten willen aantonen dat de mens oorspronkelijk geen eigendom bezat. Al met al kun je over het algemeen zeggen dat **geen enkele materiële zaak iemand intrinsiek toebehoort**. Aangezien er echter maar weinig psychologisch praktijkonderzoek is gedaan naar de vraag van het niet-eigenaarschap, zouden we dat beter moeten onderzoeken.

Omdat zowel in de vs als in Japan meer mensen actie verkiezen boven bezit, mogen we waarschijnlijk besluiten dat actie, en niet materieel bezit, essentieel is voor het geluk van mensen. Het is vervolgens interessant te onderzoeken wat voor acties, wélke daden, van belang zijn om gelukkig te zijn. Het is bovendien raadzaam om in de nabije toekomst praktisch en experimenteel onderzoek toe te spitsen op de vraag 'Wat moet je doen wanneer je vaststelt dat je leven de verkeerde kant opgaat?'. Om te beginnen door onszélf die vraag te stellen. Dit is een thema geworden dat me persoonlijk en voortdurend bezighoudt: **zijn wij al dan niet in staat bezorgdheid over de eigen persoon te laten varen** (= *omoi-kiri*)? Hoewel dat in de ogen van velen misschien niet zo simpel is, ben ik ervan overtuigd dat iedereen voldoende heeft meegemaakt om daartoe in staat te zijn. Als ik met dat onderwerp bezig ben, dan onderzoek ik, verbeter ik, proef ik en geniet ik actief van het initiëren van positieve dingen met en/of voor andere mensen. 'Jij bent ik en ik ben jij.'

Veertig jaar geleden zong John Lennon: '*Imagine no possessions, I wonder if you can*' (Stel je een wereld zonder bezit voor; ik vraag me af of je dat lukt). Zoals Lennon al bezong, is het ware geluk voor de mens te vinden en te creëren in een wereld waarin actie wordt ondernomen met en/of voor andere mensen, met inbegrip van onszelf, en met minder bezitsdrang.

De sleutels

→ **Omdat zowel in de vs als in Japan meer mensen actie verkiezen boven bezit, mogen we waarschijnlijk besluiten dat actie, en niet materieel bezit, essentieel is voor het geluk van mensen.**

→ **Mensen verkiezen het geluk dat ze ontlenen aan het doen van iets waardevols met en/of voor anderen boven geluk uit materieel bezit.**

→ **De betekenis begrijpen van het Japanse woord *'omoi'* leert ons dat de eigendom van iets afhangt van de vraag of iemand al dan niet dénkt er de eigenaar van te zijn.**

Dr. Kohji Hayase loopt al meer dan veertig jaar een gevarieerd academisch parcours. Zijn oorspronkelijke vakgebied is de fysische chemie. Daarna ging hij zich bezighouden met geochemie, mariene chemie, milieuwetenschappen, experimentele sociologie, milieueconomie, om uiteindelijk te belandenin de psychologie en de filosofie van het subjectief welbevinden, dat volgens hem alleen is te bereiken via een integratie van de kunsten en de natuurwetenschappen.

'Het pad naar eenvoud is niet altijd eenvoudig.'

Eenvoudig geluk

Moderne mensen zoeken hun geluk vaak in méér. Méér spullen. Méér activiteiten. Sommigen kiezen bewust voor minder. Minder rommel en ballast. Minder drukte en stress. **Hein Zegers** interviewde wereldwijd meer dan vijfhonderd ervaringsdeskundigen: mensen en gezinnen uit alle lagen van de bevolking die bewust kiezen voor eenvoud. De kernbevinding van dit grootschalige onderzoek? Mensen die gaan voor BASICS hebben meer energie en tijd voor wat ze persoonlijk écht waardevol vinden.

Zes stappen naar meer eenvoud

Een groeiende groep mensen kiest bewust voor eenvoudiger leven. Eenvoudiger leven kun je enerzijds in ruimte, bijvoorbeeld door kleiner te gaan wonen of overbodige spullen weg te geven. Hierbij passen termen als 'voluntary simplicity', 'consuminderen' en 'ontspullen'. Eenvoudiger leven kun je anderzijds ook in tijd, door te snoeien in overvolle agenda's, activiteiten en verplichtingen. Hierbij passen termen als 'slow living', 'onthaasten' en 'downshifting'. In beide gevallen is cruciaal dat het telkens een eigen bewuste keuze voor eenvoud betreft.

Over de hele aardbol interviewde ik meer dan vijfhonderd mensen en gezinnen die bewust kiezen voor eenvoud. Wat kunnen we leren van deze eenvoud-experts uit alle lagen van de bevolking? Na een grondige wetenschappelijke analyse kwam uit deze schat aan informatie een opvallend patroon bovendrijven. Dit patroon doopte ik 'BASICS', een acroniem van de beginletters van zes stappen:

1. Back (een stap terugzetten) 'Kijk me eens meelopen in de ratrace...' 'Waar ben ik eigenlijk mee bezig?' 'Is dit alles in het leven?' Vele geïnterviewden omschreven hun eerste

stap naar eenvoudiger leven als 'step back'. Een stap terugzetten en je leven vanaf een afstand bekijken.

2. Attention (aandacht geven) Voor opvallend veel eenvoudzoekers is aandacht essentieel. Aandacht voor kleine dingen in de buitenwereld, aandacht voor natuur, voor kleur, vorm, textuur, geur, geluid, smaak... Daarnaast koesteren zij ook aandacht voor wat er zich bij henzelf afspeelt, aandacht voor eigen gedachten, gedragingen, gevoelens...

3. Select (selecteren) Op basis van de vorige stappen zijn succesvolle eenvoudzoekers zich vaak heel bewust van hun eigen waarden. Wat vind ik belangrijk in het leven? Wat vind ik niet belangrijk? Zij selecteren bewust wat er in hun leven écht toe doet.

4. Invest (investeren) In dit stadium voegen de eenvoudzoekers de daad bij het woord. Zij investeren in dingen en activiteiten die bij hun zelfgekozen waarden passen. Eenvoudig leven is dus niet per definitie stoppen met consumeren. Het betekent wel uiterst bewust investeren in wat je persoonlijk waardevol vindt.

5. Cut (wegknippen) Wat niet bijdraagt tot een zinvoller leven, wordt in dit stadium weggeknipt. Knippen doe je niet in het wilde weg, maar aan het einde van een proces. Zoals bij het snoeien van een plant: door bij bepaalde planten op het geschikte moment welgekozen takken weg te knippen, komen zij beter tot bloei.

6. Sense (zin) Iedereen heeft een verschillend levensverhaal, maar de geïnterviewden die dit BASICS-patroon volgden, zijn het over één ding opvallend eens: zij beschrijven hun huidige eenvoudige leven als 'making Sense' (zinvol).

Geluk kan eenvoudig zijn, het pad naar eenvoud is niet altijd eenvoudig. Kiezen voor BASICS kan daarbij een leidraad zijn: Back (een stap terugzetten), Attention (aandacht geven), Select (selecteren), Invest (investeren), Cut (wegknippen), om dan uiteindelijk te komen tot Sense (een leven dat persoonlijk zinvol is).

De sleutels

- → **Niet iedereen is gebaat bij eenvoudiger leven: een eigen bewuste keuze is cruciaal.**
- → **Kiezen voor BASICS (Back, Attention, Select, Invest, Cut, Sense) kan leiden tot ervaren van meer zin in het leven.**
- → **Geluk kan eenvoudig zijn, eenvoud is soms niet zo eenvoudig...**

Hein Zegers studeerde zowel filologie als psychologie. Hij was verbonden aan verschillende universiteiten, onder andere KU Leuven (België), Universität zu Köln (Duitsland), UC Berkeley (VS) en Universiteit voor Humanistiek in Utrecht (Nederland). Al meer dan twintig jaar verricht hij in meer dan honderd landen verspreid over de hele aarde veldwerk rond eenvoud, welzijn en zin.

'Ideeën uit het confucianisme, boeddhisme en taoïsme geven stof tot nadenken.'

Yin en yang

'Een vijfde van de wereldbevolking woont in China. Als we dus een theorie willen vinden die wereldwijd van toepassing is, moeten we ook relevante gegevens verzamelen in China. Aangezien onderzoeksresultaten meestal in een westerse context worden vergaard, is het met het oog op een algemeen toepasbare theorie noodzakelijk om er de ervaringen in verschillende Chinese gemeenschappen bij te betrekken', stelt de Chinese hoogleraar **Daniel T.L. Shek**.

Een holistischer benadering

De opvatting over geluk en de culturele uitingen daarvan in de Chinese cultuur verschillen van die in de westerse cultuur. In de vijfduizend jaar oude Chinese geschiedenis vormen ideeën uit het confucianisme, boeddhisme en taoïsme immers de fundamentele bouwstenen van de Chinese opvattingen over en uitingen van geluk. Terwijl positieve gevoelens en vrije expressie bijzonder belangrijk zijn voor geluk in de Amerikaanse cultuur, leggen Chinezen de nadruk op tegenstrijdige gevoelens en gereserveerde uitdrukkingen van geluk. Vandaar dat er meer onderzoek moet worden verricht in de Chinese cultuur om de crossculturele verschillen in opvattingen over en uitingen van geluk te begrijpen. Het is duidelijk dat Chinese filosofieën, culturele waarden en traditionele overtuigingen over geluk westerse geluksonderzoekers stof tot nadenken geven. Het geluk van de Chinese bevolking wordt gewoonlijk bestudeerd op individueel niveau. Het groeiende succes van ecologische modellen bevestigt dat het menselijke gedrag ingebed is in verschillende ecologische systemen (zoals het familiesysteem of het sociaal-cultureel macrosysteem). Nu die modellen steeds belangrijker worden geacht, ontstaat er behoefte aan een holistischer benadering van het concept geluk en de daarmee verbonden verschijnselen in de verschillende systemen.

Want hoewel sommige studies aangeven dat de westerse theorieën ook van toepassing zijn op de Chinese bevolking, blijven veel vragen onbeantwoord.

Van belang is na te gaan hoe het geluk van de Chinese bevolking, gezinnen, gemeenschappen en steden de voorbije decennia is veranderd, na de komst van het communistische regime in 1949, de Culturele Revolutie halverwege de jaren zestig tot halverwege de jaren zeventig, de economische hervormingen en opendeurpolitiek sinds het einde van de jaren zeventig. Naarmate de economische hervormingen toenamen, werd het Chinese volk gevoeliger voor de gevolgen van economische veranderingen. Hoewel de levenskwaliteit dankzij de economische hervormingen is verbeterd (wat een stimulans kan zijn voor het geluk van het Chinese volk), **zijn ten gevolge van diezelfde hervormingen ook de problemen op individueel, familiaal en sociaal vlak gegroeid** (wat een rem kan zijn op het geluk van het Chinese volk). Ook werkloosheid en economisch nadeel (die in theorie in een socialistisch systeem niet bestaan) zijn in het hedendaagse China steeds prominenter aanwezig.

De wijsheid in de Chinese filosofieën en religies kan betekenisvol zijn voor niet-Chinezen die hun geluk willen 'stimuleren.' Voorwaarde is wel dat er een paradigmashift is in hun opvattingen over geluk. In het confucianisme wordt geluk weliswaar niet als iets slechts beschouwd, maar de expressie van intense emoties wordt conform de doctrine van het midden niet aangemoedigd. Zelfcultivering is volgens het confucianisme de weg naar geluk. In het boeddhisme zijn 'loslaten' en 'tevredenheid' fundamenteel voor het werkelijke levensgeluk. Geluk in hedonistische zin wordt zelfs beschouwd als een illusie die het bereiken van het ware geluk in de weg kan staan. De taoïstische opvatting legt de nadruk op een harmonische relatie tussen zelf, natuur en universum als weg naar geluk. Dergelijke accenten stemmen overeen met de humanistische en existentialistische ideeën dat innerlijke rust en een goede relatie met de omgeving onontbeerlijk zijn. **Volgens de traditionele Chinese geneeskunde ten slotte is een evenwicht tussen 'yin' en 'yang' de ideale bestaansvorm voor de mens.** Dankzij Chinese geneeskrachtige kruiden, meditatie en Chinese vechtkunsten als tai chi kan men een toestand van innerlijke harmonie bereiken die uiteindelijk kan resulteren in innerlijk geluk.

De sleutels

- → **Terwijl positieve gevoelens en vrije expressie bijzonder belangrijk zijn voor geluk in de Amerikaanse cultuur, leggen Chinezen de nadruk op tegenstrijdige gevoelens en gereserveerde uitdrukkingen van geluk.**
- → **Als de wijsheid van de Chinese filosofieën en religies relevant moet zijn voor niet-Chinezen, is een paradigmashift in de opvatting over geluk nodig.**
- → **Wanneer 'yin' en 'yang' in evenwicht zijn, kun je een toestand van innerlijke harmonie bereiken die uiteindelijk kan resulteren in innerlijk geluk.**

Prof. Daniel T.L. Shek (Hong Kong Polytechnic University, China) is 'consulting editor' van het *Journal of Clinical Psychology* en lid van de redactieraad van *Research on Social Work Practice*. In internationale tijdschriften publiceerde hij ruim honderd artikelen over adolescenten, holistische gezondheid, sociale welvaart en onderzoek naar levenskwaliteit in China, westerse samenlevingen en in een universele context.

'Welbevinden op school ontstaat niet toevallig.'

Positief onderwijs

'Je moet eens zien hoe jonge kinderen elke kans aangrijpen om hun wereld te ontdekken – contact leggen, kijken, luisteren, experimenteren, vragen stellen, spelen met ideeën. Ze leren snel, creëren maar liefst 700 tot 1000 nieuwe neurale verbindingen per seconde. Zo'n klein menselijk wezen neemt informatie op als een spons en genereert creativiteit als een dynamo', zegt prof. **Sue Roffey**. 'Parallel aan dat leren zien we ook dat belangrijke emoties als nieuwsgierigheid, opwinding, verwondering, fascinatie en blijdschap zich ontwikkelen. Maar dan… tja, dan gaan ze naar school…'

Kinderen die geluk hebben, belanden in een leeromgeving die blijft prikkelen, die hen ondersteunt en die creativiteit stimuleert. Ze worden aangemoedigd om te spelen, met anderen te praten en samen te werken, om risico's te nemen en soms fouten te maken. Ze worden niet simpelweg beschouwd als opvangbakjes van informatie, maar als actieve leerders, kinderen die **'leren zijn'** en **'leren samenleven'**, en ook **'leren weten' en 'leren doen'** – de vier pijlers van het onderwijs voor de 21ste eeuw zoals UNESCO die heeft geformuleerd. Kinderen en jonge mensen die zich welkom voelen op school en die van tevoren weten dat hun schooldag er eentje zal zijn vol leuke uitdagingen die worden aangeboden door enthousiaste, toegankelijke leerkrachten, zullen op maandagmorgen veel vlotter uit bed komen.

Helaas zijn we de afgelopen twee decennia in het onderwijs getuige van een almaar scherpere focus op competitie, op een cultuur in het teken van *'teach to test'*. Daardoor veranderen tal van scholen van energieke leerinstellingen in plekken die vreselijk kunnen zijn voor leerlingen met andere dan academische vaardigheden of voor leerlingen die kampen met tegenslag. Het ziet ernaar uit dat we een generatie jonge mensen grootbrengen met een matige geestelijke gezondheid; jongeren die krampachtig proberen te presteren naar

de geldende normen en die depressief worden of verstorend gedrag gaan vertonen als ze daar niet in slagen. Mislukkingen motiveren niet en extrinsieke beloningen evenmin. Wat wel werkt, is het besef dat je de ruimte hebt om sterke punten te ontwikkelen en om keuzes te maken (inbreng en zeggenschap), dat de leerling zelf geleidelijke vorderingen constateert (beheersing van de stof en persoonlijke records) en dat leerlingen het gevoel hebben dat wat ze doen betekenis voor hen heeft. Het helpt als uitdagingen zich op het juiste peil bevinden om de betrokkenheid en het plezier (flow) te vergroten en als inspanningen worden erkend. **Zulke intrinsieke beloningen bezorgen je een goed gevoel over jezelf – als 'leerder' en ook als de persoon die je aan het worden bent.** Positief onderwijs geldt samen met het welbevinden van de leerling en een stimulerend schoolklimaat als een welkom tegengif tegen negatievere onderwijsscenario's en het wint terrein in onderwijsgemeenschappen wereldwijd. Wat ik heb geleerd – op basis van onderzoek en door te werken met docenten, met leerlingen en met hun 'thuisfront' –

is dat wanneer welbevinden deel uitmaakt van de kerntaken van scholen, alle andere zaken als vanzelf volgen: leerlingen met de meest uiteenlopende achtergronden en vaardigheden spannen zich actiever in en leveren daardoor betere prestaties, en er is meer prosociaal gedrag en ook meer veerkracht. Docenten die waardering ondervinden, zullen graag voor de klas blijven staan.

Hoe welbevinden in de onderwijsomgeving eruitziet? Welbevinden is een proactieve, preventieve en universele werkwijze waarbij elke docent ook optreedt als 'docent welbevinden' en waarbij elke interactie aanleiding geeft om veerkracht te vergroten. Het is niet iets extra's, maar een manier van zijn, iets wat verweven is met de cultuur van een school. Welbevinden als kerntaak begint vaak wanneer schoolleiders het héle kind en íéder kind naar waarde schatten. Willen individuen echter floreren, dan dient de hele schoolgemeenschap die visie te omarmen. Hoewel er zaken zijn die docenten nu eenmaal niet kunnen of mogen veranderen, zijn er ook veel dingen die ze wél in de hand hebben, en nog veel meer dingen die ze kunnen beïnvloeden om het welbevinden te bevorderen. **In een schoolklimaat met een groot sociaal kapitaal voelt iedereen zich veilig en aanvaard om wie hij/zij is.** Het tegenovergestelde is een 'giftige' omgeving waarin alleen de sterksten kunnen gedijen. Gezonde relaties vereisen een geloof in het beste van anderen en een verlangen hen te helpen het beste uit zichzelf te halen; de bereidheid om samen te werken; de 'emotionele geletterdheid' om positieve interacties te starten en op peil te houden; en vaardigheden om goed met conflicten om te gaan. Waar wederzijds begrip en respect de norm zijn, heerst groter vertrouwen, en dat bespoedigt weer de ontwikkeling van gedeelde doelen. Welbevinden op school ontstaat niet toevallig; het moet worden gedefinieerd, ontwikkeld en geëvalueerd. Het is ingekapseld in overtuigingen over nut en doel van onderwijs, en raakt ingebakken in hoe mensen zich voelen en handelen – zowel individueel als samen.

Scholen zijn ecologische systemen: wat zich voordoet in één vleugel van de school heeft ook aan de andere kant van het gebouw zijn impact. Kinderen leren met meer plezier en animo wanneer hun docenten zich gesteund weten. Ouders spannen zich veel actiever in voor de school wanneer ze worden gepositioneerd als 'deskundigen' omtrent hun kinderen en wanneer de communicatie tussen school en thuissituatie positief verloopt. Pestgedrag neemt af als leerlingen onderling vrijuit kunnen spreken over gevoelens, vriendschap en inclusie, en als ze zich medeverantwoordelijk weten voor het klasklimaat. Cultuur wordt opgebouwd via gesprekken – wat wordt gezegd tegen en over anderen en ook wat er wordt geschreven. Toetsen zijn misschien een verplicht onderdeel van het proces, maar als die toetsen gewoon een van de vele gespreksthema's zijn – en niet het dominante middelpunt van ieders aandacht – dan komen ze in perspectief te staan in de context van de vele andere activiteiten die plaatshebben op school.

Onze kinderen verdienen onderwijs dat doet floreren en dat het allerbeste uit hen haalt – wat dat ook mag zijn. Onderwijs dat jonge mensen de kans biedt om hun sterke punten, waarden, identiteit, integriteit en relaties te ontwikkelen is even belangrijk voor hun toekomst als vaardig met cijfers en letters kunnen omgaan. We hebben voldoende aandacht, flexibiliteit en plezier nodig op onze scholen om ervoor te zorgen dat alle leerlingen energie ontlenen aan het leerproces en dat ze zelfvertrouwen opbouwen omtrent de persoon die ze worden en de bijdragen die ze kunnen leveren.

En dus? Bekijk opnieuw wat kinderen moeten leren om individuen en gemeenschappen te doen bloeien. Besteed aandacht aan de wijze waarop kinderen leren en aan de kwaliteit van de leeromgeving. De omvang van het sociaal kapitaal is van essentieel belang: cultiveer relaties die verschillen respecteren en bouwen aan vertrouwen. Positieve emoties bespoedigen het leerproces. Positieve emoties zijn onder meer plezier hebben, je gewaardeerd en opgenomen voelen, weten dat je stem meetelt, uitdagingen aangereikt krijgen, weten dat mensen geven om jouw persoon en jouw leerproces. Om kinderen te laten bloeien, moeten we docenten koesteren.

De sleutels

- → **Helaas zijn we de afgelopen twee decennia in het onderwijs getuige van een almaar scherpere focus op competitie, op een cultuur in het teken van *'teach to test'*.**
- → **Wat wel werkt, is het besef dat je de ruimte hebt om sterke punten te ontwikkelen en om keuzes te maken, dat de leerling zelf geleidelijke vorderingen constateert en dat leerlingen het gevoel hebben dat wat ze doen betekenis voor hen heeft.**
- → **Welbevinden is een proactieve, preventieve en universele werkwijze waarbij elke docent ook optreedt als 'docent welbevinden' en waarbij elke interactie aanleiding geeft om veerkracht te vergroten. Het is niet iets extra's, maar een manier van zijn, iets wat verweven is met de cultuur van een school.**

Prof. Sue Roffey is universitair hoofddocent aan de Western Sydney University (Australië) en lid van de Royal Society of Arts. Ze is verbonden aan het Institute of Wellbeing in Cambridge en aan het University College London (Verenigd Koninkrijk), en oprichtster van het netwerk Wellbeing Australia. Sue publiceert veelvuldig over een breed scala onderwerpen rond welbevinden in het onderwijs, onder meer over schoolcultuur, sociaal-emotioneel leren, veerkracht, relaties, gedrag, welbevinden onder docenten. The Aboriginal Girls Circle, een van haar initiatieven, is enthousiast onthaald als een project dat daadwerkelijk bijdraagt tot de emancipatie, veiligheid en educatie van jonge inlandse vrouwen in Australië.

'Wie zich goed voelt, doet goed.'

De tien geboden van geluk

Stel je voor dat je al ruim vijftien jaar gespecialiseerd bent in onderzoek naar geluk en daarover al zeventien boeken hebt gepubliceerd. En dan waagt *Geluk. The World Book of Happiness* het jou te vragen dat onderzoek in twintig regeltjes samen te vatten... Met een diepe zucht en een lach probeert **David G. Myers** dat verzoek in te willigen met de tien geboden van geluk.

Wil je een gelukkiger leven?

Besef dat blijvend geluk niet voortkomt uit succes. Mensen passen zich aan aan veranderingen, zelfs aan rijkdom of een handicap. Rijkdom is als gezondheid: wie het niet bezit voelt zich ellendig, maar wie het heeft is niet noodzakelijk gelukkig (en dat geldt voor alles waarnaar we verlangen). **Geef voorrang aan hechte relaties.** Intieme vriendschappen met mensen die echt om je geven, kunnen je door moeilijke tijden helpen. Je hart luchten is goed voor lichaam en geest. Koester je intiemste relaties door je geliefden niet vanzelfsprekend te vinden, door hun de vriendelijkheid te betonen die je anderen betoont, door hen bij te staan, met hen te spelen en met hen te delen. Om je affecties nieuw leven in te blazen, moet je liefhebbend handelen. **Zoek een baan en vrijetijdsbesteding waarbij je jouw talenten kunt ontplooien.** Gelukkige mensen verkeren vaak in een toestand van *'flow'*: ze zijn in beslag genomen door taken die een uitdaging vormen maar hen niet overweldigen. De duurste vormen van ontspanning (meevaren op een jacht) verschaffen vaak minder flow dan tuinieren, socializen of handwerk. **Wees meester van je tijd.** Gelukkige mensen hebben het gevoel hun leven meester te zijn. Om meester te worden van je tijdsbesteding moet je jezelf concrete doelen stellen en die opdelen in dagelijkse streefpunten. Hoewel we vaak overschatten wat we in een dag kunnen doen (waarna we gefrustreerd achterblijven), onderschatten we meestal hoeveel we in een jaar kunnen verwezenlijken als we elke dag een beetje vooruitgang boeken.

Gedraag je gelukkig. Soms kunnen we door ons gedrag in een betere bui raken. Zelfs door een geforceerde lach voelen mensen zich beter, voor wie chagrijnig is lijkt het alsof de hele wereld even stuurs is. Trek dus een blij gezicht. Praat alsof je een positief gevoel van eigenwaarde hebt, optimistisch en extravert bent. Als je de beweging maakt, kan de emotie soms volgen. **Sluit je aan bij de beweeg-beweging.** Ontelbare onderzoeken tonen aan dat aerobics een milde depressie en angst de wereld kan uithelpen, omdat het de gezondheid bevordert en energie schenkt. Een gezonde geest in een gezond lichaam. **Gun je lichaam de slaap die het vraagt.** Gelukkige mensen leiden een actief leven, maar reserveren de nodige tijd voor slaap en afzondering. Veel mensen hebben een slaaptekort, wat resulteert in vermoeidheid, een verminderde alertheid en sombere buien. **Kijk verder dan jezelf.** Bied een helpende hand aan wie in nood is. Geluk bevordert behulpzaamheid (wie zich goed voelt, doet goed). En goed doen zorgt ervoor dat jij je ook goed voelt. **Verzorg je spirituele zelf.** Voor veel mensen biedt het geloof een ondersteunende gemeenschap, is het een reden om voorbij zichzelf te kijken, iets wat hoop en zin geeft. Uit talrijke studies is gebleken dat wie actief religieus is, gelukkiger is en tegenslagen beter het hoofd kan bieden. **Houd een 'dankbaarheidsdagboek' bij.** Wie elke dag even stilstaat bij een positief aspect in zijn leven (gezondheid, vrienden, gezin, vrijheid, onderwijs, zintuigen, omgeving, enz.) ervaart een hoger welbevinden.

De sleutels

→ **Geef voorrang aan hechte relaties in plaats van aan succes.**
Gebruik je vaardigheden, wees meester over je tijd.

→ **Glimlach. Beweeg en slaap voldoende.**

→ **Doe goed voor anderen, voed je spirituele zelf en houd een dankbaarheidsdagboek bij.**

Sociaalpsycholoog **David G. Myers** heeft zowel een reeks vakpublicaties als populariserende boeken geschreven, waaronder *The pursuit of happiness: who is happy and why.* De tien geboden vatten de ideeën uit dat boek samen. Voor zijn wetenschappelijke bijdragen kreeg hij de Gordon Allport Prize. David G. Myers fietst door weer en wind en is verbonden aan een universiteit die de perfecte naam draagt voor onderzoek naar geluk: Hope College (Michigan, VS).

'Ga op zoek naar een leven waarin geluk en betekenis samenvallen.'

De zachte plek

'Iets doen wat ons gelukkiger maakt, wil niet per se zeggen dat het ons leven ook zinvoller maakt. De voorbeelden zijn legio', zegt prof. **Thaddeus Metz.** Hij neemt ons mee naar de Zachte Plek waar geluk en betekenis elkaar uiteindelijk ontmoeten.

Een paar recente voorbeelden uit mijn eigen leven waarin sprake was van geluk, maar niet van zin? Die fabuleuze hete douche gisteren; via HBO een aantal afleveringen van mijn favoriete tv-serie aan één stuk terugkijken en ondertussen chocolade-ijs eten; weer eens in dat prachtige maatpak naar een feestje. Beroepsfilosofen spreken in die context van 'fantastische' of 'hypothetische' gedachte-experimenten en roepen het beeld op van hetzij een leven doorgebracht in een virtualrealitymachine die de 'bewoner' de levensechte indruk geeft dat hij interessante dingen doet, terwijl dat niet het geval is, hetzij het beeld van een leven waarin iemand eeuwig een zware steen bergopwaarts moet oprollen, maar daar toch plezier aan beleeft omdat de goden het mensenbrein zo hebben gestructureerd.

Anderzijds zijn er ook allerlei voorbeelden van dingen die ons leven zinvol maar niet per se gelukkiger lijken te maken. Denk aan de verzorging van een zieke en bejaarde ouder die voortdurend aandacht nodig heeft of aan het zwoegen in een afstompende baan om in het levensonderhoud van je kinderen te kunnen voorzien. En dan zijn er ook minder vaak voorkomende, maar nog indringender voorbeelden: denk aan mensen die hebben gevochten tegen onrecht ten koste van hun eigen welzijn, zoals Nelson Mandela, die 27 jaar in de gevangenis heeft gezeten wegens zijn strijd tegen apartheid, of denk aan helden die hun leven hebben gegeven voor anderen, misschien door vrijwillig af te zien van een plekje op een reddingboot waarop niet voor iedereen plaats was.

We voelen meteen aan dat dit zaken zijn van respectievelijk 'gelukkige zinloosheid' en 'ongelukkige zinvolheid'. Hoe sterk deze twee menselijke waarden uiteen kunnen lopen, besef je als je geluk op één lijn zet met 'aangename ervaringen' en zinvolheid met 'zaken die respect verdienen of bewondering afdwingen'.

Verplegen en dansen

Als we worden geconfronteerd met het vooruitzicht dat geluk en zinvolheid ons zullen meenemen op twee heel verschillende levenspaden, zullen luchthartige mensen ('hedonisten') aanbevelen om voor het geluk te gaan en alles in het werk stellen om hun plezier op korte en langere termijn te maximaliseren. Andere, wat ernstiger zielen ('stoïcijnen') zullen aanvoeren dat geluk een overgewaardeerde notie is en dat eigenlijk alleen zinvolheid van belang is.

Ik zie dat anders en denk dat het beste – of in elke geval een prima – leven, een bestaan is dat én geluk én betekenis omvat. Hoewel je soms zult moeten kiezen tussen die twee waarden, zou je moeten streven naar een leven dat veel van beide waarden in zich heeft.

Hoe doe je dat? Soms kun je die waarden het beste afwisselend nastreven. Verpleegkundigen die dagelijks worden geconfronteerd met leed en dood hebben waarschijnlijk geen andere keuze dan op het werk hun betekenisvolle tijd in te zetten om naderhand te gaan dansen of een spelletje te doen op hun iPad bij een glas wijn.

Een andere strategie zou echter zijn om op zoek te gaan naar een leven waarin tegelijkertijd sprake is van geluk en zinvolheid, en wel zo dat je niet van het ene hoeft af te zien om het andere te ervaren. **Dat betekent niet dat je gewoon een 'gelukspilletje' moet inslikken om de monotonie van de lopende band te kunnen verdragen.** In plaats daarvan zou je je sterk kunnen maken voor activiteiten die je reacties van achting en bewondering opleveren en die je vanwege hun aard ook plezierige momenten bezorgen.

Bloementuin

De voorbeelden die ik in gedachte heb, zijn situaties waarin sprake is van geluk met hard werk en zinvolheid zonder offers. De geluksvoorbeelden die ik tot nog toe heb genoemd, waren passief van aard: situaties waarin een persoon simpelweg prettige gevoelens consumeert. De voorbeelden van zinvolheid draaiden rond een persoon die veel opgeeft ten gunste van anderen. **Er zijn echter vormen van geluk die actiever zijn en vormen van zinvolheid**

die minder opoffering eisen. En wanneer die vormen elkaar ontmoeten, beschouwen degenen die ze ervaren ze vaak als 'top', als de 'ideale' manier van bestaan, als iets dat hun leven glans geeft.

Voorbeelden? Je in het zweet werken om een bloementuin voor je gezin te onderhouden. Gedichten schrijven die goed worden ontvangen. Een intellectuele ontdekking doen die impact heeft op een heel onderzoeksveld. Een nieuw apparaat uitvinden dat het leven van veel mensen verbetert. Er trots op zijn een neurose te hebben overwonnen. Aan sport doen en merken dat je sprongen maakt op het vlak van fitheid en lenigheid. Zorgen voor een huisdier. Een nieuw instrument zo leren bespelen dat je een prachtig nummer ten gehore kunt brengen. Gesprekken voeren met je kinderen over hoe zij de wereld zien en hoe ze dat zouden kunnen doen op een meer onthullende, productievere manier. Of een groep mensen in staat stellen goed samen te werken. Of vrijen met een geliefde. Of een stukje schrijven voor een groot lezerspubliek over hoe je je leven zo kunt invullen dat je twee fundamentele menselijke waarden tegelijk kunt realiseren.

Ik wil natuurlijk niet zeggen dat verpleegkundigen ontslag moeten nemen of dat je beter geen chocolade-ijs kunt eten. Maar als je (zoals ik) je leven vult met al het geluk en alle zinvolheid die je kunt krijgen, dan zul je heel wat tijd doorbrengen op die Zachte Plek waar geluk en betekenis elkaar ontmoeten.

De sleutels

- → **Geluk en zinvolheid zijn twee verschillende menselijke waarden – 'zinloos geluk' en 'zinvolle ellende' kunnen naast elkaar bestaan.**
- → **Een uitgesproken goed leven is een leven dat én gelukkig én zinvol is – geluk alleen (van een bepaald soort tenminste) is niet voldoende.**
- → **Een goede strategie om te komen tot een leven met veel geluk en zinvolheid? Maak je sterk voor activiteiten die je reacties van achting en bewondering opleveren, en die je vanwege hun aard ook plezierige ervaringen bezorgen.**

Prof. Thaddeus Metz leidt als hoogleraar wijsbegeerte de afdeling Filosofie van de Universiteit van Johannesburg (Zuid-Afrika). Hij heeft meer dan 175 academische werken over ethiek en menselijke waarden gepubliceerd, waaronder *Meaning in Life* (Oxford University Press, 2013). Metz treedt ook op als consultant op het vlak van westerse, Afrikaanse en Oost-Aziatische waarden voor instanties als de denktank Brookings, de Zuid-Afrikaanse National Heritage Council en de regering van Bhutan.

'Mensen zijn gehard in het verzachten van de invloed van instabiliteit.'

Buffermechanismen

Dr. **Huda Ayyash-Abdo** woont en werkt in Beiroet en ontdekte in een tumultueus land als Libanon wat de positieve mechanismen van de mens zijn: 'Interne eigenschappen zijn belangrijker dan externe omstandigheden.' Ze doceert de eerste cursus positieve psychologie in Libanon en misschien zelfs in de hele Arabische wereld.

Hoe de negatieve invloed omschakelen

Subjectief welbevinden (of levensvoldoening) heeft zich de afgelopen twintig jaar ontpopt tot het onderzoeksdomein van een groeiend aantal psychologen en sociaal wetenschappers. Ons onderzoek in een land in ontwikkeling zoals Libanon heeft ons geleerd dat mensen niet per se ideale omstandigheden nodig hebben om gelukkig te zijn. Om voldaan te zijn over het leven moeten de omstandigheden veeleer leefbaar en aanvaardbaar zijn. De socio-economische status speelt een belangrijke rol voor het subjectieve welbevinden. Maar het geluksniveau wordt ook wezenlijk beïnvloed door karaktereigenschappen als aanpassingsvermogen, vriendelijkheid/gezelligheid, veerkracht, eigenwaarde, optimisme, waardegebondenheid, regulering van realistische verwachtingen en tolerantie. Ons onderzoek toont aan dat die interne eigenschappen belangrijker zijn dan externe omstandigheden.

Libanon heeft af te rekenen met een aantal bezwarende externe omstandigheden: de opvallendste is wellicht de chronische politieke instabiliteit, die soms uitmondt in geweld. Onze onderzoeksresultaten maken duidelijk dat mensen in vrij grote mate gehard zijn tegen de invloed van instabiliteit. Ze gebruiken een reeks mechanismen om de negatieve invloed van politiek geweld en onzekerheid te verkleinen en uit te vlakken. Dergelijke mechanismen zijn onder meer gewenning, ontkenning, sublimatie, sociale verbondenheid, en zich wijden aan constructieve activiteiten, waardoor ze een werkelijkheid creëren die anders en positiever is dan de bestaande negatieve, namelijk die van het politieke geweld.

De vermelde karaktereigenschappen zijn interne verzachtende factoren, die een buffer vormen tussen het individu en zijn omgeving. Ook externe elementen fungeren als belangrijke buffers tussen het individu en mogelijk ongunstige omstandigheden. Een dergelijke verzachtende factor is de cohesie binnen het gezin of de familie en stabiele sociale steun. Of ook: een doel hebben en naar dat doel toe werken. Op die manier krijgt iemand het gevoel nuttig te zijn en iets te verwezenlijken.

Wat hebben we geleerd? Negatieve emoties hoeven niet vermeden of onderdrukt te worden. Een negatief affect is in bepaalde omstandigheden zelfs volkomen normaal. Wanneer iemand een dierbare verliest, heeft hij het recht om te rouwen en verdrietig te zijn. De verhouding tussen positief affect en negatief affect (m.a.w. dat iemand globaal meer positief dan negatief affect ervaart) is doorslaggevend voor subjectief welbevinden. Ook de perceptie van een gebeurtenis (hoe die gebeurtenis wordt geïnterpreteerd en het belang dat eraan wordt gehecht) is wezenlijk voor de levensvoldoening. Niet alleen moet iemand uitmaken welke gebeurtenissen negatieve emoties uitlokken, hij dient zich ook actief in te laten met activiteiten die een positief affect genereren.

De sleutels

- → **Interne eigenschappen zijn belangrijker dan externe omstandigheden: van aanpassingsvermogen en eigenwaarde tot tolerantie en waardegebondenheid.**
- → **Mensen gebruiken een reeks mechanismen om de negatieve invloed van geweld en onzekerheid te verkleinen: van gewenning en ontkenning tot sociale verbondenheid en deelname in constructieve activiteiten.**
- → **Negatieve emoties hoeven niet te worden vermeden of onderdrukt. We moeten wel actief deelnemen aan activiteiten die uiteindelijk een positief affect genereren.**

Huda Ayyash-Abdo is universitair hoofddocent psychologie en hoofd van de afdeling Sociale wetenschappen van de School of Arts and Sciences van de Libanese American University in Beiroet (Libanon). Haar onderzoek spitst zich toe op ontwikkelingscounseling, de ontwikkeling van jongeren en het aanwenden van adequate counselingsmethoden voor Libanon en andere Arabische landen. Voor ze naar haar land terugkeerde, woonde en doceerde ze zestien jaar in de Verenigde Staten.

Als behoeften botsen

Mensen zijn sociale wezens. Onze hersenen hebben zich vooral ontwikkeld op basis van behoeften die verband hielden met communicatie met onze medemens. Het is dan ook logisch dat zowel wereldreligies als theorieën over geluk en welbevinden handelen over de rol van sociale relaties. Maar wat gebeurt er als onze behoeften botsen? **Martin Guhn** en **Anne Gadermann** hebben dat onderzocht.

Een hoger niveau van collectief geluk

Volgens de *Self-Determination Theory* moeten drie universele menselijke behoeften vervuld zijn om gelukkig te zijn (ervan uitgaande dat de basisbehoeften aan voedsel, huisvesting, lichamelijke gezondheid en veiligheid al zijn bevredigd):

- → de behoefte aan anderen om wie we geven en die om ons geven (intimiteit);
- → de behoefte om zich bedreven te voelen in activiteiten die door anderen worden gewaardeerd (bekwaamheid);
- → de behoefte aan het gevoel de leiding te hebben over ons eigen gedrag (autonomie).

Die drie behoeften maken het voorwerp uit van heel wat onderzoek. Onderzoek naar intimiteit (of varianten zoals sociale steun, genegenheid) heeft aangetoond dat sociale steun (van familie, vrienden, buren en collega's) wordt geassocieerd met geluk, subjectief welbevinden, levensvoldoening en gezondheid. Net zo hangt de manier waarop iemand zijn bekwaamheid (of vergelijkbare concepten zoals zelfeffectiviteit of prestatiedrang) ziet samen met welbevinden, evenals een hoge graad van ervaren autonomie (of verwante concepten zoals zeggenschap).

De vraag naar hoe en waarom sommige mensen een hoge graad van intimiteit, bekwaamheid en autonomie hebben en anderen niet, heeft onderzoek in andere domeinen aangemoedigd. Vanuit ontwikkelingsstandpunt is het essentieel dat kinderen opgroeien met een gevoel van veilige hechting aan hun verzorgers. Dat gevoel wordt gevoed wanneer de verzorgers voorspelbare en consequente zorg en steun verlenen, hoge (maar realiseerbare) verwachtingen koesteren en duidelijke (morele) regels hanteren. Met andere woorden: kinderen hebben behoefte aan een blijvende, liefhebbende binding met een of meer volwassenen die voor hen zorgen en met hen activiteiten ondernemen.

Zijn intimiteit en autonomie conflicterende behoeften? Niet noodzakelijk. Volgens de *Self-Determination Theory* kunnen intimiteit en autonomie samen bestaan. Vanuit ontwikkelingsperspectief wordt de zogenaamde toestand van *'autonomous-relatedness'* als ideaal beschouwd. Op sommige momenten echter kunnen de behoefte aan intimiteit en verbondenheid tegenstrijdig of zelfs onverzoenbaar lijken. Een sociale context die een conflict veroorzaakt tussen de basisbehoeften kan aanleiding geven tot vervreemding en psychopathologie.

In samenlevingen die multicultureler worden, kan het naast elkaar bestaan van verschillende subculturen met hun respectieve waardesystemen, leiden tot een conflict tussen de behoefte aan intimiteit en aan autonomie van leden van eenzelfde subcultuur, maar ook tussen de leden van verschillende subculturen. Zo kan er in een migrantengezin een conflict ontstaan wanneer een kind iets wil doen dat zijn leeftijdsgenoten van de 'nieuwe' cultuur belangrijk vinden (bijvoorbeeld uitgaan), maar dat onaanvaardbaar is in de cultuur van zijn thuisland of in het gezin. Op dezelfde manier kunnen leden van verschillende subculturen zich beknot voelen in hun autonomie of in hun verlangen naar intimiteit wanneer gewoonten of rolpatronen botsen (bijvoorbeeld kledingvoorschriften, mensenrechten, rol van man en vrouw).

Hoe kunnen individuen of hele samenlevingen de tegenstellingen tussen hun behoefte aan autonomie en aan intimiteit verzoenen wanneer deze voortkomen uit verschillende waarden en rolverwachtingen? De sleutel ligt in het inzicht hoe sociale vaardigheden (zoals empathie, hulpverlenend gedrag en luistervaardigheid) het mensen en groepen uit verschillende subculturen gemakkelijker kunnen maken om hun respectieve rolverwachtingen en waarden zodanig bij te stellen dat deze niet langer tegenstrijdig maar complementair zijn. Samenlevingen moeten zorgen voor meer structurele steun en middelen om de interactie tussen mensen van verschillende subculturen te bevorderen en wel op zo'n manier dat die interacties een gezamenlijke bron van vreugde en trots vormen. Bijvoorbeeld door evenementen op school of in het verenigingsleven waaraan kinderen en ouders bijdragen op basis van hun eigen culturele achtergrond: muziek, kunst of recepten. Kortom, we moeten begrijpen hoe mensen dankzij sociale vaardigheden een conflict tussen autonomie en intimiteit oplossen dat ontstaat ten gevolge van een waardeconflict. We moeten kansen creëren voor activiteiten die op school, in het verenigingsleven en op openbare plaatsen aanzetten tot sociaal gedrag.

De groepsexperimenten van Muzafer en Carolyn Sherif leveren een blauwdruk met principes voor dergelijke gezamenlijke activiteiten. Kinderen op zomerkamp die continu betrokken waren in groepsactiviteiten met een competitief element (bijvoorbeeld sport), gedroegen zich agressief en asociaal tegenover kinderen van andere teams, zelfs buiten de activiteit (bijvoorbeeld tijdens het ontbijt). Maar toen de kinderen (experimenteel gemanipuleerd) geconfronteerd werden met een probleem dat hen allen aanging (de waterleiding naar het kamp was afgesloten), werkten ze niet alleen samen om het op te lossen, maar gedroegen ze zich vriendelijker en hulpvaardiger tegenover kinderen die ze een paar dagen tevoren nog met gebrek aan respect hadden behandeld.

Heel wat samenlevingen beschikken over een reeks voorzieningen om tegemoet te komen aan de universele behoeften van de mens, zoals een onderwijssysteem, gezondheidszorg, sociale zekerheid, kinderopvang, ouderschapsverlof en democratische structuren. Wat volgens ons in postindustriële maatschappijen echter ondergewaardeerd en ondervertegenwoordigd is, is de mate waarin structuren en middelen in een gemeenschap burgers regelmatig betrekken in gezamenlijke sociale en multiculturele activiteiten en kinderen veelvuldig de kans geven om hun sociale vaardigheden te ontwikkelen.

De sleutels

- → **Drie universele menselijke behoeften moeten vervuld zijn om gelukkig te kunnen zijn: intimiteit, bekwaamheid en autonomie.**
- → **Om daarin een hoog niveau te bereiken is het cruciaal dat kinderen met zorg worden opgevoed zodat ze sociale vaardigheden en sociale interacties ontwikkelen.**
- → **Botsende behoeften kunnen worden verzoend tot complementaire behoeften wanneer samenlevingen structurele steun en middelen bieden om mensen aan te zetten tot gezamenlijke, sociale en interculturele activiteiten.**

Martin Guhn is postdoctorale fellow van de Michael Smith Foundation for Health Research & Human Early Learning Partnership aan de universiteit van British Columbia (Canada). Zijn belangstelling gaat vooral uit naar culturele en contextgebonden factoren en emotionele en sociale vaardigheden van kinderen.

Anne Gadermann is postdoctorale fellow van het Department of Health Care Policy van de Harvard University (VS). Haar interesse richt zich op het welbevinden van kinderen en jongeren.

Vitamine V: het effect van vakantie

Reizen en toerisme zorgen vandaag voor één op de elf banen en 9 % van het brutowereldproduct (bwp). Recente enquêtes duiden erop dat veel werknemers meer vakantiedagen verkiezen boven meer salaris. De mensen lijken van mening te zijn dat het de moeite waard is om tijd en geld in vakanties te investeren. Maar wat zijn de effecten van vakantie op gezondheid, welbevinden en arbeidsprestaties? Dr. **Jessica de Bloom** en dr. **Sebastian Filep** nemen je mee op reis naar de nieuwe wereld van het vakantieonderzoek.

De universele verklaring van de rechten van de mens stelt in artikel 24: 'Eenieder heeft recht op rust en op eigen vrije tijd, met inbegrip van een redelijke beperking van de arbeidstijd, en op periodieke vakanties met behoud van loon.' Voor werkenden geldt vrije tijd algemeen als een bron van welbevinden, omdat het hun de gelegenheid biedt om uit te rusten van het werk, om sociale relaties op te bouwen en te onderhouden, en om zich te wijden aan activiteiten van hun eigen keuze. Vakantie, begrepen als een relatief lange en ononderbroken periode van vrije tijd, is een krachtig wapen tegen werkstress en een van de hoofdingrediënten voor de kwaliteit van het leven.

Positieve emoties

Recent wetenschappelijk onderzoek bewijst overtuigend dat vakantie bevorderlijk is voor de gezondheid en het welbevinden van werkende mensen. Zo hebben verscheidene langlopende epidemiologische studies aangetoond dat **regelmatige vakanties het risico op hart- en vaatziekten, hartaanvallen en zelfs acute coronaire dood verkleinen.**

Verandering van landschap en routines bevordert het mentaal loslaten van de zorgen van alledag, en helpt mensen om spanning af te bouwen en zodoende letterlijk te ontspannen. Op het werk zijn het strakke tijdroosters, collega's, klanten en leidinggevenden die het dagelijkse handelen van werkenden dicteren, maar de vrije tijd gunt werkenden de vrijheid om te doen en laten wat ze willen. Ook geeft vrije tijd mensen de kans **om tijd door te brengen met hun dierbaren, wat positieve emoties met zich meebrengt en het denken en handelen van mensen verruimt.** Op reis gaan naar onbekende oorden kan ook bijdragen tot een beter of dieper begrip van andere culturen. Uit een studie onder jonge rugzaktoeristen blijkt dat de meesten van hen weer thuiskomen met het idee dat ze op een positieve en inhoudelijke manier zijn veranderd en dat centrale elementen van hun persoonlijkheid zijn gerijpt.

Daarnaast geven mensen aan dat hun humeur, energie en welbevinden er tijdens vakanties op vooruitgaan. De afscheiding van stresshormonen neemt af, evenals spierklachten en vermoeidheid. **Dat geldt in het bijzonder voor vakantiegangers die beschikken over een grote mate van autonomie, die goed slapen, zich ontspannen en het werk uit hun hoofd kunnen zetten.** Onderzoek toont ook aan dat vakantiegangers tijdens hun reis de aansluiting met hun dierbaren terugvinden via kwaliteitsvolle gesprekken en dat het samen doorbrengen van vrije tijd de communicatie en verbondenheid binnen het gezin vergroot.

Die positieve effecten blijken nagenoeg hetzelfde als je verschillende soorten vakanties van verschillende lengte met elkaar vergelijkt. Dat betekent dat het nauwelijks iets uitmaakt hoe mensen hun tijd tijdens vakanties besteden of hoelang ze weg zijn van het werk. Zelfs een korte vakantie die je thuis doorbrengt, kan het welbevinden erop vooruit doen gaan. Hoofdzaak is dat de activiteiten die mensen op vakantie ontplooien, aansluiten op hun persoonlijke voorkeuren en behoeften.

Het oog van de werkgever

Het recht op betaald verlof werd ingevoerd om de volledige arbeidscapaciteit van werknemers te behouden en te herstellen. Dat recht is tegenwoordig een integraal onderdeel van het moderne werkzame leven. Toch beschouwen veel werkgevers vakantiedagen nog altijd als verloren tijd als het gaat om productiviteit. Wat zegt wetenschappelijk onderzoek daarover?

Uit een aantal dagboekstudies waarbij werkenden werden gevolgd tijdens hun werkweken en in hun vrije tijd komt naar voren dat **uitgeruste werknemers hun werk als minder veeleisend ervaren, dat ze eerder bereid zijn collega's te helpen en ze zich vrijwillig**

melden voor extra taken. Ook is er verband aangetoond tussen een algemene vakantiesluiting en een lager ziekteverzuim achteraf.

Een experimentele studie onderzocht veranderingen in creativiteit voor en na een drieweekse zomervakantie tijdens een opdracht waarvoor de deelnemers nieuwe ideeën moesten aanbrengen. De mate van originaliteit bleef gelijk, maar het spectrum van de ideeën die iedere persoon genereerde, bleek na een vakantie gevarieerder te zijn, wat betekent **dat vakantiegangers na terugkeer op het werk cognitief flexibeler zijn.** Dus een reis naar Cuba maakt niet meteen een Hemingway van je, maar na een vakantie is de kans groter dat je verschillende aspecten van een probleem bekijkt en dat je vermijdt terug te vallen op conventionele ideeën en standaardoplossingen. Waarschijnlijk verruimt reizen inderdaad de geest.

Korte duur

Er is ook minder goed nieuws. In het algemeen zijn de positieve effecten van vakantie op gezondheid en welbevinden maar van korte duur en vaak verdampen ze al binnen de eerste week na terugkeer. En wat betreft ecologische duurzaamheid vormt de uitstoot van broeikasgassen die direct verband houden met reizen een gevaar voor ons milieu.

Daarnaast is vakantie ook in verband te brengen met **prestatiedalingen.** Zo boeken leerlingen na de zomervakantie lagere cijfers in vergelijking met tests die ze in het voorjaar afleggen – vooral op het vlak van rekenen en spelling. Die mindere prestaties zijn nog uitgesprokener bij leerlingen met een bescheidener sociaal-economische achtergrond die gedurende de zomermaanden vermoedelijk geen steun krijgen van hun ouders bij deze vaardigheden. In dezelfde geest wordt het zomerseizoen in verband gebracht met pieken in het sterftecijfer in ziekenhuizen als gevolg van medische fouten. Hoewel dit misschien voor een deel valt te verklaren door factoren zoals de instroom van nieuwe artsen terwijl ervaren medisch personeel op vakantie is, kan toch ook het verminderen van vaardigheden tijdens een lange afwezigheid van het werk een rol spelen. Al met al stellen deze bevindingen toch vraagtekens bij het gebruik in veel westerse landen om het voltallige personeel gedurende een paar weken tegelijk vakantie te laten nemen.

Effecten verlengen

Onze adviezen:

→ Neem op gezette tijden vakantie (niet per se ver van huis) als tegenwicht voor werkstress.

- → Probeer tijdens vakanties je werk mentaal los te laten en je echt te ontspannen.
- → Probeer tijdens je vakantie zo autonoom mogelijk te zijn.
- → Maak tijd voor en praat veel met je dierbaren tijdens vakanties.
- → Las na terugkeer van vakantie enkele overgangsdagen in voordat je weer aan de slag gaat.

Om maximaal te profiteren van de impact van vakantie op individueel en op maatschappelijk vlak, is het verstandig om standaardregelingen ter discussie te stellen en om op zoek te gaan naar (en te experimenteren met) strategieën die de heilzame effecten van vakantie mogelijk verlengen. Vakantiedagen evenwichtiger over een heel jaar spreiden, meer korte vakanties inbouwen en een geleidelijke overgang van vakantie naar het werk zouden een manier kunnen zijn om dat te bereiken.

Hoe gezond vakantie ook is, het recht op verlof is voor een groot percentage van de werkenden in de wereld nog geen verworvenheid. Het is afwachten of en wanneer vakantie een universeel recht wordt.

De sleutels

- → **Recent wetenschappelijk onderzoek bewijst overtuigend dat vakantie bevorderlijk is voor de gezondheid en het welbevinden van werkende mensen. Dat geldt in het bijzonder voor vakantiegangers die beschikken over een grote mate van autonomie, die goed slapen, zich ontspannen en het werk uit hun hoofd kunnen zetten.**
- → **Hoofdzaak is dat de activiteiten die mensen op vakantie ontplooien, aansluiten op hun persoonlijke voorkeuren en behoeften.**
- → **Goed uitgeruste werknemers ervaren hun werk als minder veeleisend, tonen zich eerder bereid om collega's te helpen en melden zich vrijwillig voor extra taken. Ook in cognitief opzicht zijn ze flexibeler.**

Arbeids- en organisatiepsycholoog **dr. Jessica de Bloom** werkt als onderzoeker bij het Institute for Advanced Social Research van de Universiteit van Tampere (Finland).

Dr. Sebastian Filep is gespecialiseerd in onderzoek naar de verbanden tussen toerisme en welbevinden, werkt als hoofddocent aan de University of Otago (Nieuw-Zeeland) en is honorary fellow aan de Victoria University (Australië). Samen streven deze twee globetrotters ernaar de kloof te overbruggen tussen beide tot op heden afzonderlijke onderzoeksterreinen met de start van interdisciplinaire onderzoeksprojecten rond de psychologie van toerisme.

'We moeten leren pessimisme te gebruiken als een recept voor opgewektheid.'

Een goed leven

'Individueel moeten we een goed leven nastreven, niet een gelukkig leven. Allemaal samen moeten we een rechtvaardige maatschappij nastreven, niet een gelukkige maatschappij. En alleen als het ons meezit, zullen al die inspanningen ons leven en dus onze maatschappij gelukkiger maken dan anders het geval zou zijn geweest. Maar een zekerheid is dat niet.' **Philippe Van Parijs** vraagt zich af: 'Waarom niet? En doet dat er iets toe?'

Een welkom neveneffect

Hoe kunnen samenlevingen rechtvaardiger worden? Waardoor kunnen ze gelukkiger worden? Zijn beide dan niet nauw met elkaar verbonden? Op veel gebieden wel. Als we onze samenleving rechtvaardiger maken, moeten we bijvoorbeeld iedereen een minimale materiële zekerheid garanderen. Dat zou mensen die nu op het randje van de bestaanszekerheid balanceren heel wat kopzorgen besparen. Een rechtvaardiger maatschappij maakt ook een eind aan schaamteloos oneerlijke privileges, zodat het leven van mensen die niet van die privileges genieten niet wordt vergald door wrok, woede en verbolgenheid.

En toch is er geen garantie dat een zo rechtvaardig mogelijke maatschappij een zo gelukkig mogelijke maatschappij zal zijn. Omwille van die grotere rechtvaardigheid moeten we bevoordeelde mensen misschien een aantal zaken ontnemen waaraan ze gewend zijn (en die ze hard zullen missen) en die 'rijkdom' (in welke vorm dan ook) overhevelen naar mensen die objectief gezien minder bevoordeeld maar wel gelukkiger zijn, omdat ze hun verlangens hebben aangepast aan hun bescheiden omstandigheden. Grotere rechtvaardigheid betekent ook gelijke kansen. In 1949 stelde Samuel Stouffer in zijn studie *American Soldier* echter iets vast wat nadien door ander sociologisch onderzoek werd bevestigd: wanneer groepen die vroeger weinig kansen kregen, meer kans krijgen om op te klimmen op de maatschappelijke ladder, kan er een dynamiek van relatieve deprivatie ontstaan, waardoor de ontevredenheid uiteindelijk groter is dan tevoren, zowel in de groep met verbeterde kansen als in de groep met afgenomen kansen.

Waar het op neerkomt, is dat ongelukkig zijn te maken heeft met de kloof tussen wat je hebt en wat je verlangt, terwijl onrechtvaardigheid te maken heeft met de kloof tussen wat je hebt en dat waarop je eerlijk recht hebt. Doorgaans is er geen reden om te veronderstellen dat wat iemand verlangt per definitie gelijk is aan dat waarop hij eerlijk recht heeft. **Het is dan ook niet verwonderlijk dat we door onrechtvaardigheid weg te werken – zoals onze plicht is – toch meer ongeluk kunnen creëren.**

Het heeft dus weinig zin om van maximaal geluk een collectieve doelstelling te maken. Het is logischer dat we maximaal geluk als doel stellen in ons individuele leven, maar dan wel binnen de grenzen die eerlijke collectieve regels ons opleggen. Er zijn twee – slechts twee – manieren waarop ieder van ons kan proberen gelukkiger te worden: door wat we hebben dichter te brengen bij wat we willen en door wat we willen dichter te brengen bij wat we hebben. Geen van beide methoden slaat alleen op materiële goederen. Allebei zijn ze even bruikbaar voor onze filantropische ambities als voor onze consumptiehonger. Allebei zijn ze even bruikbaar voor onze machtshonger als voor onze romantische hartstocht. Welke van beide methoden we ook willen gebruiken, eerst en vooral moeten we ons afvragen of geluk wel degelijk ons doel in het leven is. En dat is het niet. Ons streefdoel zou moeten zijn een goed leven te hebben, een leven dat – als we er grondig over nadenken – goed is volgens onze eigen normen. **Wellicht kennen we allemaal wel iemand die we verachten, maar die toch een vrij gelukkig leven leidt of leidde,** zijn er mensen die we bewonderen, maar die niettemin een vrij miserabel bestaan kennen of kenden, die voortdurend proberen het onbereikbare te bereiken. Er zijn voorbeelden te over van gekwelde kunstenaars die zichzelf de dood injoegen, van opstandelingen die zichzelf en hun familie kwijtraakten door zich tevergeefs te verzetten tegen iets waaraan hun buren zich met een glimlach aanpasten. Geluk is niet wat ons leven goed maakt in termen van morele of conceptuele noodzaak, maar kan wel vaak een element of soms een neveneffect zijn van het feit dat we een leven leiden dat wij goed vinden.

Geluk helpt ons een goed leven te leiden omdat het ons sterker maakt. Frustratie, afgunst, teleurstelling, wanhoop en verdriet zijn stuk voor stuk afmattend. Het is daarom nuttig dat we onze psyche zo proberen te sturen dat we dergelijke gevoelens uit de weg gaan, niet alleen om ons leven gelukkiger te maken, maar ook om het beter te maken. Zo is het wijs

om uit de greep te blijven van de 'luxekoorts', de destructieve wedloop om steeds meer buitensporige materiële consumptie, door een soberder smaak te ontwikkelen en zo een gelukkig leven te leiden onder onze stand. Op eenzelfde manier **moeten we leren tegenslagen om te buigen in kansen**. We moeten leren om onze mislukkingen en blunders te vergeten – maar er wel lessen uit trekken zodat we niet in dezelfde fouten vervallen – en vooruitblikken in plaats van tijd te verspillen aan nutteloze spijt. We moeten leren – zeker vanaf een bepaalde leeftijd – om elke extra dag te verwelkomen als alweer een onverdiend geschenk van het leven. We moeten leren de dingen die we niet kunnen veranderen te aanvaarden als de harde werkelijkheid, met inbegrip van de onafwendbaarheid van onze dood. En we moeten leren pessimisme te gebruiken als een recept voor opgewektheid: als we onze positieve verwachtingen temperen en onze negatieve voorspellingen overdrijven, zal ons leven vol aangename verrassingen zitten.

Op al die manieren vermijden we slopend ongeluk en blijven we de hoop, het evenwicht en het enthousiasme voeden die we nodig hebben om ons bezig te houden met de kleine en grote dingen die ons leven goed maken. Omgekeerd kan het goede in ons leven bijdragen tot ons geluk. Wie weet is het wel niet zo belangrijk dat ons leven minder gelukkig is dan het had kunnen zijn, zolang het volgens onze eigen maatstaven maar goed of zo goed mogelijk is. Als we proberen ons leven zo goed mogelijk te maken, schenkt ons dat een gemoedsrust, een sereniteit die we anders niet zouden bezitten. Tenminste, indien bepaalde voorwaarden vervuld zijn. Om een dergelijk geluk te kunnen bereiken, dienen we ons levenswerk misschien te zien als een bijdrage aan iets wat onze eigen vergankelijke persoon overstijgt, aan een gezin of doel, een organisatie of gemeenschap, groot of klein, iets waaraan we een deel van onze zorg besteden, een deel van onze inspanningen en een deel van onze gelukkige – en minder gelukkige – momenten. **Veel dingen die ons leven goed maken, zullen pas zichtbaar worden of in vervulling gaan als wij er niet meer zijn.** We zullen het dus niet weten. Maar we kunnen het wel hopen. En als we dat doen, kunnen we het geluk vinden. Niet omdat we het zochten, maar omdat het gewoon een welkom neveneffect is van doen wat we dachten te moeten doen.

De sleutels

- → **Elk apart moeten we een goed leven nastreven, niet een gelukkig leven. Allemaal samen moeten we een rechtvaardige maatschappij nastreven, niet een gelukkige maatschappij.**
- → **Er zijn twee – slechts twee – manieren waarop ieder van ons kan proberen gelukkiger te worden: door wat we hebben dichter te brengen bij wat we willen en door wat we willen dichter te brengen bij wat we hebben.**
- → **Ons streefdoel moet een goed leven zijn, een leven dat we, als we erover nadenken, kunnen beschouwen als goed volgens onze eigen maatstaven. Geluk kan een welkom neveneffect zijn van dat goede leven.**

Philippe Van Parijs (Hoover Chair in economische en sociale ethiek aan de UCL, Université catholique de Louvain in Louvain-la-Neuve, België) studeerde filosofie, recht, politieke economie, sociologie en linguïstiek in Brussel, Leuven, Oxford, Bielefeld en Berkeley. Hij is doctor in de sociale wetenschappen en filosofie en was gastdocent aan universiteiten overal ter wereld. Van zijn hand verschenen talrijke artikelen en boeken, waarvan de recentste getiteld is *Linguistic Justice for Europe and for the World*. Hij is medestichter en voorzitter van het Basic Income Earth Network. Als eerbetoon aan zijn uitzonderlijke wetenschappelijke onderzoek beeldde de Belgische post hem af op een officiële postzegel.

'Meer tv, minder geluk.
Dus, schakel de tv uit en schakel over op geluk.'

De koorts van overvloed

Noorwegen is een van 's werelds belangrijkste leveranciers van olie en gas, met een benijdenswaardig bnp en een gigantisch pensioenfonds. **Reidulf G. Watten** merkt echter op dat Noorwegen blijkbaar kampt met 'affluenza' (de koorts van overvloed) en zo een illustratie vormt van de *happiness paradox* – de band tussen geluk, rijkdom en inkomen die, zo blijkt uit talloze studies overal ter wereld, bijzonder zwak is. Geluk drijft op meer dan olie en gas alleen.

Zijn, zin, schoonheid en... waardigheid

De *Homo economicus* levert een onvolledig beeld op van de mens. Op basis van gegevens van de Norwegian Monitor (NM) schotelde Ottar Hellevik, een politiek wetenschapper van de universiteit van Oslo, ons intrigerend bewijs voor over andere aspecten van het Noorse leven en de Noorse samenleving in de voorbije jaren. De NM is een unieke databank, wat betreft zowel de methodologie (een reeks van tweejaarlijkse enquêtes) als de omvang (per enquête 2200 – 4000 respondenten). De NM dekt de jaren 1985 tot 2007 en beslaat als verzamelonderzoek diverse domeinen, onder meer geluk, politiek gedrag en waardeoriëntatie. Het bevraagde staal is representatief voor de bevolking van vijftien jaar en ouder.

In de periode 1985-2007 namen het inkomen en materieel welzijn in Noorwegen aanzienlijk toe. Niettemin was er geen vergelijkbare stijging van het geluksniveau. De neiging aan het einde van het vorige millennium om prioriteit te geven aan inkomen en materieel bezit was blijkbaar nadelig voor geluk, op een lichte stijging tussen 2001-2007 na. Andere belangrijke vaststellingen zijn:

- Er is geen verband tussen geluk en woonplaats, of dat nu een grote dan wel een kleine stad is of het platteland.
- Politieke waarden zijn eveneens van gering belang.
- Het opleidingsniveau en andere typische factoren die verband houden met de levensstijl, zoals drinken of roken, dragen niet bij tot het geluk.
- Moderne materialistische factoren, zoals passief tv-kijken, zijn nadelig. Hoe meer tijd Noren doorbrengen voor hun tv, hoe minder gelukkig ze zijn.
- Sommige aspecten van iemands persoonlijke economische situatie werken geluk in de hand. Dat is niet het inkomensniveau op zich, maar wel de subjectieve tevredenheid over dat inkomensniveau.
- Verhoogd geluk houdt verband met tevredenheid over eigen gezondheid en lichaam.
- Relationele factoren binnen de domeinen ‘zijn’ en ‘zin’ zijn cruciaal: tevredenheid over ons gezin, familie, vrienden en buren is een belangrijk criterium voor geluk.
- Je werk graag doen is essentiëler dan de aard of het belang ervan.
- Tevredenheid over sociaal-economische gelijkheid, vertrouwen in de politieke instellingen en andere mensen, en het bestaan van belangrijke sociale instellingen zijn van wezenlijk belang.
- Existentiële factoren als religie en religieuze activiteiten zijn positief gecorreleerd met geluk: hoe actiever, hoe gelukkiger.
- Matige fysieke inspanningen en genieten van de natuur dragen bij tot ons geluk.
- Hoe hoger onze actieve deelname aan esthetische en culturele activiteiten (concert, tentoonstelling, museum, theater, opera), hoe gelukkiger we zijn.

Onze waarden hangen eveneens samen met ons geluk. De NM stelde de voorbije vijf jaar een interessante verschuiving vast in de overheersende waarden in de Noorse samenleving. Terwijl materialistische waarden leiden tot minder geluk, verhogen idealistische waarden het geluk, ongeacht de leeftijd, het geslacht, de maatschappelijke klasse of economische status. Vooral waarden die betrekking hebben op sociaal-emotionele relaties – nabijheid van andere mensen – zijn van groot belang.

Net zo bestaat er een positief verband tussen geluk en waarden als altruïsme, antimaterialisme, zelfontplooiing en respect voor de wet.

Deze waarden wijzen erop dat geluk en levenskwaliteit gekoppeld zijn aan essentiële psychologische behoeften als emotionele en sociale verbondenheid. Hechte menselijke relaties, in staat zijn om te genieten van de natuur en schoonheid, 'vrij kunnen ademen' en beschikken over sociale, economische en culturele mogelijkheden voor een levenslange ontwikkeling van iemands menselijk potentieel lijken cruciaal. Om dat potentieel echter met succes te kunnen ontwikkelen, moet aan de lijst nog een factor worden toegevoegd: menselijke waardigheid. De Amerikaanse filosofe Martha Nussbaum is daarvan een fel pleitbezorgster. Ze somde tien elementen op die noodzakelijk zijn voor de menselijke waardigheid: leven, gezondheid, lichamelijke integriteit, de mogelijkheid om menselijke gevoelens te ontwikkelen, mogelijkheid om te denken en te dromen, emoties, praktisch redeneren, verbondenheid met andere mensen en levende wezens, zelfrespect, kunnen spelen en het vermogen om invloed uit te oefenen op je politieke en fysische omgeving. Ik ben ervan overtuigd dat ons potentieel voor geluk en een betere levenskwaliteit pas ten volle kan worden ontplooid als we meer aandacht besteden aan en meer respect hebben voor menselijke waardigheid in de maatschappij.

De sleutels

- → **In rijke landen is het nadelig voor het geluk om meer belang te hechten aan inkomen en materiële bezittingen. 'Zijn' en 'zingeving' zijn belangrijker.**
- → **Niet-materialistische waarden hangen nauw samen met geluk: schoonheid, vertrouwen, geloof, socio-emotionele relaties enzovoort.**
- → **Het potentieel voor geluk kan niet ten volle worden ontplooid zonder respect voor de menselijke waardigheid.**

Reidulf G. Watten is hoogleraar algemene psychologie in het departement Gezondheid, Sociale wetenschap en Psychologie van Lillehammer University College (Noorwegen). Zijn onderzoek richt zich op levenskwaliteit, persoonlijkheid, gezondheidspsychologie, biologische psychologie en visuele perceptie. Maar hij geniet ook van vissen, jagen, zingen en klassieke muziek.

'De acht domeinen die de levenskwaliteit beïnvloeden, zijn universeel voor alle mensen.'

Handicapabel

'Oranje en geel zijn positieve kleuren. Breng die kleuren in je leven. Weg met dat blauw, grijs en bruin, want die kleuren maken je depressief. Je staat midden in het kleurenrad, laat de pijl stoppen op de positieve kleuren. Laat de zon schijnen in je leven!' Die woorden zijn de vertaling van een gedicht van Meagan Ipsen. 'Lees de woorden opnieuw', zo vraagt professor **Ralph Kober**, 'nu je weet dat ze geschreven zijn door iemand met een mentale handicap.' Zo zijn er miljoenen mensen. Wat weten we over hun geluk?

Positieve kleuren

Nu je beseft dat dit gedicht is geschreven door iemand met een mentale handicap, schaaf je hopelijk je eventuele vooroordelen bij over de mogelijkheden van mensen met een dergelijke aandoening.

Wat weten we eigenlijk over de levenskwaliteit van mensen met een mentale handicap? Ten eerste moeten we opmerken dat de basiscomponenten van levenskwaliteit universeel zijn voor alle mensen. De relatieve waarde die aan de componenten wordt gehecht kan echter verschillen van cultuur tot cultuur. Anders gezegd: de positieve aspecten die zorgen voor een kwaliteitsvol leven zijn dezelfde in China als in de VS, maar het belang dat aan de diverse aspecten wordt gehecht, kan verschillen. Ten tweede dienen we te beseffen dat de levenskwaliteit bestaat uit objectieve (kwantitatieve) en subjectieve (kwalitatieve) componenten. Ten derde weten we dat de levenskwaliteit afhangt van persoonlijke (interne) en omgevingsfactoren. Uit die drie vooronderstellingen volgt bijna logischerwijs dat levenskwaliteit een meerdimensionale constructie is.

Het gros van de onderzoekers is tot de conclusie gekomen dat levenskwaliteit voor iedereen bestaat uit dezelfde acht domeinen: persoonlijke ontwikkeling, zelfbepaling, interpersoonlijke relaties, sociale inclusie, rechten, emotioneel welbevinden, fysiek welbevinden en materieel welzijn.

Kunnen we iets ondernemen om de levenskwaliteit van mensen met een mentale handicap te verbeteren? Zeker. Hoewel over de problematiek uitgebreide studies bestaan, beperk ik me tot drie factoren. Ten eerste kunnen we voor **aangepaste huisvesting** zorgen. Onderzoek naar het effect van de-institutionalisering (vervangen van grote residentiële instellingen voor mensen met een mentale handicap door kleinschalige ondersteunende dienstverlening binnen de gemeenschap) heeft uitgewezen dat dit een positieve invloed heeft op de levenskwaliteit. Ten tweede kunnen we mensen met een mentale handicap **aangepast werk** geven. Net zoals bij valide mensen zal dit hun gevoel van eigenwaarde en hun levenskwaliteit bevorderen. Voor mensen met lichte mentale handicap resulteert een baan op de reguliere arbeidsmarkt (waar hij of zij in een open omgeving samenwerkt met collega's zonder handicap) in een hogere levenskwaliteit dan een baan in een beschermde werkplaats (waar iemand met een mentale handicap voornamelijk samenwerkt met andere mensen met een handicap). Hoe tewerkstelling de levenskwaliteit precies beïnvloedt, is nog niet helemaal duidelijk. Is het de baan op zich, het hogere inkomen of (wat het waarschijnlijkste is) de combinatie van beide? Wat ook het antwoord mag zijn, de derde maatregel die we kunnen nemen is een **inkomensverhoging** (of grotere financiële toelage) voor mensen met een mentale handicap. Uit mijn huidige onderzoek blijkt dat een relatief kleine inkomensverhoging van het (doorgaans bescheiden) inkomen van mensen met een mentale handicap hun levenskwaliteit aanzienlijk kan verbeteren. In heel wat landen heeft de overheid haar beleid in die drie domeinen (huisvesting, tewerkstelling en inkomen) al bijgestuurd en is het leven van mensen met een mentale handicap erop vooruitgegaan. Ze worden niet langer in een instelling gestopt, er bestaan specifieke programma's om hen te helpen in hun zoektocht naar werk en in sommige landen is het verboden hen minder te betalen dan het wettelijke minimumloon.

Ik mag hier niet voorbijgaan aan een boeiend nieuw domein in het onderzoek over de levenskwaliteit van mensen met een mentale handicap, namelijk de levenskwaliteit van het gezin.

Hiermee bedoel ik de levenskwaliteit van het gezin als een eenheid, in tegenstelling tot de optelsom van de individuele levenskwaliteit van alle gezinsleden. Gezien de cruciale rol van het gezin in elke samenleving, is het duidelijk dat de levenskwaliteit van het gezin bijzonder belangrijk wordt wanneer de krijtlijnen van het gehandicaptenbeleid worden uitgezet. Als een van de gezinsleden mentaal gehandicapt is, verschuift de 'normale' dynamiek tussen de gezinsleden vaak in de richting van de persoon met de handicap. Die wijziging in dynamiek kan ertoe leiden dat het gezin minder doeltreffend functioneert. Vandaar dat het ontzettend belangrijk is dat we inzicht verwerven in de levenskwaliteit van het gezin als eenheid. Als we dat inzicht hebben, kunnen we manieren zoeken om de levenskwaliteit van het gezin te verbeteren: door misschien niet alleen het gezinslid met een mentale handicap te ondersteunen, maar bijvoorbeeld ook aan de andere gezinsleden steun te bieden.

Hoewel de levenskwaliteit van mensen met een mentale handicap en hun gezin er de voorbije decennia ontegensprekelijk op vooruit is gegaan, toont onderzoek aan dat de globale levenskwaliteit van de meeste mentaal gehandicapten en gezinnen met een mentaal gehandicapt gezinslid nog steeds onaanvaardbaar laag is, vaak zelfs behoorlijk lager dan het gemiddelde. Er is dus nog veel werk aan de winkel. Het is de plicht van ieder van ons om ervoor te zorgen dat dit werk ook wordt gedaan. Ik ben ervan overtuigd dat we er dankzij de energie en passie van onderzoekers en pleitbezorgers in dat domein wel zullen komen – ooit.

De sleutels

- → **De basiscomponenten van levenskwaliteit zijn universeel en gelden voor alle mensen, ook voor mensen met een mentale handicap.**
- → **We kunnen de levenskwaliteit van mensen met de mentale handicap verbeteren door hun aangepaste huisvesting, een plaats op de reguliere arbeidsmarkt en een inkomensverhoging te bezorgen.**
- → **We mogen ons niet enkel concentreren op de persoon met een mentale handicap, ook de levenskwaliteit van het gezin als eenheid telt.**

Ralph Kober is universitair hoofddocent management accounting aan de Monash University in Australië. Zijn onderzoeksinteresse richt zich zowel op management accounting als op de levenskwaliteit van mensen met een mentale handicap. Hij raakte betrokken bij onderzoek naar levenskwaliteit toen hij zijn PhD afwerkte en publiceerde artikelen in vaktijdschriften over levenskwaliteit, mentale handicap en accounting.

'Onze cultuur is rijp voor een update waarin relaties de prioriteit krijgen die ze verdienen.'

Vijf domeinen voor 360° geluk

'Veel dingen – met inbegrip van materiële verworvenheden – dragen bij tot iemands geluk, maar er is slechts één factor die daarbij het leeuwendeel voor zich opeist: de medemens. De kwaliteit en kwantiteit van sociale en intieme relaties spelen een voorname rol als bron van geluk. Eenzame mensen zijn doorgaans heel ongelukkig. Eenzaamheid verspreidt zich echter snel en wereldwijd', zegt prof. **Stefano Bartolini**. Hoe kunnen we ieders geluk vergroten? Vijf domeinen zijn verantwoordelijk voor 360° geluk.

Het probleem is dat eenzaamheid een massaverschijnsel is geworden. Eén op de vier Amerikanen heeft niemand die hij in vertrouwen kan nemen. Als je familieleden niet meetelt, geldt dat voor meer dan de helft van de Amerikanen. Tussen 1960 en 2000 **is het percentage 'individuen zonder verwanten' bijna verdrievoudigd** van 6 tot 16 % van alle mensen. Hoewel Europa het niet erg veel beter doet – vooral het Verenigd Koninkrijk niet – verspreidt hetzelfde verschijnsel zich in hoog tempo in snel ontwikkelende economieën zoals China en India. Eenzaamheid treft alle generaties, ook kinderen en bejaarden. Deze ontwikkeling moeten we zien in het licht van de meer algemene trend van de teloorgang van menselijke relaties: steeds méér wantrouwen, instabiliteit binnen het gezin, generatiekloven, en steeds mínder solidariteit, eerlijkheid, sociale en maatschappelijke participatie, en contacten tussen vrienden, buren en familieleden. Is het verval van onze relaties een onvermijdelijk nevenverschijnsel van economische welvaart? Nee. Er moet en kan veel gebeuren om deze trends te keren. Te beginnen met verandering in het stadsleven, het onderwijs, de reclame, de gezondheidszorg en op het werk.

1. **Steden** draaien, sinds hun ontstaan vijfduizend jaar geleden, helemaal rond relaties. Essentieel voor het leggen van contacten was de gemeenschappelijke ruimte, gesymboliseerd door het stadsplein, waar stadsbewoners van alle rangen en standen elkaar konden ontmoeten. Steden waren gebouwd voor mensen; alle straten waren voetgangersgebied. De komst van de auto transformeerde de allermenselijkste van alle omgevingen in een gevaarlijke plek voor de mens. Auto's bezetten de openbare ruimte zodat het sociaal weefsel uiteenvalt. In moderne steden zijn hoogwaardige dingen (mooie huizen, elegante nachtclubs, aantrekkelijke winkels, chique verenigingen, leuke voorstellingen) privé en peperduur, terwijl de gemeenschappelijke en gratis dingen – het sociale klimaat van de straten en pleinen dat lawaaierig, vervuild en gevaarlijk is vanwege het verkeer – in verval zijn. Die verwording dwingt ons om nieuwe kosten te maken, bijvoorbeeld bij het grootbrengen van onze kinderen. Auto's maakten een einde aan de tijd waarin kinderen zich onbekommerd door hun wijk konden bewegen. Het wegvallen van die vrijheid heeft hun manier van leven radicaal veranderd en heeft dat leven eenzamer en duurder gemaakt. Kinderen brengen veel meer tijd thuis door en áls ze de deur uitgaan, moeten volwassenen voortdurend een oogje in het zeil houden. In welke mate zijn onze uitgaven aan speelgoed (en aan baby-

sitters) erop gericht kinderen die almaar vaker alleen zijn plezier en gezelschap te bezorgen? Analoge opmerkingen kun je maken over de kosten van de bejaardenzorg, aangezien de moderne stad oudere mensen in een afhankelijkheidspositie dwingt en hun de mogelijkheid ontneemt autonome sociale relaties op te bouwen. **Een dergelijk stadsleven produceert een bloeiende eenzaamheidsindustrie.**

Stadsplanning moet de transformatie van de huidige 'economiesteden' tot 'relatiesteden' stimuleren op basis van de reorganisatie van ruimte en mobiliteit. Dit proces is in veel Europese en Latijns-Amerikaanse steden al begonnen. De hoofdonderdelen zijn de volgende. Als structurele maatregel moet het aantal privéauto's drastisch worden beperkt om alle stadsbewoners aan te moedigen het openbaar vervoer te gebruiken. Er moeten veel pleinen, parken, kwaliteitsvolle voetgangersgebieden, sportcomplexen en dergelijke zijn. Ideale voetgangerszones bevinden zich aan het water: langs de kust, oevers van meren en rivieren, grachten en kanalen. Die gebieden moeten de hele stad doorkruisen en zodoende een netwerk voor voetgangers en fietsers vormen. Er zouden zo veel mogelijk brede voet- en fietspaden moeten zijn. Steden zouden moeten worden omgeven door uitgestrekte stukken gemeentegrond waarop parken en woonwijken kunnen worden aangelegd.

2. **Tevredenheid met ons werk** is ook een fundamentele gelukscomponent. Jobtevredenheid hangt in krachtige mate af van de kwaliteit van de relaties die we ervaren op het werk, en die wordt weer beïnvloed door de wijze waarop het werk is georganiseerd. In de afgelopen dertig jaar heeft die organisatie flinke steken laten vallen, met almaar meer stress, incentives, concurrentie, druk, conflicten en controlesystemen tot gevolg. Die tendens produceert geen betere relaties noch extra gelukkige of productieve werknemers. Sterker nog, veel studies tonen aan dat er een hechte relatie bestaat tussen productiviteit en welbevinden op de werkplek. Tevredener werknemers zijn productiever, maken minder fouten, zijn stipter, werken beter samen en lossen problemen doeltreffender op. Kortom, **ongelukkige mensen werken slecht.** Het is mogelijk welbevinden en productiviteit te combineren door te focussen op organisatiemodellen die voornamelijk gericht zijn op niet-financiële stimuli en door werk en privé beter op elkaar te laten aansluiten. Het werk zou interessanter en minder stressvol moeten worden, werknemers zouden het moeten gaan ervaren als zinvol en als een manier om relaties op te bouwen en sociale contacten te leggen. De jongste jaren zien we steeds meer voorbeelden van succesvolle bedrijven die met dergelijke organisatiemodellen werken.

3. **Onderwijs.** Aangezien het onderwijs gericht is op en vormgegeven door de arbeidsmarkt, weerspiegelt het de organisatie van het werk en vertoont het dezelfde tekortkomingen. Dezelfde woorden die we noemden bij de organisatie van het werk gelden ook voor de mangelende organisatie van scholen: incentives, concurrentie, druk enzovoort. Een

en ander maakt dat scholen primair gericht zijn op de ontwikkeling van cognitieve vaardigheden en relaties die gebaseerd zijn op discipline en concurrentie. **Het onderwijs moet radicaal heruitgevonden worden en zich sterk maken voor emotionele en relationele vorming, zaken die nu worden ontmoedigd.**

4. Reclame kan een zeer negatieve invloed hebben op het welbevinden en de waarden en relaties van mensen. Die invloed werkt bij kinderen dieper door dan bij volwassenen. Reclame prikkelt consumptiefantasieën en verspreidt het idee dat meer geld de oplossing is voor de meeste persoonlijke en sociale problemen. Advertenties willen doen geloven dat consumptie een vorm van persoonlijke expressie is: 'Ik koop dus ik ben'; de consumptiegoederen die we bezitten, 'zijn een verlengstuk van onszelf'. Het resultaat van deze obsessieve prikkeling om almaar meer te bezitten is de internalisering van de volgende existentiële boodschap: 'Als je je onzeker, niet goed genoeg, uitgesloten, een loser voelt, dan zul je je beter voelen als je iets koopt. De bevestiging van jouw lidmaatschap van deze samenleving bestaat erin dingen te kopen.' Andere remedies om ongenoegen te bestrijden zouden beter kunnen werken – bijvoorbeeld minder kopen zodat je ook minder hoeft te werken en meer kunt investeren in je relaties – maar die strategie zal de fantasiewereld van de reclame nooit opperen. **Er wordt reclame gemaakt voor zaken die verkoopbaar zijn, maar niemand verkoopt tijd of liefde.**
Reclame is een gevaarlijk product. Dat is ook de reden dat de hoeveelheid reclame waaraan we worden blootgesteld ingrijpend moet worden verkleind, vooral reclame die gericht is op kinderen. Een zware belasting op reclame en een verbod op tv-commercials gericht op kinderen (naar het voorbeeld van Zweden) zouden ernstig overwogen moeten worden.

Uit het feit dat regelgeving omtrent reclame gericht op kinderen ontbreekt of inadequaat is, blijkt – naast wat we al zeiden over onderwijs en de stedelijke omgeving – hoe weinig prioriteit onze samenlevingen toekennen aan het geluk van kinderen. Het niet zo verrassende resultaat van die geringe prioriteit is het leed onder steeds meer jongeren. Simpel gezegd komt het probleem erop neer dat de dingen die een groot gedeelte van de belevingswereld van kinderen gestalte geven – zoals hun steden, scholen en media – in hun opzet geen rekening houden met het welbevinden van die kinderen. De oplossing bestaat erin de organisatie van hun maatschappelijk leven af te stemmen op hun welbevinden.

5. In de gezondheidszorg blijkt uit studies hoezeer geluk invloed uitoefent op onze gezondheid en levensverwachting. In die zin zijn zorgstelsels de eindstations van leed. **Het gebrek aan welbevinden dreigt een gezondheidsprobleem te worden** dat druk zet op de gezondheidszorg, waarvan de kosten in de westelijke wereld steeds onhoudbaarder worden. Misschien besteden we te veel aan de zorg en kunnen we betere resultaten bereiken via beleid dat zich richt op een verbetering van het welbevinden. Ook is de kwaliteit van de relatie tussen patiënt en medisch personeel essentieel voor het welslagen van een behandeling. Toch gaapt er nog een kloof tussen het belang van dat relationele aspect en de geringe prioriteit die eraan wordt gegeven binnen artsenopleidingen en zorginstellingen.

Samengevat: in veel landen lijkt de sociale en economische ordening te eng gefocust te zijn op de economie. Een dergelijke sociaal-economische organisatie legt een buitensporig zwaar accent op de bevrediging van materiële behoeften en besteedt te weinig aandacht aan behoeften op relationeel vlak. De meeste geluksonderzoekers zullen het waarschijnlijk eens zijn met de woorden van Moeder Teresa, de armoede-expert bij uitstek: **'Eenzaamheid en het gevoel niet gewenst te zijn vormen de verschrikkelijkste armoede.'** De achteruitgang van relaties is echter niet een onafwendbaar nevenproduct van economische welvaart. Het is de prijs die we betaalden omdat onze cultuur zich grotendeels niet bewust was van het belang van relaties. We hebben volop ingezet op economische welvaart zonder te beseffen dat daarmee ook de relatiearmoede zou toenemen. De meeste beslissingen die we nemen bij de organisatie van ons sociaal leven zijn van invloed op onze relaties. En toch houden we geen rekening met die impact als we de organisatie van onze scholen, bedrijven, steden, media en zorgstelsels aanpakken. We nemen geen beslissingen omdat die bevorderlijk zouden zijn voor onze relaties en we vermijden geen beslissingen omdat die schadelijk zouden zijn voor relaties. Kortom, relaties zijn geen criterium bij onze keuzes. Onze cultuur is rijp voor een update waarin relaties de beleidsprioriteit krijgen die ze verdienen. Omdat relaties nu eenmaal de belangrijkste bron van ons geluk zijn.

De sleutels

- → **De kwaliteit en kwantiteit van sociale en intieme relaties spelen een voorname rol als bron van geluk. Eenzaamheid verspreidt zich echter snel en wereldwijd.**
- → **Er moet en kan veel gebeuren om deze trends te keren. Te beginnen met veranderingen in het stadsleven, op het werk, in het onderwijs, in de reclame en in de gezondheidszorg.**
- → **Onze cultuur is rijp voor een update waarin relaties de beleidsprioriteit krijgen die ze verdienen. Omdat relaties nu eenmaal de belangrijkste bron van ons geluk zijn.**

Prof. Stefano Bartolini is hoogleraar economie aan de Universiteit van Siena (Italië). Zijn onderzoek staat in het teken van de oorzaken van (en mogelijke oplossingen voor) het toenemend gebrek aan welbevinden, intermenselijke relaties, tijd en natuurlijke omgeving in ontwikkelde staten en ontwikkelingslanden. Over die thema's publiceert hij zowel in populaire bladen als in gezaghebbende academische tijdschriften.

'Het goede nieuws is dat we ook negatieve ervaringen relativeren.'

De sociale kring

Hoe eerlijk antwoord jij op de vraag 'Ben je gelukkig?'. De meeste mensen geven je de indruk het antwoord diep in zichzelf te zoeken. Toch is de realiteit lichtjes anders: we kijken hoofdzakelijk naar de mensen rondom ons. Prof. **Andrew Clark** wijst op het belang van de sociale kring.

We vergelijken constant

In mijn onderzoek naar geluk heb ik duizenden (of tien- of honderdduizenden) afzonderlijke antwoorden bekeken over vragen in verband met levensvoldoening, arbeidsvoldoening en andere maatstaven van subjectief welbevinden. Ik wilde vooral weten of mijn geluk bepaald wordt door wat mensen rondom mij overkomt. Met andere woorden: heeft geluk een sociale context?

Mijn analyse heeft me ervan overtuigd dat dit inderdaad het geval is. Die vaststelling is niet echt rooskleurig: **blijkbaar is de evaluatie van veel aspecten in het leven relatief.** Zo zal ik bijvoorbeeld gelukkiger zijn als ik meer verdien, maar ongelukkiger wanneer anderen meer verdienen. Dat betekent dat een algemene loonsverhoging, wanneer iedereen rijker wordt, ons niet echt gelukkiger maakt. Het goede nieuws is dat die vergelijking ook geldt voor negatieve ervaringen. Ons onderzoek wees uit dat werkloosheid een van de onaangenaamste of meest teleurstellende belevenissen is. In regio's met een hoge werkloosheidsgraad is dat effect echter minder uitgesproken, wellicht omdat werkloosheid daar minder stigmatiserend is.

Geluk is dus zowel sociaal als individueel: **andere mensen zijn belangrijk voor jouw welbevinden.** Ze zijn belangrijk door hun inkomen, door wat ze presteren op de arbeidsmarkt en waarschijnlijk door nog een heleboel andere dingen die ze doen. Ze zijn ook belangrijk in een algemene sociale betekenis. De kwaliteit van de interacties tussen mensen onderling en tussen individuen en organisaties is wellicht een sleutelelement in ons welbevinden. In recent onderzoek is gekeken naar de kwaliteit van de relatie tussen individuen en hun werkplek. Meer bepaald werd aan de respondenten gevraagd in welke mate ze het eens waren met de volgende stelling: Ik ben bereid harder te werken dan nodig om het bedrijf of de organisatie waarvoor ik werk te helpen slagen. Van de zeventien landen waarover we gegevens hebben, waren inwoners uit de VS en Canada het daarmee het meest eens, Fransen het minst. Die achterdochtige houding tegenover werk en organisaties in het algemeen, maakt mensen volgens mij niet gelukkig. De vraag is alleen wat we eraan kunnen doen…

De sleutels

- → **Geluk is sociaal. We vergelijken prettige en onprettige ervaringen met die van de mensen om ons heen.**
- → **De kwaliteit van de interacties tussen individuen is een sleutelelement voor welbevinden.**
- → **Een vertrouwensrelatie op het werk en met instellingen maakt mensen gelukkiger.**

Prof. Andrew Clark (School of Economics, Parijs, Frankrijk) werkte in het VK en de VS. Zijn onderzoeksdomeinen (170 voordrachten op conferenties en 130 artikelen in 53 gespecialiseerde tijdschriften) zijn arbeids- en levensvoldoening, sociale interacties en sociaal leren. Hij onderzocht zelfs het effect van loterijprijzen. Andrew Clark schreef rapporten voor de OESO en de Britse regering. Hij is lid van de Well-Being Group van de Verenigde Naties.

'Succes is zelden het resultaat van wat één persoon alleen doet.'

Trots en bescheidenheid

'Het is ontzettend belangrijk dat je positieve emoties in je leven ervaart. Gevoelens van vreugde, trots, verbondenheid, liefde en tevredenheid zijn de hoofdingrediënten van een gelukkig leven.' Maar **Michael Eid** heeft geleerd dat het essentieel is dat je die emoties in een sociale context verankert.

Het is niet alleen belangrijk om te weten dat sociaal contact een van de krachtigste bronnen van positieve emoties vormt en dat positieve emoties langer duren wanneer we bij anderen zijn. Even belangrijk is het te beseffen dat de kwaliteit van positieve emoties en hun impact op geluk verandert als de sociale context een rol gaat spelen.

Neem nu trots. Trots is in westerse culturen een belangrijke emotie, omdat het toont dat je succesvol bent, je doelstellingen hebt bereikt en je een groot gevoel van eigenwaarde bezit. Daarom zijn mensen die zich vaak trots voelen ook gelukkiger. Succes is echter zelden het resultaat van wat één persoon alleen doet: succes hangt af van wat andere mensen hebben bijgedragen en van een beetje geluk.

Mensen zijn vaak trots op hun verwezenlijkingen zonder te beseffen dat die tot op bepaalde hoogte (al dan niet overduidelijk) afhangen van de bijdrage van anderen, ook al dateert die bijdrage van lang geleden, zoals de invloed van ouders, leerkrachten of collega's. **Een essentiële voorwaarde voor echt geluk is volgens mij het besef dat je een gelukkig en succesvol leven leidt dankzij de hulp van anderen en gelukkig toeval.** Waarom? Omdat trots op die manier wordt gekoppeld aan bescheidenheid en dankbaarheid.

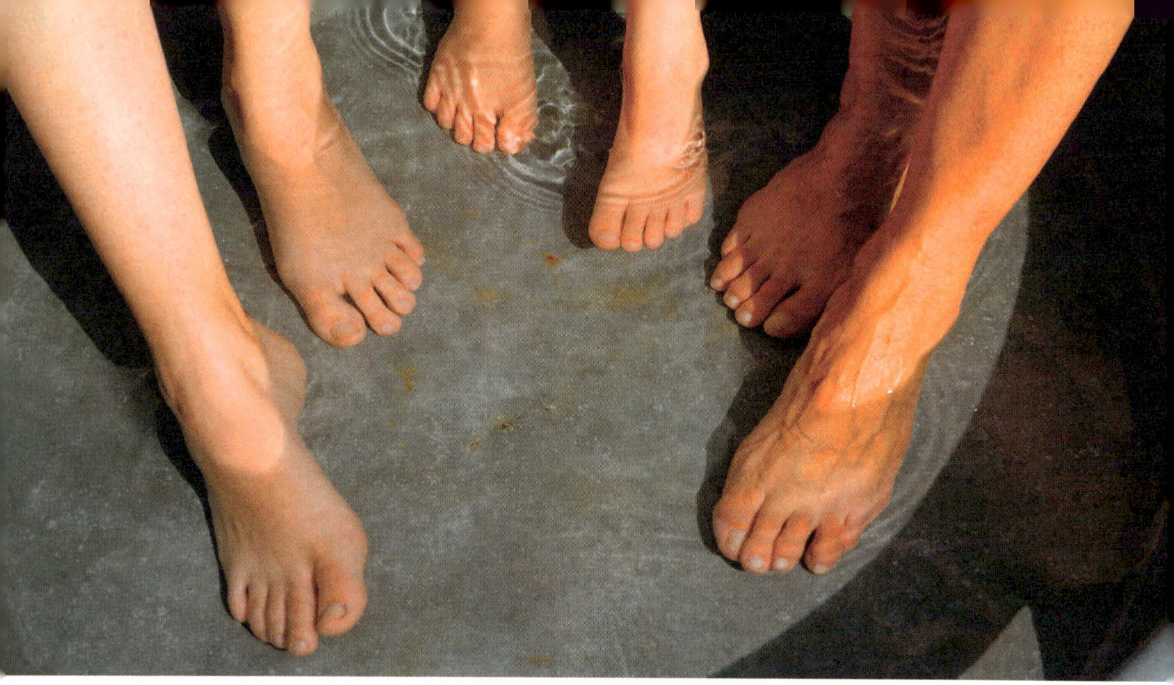

Trots zonder dankbaarheid is een veel zwakkere bron van langdurig geluk dan trots die wel gepaard gaat met dankbaarheid. In feite bestaat zonder dankbaarheid zelfs een risico op narcisme. **Een groot gevoel van dankbaarheid tegenover het leven in het algemeen en anderen in het bijzonder is een grote bron van geluk.** Dat geldt niet alleen voor trots, maar ook voor heel wat andere positieve emoties. Als individuele positieve emoties hand in hand gaan met sociale emoties zoals dankbaarheid, hebben ze een veel krachtiger uitwerking op ons geluk. Door geregeld te denken aan de positieve dingen in je leven en het gevoel van diepe dankbaarheid aan te wakkeren, vind je dan ook de weg naar het ware geluk.

De sleutels

→ **De kwaliteit van positieve emoties en hun impact op geluk verandert als de sociale context een rol gaat spelen.**

→ **Een essentiële voorwaarde voor echt geluk is het besef dat je een gelukkig en succesvol leven leidt dankzij de hulp van anderen en gelukkig toeval.**

→ **Als individuele positieve emoties hand in hand gaan met sociale emoties zoals dankbaarheid hebben ze een veel krachtiger uitwerking op ons geluk.**

Michael Eid, PhD, is al twintig jaar actief in onderzoek over subjectief welbevinden. Hij is hoogleraar psychologie aan de Freie Universität in Berlijn (Duitsland) en publiceerde samen met Randy Larsen het boek *The science of subjective well-being*.

'Ik ben er voor jou.'

De stem van je ouders

Gelukkige kinderen, dat is de wens van alle ouders. Ze willen de magische formule kennen die daartoe leidt. Kinderpsychiater **Peter Adriaenssens** heeft er talrijke boeken over geschreven. Het recept? Heet je kind welkom zoals het is en houd het vast met warme duidelijkheid. Het zichtbare geluk is de bovenbouw van het onbewuste geluk dat je kreeg door het onvoorwaardelijke in de belofte van je ouders: 'Ik ben er voor jou, waar je ook bent, wat je ook doet.' Hun stem is altijd bij je.

Geluk begint daar waar ouders besluiten je te verwekken, niet pas wanneer ze vaststellen dat je blijkbaar op komst bent. Ouderschap verloopt gelukkiger en levert vaker gelukkiger kinderen op als er bewust mee wordt omgesprongen. Dat wil zeggen dat het paar echt kiest voor een kind, samen de zwangerschap wil beleven, de geboorte van een dochter of zoon van evenveel waarde vindt, uitkijkt naar een nieuw leven dat een eigen toekomst zal kunnen uitbouwen. Dan zijn kinderen er niet om voor de eigen oude dag te helpen zorgen, de familiezaak over te nemen of de gemiste sportcarrière van vader alsnog te realiseren. Dan laat je kinderen niet opgroeien in een sfeer van geweld of verwerping. Willen we meer gelukkige mensen, dan zullen we ons moeten inspannen om kandidaat-ouders beter voor te lichten over het belang van kiezen voor een kind. Want dat betekent dat je als ouder bereid bent de belofte aan te gaan: 'Ik zal er altijd voor je zijn, waar je ook bent, wat je ook uithaalt, je zult altijd op mijn liefde kunnen rekenen, ik houd je vast.' Onvoorwaardelijk. Dat wil zeggen: zonder te eisen dat het wederzijds is. Geluk *hebben* is voor het kind het onvoorwaardelijke in die belofte. **Het bewuste gevoel gelukkig te *zijn* groeit uit het onbewuste geluk *hebben*.**

Gelukkige kinderen

Is dat naïef, is dat verwennen? Nee, want onderzoek toont aan dat kinderen weerloos geboren worden, in totale afhankelijkheid van de volwassene. Krijgt de baby geen zorg, dan sterft hij. Zo hard is de realiteit. Kinderen die eten maar weinig liefde krijgen, ontwikkelen zich trager, zijn te mager en te klein voor hun leeftijd. Maar als de ouder de baby koestert, streelt, toespreekt, voedt, kietelt, verzorgt... krijgen beiden het mooiste wat er bestaat: verbondenheid, hechting, een mensenlijm. Die plakt levenslang. Die maakt dat je kind op school zit en weet dat je hem niet vergeet, dat je tiener die 's nachts in de knoei zit jou belt om hulp, dat je dochter die zelf een gezin heeft aan jou denkt om in te springen als ze plots zonder opvang zit. Zij weten allen dat je ooit die eed hebt afgelegd: ik schenk je het leven en zal er altijd voor je zijn, onvoorwaardelijk.

Onderzoekers ontdekken steeds meer over de neurobiologische verankering van hechting in het leven, met invloed op de emotionele, intellectuele en relationele ontwikkeling. Kinderen die aan hun lot worden overgelaten of leven met de aanhoudende stress van partnergeweld of ernstige psychiatrische problemen van een ouder, bouwen hun hersenen om met zones die minder neurale netwerken tellen dan het geval is bij kinderen die in liefde vastgehouden opgroeien. De gebreken vertalen zich in minder talige ontwikkeling, beperkingen in het herkennen en uiten van gevoelens, meer impulsief/agressief/hyperactief gedrag en dus grotere moeite met het verwerven van rijpheid, grotere tekorten in het vermogen om zich in te leven in anderen, waardoor er een groter risico bestaat op persoonlijkheidsstoornissen, jeugddelinquentie en partnergeweld.

Falende verbondenheid

Geluk is dus een keuze en dat is hard. Het is geen romantiek die je overkomt. Je hebt de kans om het een ander te geven. **Wie geluk krijgt van zijn ouders, neemt gemakkelijker de verantwoordelijkheid op om het ook door te geven**. Als je voor een kind kiest, moet je durven zeggen: dit kind heeft het recht geluk te *krijgen*. Dat leidt bij veel ouders tot opvoedingsonzekerheid. Maar dat is juist een teken dat deze generatie in haar opdracht lijkt te slagen. Onzekerheid is de veilige houding voor de opvoeder die een echte ontmoeting wil met het kind.

Het gaat hier om het humaniseren van geluk door het te ontrekken aan een louter theoretische inhoud en er een dynamisch begrip van te maken. Het theoretische geluk is lineair. Als je je kind graag ziet, dat kind in een leuk huis woont en in zijn vrije tijd muziek kan maken, heeft het toch alles om gelukkig te zijn? In theorie wel. Maar wat als dat kind angstig aangelegd is (we weten dat één op de tien kinderen zo wordt geboren), zelfstandigheid voor hem een moeizame opdracht is, het graag knuffelt, geniet van huiselijke gezelligheid en 's avonds tegen je aan wil kruipen? Al die dingen die ouders juist niet zien zitten, want zij hebben ambitie, zijn steeds onderweg voor werk en netwerken, wijzen erop hoeveel dat juist mogelijk maakt voor hun kinderen. Dan wordt het geluk van het kind als een houdgreep, spoort de opvoedingsstijl langs vaste stationnetjes om het eindpunt van succes te bereiken. Ontsporing van de jongere is dan een voorspelbaar risico. Het wordt een verhaal van falende verbondenheid. Wat dat kind nodig heeft, is een geluk dat op maat wordt *gegeven*. Een dynamisch begrip dat groeit in de relatie tussen ouder en kind, tussen twee wijzen. **De ouder bezit wijsheid over het grote leven, het kind over de kindertijd.** In die gevoeligheid voor elkaar groeit een geluk op mensenmaat.

Emotioneel netwerk

Wat begint als verbondenheid met ouders, zal zich verbreden tot een emotioneel netwerk met de bredere familie, buurt, schoolvrienden, leerkrachten en andere opvoeders. In de tienertijd krijgen leeftijdsgenoten een prominente rol. Zij kunnen bijdragen tot een gezonde, veilige ontwikkeling van de jongere of die schaden. Toch onderschatten veel ouders hun eigen impact in deze leeftijdsfase, waarin ze zich aan de kant geschoven voelen in het emotionele leven van hun puber. Voor wie van kindsbeen af heeft geïnvesteerd in de groei van de relatie met zijn kind, is dat alleen ogenschijnlijk zo. In nood kent men zijn vrienden. Als de tiener angstig of eenzaam is, flink in de knoei zit, doet de hechting haar werk en zoekt hij zijn ouders.

Gelukkig zijn is dus niet zozeer de plezierigste momenten van je kinderen mogen meemaken. Toegegeven, dat is leuk en draagt bij tot het plezier in je leven. Maar geluk is veeleer de rust voelen dat er nooit of te nimmer een moment zal zijn dat je kind – hoe oud het intussen ook is – zal denken dat het alleen is op de wereld. Dat je kinderen zullen weten, zoals Milton Erickson het formuleerde, dat je stem altijd bij hen zal zijn.

De sleutels

- → **Ouders moeten bewust kiezen voor een kind. Onvoorwaardelijk. Het kind heeft geluk en daardoor wordt het gelukkig.**
- → **Ouders geven warme duidelijkheid. Dat zorgt voor levenslange hechting en verbondenheid.**
- → **Verbondenheid met ouders verbreedt zich later naar een emotioneel netwerk. Maar in het geluk hoort elk kind de stem van zijn ouders.**

Professor **Peter Adriaenssens** is kinder- en jeugdpsychiater en familietherapeut. Hij is hoofddocent jeugdpsychiatrie en familietherapie aan de Katholieke Universiteit Leuven (België). Hij is stichter en directeur van het Vertrouwenscentrum Kindermishandeling, dat zorg draagt voor (vroeg)detectie, behandeling en bescherming van jeugdige slachtoffers. Van zijn hand verschenen talrijke artikelen en succesvolle boeken. Hij is een gerenommeerd opvoedingsdeskundige.

'We moeten niet méér dingen kopen.
We moeten de juiste dingen kopen.'

Geluk en consumptie

'Ik doe onderzoek naar de invloed van consumptie en marketing op het individuele en maatschappelijke welbevinden', zegt marketing-expert **Alexandra Ganglmair-Wooliscroft**. 'Om ons welbevinden in stand te houden en te vergroten moeten we volgens mij niet méér dingen kopen. We moeten de juiste dingen kopen, die ertoe doen.'

In samenhang met het geluk en welbevinden van mensen hebben marketing en consumptie een ietwat negatieve reputatie – we consumeren te veel, willen nog meer hebben en zijn niet gelukkig met wat we al bezitten. Maar **consumptie is een kracht** die mensen in staat stelt de dingen te doen waarvan ze gelukkig worden. Consumenten- en lifestyleonderzoeken kijken in bredere zin naar het leven van mensen en naar hun consumptiekeuzes, meningen en (veranderende) interesses. Ze laten zien welke rol consumentenkeuzes in het algehele leven en geluk van mensen spelen.

Merken

Demografische karakteristieken verklaren slechts een klein deel van het subjectieve welbevinden: in veel landen is het belangrijk een (volledige) baan en een stabiele relatie te hebben. In moderne samenlevingen, zoals die van Nieuw-Zeeland, biedt een stabiele relatie mensen bijna evenveel subjectief welbevinden als een huwelijk. Het verschil is niet groot meer: vroeger was het belangrijk om getrouwd te zijn, maar nu is het even bevredigend om een stabiele relatie te hebben. Met een minimumniveau aan inkomen kunnen mensen fundamentele (consumenten)behoeften vervullen en deelnemen aan het normale sociale

leven. Maar **als onze basisbehoeften eenmaal vervuld zijn, speelt inkomen nog maar een kleine rol in de hoeveelheid geluk die mensen ervaren**.

Het inkomensniveau bepaalt welke modellen of merken consumptiegoederen mensen zich kunnen veroorloven, en mensen kunnen (voor korte tijd) blij zijn met hun nieuwste model auto, hun nieuwste merkschoenen of hun exotische vakantiebestemming. Maar of deze zaken mensen op de lange termijn bevrediging en welbevinden schenken, is afhankelijk van de vraag hoe ze die zaken gebruiken en wat ze ermee kunnen doen. Het is bijvoorbeeld niet echt belangrijk welk merk auto we bezitten. De waarde van de auto is (hoofdzakelijk) gelegen in het gebruik ervan: een auto zorgt voor transport en stelt ons daardoor in staat activiteiten te ondernemen die we prettig vinden of tijd door te brengen met vrienden die elders wonen.

Lifestyleonderzoeken in Nieuw-Zeeland laten voortdurend zien dat **socialiseren, tijd doorbrengen met andere mensen, een belangrijke factor voor ons geluk is.** Hoe deze sociale activiteiten eruitzien, is afhankelijk van persoonlijke voorkeuren – en tot op zekere hoogte van inkomen en levensstandaard: je kunt mensen uitnodigen voor een etentje thuis of je kunt ze meenemen naar een chic restaurant; je kunt een (team)sport bedrijven of met een groep vrienden de natuur in trekken. Zeer uiteenlopende activiteiten kunnen tot een even hoog niveau van welbevinden en geluk leiden. Die activiteiten vormen een consumptiepatroon dat bij een specifieke groep mensen hoort – met een belangrijke overeenkomst: de aanwezigheid van andere mensen.

Consumptie hangt verder samen met verschillende facetten van geluk en welbevinden. Mensen die wijzen op een negatieve relatie tussen materialisme (het streven naar meer geld en meer bezittingen) en geluk, benadrukken vaak dat je tevreden moet zijn met je levensstandaard. Het vereist een cognitieve evaluatie om vast te stellen in hoeverre je tevreden bent met je levensstandaard. **Als materialistische mensen willen beoordelen hoe tevreden ze zijn, stellen ze dikwijls een hoge (onbereikbare) standaard.** Doordat ze in vergelijking met het ideaal dat hun voor ogen staat relatief weinig consumeren, neemt hun subjectief welbevinden af. Maar consumptie draagt ook bij aan andere facetten van welbevinden: mensen kiezen voor duurzaam consumeren, zijn bezorgd over het milieu, over het welbevinden van andere mensen en passen hun consumptiekeuzes daaraan aan. Consumptie kan worden geassocieerd met het zoeken naar betekenis in het leven en het streven naar geluk, omdat sommige consumentenkeuzes bijdragen aan het geluk van anderen.

De sleutels

- **Consumptie is een kracht die mensen in staat stelt de dingen te doen waarvan ze gelukkig worden. Maar als hun basisbehoeften eenmaal vervuld zijn, speelt inkomen nog maar een kleine rol in de hoeveelheid geluk die mensen ervaren.**
- **Socialiseren, tijd doorbrengen met andere mensen, is een belangrijke factor voor ons geluk.**
- **Consumptie kan worden geassocieerd met het zoeken naar betekenis in het leven en het streven naar geluk, omdat sommige consumentenkeuzes bijdragen aan het geluk van anderen.**

Alexandra Ganglmair-Wooliscroft, PhD, komt uit Oostenrijk en leeft en werkt in Nieuw-Zeeland aan de afdeling Marketing van de University of Otago. Ze doet onderzoek naar consumentengedrag, in het bijzonder naar positieve consumptie-emoties en de kwaliteit van leven die mensen ervaren.

Vier sprongen

'In de afgelopen jaren is het ons gelukt onze hersenen zodanig op kunstmatige wijze te stimuleren dat ze geluk ervaren. Waarom investeren we daar niet veel meer in? Dat zou ons onmiddellijk een gigantische sprong voorwaarts opleveren', zegt prof. **Yew-Kwang Ng**. Zijn recept voor menselijk geluk: de vier F's van *faith*, *fitness*, *family* en *friends*.

Uit bepaalde onderzoeken (onder meer met tweelingen) is gebleken dat iemands geluk een genetisch bepaald instelpunt heeft, waaromheen zich fluctuaties kunnen voordoen. Maar het is ook zo dat we tot op zekere hoogte veel gelukkiger kunnen worden door gewoon een positievere houding aan te nemen. Denk minder aan verdrietige dingen en meer aan blije dingen; doe vaker dingen waaraan je plezier beleeft (zonder je gezondheid te schaden), ook al betekent dit dat je minder geld verdient. Behalve voor de ongelukkige minderheid die nog steeds bedreigd wordt door hongersnood en ondervoeding, is geld niet echt een belangrijke factor voor geluk. Dit geldt vooral als je minder nadruk legt op materiële zaken en concurrentie, en meer op de dingen die echt belangrijk zijn voor geluk. Wat dat betreft geloof ik in het belang van de vier F's van geluk: *faith* (van religieuze aard of anders), *fitness*, *family* en *friends* (geloof, gezondheid, gezin en gezelschap). **Ze weerspiegelen de bekende vier F's van dierengedrag:** *feeding* (eten), *fighting* (vechten), *fleeing* (vluchten) en *mating* (paren). (En ik ga hier niet uitleggen waarom die laatste niet met een 'f' begint!)

Op de lange termijn kan een samenleving echter alleen loskomen van die genetische instelpunten door gebruik te maken van wetenschap en technologie, vooral op het gebied van hersenstimulatie en genetische manipulatie. Normaal gesproken ervaren wij genoegens doordat ons perifere zenuwstelsel wordt geprikkeld: door middel van aanraking, zicht, smaak enzovoort. Dergelijke genoegens hebben grote beperkingen dankzij de processen van gewenning (afnemende meeropbrengst op de korte termijn) en aanpassing (afnemende meeropbrengst op de lange termijn).
Een meisje vraagt haar moeder: 'Ze zeggen weleens: *An apple a day keeps the doctor away.* Klopt dat?' 'Ja.' 'Dan heb ik op die manier deze week zeven dokters weg kunnen houden,

maar ik denk dat ik er nu wel een nodig heb.' Met andere woorden, **afnemende meeropbrengst helpt ons overmatige consumptie te vermijden.** Maar in de vier miljard jaar dat er leven op aarde is, is het geen enkele soort gelukt zijn hersenen rechtstreeks te stimuleren – tot 1954, toen *Homo sapiens* per ongeluk de genotscentra van rattenhersenen wist te prikkelen. De opbrengst van deze rechtstreekse stimulatie neemt niet af, niet op de korte en ook niet op de lange termijn. Dit betekent dat zo'n stimulatie intens en langdurig genot kan opwekken. Veel mensen beschouwen dit als onnatuurlijk. Maar als wij driehonderd jaar geleden tegen mensen hadden gezegd dat hun soortgenoten vandaag de dag voor hun plezier elke avond uren zouden doorbrengen voor een kastje met bewegende schaduwen, zouden ze ook hebben gezegd dat het onnatuurlijk was. Alle beschaafde dingen zijn 'onnatuurlijk'. Het is misschien zinniger om de overheid te vragen waarom ze in de afgelopen halve eeuw geen geld heeft gestoken in de ontwikkeling van een veilige methode om onze genotscentra te stimuleren.

Zeker, we moeten zeer voorzichtig zijn, vooral als het gaat om de genetische manipulatie van ons eigen vermogen tot geluk. We moeten immers contraproductieve resultaten zien te voorkomen. Maar uiteindelijk heeft genetische manipulatie het vermogen om de stimulatie van de hersenen ver te overtreffen en kan ze leiden tot ware gigantische sprongen in ons geluk. **Met de juiste voorzorgsmaatregelen is het risico veel kleiner dan onze huidige 'business-as-usual'-houding tegenover de opwarming van de aarde.** Waarom tolereren mensen wel al die onnodige en niet lonende risico's, maar staan ze afwijzend tegenover een veel kleiner risico dat het geluk in de wereld misschien wel met een factor duizend kan vergroten? Daarop is slechts één antwoord: irrationele angst voor het onbekende.

De sleutels

- **Concentreer je op de vier F's van *faith*, *fitness*, *family* en *friends* (geloof, gezondheid, gezin en gezelschap).**
- **Concentreer je niet te veel op zintuiglijke genoegens. Zulke genoegens kennen grote beperkingen.**
- **Waarom zouden we niet investeren in de kunstmatige en rechtstreekse stimulatie van onze hersenen om ons geluksniveau te verhogen? Dit zou een gigantische sprong in het geluk van de wereld opleveren.**

Prof. Yew-Kwang Ng, Winsemius-hoogleraar economie aan de Nanyang Technological University, Singapore, werd geboren in Maleisië. Hij heeft hoge onderscheidingen gekregen voor zijn werk aan de Monash University in Melbourne (Australië). Yew-Kwang Ng is bekend vanwege zijn levenslange werk op het gebied van de welvaartseconomie en de welvaartsbiologie.

De predictor 'vertrouwen'

Dr. **Luisa Corrado** van de Cambridge University (Verenigd Koninkrijk) leidt internationaal onderzoek naar de sociale geografie van welbevinden. Zij baseert zich op gegevens uit de European Social Survey. In vijftien Europese landen wordt daarvoor aan twintigduizend mensen uit 180 regio's regelmatig gevraagd om zowel hun globale geluk als hun levensvoldoening op langere termijn te beoordelen. Zij vond een belangrijke predictor voor geluk: vertrouwen.

De stereotypes voorbij

De kaart van Europees welbevinden rekent af met een aantal traditionele nationale stereotypes. Vooral de wijdverbreide overtuiging dat mensen aan de zonnige mediterrane kust gelukkiger zijn, blijkt een fabeltje. Het gros van de Zuid-Europese landen is bijna altijd te vinden bij de laagscorende landen, terwijl hoge scores worden opgetekend in het koude Zweden, Finland en Nederland. De Denen voeren de gelukslijst aan. Vrouwen betitelen zichzelf doorgaans als gelukkiger dan mannen en algemeen genomen zijn jongeren en ouderen gelukkiger dan mensen van middelbare leeftijd.

Momenteel analyseren we welke elementen ervoor zorgen dat mensen in sommige landen gelukkiger zijn dan in andere. Een van de duidelijkste trends is dat wie een hoge geluksscore laat optekenen, ook veel vertrouwen heeft in de overheid, de politie en het rechtssysteem van zijn land. Gelukkige mensen hebben veel vrienden en kennissen, evenals minstens één heel goede vriend of partner. Het rapport bevestigt het oude gezegde dat geluk niet te koop is. In landen waar de bevolking in het algemeen vertrouwen stelt in de overheid en andere instellingen, zorgt een hoog inkomen ook voor meer geluk. **Maar in landen waar dat vertrouwen ontbreekt, zijn zelfs de rijksten minder gelukkig.** De scholingsgraad heeft een vergelijkbaar geringe impact op het globale welbevinden. De mate van eigenwaarde die mensen uit hun werk halen, beïnvloedt hun geluksniveau echter wel.

Koesteren en stimuleren van individueel welbevinden krijgt in de politiek steeds meer aandacht. Hoofdreden om de bestaande economische gegevens aan te vullen met nationale 'boekhoudingen van welbevinden' is het besef dat publieke tevredenheid het resultaat is van individuele, sociale en institutionele factoren. Zelf heb ik uit mijn onderzoek opgestoken dat het welbevinden van een land en het welbevinden van zijn burgers niet losstaan van elkaar.

Iemands relaties en gekoesterde vriendschappen, familie, gezin en geliefden zijn een uitstekend uitgangspunt. **Essentieel is echter dat we onze doelstellingen en verlangens ook op ruimer maatschappelijk niveau kunnen verwezenlijken.** Vandaar dat institutionele ondersteuning en beleidsmaatregelen dringend nodig zijn. Een overheidsbeleid dat erkent hoe belangrijk het is om individueel welbevinden te meten en te stimuleren, zal daarvan de vruchten plukken op economisch en sociaal gebied: werknemers zullen productiever zijn en de sociale cohesie wordt sterker. Op die manier zal het stimuleren van welbevinden de groei aanmoedigen die de uiteindelijke politieke doelstelling is.

Inwoners van de Europese Unie zijn vrij gelukkig. De hoofdreden daarvoor is niet van financiële aard. De belangrijkste factoren die invloed hebben op het geluk zijn de kwaliteit van de sociale interacties met anderen en het vertrouwen dat we hebben in de instellingen van ons land.

De sleutels

- → **De mate van eigenwaarde die mensen uit hun werk halen, beïnvloedt hun geluksniveau aanzienlijk.**
- → **De belangrijkste factoren die invloed hebben op het geluk zijn de kwaliteit van de sociale interacties met anderen en het vertrouwen dat we hebben in de instellingen van ons land.**
- → **Institutionele ondersteuning en beleidsmaatregelen zijn dringend nodig.**

Dr. Luisa Corrado ontving de European Science Award voor haar voortreffelijk internationaal onderzoek over de sociale geografie van inkomen en welbevinden. Momenteel is ze Marie Curie Fellow aan de economische faculteit van de universiteit van Cambridge (VK) en universitair hoofddocent aan de universiteit van Rome, Tor Vergata (Italië).

'Het is de kwaliteit van economische groei die van belang is voor ons welbevinden.'

Recepten voor blijvend welbevinden

Terwijl regeringen wereldwijd het welbevinden van de burger proberen te bevorderen via economische groei, zijn onder wetenschappers de meningen over die aanpak verdeeld. Het gevolg is dat regeringen die het welzijn van hun burgers willen verbeteren weinig houvast hebben voor het te volgen beleid. Wat zouden ze moeten doen om de inwoners van hun land een beter leven te bezorgen? Econoom **Francesco Sarracino** werkt aan een wereldwijde analyse om tot recepten te komen voor blijvend welbevinden: een kwestie van bevorderen, beschermen en terugdringen.

Wetenschappers onderzoeken al jaren of economische groei de aangewezen manier is om het welbevinden te bevorderen. Tot op het heden lijkt het antwoord te luiden: 'Dat hangt ervan af.' De eerste publicaties kenmerkten zich door een polarisatie van twee tegenovergestelde zienswijzen – de voorstanders en de tegenstanders van economische groei als een manier om het welbevinden van mensen te vergroten. Recent onderzoek lijkt erop te duiden dat de route naar een beter leven vooral afhangt van de kwaliteit van economische groei.

De Verenigde Staten en China zijn twee paradigmatische voorbeelden van landen waar economische groei er niet in slaagt het welbevinden van de bevolking te vergroten. In beide landen staan onder meer groeiende inkomensongelijkheid en een dalend sociaal kapitaal aan de basis van die teleurstellende resultaten.

Rijk en arm

Of economische groei het welbevinden van mensen zal doen toenemen, hangt af van de sociale, politieke, economischc, culturele en institutionele facetten van die groei. Als economische groei compatibel is met een samenhangende en inclusieve maatschappij, mag je redelijkerwijs verwachten dat het welbevinden van de mensen erop vooruitgaat. Als economische groei daarentegen leidt tot uitsluiting en ongelijkheid, dan is te verwachten dat het welbevinden van mensen afneemt. Waarom is dat zo? Inclusieve en samenhangende samenlevingen bieden hun leden niet alleen materiële hulp, maar ook sociale ondersteuning en ze ontplooien gezamenlijke activiteiten – allemaal aspecten die het welbevinden van mensen bevorderen. Zo zijn mensen die onderdeel zijn van rijke sociale netwerken door de bank genomen gezonder en leven ze langer, en ook zijn ze doorgaans minder kwetsbaar voor ziekte, geestelijke aandoeningen en ander leed.

Ongelijke samenlevingen belemmeren daarentegen het welbevinden van mensen almaar meer. Economen reiken daarvoor een eenvoudige verklaring aan: naarmate rijkere mensen relatief minder voordeel ondervinden van extra inkomen dan armere mensen, zijn samenlevingen met minder gelijkheid – dus met weinig rijken en veel arme mensen – gemiddeld ook minder gelukkig. Daar komt bij dat ongelijkheid kan leiden tot criminaliteit, geweld en sociale kloven; factoren die afbreuk doen zowel aan het sociale weefsel als aan gevoelens van solidariteit en samenwerkingsgezindheid, en die zo het welbevinden (verder) belemmeren.

Sociaal kapitaal

In welke mate worden deze mechanismen gestaafd door wetenschappelijk bewijs? Onderzoek verricht op basis van een grootschalige gegevensverzameling die een tijdreeks van bijna dertig jaar bestrijkt in 48 landen (ontwikkelde staten en ontwikkelings- en transitielanden) wijst uit dat landen waar inkomensongelijkheid afneemt en sociaal kapitaal groeit, redelijkerwijze en mettertijd een positieve relatie tussen economische groei en het welbevinden van de bevolking kunnen verwachten. Met andere woorden, **groeiende ongelijkheid en een slinkend sociaal kapitaal doen een verbetering van het welbevinden als gevolg van economische groei teniet en staan dus het welbevinden in de weg.** Sociaal kapitaal wordt gedefinieerd als 'netwerken in combinatie met gedeelde normen, waarden en afspraken die samenwerking binnen of tussen groepen bespoedigen' (OESO). Het begrip is gerelateerd aan sociale cohesie en inclusie.

Het spreekt voor zich dat afnemende ongelijkheid en een groeiend sociaal kapitaal slechts twee van de mogelijke elementen zijn die moeten worden gegarandeerd om het welbevinden van de bevolking te bevorderen via economische groei. Andere elementen zijn onder meer de kwaliteit van het milieu, gezondheid, verdraagzaamheid, religiositeit en andere zaken die medebepalend zijn voor het welbevinden van mensen en die onder bepaalde omstandigheden kunnen worden uitgehold door economische groei. In dat opzicht is de zoektocht naar andere relevante aspecten nog maar net begonnen. Toch lijkt het veilig om te concluderen dat wereldwijd dezelfde ingrediënten het welbevinden verbeteren: economische groei, niet-afnemend sociaal vertrouwen en afnemende ongelijkheid.

Kwaliteit van groei

Wat zouden regeringen moeten doen om hun burgers een beter leven te bezorgen? Op basis van lopend empirisch onderzoek luidt de boodschap dat dergelijk beleid moet 'bevorderen, beschermen en terugdringen':

1. economische groei **bevorderen**,
2. sociaal vertrouwen **beschermen** en **bevorderen**,
3. inkomensongelijkheid **terugdringen**.

Net als economische groei kunnen ook inkomensongelijkheid en sociaal kapitaal beleidsthema's zijn. Meer in het bijzonder heeft recent onderzoek aangetoond dat sociaal kapitaal geen gekristalliseerd gegeven is, maar mettertijd kan veranderen door toedoen van beleid dat zich richt op de stedelijke omgeving, de organisatie van werk en onderwijs, de gezondheidszorg en ook op media en reclame.

Wetenschappers onderschrijven al lang dat de 'kwaliteit' van economische groei relevant is voor het welbevinden van de mensen. We weten nu iets meer over elementen die die 'kwaliteit' kenmerken en hoe die moeten worden benaderd om blijvend welbevinden te bevorderen.

De sleutels

→ **Het pad naar een beter leven wordt in grote mate bepaald door de kwaliteit van economische groei.**

→ **Landen waar inkomensongelijkheid afneemt en sociaal kapitaal groeit, kunnen redelijkerwijze en mettertijd een positieve relatie verwachten tussen economische groei en het algemeen welbevinden.**

→ **Wereldwijd zijn economische groei, niet-afnemend sociaal vertrouwen en afnemende ongelijkheid de hoofdingrediënten voor verbeterd welbevinden.**

Francesco Sarracino is als econoom werkzaam bij STATEC, het nationaal statistisch bureau van Luxemburg. Daarnaast is hij lid van het wetenschappelijk netwerk van LCSR, het laboratorium voor vergelijkend sociaal onderzoek van de Hogere School voor de Economie in Rusland. Zijn werk is gericht op het in kaart brengen van beleidsopties die economische groei verenigbaar maken met het algemeen welbevinden en die uiteindelijk duurzame ontwikkeling stimuleren. Zijn onderzoek richt zich zowel op ontwikkelde als op ontwikkelingslanden en is gebaseerd op empirisch bewijs (zowel in individuele landen als transnationaal verzameld). Francesco Sarracino bedankt Malgorzata Mikucka en Joshua K. Dubrow, de coauteurs van het hier samengevatte artikel. Hij is voorts erkentelijk voor de steun en de opmerkingen van Stefano Bartolini, Eduard Ponarin, Ronald Inglehart, Chris Welzel, het LCSR (Rusland) en zijn collega's bij STATEC.

'We geven zin aan ons leven via hart, hoofd en handen.'

Optirealisme

'Door in te zetten op het beste in de mens kan het beste aan het licht komen', zegt prof. **Jacques Lecomte**. Hij is erevoorzitter van de Franse en Franstalige vereniging van de positieve psychologie en bestempelt zichzelf als een optirealist. Wij kunnen ons leven zin geven door de wereld te veranderen.

Ik heb altijd veel interesse gehad in wat het leven van mensen nu eigenlijk zin geeft. Het resultaat van talrijke onderzoeken wees uit dat de zingeving voornamelijk voortvloeit uit drie aspecten van het bestaan: onze gevoelsmatige relaties (liefde, vriendschap, ouder-kindrelatie), onze waarden en overtuigingen (godsdienstige, filosofische, politieke enzovoort) en tot slot wat we doen in de wereld (op professioneel vlak, in het verenigingsleven enzovoort). Met andere woorden, we geven zin aan ons leven via hart, hoofd en handen.

Het geloof dat men alleen gelukkig kan zijn, is een hersenschim. We hebben anderen nodig en de anderen hebben ons nodig om volledig te bestaan. Het verlangen het leven rondom ons te verbeteren – en voor sommigen, ambitieuzer, de wereld te veranderen – is, zonder het bewust te zoeken, een opmerkelijke manier om die drie bronnen van zingeving te bundelen: we gaan met elkaar om op basis van waarden.

Waarden en attitudes

De verschillen tussen psychologie en sociologie, tussen het verlangen naar persoonlijke ontplooiing en de wens de wereld te veranderen, zijn geen onoverkomelijke hinderpalen. Integendeel, het kan zorgen voor een positieve spiraal tussen die twee manieren om het leven te benaderen. Ik ben zeer gehecht aan deze definitie van positieve psychologie, zoals geformuleerd door Shelly Gable en Jonathan Haidt: 'de studie van de omstandigheden en processen die bijdragen aan de bloei of het optimale functioneren van individuen, groepen en instellingen'. Deze definitie toont duidelijk dat **positieve psychologie zich niet beperkt tot het bestuderen van het individuele geluk, maar dat ze ook een collectieve en zelfs maatschappelijke dimensie heeft.** Zo reikt de positieve psychologie ons nieuwe kennis over de mens aan, kennis die zeer concrete toepassingen kan hebben.

Recente onderzoeken tonen aan dat waarden en attitudes zoals vertrouwen in anderen, samenwerking, respect, empathie en samenhorigheid niet enkel iets te betekenen hebben bij relaties tussen personen, maar ook op sociaal en politiek vlak, en op die manier kunnen bijdragen aan het algemeen welzijn. Tot die vaststelling kwam men in uiteenlopende domeinen zoals onderwijs, volksgezondheid, maatschappelijk werk, rechtspraak, economie, milieu, bedrijfsleven, internationale betrekkingen enzovoort. Dat resulteert logischerwijs in een nieuw maatschappelijk model, gekenmerkt door samenwerking en solidariteit, veeleer dan door rivaliteit. Samengevat, door in te zetten op het beste in de mens kan het beste aan het licht komen.

Een betere maatschappij

Als voorbeeld geven we hier enkele van de vele resultaten:

→ **Coöperatief leren** is veel efficiënter dan competitief leren, zowel wat betreft de behaalde resultaten op school als voor de sfeer in de klas, de verstandhouding tussen leraar en leerlingen enzovoort.

→ **Bedrijven** waar de werknemers met plezier werken, zijn net zo productief als of zelfs productiever dan bedrijven waar werknemers het gevoel hebben dat ze niet naar waarde worden geschat.

→ **Herstelrecht** (gebaseerd op ontmoetingen waarbij de dader meer empathie leert opbrengen voor het slachtoffer) leidt tot betere resultaten dan het traditionele strafrecht. Het zorgt voor meer tevredenheid bij de slachtoffers, meer verantwoordelijkheidsgevoel bij de daders en de kans op recidive daalt.

→ **Op internationaal niveau** blijkt diplomatie gebaseerd op overleg heel wat efficiënter dan intimidatie (de zogenaamde 'stok achter de deur') om het risico op oorlog te verminderen.

Het plan voor een betere maatschappij, gebaseerd op samenwerking en empathie, is dus helemaal geen onrealistische droom, het kan zelfs putten uit reeds bestaande ervaringen. En iedereen kan op zijn niveau handelen, in zijn dagelijkse leven. Dit realistisch optimisme (dat ik optirealisme noem) is precies het perspectief dat de grote sociale hervormers uit de geschiedenis aanhangen. Dat waren mensen die een heldere kijk hadden op onrecht, geweld enzovoort en die er toch rotsvast in geloofden dat ze de bestaande situatie konden veranderen door in te zetten op de goedheid die in elk individu schuilt. De beste manier om realist en pragmaticus te zijn, is een diepovertuigde idealist te zijn.

De sleutels

- → **We hebben anderen nodig en de anderen hebben ons nodig om volledig te bestaan.**
- → **Door in te zetten op het beste in de mens kan het beste aan het licht komen.**
- → **Het plan voor een betere maatschappij, gebaseerd op samenwerking en empathie, is helemaal geen onrealistische droom, het kan zelfs putten uit reeds bestaande ervaringen.**

Prof. Jacques Lecomte is doctor in de psychologie en erevoorzitter van de Association française et francophone de psychologie positive. Hij doceerde aan de Université de Paris Ouest Nanterre en aan de faculteit Sociale Wetenschappen aan het Institut catholique in Parijs. Zijn boeken zijn voornamelijk gewijd aan positieve psychologie (meer bepaald veerkracht, de zin van het leven en de menselijke goedheid). Vandaag is hij vooral geïnteresseerd in de sociale impact van attitudes en waarden zoals vertrouwen, samenwerking, respect en solidariteit, in onderwijs, volksgezondheid, het bedrijfsleven enzovoort. Hij schreef een tiental boeken, met als recentste: *Les entreprises humanistes, comment elles vont changer le monde* en *La bonté humaine*.

'Success in het leven is een marathon, geen sprint.'

De boodschap op de koelkast

IJsland voerde al vaak de lijst aan van gelukkige landen. Toen **Dóra Guðrún Guðmundsdóttir** echter vijftien jaar geleden met haar research begon, vond ze niet één studie over geluk in haar land. Nu prijken haar bevindingen op elke koelkast in IJsland. En ja, er zijn koelkasten in IJsland.

Het zit 'm niet in het gemakkelijke leven...

De hamvraag is niet of IJsland het gelukkigste land ter wereld is. Veel nuttiger is om te achterhalen welke elementen geluk voorspellen. Toen ik de gegevens analyseerde, kwam ik erachter dat het er niet toe doet of je een jongen dan wel meisje bent, man of vrouw, tiener of gepensioneerde. Geen van die groepen was gelukkiger dan de andere. Ook geld leek niet echt een rol te spelen. **In feite verklaarde het inkomen in IJsland slechts 1 tot 4% van het geluk.** Voor experts in geluksonderzoek zijn die resultaten wellicht geen verrassing. Toch verkeren de meeste mensen in de overtuiging dat geld de sleutel is tot geluk. Tijdens mijn lezingen laat ik het publiek vaak raden in welke mate geluk afhangt van het inkomen en steevast zijn die schattingen te hoog. Vaak denken leken zelfs dat het inkomen voor 70% het geluk bepaalt. Het is belangrijk dat we die misvatting corrigeren, zodat mensen tijdens hun zoektocht naar individueel geluk de juiste weg bewandelen. Natuurlijk zoeken niet alle mensen meer geld met als doel gelukkiger te worden. Misschien is hun doel gewoon

meer te verdienen dan de ander. Ze dienen echter wel correct te worden voorgelicht dat zo'n opzet niet de efficiëntste manier is om gelukkig te worden.

Als het geldelijke inkomen slechts 4% van het geluk bepaalt, dan hangt minstens 96% af van andere factoren. Volgens mijn (en andere) bevindingen valt geluk het beste te voorspellen op basis van sociale relaties. Uit de IJslandse gegevens blijkt dat wie samenleeft met een partner meer kans maakt op een gelukkiger leven dan een alleenstaande. Ook tijd doorbrengen met vrienden en familie bevordert het geluk. Nog een belangrijke factor voor geluk is gezondheid, meer bepaald psychische gezondheid.

Over geluk bestaan veel misvattingen en mensen worden verkeerd voorgelicht door de media, de amusementsindustrie en populaire 'wijsheden'. Tijdens mijn onderzoek stuitte ik op een studie uit de jaren 1960, waarin werd gesuggereerd dat de gelukkigste mensen degenen zijn die het gemakkelijkste leven hadden. Welnu, de onderzoeksresultaten staafden die hypothese *niet*. Alle mensen met een hoog geluksniveau hadden moeilijke periodes meegemaakt in hun leven, maar hadden die overwonnen. Ze waren niet gelukkig door die moeilijkheden, wel dankzij de houding die ze aannamen tegenover tegenslagen, de manier waarop ze ermee omgingen en ze uiteindelijk overwonnen.

Om die misvattingen de wereld uit te helpen, lanceerden mijn collega's en ik een overheidscampagne ter bevordering van de psychische gezondheid en het geluk. Onze methode was simpel: mensen aan de hand van een reeks zinnen herinneren aan eenvoudige manieren om mentaal gezond te blijven – en zo hun geluk vergroten. We grasduinden in de onderzoeksliteratuur over kenmerken van gelukkige en succesvolle mensen en onze eigen onderzoeksresultaten, en kozen tien zinnen uit.

Onze inspanningen resulteerden in de 'Tien geboden van psychische gezondheid', die ik graag met jullie wil delen, in de hoop dat wie ze leest nog meer van het leven zal genieten. Ze werden gedrukt op koelkastmagneten, als een zichtbaar geheugensteuntje in het dagelijks leven. Het Nationaal Instituut voor Gezondheidszorg in IJsland liet er op elk adres eentje afleveren als kerstgeschenk. Daarna volgden lezingen en een mediacampagne over het belang van nadenken over en zorg dragen voor de psychische gezondheid van iedereen.

Als je ooit bij een IJslands gezin op bezoek bent, kijk dan in de keuken even rond of je de 'Tien geboden van psychische gezondheid' vindt. In veel huizen hangen ze nog steeds op de koelkast.

De tien geboden van psychische gezondheid:

- → Denk positief.
- → Koester diegenen die je liefhebt.
- → Leer je leven lang.
- → Leer uit je fouten.
- → Doe elke dag aan lichaamsbeweging.
- → Maak je leven niet nodeloos ingewikkeld.
- → Probeer de mensen rondom jou te begrijpen en aan te moedigen.
- → Geef niet op; succes in het leven is een marathon, geen sprint.
- → Ontdek en voed je talenten.
- → Stel doelstellingen voor jezelf en maak je dromen waar.

De sleutels

- → **Toon mensen dat ze het belang van geld overschatten. Dat bepaalt slechts voor 4% het geluk, niet voor 70% zoals sommigen denken.**
- → **Het is niet een 'gemakkelijk' leven dat ons gelukkig maakt. Het belangrijkste is de houding die we aannemen tegenover tegenslagen en hoe we daarmee omgaan.**
- → **Zoek een eenvoudige manier om de wijsheid van geluksonderzoek te laten doordringen in ieders leven. Koelkastmagneten kunnen helpen!**

Dóra Guðrún Guðmundsdóttir is psychologe in Reykjavik en was algemeen directeur van het Nationaal Instituut voor Gezondheidszorg in IJsland. Haar belangrijkste onderzoeksdomeinen zijn geluk, psychisch welbevinden en het samenspel tussen psychisch, fysiek en sociaal welbevinden. Haar passie bestaat erin de resultaten van het kwaliteitsonderzoek te vertalen in gewone woorden.

'Wij kunnen onze hoop nieuw leven inblazen wanneer we die het minst voelen maar het meest nodig hebben.'

Hoop in de donkerste dagen

Het lijkt gemakkelijk om een hoopvol leven te leiden wanneer de dingen goed gaan. Maar hoe zit het met onze duistere momenten, wanneer er zaken fout lopen? Hoe vinden wij kracht in hoop na een traumatische ervaring? Dr. **Alex Linley** onthult vijf positieve effecten van posttraumatische groei.

Hoop is ons positieve gevoel over de toekomst. Onze hoop is vooral gebaseerd op opvattingen over onze motivatie en ons vermogen om de toekomst te realiseren. Via hoop zetten wij ons af tegen de wereld, vastbesloten en in de overtuiging dat we zullen presteren – misschien tegen alle verwachtingen in, misschien ook niet. Maar het maakt niet uit, want hoop is een kwestie van logica, niet van kansberekening. Hoop gaat over de verwezenlijking van een resultaat, niet over een afweging van kansen om dat resultaat te bereiken. Hoe meer we geloven in onszelf en onze kans op succes, hoe meer hoop wij hebben.

Maar hoop bewaren terwijl alles zich tegen ons keert, kan moeilijk zijn. Althans, totdat wij beseffen dat hoop vaak wordt getest en gesmeed in de smeltkroes van bittere ervaringen. We hebben hoop vooral nodig als we lijden. Er bestaat een aangename symmetrie: door te kijken naar de resultaten van ons lijden, kunnen wij zelfs tijdens het lijden hoop op hoop vinden.

De grote filosofieën, godsdiensten en literaturen van de wereld tonen steeds weer opnieuw de kracht van de strijd tegen het lijden. In de laatste pakweg twintig jaar zijn psychologen dit ook gaan zien. Ze noemen het verschijnsel 'posttraumatische groei'.

Groei

Grofweg gezegd zijn er vijf goede dingen die kunnen voortkomen uit onze worsteling met het lijden. We noemen dit posttraumatische groei.

1. We kunnen onze **relaties met anderen verbeteren.** Misschien zullen we meer waardering opbrengen voor anderen, erkennen dat zij er voor ons zijn en dankbaarder zijn voor wat ze voor ons doen.
2. We kunnen **nieuwe mogelijkheden zien** voor ons leven en onze toekomst. Daardoor vinden we misschien nieuwe hobby's of carrières, of veranderen we zelfs onze levensstijl.
3. We kunnen **nieuwe bronnen van persoonlijke kracht ontdekken.** Misschien komen we erachter dat we dingen kunnen doen waarvan we nooit hadden gedroomd of blijken we grotere reserves te hebben dan we ooit hadden vermoed.
4. We kunnen **spiritueel veranderen.** Misschien ontwikkelen we een dieper contact met iets wat groter is dan wij, en vinden of versterken wij een geloof in een hogere macht.
5. We kunnen **meer waardering voor het leven ontwikkelen.** Misschien krijgen we meer oog voor dingen als de verandering van seizoenen, de warme woorden van een vriend of het feit dat onze bus op tijd rijdt. Wanneer we zien dat we dit alles kwijt hadden kunnen zijn, krijgen we er meer waardering voor en beschouwen het niet langer als vanzelfsprekend.

Vrijheid

Wanneer we inzien dat er goede dingen kunnen – en zullen – voortkomen uit onze worsteling met het lijden, kunnen we ook hoop opnieuw zien openbloeien. Dat gebeurt tijdens de donkerste uren van onze worsteling, omdat we weten dat er aan de andere kant een mooiere toekomst ligt. Zo kunnen wij onze hoop nieuw leven inblazen wanneer we die het minst voelen maar het meest nodig hebben.

Wanneer hoop de leiding overneemt, verandert de koers van ons denken en onze ontwikkeling. We zien niet langer dat alles verkeerd loopt en slechter wordt: we zien nu wat goed is en hoe we het beter kunnen maken. We voelen ons niet langer hulpeloos en onmachtig: we beginnen ons onze eigen kracht weer te herinneren en daarvan doordrongen te raken. Terwijl we onze kracht opnieuw opwekken, herontdekken wij onze wil. En het is diezelfde wil die ons helpt nieuwe routes te vinden.

Deze hoop zit in ons gebakken. Hij is ons baken, maar ook onze verantwoordelijkheid. En toch staan we soms voor situaties waarin we geen enkele invloed hebben op – laat staan controle hebben over – het resultaat. Wat we ook doen. Op dat soort momenten verandert onze hoop. Van een geloof dat begint in onszelf, wordt het een geloof in de weldadigheid van God, hoe we Hem of Haar ook definiëren, of zelfs een geloof in louter de macht van een welwillend universum. En dat is het punt waarop hoop zijn volle neef ontmoet: het geloof. **We spreken van hoop als we het resultaat kunnen beïnvloeden en controleren. We spreken van geloof als we dat niet kunnen.**

Viktor Frankl heeft ooit geschreven dat de enige vrijheid die ons nooit kan worden ontnomen de vrijheid is om onze houding tegenover onze omstandigheden te kiezen. Dit betekent dat wij altijd voor hoop kunnen kiezen. En via hoop kunnen we een betere toekomst kiezen. Dus zelfs in de zwaarste tijden, wanneer alles verloren lijkt, kunnen we altijd kiezen voor hoop. Zelfs in de donkerste dagen.

De sleutels

→ **Hoop gaat over de verwezenlijking van een resultaat, niet over een afweging van kansen om dat resultaat te bereiken.**

→ **Posttraumatische groei omvat verbeterde relaties, nieuwe mogelijkheden zien, persoonlijke kracht ontdekken, spiritueel veranderen of meer waardering krijgen voor het leven.**

→ **De enige vrijheid die ons nooit kan worden ontnomen, is de vrijheid om onze houding tegenover onze omstandigheden te kiezen. Zelfs in de donkerste dagen kunnen we altijd kiezen voor hoop.**

Alex Linley, PhD, is bestuursvoorzitter van Capp, een toonaangevend assessmentbureau. Hij heeft psychologie gestudeerd aan de University of Leicester (VK), waar hij gasthoogleraar psychologie is geweest. Zijn PhD heeft hij gehaald aan de University of Warwick. Hij wordt internationaal erkend als een toonaangevende expert op het gebied van de positieve psychologie en haar toepassingen. Hij heeft zeven boeken geschreven, waaronder de HR-bestseller *The Strengths Book*.

Ontdek de ander in jezelf

- → **Helemaal alleen op de top van de berg. Gelukkig?**
- → **Je bent thuis, maar houdt deuren en ramen gesloten. Gelukkig?**
- → **'Ik doe het wel op mijn eentje.' Gelukkig?**

Kan iemand op zijn eentje echt helemaal gelukkig zijn? **Christopher Peterson** denkt van niet. Het grootste geluk krijgen we van anderen. Peterson is de grondlegger van de positieve psychologie. Kan hij zijn kennis en bevindingen samenvatten in twintig regels? 'Twee woorden volstaan', zegt hij. Gelukkig voegt hij er twintig regels uitleg aan toe.

Andere mensen

Positieve psychologie is de wetenschappelijke studie van wat het leven echt de moeite waard maakt. De belangrijkste onderzoeksdomeinen variëren van de biochemische basis van vreugde tot het welbevinden van een hele natie. Toch volstaan twee woorden om alles samen te vatten: andere mensen. Er is in de positieve psychologie niet één conclusie of theorie te vinden die niet benadrukt hoe belangrijk andere mensen zijn voor ons geluk en onze gezondheid.

De beste manier om te genieten is in het gezelschap van anderen. De belangrijkste determinanten van een bevredigend leven zijn sociaal. Goede relaties met anderen kunnen inderdaad een vereiste zijn voor een gelukkig leven. **Met geld kun je geluk kopen – op voorwaarde dat je dat geld aan anderen besteedt.** Prestaties hangen niet alleen af van je talenten en doorzettingsvermogen, maar ook van de lessen en liefhebbende zorg die je kreeg van mensen die om je geven. Je karakter ontwikkel je door je ouders en leerkrachten. Een goede vriend op het werk is belangrijker dan een beter loon of hogere status. Mensen die 'close' met anderen omgaan zijn gezonder dan anderen, alhoewel ze – zo veronderstellen we – aan meer ziektekiemen blootgesteld zijn.

The Beatles zongen het al: 'All you need is love'. De positieve psychologie legt uit waarom. Een goed leven speelt zich af onder de vleugels van liefdevolle relaties met vrienden, buren, collega's, familie en echtgenoot/echtgenote.

Anderen doen ertoe. En we zijn allemaal anderen voor iemand anders.

De sleutels

- → **Zoek het geluk niet in jezelf, maar in je betrokkenheid bij anderen.**
- → **Koester de mensen die belangrijk voor je zijn: je ouders, leerkrachten, gezin en familie, collega's en vrienden.**
- → **Besef dat ook jij voor anderen altijd een 'ander' bent.**

Christopher Peterson was hoogleraar psychologie aan de University of Michigan (VS). Hij wordt dikwijls betiteld als de grondlegger van de positieve psychologie. Christopher overleed in 2012 op 62-jarige leeftijd. Hij was directeur wetenschap van het VIA Institute on Character en medeauteur van *Character Strengths and Virtues*, over de classificatie van sterke karaktertrekken. Hij wordt wereldwijd gewaardeerd voor zijn werk over karakter, gezondheid, optimisme en welbevinden.

'Doe niet meer, doe het anders.'

Nieuwe prioriteiten

'Mensen vragen zich steeds vaker af wat vooruitgang is. Vijftig jaar lang streefden we naar meer inkomen – en dat hebben we ook gekregen. Toch stelde geen enkele enquête in die periode een verhoging van geluk vast (niet in Groot-Brittannië noch in de VS). Wel is het aantal ongelukkige en zorgkinderen gigantisch gestegen. We hebben duidelijk de verkeerde prioriteiten gesteld en onze samenleving heeft dringend een andere koers nodig.' Prof. **Richard Layard** legt zich toe op de gelukseconomie, waarbij hij zich baseert op eigentijds geluksonderzoek.

Als we nagaan waarom het geluk verschilt tussen zowel individuen als maatschappijen, springen zeven belangrijke factoren in het oog: inkomen, relaties thuis, relaties op het werk (als je dat hebt), relaties in de gemeenschap, gezondheid, persoonlijke waarden en persoonlijke vrijheid. Mensen vinden inkomen ontzettend belangrijk. Toch worden burgers van een geïndustrialiseerde maatschappij niet gelukkiger naarmate die samenleving rijker wordt. De belangrijkste verklaring voor de verschillen in geluk is de kwaliteit van de menselijke relaties. En een wezenlijk element in elke relatie is vertrouwen. Al jarenlang en in tal van landen stellen enquêteurs de vraag: 'Denkt u dat de meeste andere mensen te vertrouwen zijn?'

Dat is een heel interessante vraag. Mensen met meer vertrouwen zijn gelukkiger – net zoals samenlevingen met een groter vertrouwen, zoals de Scandinavische landen. Vijftig jaar geleden beantwoordde 60 % die vraag bevestigend. Nu is dat percentage geslonken tot 30 %. Het is een maat voor wat we verloren hebben door de wedijver tussen mensen al te sterk te benadrukken – en dat allemaal in naam van grotere efficiëntie en weelde.

Maar solidariteit en kameraadschap zijn cruciaal om van het leven te kunnen genieten. Concurrentie tussen ondernemingen is goed en noodzakelijk, maar overdreven wedijver tussen individuen kan geluk vernietigen.

Engagement voor een gelukkiger samenleving heeft wezenlijke consequenties voor ons individuele leven en het overheidsbeleid. Als individu kunnen we het best een baan kiezen waarvan we geloven dat anderen er baat bij hebben – als die alleen de winstcijfers verhoogt maar de maatschappij geen echt voordeel oplevert, kunnen we die job beter afwijzen. Overwerk mag de kwaliteit van ons gezinsleven niet aantasten. In ons privéleven dienen we rekening te houden met iedereen op wiens geluk we een invloed hebben. Een goed woord om die ambitie te omschrijven is 'harmonie', omdat daaruit blijkt dat alle partijen winnen, ook wijzelf.

Als een overheid geluk wil stimuleren, moet ze dan meer en meer ingrijpen in het leven van haar burgers? Eigenlijk is geluk stimuleren al lang een overheidsdoelstelling. Maar toen mijn boek over geluk verscheen, verscheen er een bespreking met als titel 'The Happiness Police' (De gelukspolitie) en nog een andere met 'The Bureaucrats of Bliss' (De bureaucraten van de gelukzaligheid). Blijkbaar is het volgens sommigen voor een individu wel ethisch verantwoord om het principe van 'het grootste geluk' aan te hangen, maar niet voor een overheid, want dat zou leiden tot 'betutteling' of zelfs 'lijfeigenschap'. Zo extreem gesteld is dat argument absurd. **Iedereen weet – en het bewijs is er – dat verlies van vrijheid leidt tot ellende**: van alle landen waarvoor we over gegevens beschikken, waren de staten van de voormalige Sovjet-Unie de minst gelukkige – nog minder gelukkig zelfs dan de derde wereld.

Zoals we zullen zien, zou een beleid gebaseerd op geluk een nieuwe, door de staat gesponsorde bedrijvigheid opleveren: scholen zouden veerkracht aanleren, ouders meer ondersteuning krijgen, psychische gezondheidszorg meer hulp enzovoort. De overheid zou meer rekening houden met gevoelens en gedrag, in vergelijking tot de materiële en inkomstengenererende aspecten van het leven. Maar de overheid zou niet noodzakelijk meer dingen doen, wel andere. Misschien zou de overheid minder nadruk leggen op sommige materiële aspecten van het leven – omdat al die regelneverij in het economische leven veel mensen hoorndol maakt, net zoals reorganisaties en andere acties die bureaucraten graag uitvoeren zonder na te gaan welk effect ze hebben op geluk. Algemeen gesproken valt vooraf niet te zeggen of een overheid die zich richt op geluk meer, dan wel minder actief zou zijn in het leven van haar burgers.

We hebben niet noodzakelijk méér overheid nodig – overregulering tast het geluk aan. We hebben wel een ándere overheid nodig. Als de belangrijkste doelstelling van een regering

daadwerkelijk het geluk van haar burgers is, moeten de prioriteiten van het beleid drastisch worden bijgesteld.

Scholen. Scholen moeten net zo begaan zijn met karakterontwikkeling als met kennisoverdracht. Jonge mensen moeten leren hun gedrag en emoties te reguleren en veerkracht kweken om tegenslagen de baas te kunnen. Tegelijk moeten ze ook om anderen leren geven. Die levensbekwaamheden kunnen ze deels verwerven dankzij een goed schoolklimaat dat stevig verankerd is in waarden als respect en harmonieus samenleven. Maar ze moeten die levensbekwaamheden ook ontwikkelen door ze gericht aan te leren. Alleen goed opgeleide leerkrachten, die vooral op middelbare scholen gespecialiseerd dienen te zijn in dat thema, kunnen die vaardigheden bijbrengen. Weinig verrassend bevestigt recent onderzoek hoe belangrijk positiviteit is. Als we druggebruik, overgewicht, roken, dronkenschap en liefdeloze seks bij jongeren willen terugdringen, dan boeken we het meeste succes met programma's die positieve interesses opwekken – concentreer je op wat je zou kunnen doen in plaats van op wat niet mag. Die vaststelling duikt herhaaldelijk op in de onderzoeksresultaten over geluk.

Psychische gezondheid. Gezondheid – en vooral psychische gezondheid – is essentieel voor geluk. In Groot-Brittannië zijn psychische aandoeningen verantwoordelijk voor bijna de helft van de totale arbeidsongeschiktheid, terwijl het effect van een depressie op het dagelijks leven de helft groter is dan dat van vaak voorkomende chronische fysieke aandoeningen als artritis, angina, astma en diabetes. In Groot-Brittannië is de geschiedenis van iemands psychische gezondheid een betere verklaring voor huidige ellende dan kansarmoede.

Een psychische ziekte zou even serieus moeten worden genomen als een fysieke. In Groot-Brittannië lijdt één op de tien kinderen en één op de zes volwassenen aan depressie, angstaanvallen of een gedragsstoornis. Amper een kwart van hen wordt daarvoor behandeld. Ter vergelijking: 90 % van de mensen die leiden aan een fysieke kwaal (die vaak minder ernstig is) wordt behandeld.

Werkgelegenheid. Volledige werkgelegenheid is veel belangrijker dan een langetermijngroei van de economie. Jonge schoolverlaters dienen te voelen dat ze welkom zijn in de maatschappij en dat ze kunnen rekenen op een betekenisvolle baan.

Gemeenschap en gelijkheid. We willen een maatschappij vol vertrouwen, waarin mensen overtuigd zijn van de goede bedoelingen van hun medeburgers. Uit onderzoek blijkt dat meer vertrouwen en minder geweld vaker voorkomen in samenlevingen met minder ongelijkheid. Geluksonderzoek bevestigt ook dat extra geld waardevoller is voor arme mensen dan voor wie al geld heeft. Een gezonde gemeenschap is dus een gemeenschap zonder grote ongelijkheden.

Milieu. De toekomst ziet er weinig gelukkig uit in een wereld die wordt geplaagd door droogte, overstromingen en massale migratie. Bewegingen die zich sterk maken voor een humanere maatschappij en organisaties die ijveren voor een harmonieuzere relatie tussen mens en planeet gaan dan ook hand in hand.

Maatstaven. Een overheid zal geluk alleen serieus nemen als ze die ook kan meten. Tijdens een recente OESO-conferentie over de vraag wat vooruitgang is, zei Joseph Stiglitz: 'Als je de verkeerde dingen meet, ga je de verkeerde dingen doen.' Hij heeft volkomen gelijk. Nationale en lokale overheden dienen geregeld na te gaan hoe het gesteld is met het geluk van hun burgers om trends te signaleren, de belangrijkste behoeften scherp te krijgen en informatie te verzamelen die meer inzicht kan verschaffen in de oorzaken van geluk. De gedragswetenschappen zouden zich hoofdzakelijk moeten toeleggen op zaken die bepalend zijn voor geluk.

Onze maatschappij is onnodig hard en zit vol onnodig lijden. We kunnen ongetwijfeld opklimmen tot een hoger niveau, met meer geluk en minder leed. Maar dan moeten we twee dingen doen. Eerst en vooral dienen we het er met z'n allen over eens te zijn dat dit de doelstelling is. En daarna moeten we alle beschikbare kennis en al onze wilskracht inzetten om dat niveau te bereiken.

De sleutels

- → **We hebben een andere soort staat nodig, gebaseerd op vertrouwen, solidariteit, kameraadschap en harmonie.**
- → **Overheden dienen geluk actief te stimuleren: levensbekwaamheden aanleren in scholen, psychische aandoeningen serieus nemen, zorgen dat iedereen een baan heeft, gelijkheid bevorderen en het milieu beschermen…**
- → **We moeten het erover eens zijn dat meer geluk en minder leed onze gezamenlijke doelstellingen zijn. En dan moeten we alle beschikbare kennis en al onze wilskracht aanwenden om die doelstellingen te bereiken.**

Richard Layard is directeur van het Well-being Programme van de London School of Economics (Verenigd Koninkrijk). Hij is een internationale autoriteit op het vlak van beleidsbeslissingen en gelukseconomie. Al jarenlang adviseert hij belangrijke beleidsmakers en organisaties overal ter wereld. Layard publiceerde meer dan veertig boeken en tal van artikelen. In 2005 verscheen zijn boek *Waarom zijn we niet gelukkig?*.

'Leren een vriendelijker, zorgzamer en zinvoller leven te leiden.'

Action for Happiness

Action for Happiness is een snel groeiende beweging van mensen die in actie komen om de wereld gelukkiger en aangenamer te maken. Sinds haar lancering in 2011 zijn miljoenen mensen in 170 landen aan de slag gegaan met de ideeën van deze wereldwijde gemeenschap en hebben honderdduizenden zich erbij aangesloten. Directeur dr. **Mark Williamson** legt uit welke praktische stappen Action for Happiness aanbiedt om de wereld gelukkiger te maken.

De kerngedachte is eenvoudig, maar krachtig: mensen engageren zich zodanig te leven dat ze zichzelf en anderen gelukkiger maken. De beweging is seculier en voor iedereen toegankelijk, en haar ideeën zijn wetenschappelijk onderbouwd. De beschermheer van de beweging is Zijne Heiligheid de dalai lama, die met zijn universele boodschappen over geluk en vriendelijkheid mensen van alle achtergronden aanspreekt. De beweging is opgericht door de econoom prof. Lord Richard Layard, de sociaal vernieuwer Geoff Mulgan en de pedagoog sir Anthony Seldon.

Leden van de beweging komen op tal van manieren in actie. Leraren introduceren de materialen van Action for Happiness in hun klaslokaal; zakelijk leiders gebruiken ze om gelukkiger arbeidsplekken te creëren; vrijwilligers organiseren evenementen, geven cursussen en organiseren in hun plaatselijke gemeenschap 'Happy Cafés'. **Zo zorgen duizenden mensen voor betekenisvolle veranderingen in hun leven.** Ze doen bijvoorbeeld aan mindfulness, verbeteren hun relaties, leren hoe ze dankbaar moeten zijn, gaan beter om met moeilijkheden of verrichten meer daden van vriendelijkheid.
Waarom is dit nodig? De kern van het moderne leven bevat een paradox. Ondanks tientallen jaren van economische groei en materiële vooruitgang blijkt uit onderzoeken steevast dat het niveau van welbevinden in veel rijke en succesvolle democratieën gemiddeld genomen nu niet hoger ligt dan zestig jaar geleden. Action for Happiness is een reactie op dit probleem

en wil drie belangrijke kwesties aanpakken die het welbevinden hebben ondermijnd: vraagstukken van geestelijke gezondheid, zoals stress, angst en depressiviteit; sociale desintegratie als gevolg van meer sociaal isolement en minder sociaal vertrouwen; de morele leemte die is achtergebleven na de neergang van de religie en de groei van het materialisme.

1. Betere geestelijke gezondheid

Geestelijke ongezondheid is het grote verborgen probleem van de moderne samenleving. Ze is verantwoordelijk voor 40 % van alle ziekten – dat is meer dan kanker, diabetes en alle cardiovasculaire, musculoskeletale, digestieve en respiratorische ziekten bij elkaar. Het gebruik van antidepressiva is in twintig jaar tijd met 500 % gestegen, en meer dan een derde van de bevolking zal ooit te maken krijgen met geestelijke gezondheidsproblemen. Een grote leemte is het gebrek aan preventieve middelen om de miljoenen mensen te helpen die het risico lopen geestelijke gezondheidsproblemen te ontwikkelen. Onderzoek toont aan dat er praktische vaardigheden zijn die mensen kunnen leren een goede geestelijke gezondheid te bewaren. Verreweg de meeste mensen zijn zich echter niet bewust van deze vaardigheden en krijgen in hun gemeenschappen of op hun werk weinig proactieve ondersteuning op dit vlak. Action for Happiness wil hier iets aan doen. **De beweging helpt mensen in actie te komen om hun geestelijk welbevinden te verbeteren.** Een centrale rol is hierbij weggelegd voor de 'tien sleutels tot een gelukkiger leven'. Dit zijn gemakkelijk te verwezenlijken activiteiten en houdingen, gebaseerd op het jongste wetenschappelijk onderzoek naar manieren om de psychologische gezondheid te verbeteren. Hoewel de materialen van Action for Happiness niet gericht zijn op de behandeling van ernstige of langdurige geestelijke gezondheidsproblemen, helpen ze mensen die het gevaar lopen depressiviteit of angstgevoelens te ervaren. Ze kunnen mede voorkomen dat deze ziekten zich ontwikkelen of verergeren en ze kunnen mensen leren erkennen dat dingen kunnen veranderen.

2. Sociale afbraak keren

Sociale relaties zijn de belangrijkste factoren in het algehele welbevinden van mensen, maar steeds meer mensen raken sociaal geïsoleerd. Men schat dat eenzaamheid de kans op een voortijdige dood met ongeveer 30 % vergroot. Bovendien is eenzaamheid voor jonge mensen een even groot probleem als voor oudere mensen, aangezien bijna 60 % van de mensen tussen de 18 en 34 jaar zegt zich vaak of soms eenzaam te voelen. Maar het gebrek aan verbondenheid is niet het enige probleem. Ook de hoeveelheid vertrouwen is dramatisch gedaald. Nog in de jaren tachtig van de vorige eeuw lag het niveau van intermenselijk vertrouwen in de Verenigde Staten en het Verenigd Koninkrijk meer dan 30 % hoger dan tegenwoordig. Dit heeft allerlei enorme domino-effecten; zo blijkt uit onderzoek dat misdaadcijfers lager worden als mensen elkaar vertrouwen.

Ook hier wil Action for Happiness iets aan doen. **De beweging helpt mensen actie te ondernemen om het vertrouwen te vergroten en sterke sociale banden in hun plaatselijke gemeenschap te ontwikkelen.** Dat gebeurt via de persoonlijke relaties die in plaatselijke bijeenkomsten worden ontwikkeld en via veranderingen in de houding tegenover anderen. Cursussen van Action for Happiness, die op plaatselijk niveau in buurtcentra, scholen, gezondheidscentra en cafés worden gegeven, helpen een sterk gevoel van lokale identiteit en cohesie in de wijk te scheppen.

3. De ethische leegte vullen

In de afgelopen decennia is het aantal mensen dat praktiserend religieus is, substantieel gedaald. In het Verenigd Koninkrijk is het percentage van mensen die zichzelf omschrijven als niet-religieus gestegen van minder dan één derde (31 %) in 1983 tot meer dan de helft (51 %) in 2013. Traditioneel gaf de kerk veel mensen een morele basis en verleende hun leven betekenis. Maar het lidmaatschap van de Church of England is meer dan gehalveerd, van 40 % van de bevolking in 1983 tot slechts 16 % in 2013. Nu de samenleving steeds verder seculariseert en individualistischer wordt, ontbreekt het de meeste mensen aan enige vorm van religieuze praktijken of bijeenkomsten die hen aansporen na te denken over hoe je een goed leven leidt en die hen stimuleren in contact te komen met gelijkgestemden en zingeving te ervaren vanuit de gedachte dat je deel bent van iets groters dan jezelf.

Ook hier wil Action for Happiness iets aan doen. **De beweging helpt mensen voeling te krijgen met wat werkelijk belangrijk voor hen is en een vriendelijker, zorgzamer en zinvoller leven te leiden.** Ze verwelkomt alle mensen, gelovig of niet, en bepleit universele waarden en een 'seculiere ethiek'. Veel mensen beginnen aan cursussen van Action for Happiness om zelf gelukkiger te worden, maar verlaten deze cursussen vaak met een sterk en verhevigd verlangen om te helpen het welbevinden van anderen te verbeteren en een positieve bijdrage aan hun gemeenschap te leveren.

Om een gelukkiger samenleving te bouwen, zijn op verschillende niveaus veranderingen nodig. De toenemende politieke en institutionele aandacht voor het meten en vooropstellen van welbevinden is essentieel en moet doorgaan. Maar dit moet ook worden ondersteund door een bredere maatschappelijke verschuiving die geestelijk welbevinden belangrijker maakt en die een bewustere en meer medelevende manier van leven aanmoedigt.
De beweging Action for Happiness kan in deze verschuivingen een zeer belangrijke rol spelen en zal in de komende jaren hopelijk honderdduizenden mensen over de hele wereld blijven inspireren en helpen.

De sleutels

- **Geestelijke ongezondheid is het grote verborgen probleem van de moderne samenleving.**
- **Sociale relaties zijn de belangrijkste factoren in het algehele welbevinden van mensen.**
- **In de samenleving die steeds verder seculariseert en individualistischer wordt, ontbreekt het de meeste mensen aan enige vorm van religieuze praktijken of bijeenkomsten die hen aansporen na te denken over hoe je een goed leven leidt. We moeten hun deze gelegenheden aanbieden.**

Dr. Mark Williamson is directeur van Action for Happiness en zet zich vol hartstocht in voor een gelukkigere en zorgzamere wereld. Hij heeft zowel in de particuliere als in de non-profitsector veel ervaring opgedaan. Hij is afgestudeerd aan de economische hogeschool IMD in Zwitserland en heeft een PhD in elektronica en communicatie aan de University of Bristol behaald. Hij is Sainsbury Management Fellow, Chartered Engineer en lid van het Institute of Directors.

Tien sleutels tot een gelukkiger leven

Giving (geven): doe iets voor anderen.

Relating (verbinding): maak contact met mensen.

Exercising (trainen): zorg goed voor je lichaam.

Awareness (bewustzijn): leef je leven bewust.

Trying out (proberen): blijf nieuwe dingen leren.

Direction (richting): stel doelen om naar uit te kijken.

Resilience (veerkracht): vind manieren om terug te veren.

Emotions (emotie): kies een positieve benadering.

Acceptance (aanvaarding): wees op je gemak met wie je bent.

Meaning (zingeving): maak deel uit van iets groters.

De cursus Exploring What Matters

Exploring What Matters is een acht weken durende cursus van vrijwilligers van Action for Happiness in hun plaatselijke gemeenschap. Hij brengt groepen van 10–25 mensen bij elkaar, die elke week een 'grote vraag' bespreken. Duizenden vrijwilligers gaven de cursus inmiddels, en de eerste resultaten lijken veelbelovend. Als het gaat om persoonlijk welbevinden, hebben de cursussen bij deelnemers geleid tot een gemiddelde toename van 20 % op het gebied van levenstevredenheid en 13 % op dat van geestelijk welbevinden. Als het gaat om prosociale houding, hebben de cursussen bij deelnemers geleid tot een gemiddelde toename van 10 % op het gebied van medeleven en 16 % op dat van sociaal vertrouwen.

De vragen en thema's voor de acht sessies zijn: Wat is echt belangrijk in het leven? Wat maakt ons gelukkig? Kunnen we gemoedsrust vinden? Hoe moeten we met anderen omgaan? Hoe ontwikkelen we goede relaties? Kunnen we gelukkiger zijn op ons werk? Kunnen we gelukkiger gemeenschappen opbouwen? Hoe kunnen we een gelukkiger wereld bouwen?

De cursus heeft twee doelen. Ten eerste wil de cursus deelnemers helpen positieve veranderingen in hun eigen leven te verwezenlijken en zo hun welbevinden te vergroten. Ten tweede wil hij deelnemers aanmoedigen meer prosociaal gedrag te vertonen en zo bij te dragen aan het welbevinden van de bredere gemeenschap. De cursus is ontworpen rond vier hoofdprincipes die deze doelen ondersteunen.

→ **Aanspreken in plaats van stigmatiseren.** De cursus concentreert zich niet in eerste instantie op gebreken en problemen (zoals psychische problemen, eenzaamheid) en gebruikt geen stigmatiserende taal. Hij richt zich juist op kwaliteiten en mogelijkheden (zoals geluk, vriendelijkheid) en gebruikt enthousiasmerende en inspirerende taal. Hierdoor is de cursus relevant en aansprekend voor een zo groot mogelijk publiek.

→ **Inclusief in plaats van gericht.** De cursus is niet alleen gericht op mensen die momenteel problemen als angst of isolement ervaren, maar probeert een evenwichtige mix van deelnemers te trekken. Onder de deelnemers zitten gewoonlijk zowel mensen die het risico lopen zulke problemen te ontwikkelen (en voor wie de cursus een preventief effect kan hebben) als mensen met een groter welbevinden (die vaak goede steun kunnen bieden aan mensen die hulp nodig hebben). Uit een analyse van deelnemers in het Verenigd Koninkrijk blijkt niettemin dat de cursus relatief veel mensen met een klein tot zeer klein welbevinden trekt (51 % van de deelnemers, terwijl het nationale gemiddelde op 27 % van de bevolking ligt).

→ **Gelijkwaardige vrijwilligers in plaats van een getrainde expert.** Geen 'experts' die een ingewikkeld proces van opleiding en diplomering moeten doorlopen geven de cursus, maar vrijwilligers die op basis van gelijkwaardigheid werken. De leider heeft als taak gesprekken mogelijk te maken en is geen formele leraar met grotere kennis. Deelnemers kunnen hun eigen antwoorden op de gestelde vragen onderzoeken. Dat leidt tot een grotere betrokkenheid en een effectievere leeromgeving. Ter ondersteuning van deze benadering worden alle mogelijke cursusleiders getest op motivatie en ervaring. Daarnaast ontvangen ze gestructureerde materialen en krijgen ze begeleiding om de cursus te organiseren en faciliteren.

→ **Op basis van donaties in plaats van een vast bedrag.** Cursusleiders geven de cursus op vrijwillige (onbetaalde) basis. Om de huur van de ruimte en de verfrissingen en materialen te kunnen betalen, worden de cursussen bekostigd door 'vrijwillige donaties' van de deelnemers. Daardoor blijven ze voor alle mensen toegankelijk, ongeacht hun financiële situatie. Het netto-effect is dat cursussen in welvarender wijken (die doorgaans een overschot opleveren) de cursussen in minder welvarende wijken (waar de kosten groter zijn dan de donaties) mogelijk maken.

Wil je meer informatie en je aansluiten bij de beweging? Kijk dan op **www.actionforhappiness.org** of **www.actionforhappiness.nl**.

'Gelukkige mensen hebben ademruimte nodig.'

De uiteindelijke drie

'Al bijna twintig jaar bestudeer ik geluk op een wetenschappelijke manier. In de loop van mijn carrière heb ik over geluk gelezen, erover nagedacht en er onderzoek naar gedaan vanuit zowat elk mogelijk gezichtspunt', schrijft prof. **Eunkook M. Suh** (Zuid-Korea). 'Gezien mijn beroep stelt men mij vaak de vraag: "Dus, wat zijn nu uiteindelijk voor jou de cruciale determinanten voor geluk?" Tot mijn schande moet ik bekennen dat ik dan meestal wat rond de pot draai. Het is dan ook geen gemakkelijke vraag! Maar voor dit boek heb ik eindelijk een antwoord klaar.'

Onderzoek komt op de proppen met een eindeloze lijst factoren die op een of andere manier bijdragen tot geluk (bijvoorbeeld een hond hebben). De meeste van die verbanden zijn echter klein of worden veroorzaakt door onderliggende factoren. De drie omstandigheden die ik echter voor ogen heb, hebben een aanzienlijke invloed op je geluksniveau, ongeacht je baan, religie, inkomen, huidskleur of leeftijd.

→ Ten eerste. **Een optimistisch, opgewekt temperament is misschien wel de sterkste afzonderlijke bepalende factor voor geluk.** Of je dat nu eerlijk vindt of niet. Wie dat

ontkent, steekt gewoon zijn hoofd in het zand, want honderden onderzoeksresultaten staven die conclusie, ook die over geluk bij tweelingen. Onderzoek wijst uit dat de objectieve levensomstandigheden van gelukkige en ongelukkige mensen weinig verschillen. Het grote onderscheid is echter de manier waarop gelukkige en ongelukkige mensen reageren en het leven interpreteren. En dat wordt dan weer sterk bepaald door iemands persoonlijkheid. Als je denkt geboren te zijn met een 'minder-gelukkig'-gen, probeer dan de vicieuze cirkel van bittere gedachten over jezelf te doorbreken. Aanvaard dat deel van jezelf (net zoals bijvoorbeeld je ogen bruin zijn en niet blauw) en streef de positieve en energieke levensstijl van gelukkige mensen na. Soms helpt dat.

→ **Een andere sterke constante bij gelukkige mensen is dat ze een veel rijker sociaal leven hebben.** Het standaardgedrag van een gelukkige gemoedstoestand is andere mensen opzoeken, een depressieve toestand daarentegen versterkt het verlangen om alleen te zijn. Stel je iemand voor die niet in staat is om plezier te beleven aan sociale interacties. Zulke mensen zullen in de loop van het evolutieproces geleidelijk aan uitsterven, aangezien anderen cruciaal zijn voor ons overleven op lange termijn. Daarom zijn geluk en sociale interactie door de primitiefste evolutionaire krachten aan elkaar gesmeed. In tegenstelling tot wat velen denken, zijn zelfs introverte mensen gelukkiger in sociale situaties dan op hun eentje. Neem dus een checklist voor je relationele leven ter hand wanneer je mijmert over geluk. Is dat leven intrinsiek lonend, leuk, betekenisvol of wordt het vooral ingevuld door spanningen en verplichtingen?

→ **Een gevoel van persoonlijke vrijheid is mijn laatste kandidaat voor de cruciale omstandigheden die leiden tot geluk.** Van de drie cruciale factoren voor geluk op mijn lijst is deze wellicht het makkelijkst onder controle te krijgen. Ik heb het hier niet over vrij zijn van fysieke barrières (bijvoorbeeld gevangenschap), wel over de vrijheid die subjectief in iemands hoofd zit. Als sociale en culturele wezens zijn we vaak al te zeer begaan met de vraag hoe anderen ons zien. Een leven met als enige leidraad conformisme en populair en geliefd te willen zijn bij anderen, is leeg en uitputtend. Ik kan me niet voorstellen dat een dergelijk leven persoonlijk geluk kan opleveren. Leden van heel collectivistische en hiërarchische samenlevingen (bijvoorbeeld Japan) scoren trouwens laag op geluk. Een van de hoofdredenen daarvoor is volgens mij dat mensen in dergelijke samenlevingen geconditioneerd zijn om zodanig veel aandacht te schenken aan anderen dat dit ten koste gaat van het gevoel van persoonlijke vrijheid. Om gelukkig te zijn hebben mensen ademruimte nodig om van tijd tot tijd de door anderen opgelegde verwachtingen, regels en standaarden te doorbreken.

Hierbij wil ik niet gezegd hebben dat die drie omstandigheden volstaan voor of een garantie bieden op een gelukkig leven. Wie echter zijn geluk wil hervinden of vergroten, zou ik niettemin suggereren om eerst deze drie domeinen aan te pakken. Ze zijn cruciaal, wat overblijft beschouw ik als details.

De sleutels

- → **De vitale factor is een positief, optimistisch en opgewekt karakter. Als je niet zo bent, probeer dat temperament dan over te nemen van anderen.**
- → **Zorg voor een rijk sociaal en relationeel leven, dat lonend, leuk en betekenisvol is in plaats van gevuld met spanning en verplichting.**
- → **Zoek persoonlijke vrijheid: ademruimte om de verwachtingen, regels en standaarden die anderen hebben opgelegd te doorbreken.**

Eunkook M. Suh is hoogleraar psychologie aan de Yonsei Universiteit in Seoel, Zuid-Korea. Hij promoveerde aan de universiteit van Illinois, waar hij student was bij de wereldbefaamde specialist in geluk dr. Ed Diener. Suh publiceerde invloedrijke wetenschappelijke bijdragen over geluk, cultuur en het zelf, waarnaar meer dan 2500 keer werd verwezen door andere onderzoekers. Samen met Ed Diener gaf hij het boek *Culture and subjective well-being* uit.

Wat we weten

Omdat hij al dertig jaar lang geluk op wereldschaal bestudeert, wordt **Ruut Veenhoven** vaak 'de geluksprofessor' genoemd. Lang voor de komst van internet had hij al de World Database of Happiness opgericht. Daarmee gaf hij de wereld een actueel overzicht van duizenden studies, onderzoeken en correlationele bevindingen over geluk. In zijn antwoord op vijf vragen vat hij hier samen wat we weten over geluk. Een update.

Geluk is een belangrijk doel in de moderne maatschappij. De meeste mensen kijken uit naar een gelukkig leven en hechten veel waarde aan geluk. Het idee dat we moeten streven naar een groter geluk voor een groter aantal wint aanhangers. Geluk staat dan ook steeds hoger genoteerd op de politieke agenda.

Het streven naar geluk noopt tot een beter begrip van de voorwaarden voor geluk. Dat impliceert dat het onderwerp systematisch dient te worden bestudeerd. Onderzoek over geluk was lang de speeltuin van filosofische veronderstellingen en dat heeft niet voor een stevige bewijsgrond gezorgd. De voorbije decennia zorgde de methodologie van het enquêteonderzoek in de sociale wetenschappen echter voor een doorbraak. Er werden betrouwbare meetinstrumenten voor geluk ontwikkeld, waardoor we een brede kennis hebben verworven. Die literatuur over geluk handelt grosso modo over vijf cruciale vragen, die te rangschikken zijn als stappen in het proces om een groter geluk voor een groter aantal te creëren.

1 Wat is 'geluk'?

Het woord 'geluk' wordt op verschillende manieren gebruikt. In de ruimste betekenis is het een overkoepelende term voor alles wat goed is. In die zin is 'geluk' synoniem met 'welbevinden' of 'levenskwaliteit' en slaat zowel op persoonlijk als op maatschappelijk welzijn. In meer specifieke zin betekent het 'subjectieve appreciatie van het leven' en daarover handelt dit hoofdstuk. Geluk wordt gedefinieerd als de mate waarin een individu de kwaliteit van zijn leven in het algemeen als gunstig ervaart. Anders gezegd: hoezeer iemand houdt van het leven dat hij leidt.

2 Is geluk meetbaar?

Aangezien geluk wordt gedefinieerd als iets wat we in gedachten hebben, is het meetbaar aan de hand van vragen. Een vaak gebruikte vraag is:

In het algemeen genomen, hoe tevreden ben je deze dagen over je leven?

0 / 1 / 2 / 3 / 4 / 5 / 6 / 7 / 8 / 9 / 10

uiterst ontevreden ⟷ **uiterst tevreden**

Hoewel die vragen frequent worden gebruikt, zijn ze onderhevig aan veel kritiek. Meer bepaald zijn drie belangrijke bezwaren geopperd: twijfel of het antwoord op dergelijke eenvoudige vragen de ware appreciatie voor het leven weergeeft, twijfel of culturen op basis van dergelijke waarderingen kunnen worden vergeleken en de stelling dat subjectieve waarderingen van het leven zinloos zijn. Die kritiek werd elders besproken en werd in de stevig onderbouwde studies van Diener, Saris en anderen weerlegd. Dat dergelijke antwoorden niet crosscultureel vergelijkbaar zijn, werd in mijn vroegere onderzoeken tegengesproken.

3 Hoe gelukkig zijn we?

Laten we even kijken naar een voorbeeld. Hieronder staat het antwoord dat in Duitsland op de vraag werd gegeven. De vaakst vermelde scores waren 7, 8 en 9; amper 14% scoort lager dan 5. Het gemiddelde bedraagt 7,2. Hieruit valt af te leiden dat de meeste Duitsers zich het gros van de tijd gelukkig voelen.

Schema 1: Geluk in Duitsland – Bron: European Social Survey 2014.

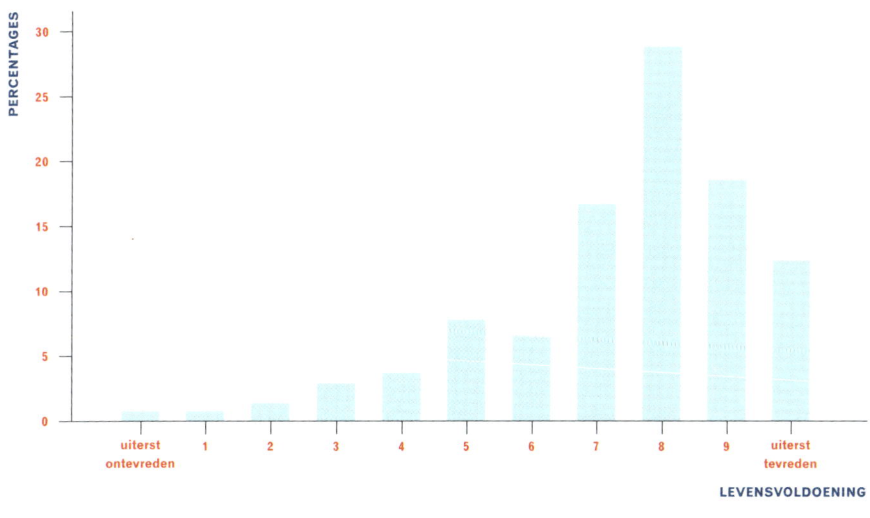

Hoe verhoudt het geluk in Duitsland zich tot dat in andere landen? Enkele illustratieve onderzoeksresultaten worden getoond in schema 2. Hoewel Duitsland in het midden van de lijst staat, behoort het in feite tot de top van de wereld. Het gemiddelde geluk varieert tussen 8,4 (Denemarken) en 2,6 (Togo). Binnen dat bereik van zes punten behoort Duitsland met 7,2 tot de koplopers.

Schema 2: Geluk in landen rond 2010; gemiddeld op een schaal van 0 tot 10.

LAND	GEMIDDELDE	LAND	GEMIDDELDE
• Denemarken	8,4	• Japan	6,4
• Zwitserland	8,0	• Turkije	6,0
• Zweden	7,8	• Rusland	5,6
• Verenigde Staten	7,3	• Zimbabwe	4,1
• **Duitsland**	**7,2**	• Togo	2,6
• Frankrijk	6,4		

Bron: World Database of Happiness (Veenhoven 2016a)

4 Waardoor zijn we meer of minder gelukkig?

Nu we hebben vastgesteld dat mensen *inderdaad* onderling verschillen qua geluk, is de volgende vraag *waarom*. Diverse factoren spelen een rol: collectieve actie en individueel gedrag, eenvoudige zintuiglijke ervaringen en een grotere cognitie, stabiele kenmerken van het individu en zijn omgeving en de grillen van het lot. In schema 3 worden factoren en processen ingedeeld in een voorlopig sequentiemodel.

Dat model veronderstelt dat het oordeel over het leven voortspruit uit de *stroom van levens-ervaringen* en dan vooral de negatieve en positieve ervaringen. De ervaringsstroom is een mentale reactie op de *loop van de gebeurtenissen in het leven*. Dat zijn belangrijke, eenmalige gebeurtenissen zoals een huwelijk of migratie, maar ook repetitieve gewone gebeurtenissen zoals 's ochtends opstaan en de vaat doen. Gebeurtenissen in iemands leven zijn deels toe te schrijven aan toevallige meevallers of tegenvallers (bijvoorbeeld een ongeluk), maar hangen ook af van de gegeven omstandigheden en mogelijkheden. Er zijn minder verkeersongevallen in goed georganiseerde samenlevingen of tussen oplettende mensen in het verkeer. De kansen op 'lonende' en 'nadelige' gebeurtenissen zijn dus niet voor iedereen gelijk. Hiernaar wordt vaak verwezen als 'levenskansen'. De huidige levenskansen wortelen in voorbije gebeurtenissen en kansstructuren, in de maatschappelijke geschiedenis en persoonlijke ontwikkeling.

Schema 3: Levensevaluatie: een sequentiemodel van voorwaarden en processen

LEVENSKANSEN →	LOOP v/d GEBEURTENISSEN →	ERVARINGSSTROOM →	LEVENSEVALUATIE
Maatschappelijke kwaliteit • Economische welvaart • Sociale gelijkheid • Politieke vrijheid • Culturele rijkdom • Morele orde • Etc. **Sociale positie** • Materieel bezit • Politieke invloed • Sociaal prestige • Familiebanden • Etc. **Individuele mogelijkheden** • Fysieke fitheid • Psychische sterkte • Sociale vaardigheid • Intellectuele vaardigheid • Etc.	**Confrontatie met:** • Tekort of overvloed • Aanval of bescherming • Afzondering of gezelschap • Vernedering of eer • Routine of uitdaging • Lelijk of mooi • Etc.	**Ervaring met:** • Verlangen of verzadiging • Angst of veiligheid • Eenzaamheid of liefde • Verwerping of respect • Verveling of opwinding • Afkeer of vervoering • Etc.	Waardering van gemiddelde affect Vergelijking met de normen voor een goed leven Opmaken van de globale balans van het leven
Voorwaarden voor geluk		**Waarderingsproces**	

Een voorbeeld ter illustratie van dit getrapte model. Iemand kan geringe levenskansen hebben omdat hij/zij in een wetteloze samenleving woont, machteloos is en zelf slim noch mooi is (stap 1). Zo iemand zal heel wat negatieve dingen meemaken. Hij zal bestolen, opgelicht, vernederd en uitgesloten worden (stap 2). Die persoon zal zich daardoor vaak angstig, boos en eenzaam voelen (stap 3). Op basis van die ervaringsstroom zal hij zijn leven in het algemeen negatief evalueren (stap 4).

Kwaliteit van de samenleving

Waarom is er zo'n groot verschil in geluk tussen landen? Schema 4 bevat een aantal achterliggende maatschappelijke kwaliteiten. Veel van die factoren maken deel uit van een 'moderniteitssyndroom'. Hoe moderner een samenleving, hoe gelukkiger de burgers in die samenleving. Die vaststelling kan een verrassing zijn voor de doemprofeten die moderniteit associëren met anomie en vervreemding. Hoewel modernisering inderdaad gepaard gaat met problemen, zijn de voordelen ervan duidelijk groter. De volgende maatschappelijke kenmerken zijn positief gecorreleerd met geluk (in afnemende volgorde): overvloed, economische vrijheid, urbanisering, onderwijs, politieke vrijheid, burgerrechten, tolerantie tegenover minderheden, persoonlijke vrijheid, pluriformiteit (% migranten). De sterkste negatieve correlatie is corruptie. Op ruime afstand volgen ongelijkheid tussen de geslachten en inkomensongelijkheid.

Schema 4: Geluk en maatschappij in 146 landen, omstreeks 2015

MAATSCAHPPELIJKE KWALITEITEN	CORRELATIE MET GELUK
Overvloed	+ .67
Rechtszekerheid	
• Burgerrechten	+ .49
• Corruptie	– .70
Vrijheid	
• Economisch	+ .60
• Politiek	+ .50
Gelijkheid	
• Inkomensongelijkheid	– .15
• Gelijkheid tussen de geslachten	– .59
Pluriformiteit	
• % migranten	+ .38
• Tolerantie t.o.v. minderheden	+ .57
Moderniteit	
• Opleiding	+ .59
• Urbanisering	+ .70

Hoe interpreteer je dit schema? De maxima zijn + 1.00 en – 1.00. Hoe hoger de absolute waarde van het positieve getal, hoe sterker de positieve relatie. Hoe lager de absolute waarde van het negatieve getal, hoe zwakker de negatieve relatie.

Bron: World Database of Happiness (Veenhoven 2016), Data file States of Nations

Sociale positie

In diverse onderzoeken in de hele wereld zijn verschillen vastgesteld in individueel geluk binnen landen. Omdat de meeste onderzoeken ingegeven zijn door een egalitair sociaal beleid, ligt de nadruk vaak op maatschappelijke verschillen als inkomen, onderwijs en werkgelegenheid. In tegenstelling tot wat men zou verwachten, wegen die positionele verschillen in een moderne welvaartsstaat niet zwaar door op geluk. Alle positionele variabelen samen verklaren amper 10% van de variantie in geluk. De belangrijkste conclusies worden samengevat in schema 5.

Schema 5: Geluk en maatschappelijke positie: samenvatting van de onderzoeksresultaten

	CORRELATIE *binnen* westerse landen	OVEREENKOMST *tussen* alle landen
Sociale positie		
• Inkomen	+	+
• Opleiding	±	±
• Beroepsaanzien	+	+
Sociale participatie		
• Tewerkstelling	±	+
• Deelname aan verenigingsleven	+	+
Primair netwerk		
• Echtgenoot/ote	++	+
• Kinderen	0	±
• Vrienden	+	+
	++ Sterk positief + Positief 0 Geen verband – Negatief ± Wisselend	+ Vergelijkbare correlatie ± Wisselend

Bron: World Database of Happiness, collection Correlational Findings (Veenhoven 2016).

Levensbekwaamheid

De sterkste correlaties vind je in het psychologische domein. De gewone variante die wordt verklaard door dergelijke variabelen schommelt rond de 30%. Enkele van de belangrijkste conclusies worden samengevat in schema 6. Veel vaststellingen in verband met individuele verschillen in geluk komen neer op een verschil in de *bekwaamheid om invloed uit te oefenen op de eigen omgeving.* Die tendens lijkt universeel.

Schema 6: Geluk en levensbekwaamheden: samenvatting van de onderzoeksresultaten

	CORRELATIE *binnen* westerse landen	OVEREENKOMST *tussen* alle landen
Vaardigheden		
• Lichamelijke gezondheid	+	+
• Mentale gezondheid	++	+
• IQ	0	+
Persoonlijkheid		
• Interne controle	+	+
• Extravertheid	+	+
• Plichtsbewustzijn	+	±
Levenskunst		
• Lustaanvaarding	+	+
• Sociaal	++	+

	++ Sterk positief	+ Vergelijkbare correlatie
	+ Positief	± Wisselend
	0 Geen relatie	
	– Negatief	

Bron: World Database of Happiness, collection Correlational Findings (Veenhoven 2016).

5 Is groter geluk mogelijk?

Veel onderzoek over geluk is bezield door de hoop dat men een manier zal vinden om een groter geluk voor een groter aantal mensen te creëren. Talloze theorieën over geluk stellen echter dat betere levensomstandigheden de ontevredenheid niet zullen doen afnemen.

Volgens een van die theorieën is geluk relatief. Een andere beweert dat geluk een karaktereigenschap is. Beide worden door ons onderzoek ontkracht. Een andere geruststellende vaststelling is dat het gemiddelde van geluk op een schaal van nul tot tien in sommige landen kan oplopen tot acht. Kijk nog maar eens naar schema 2: Denemarken heeft een gemiddelde van 8,4 en Zwitserland een gemiddelde van 8,1. Wat daar kan, moet ook elders mogelijk zijn.

Ruut Veenhoven is emeritus professor 'maatschappelijke omstandigheden voor geluk van de mens' aan de Erasmus Universiteit Rotterdam in Nederland. Vaak noemt men hemt 'de geluksprofessor'. Hij wordt wereldwijd gerespecteerd vanwege zijn levenslange carrière in onderzoek naar subjectieve levenskwaliteit. Zijn belangrijkste publicaties zijn *Conditions of happiness*, 'Happiness in nations' en 'Happy Life-expectancy'. Ruut Veenhoven stichtte de World Database of Happiness, waarvan hij directeur is, en is tevens uitgever van het *Journal of Happiness Studies*.

World Database of Happiness

Groter geluk voor een groter aantal mensen vereist dat we beter begrijpen welke omstandigheden leiden tot geluk. Onontbeerlijk voor een betere kennis is niet alleen meer onderzoek, maar ook een betere synthese van de beschikbare onderzoeksresultaten.

De World Database of Happiness is een middel om met de groeiende stroom onderzoeksgegevens over geluk om te gaan, zowel over de verspreiding (hoe gelukkig mensen zijn), als over de correlatie (nevenverschijnselen van geluk). Het systeem focust zich op 'bevindingen' en verschilt dus van databanken, die 'onderzoeken' opslaan, en bibliotheken, die 'publicaties' opslaan. Momenteel bestaat er nog geen woord voor een dergelijk middel voor researchsynthese, zodat we het voorlopig houden op een *'findings archive'*.

De klemtoon van deze databank ligt op de subjectieve vreugde die iemand beleeft aan zijn leven in het geheel. De databank bestaat uit vijf verwante verzamelingen: 1) de **Bibliography of Happiness**, waarin ongeveer 10.000 publicaties zijn opgenomen, 2) de aanvaardbare **Measures of Happiness**, waarin 1000 variabelen te vinden zijn, 3) de collectie **Happiness in Nations** met ongeveer 11.000 gegevens over de verdeling uit hele bevolkingsgroepen over de wereld, 4) de collectie **Happiness in Publics**, bestaande uit ongeveer 3000 onderzoeken bij bepaalde categorieën van een land, 5) de **Correlational Findings**, met kruisverwijzingen naar zo'n 15.000 bevindingen over covariabelen van geluk.

Deze collecties kunnen worden bekeken op worlddatabaseofhappiness.eur.nl

Gemiddeld geluk in 159 landen 2000–2014

Satisfaction with life. How much people enjoy their life-as-a-whole on scale 0 to 10?
Levenstevredenheid. Hoe beoordeel jij de voldoening die je hebt over je leven-als-geheel op een schaal van 0 tot 10?

	2000–09	2005–14
Afghanistan	4.1	4.1
Albanië	4.6	4.6
Algerije	5.4	5.7
Andorra	6.8	6.8
Angola	4.3	4.3
Argentinië	7.3	7.1
Armenië	5.0	4.9
Australië	7.7	7.6
Azerbeidzjan	5.3	5.8
Bangladesh	5.3	5.3
België	7.3	7.2
Belize	6.6	6.6
Benin	3.0	3.0
Bhutan		5.6
Bolivia	6.5	6.3
Bosnië-Herzegovina	5.8	5.8
Botswana	4.7	4.7
Brazilië	7.5	6.9
Bulgarije	4.4	4.6
Burkina Faso	4.4	4.4
Burundi	2.9	2.9
Cambodja	4.9	4.9
Canada	8.0	8.0
Centraal-Afrikaanse Republiek	4.6	4.6
Chili	6.6	6.8
China	6.4	6.2
Colombia	7.7	7.9
Comoren		3.9
Congo-Brazzaville	3.7	3.7
Congo-Kinshasa	4.4	
Costa Rica	8.5	8.5
Cyprus	7.0	7.1
Denemarken	8.3	8.4
Djibouti	5.7	5.7
Dominicaanse Republiek	7.6	7.5
Duitsland	7.1	7.2
Ecuador	6.4	6.8

	2000–09	2005–14
Egypte	5.7	5.5
El Salvador	6.7	6.7
Estland	5.9	6.2
Ethiopië	4.2	4.2
Filipijnen	5.5	7.0
Finland	7.9	7.9
Frankrijk	6.6	6.4
Gabon		4.2
Georgië	4.3	4.3
Ghana	5.2	5.4
Griekenland	6.3	6.5
Guatemala	7.2	7.2
Guinee	4.5	4.5
Guyana	6.5	6.5
Haïti	3.9	3.9
Honduras	7.0	7.0
Hongarije	5.5	5.5
Hongkong	6.0	6.7
Ierland	7.6	7.5
IJsland	8.2	8.1
India	5.5	5.5
Indonesië	6.1	6.1
Irak	4.7	4.9
Iran	5.8	5.8
Israël	6.9	7.4
Italië	6.7	6.6
Ivoorkust	4.5	4.4
Jamaica	6.7	6.7
Japan	6.2	6.4
Jemen	4.8	5.1
Jordanië	6.2	6.2
Kameroen	3.9	3.9
Kazachstan	6.1	6.5
Kenia	3.4	3.7
Kirgizië	5.5	5.8
Koeweit	6.6	6.8
Kosovo	5.4	5.7

	2000–09	2005–14
Kroatië	6.0	6.0
Laos	6.2	6.2
Lesotho		5.2
Letland	5.3	5.5
Libanon	4.7	5.4
Liberia	4.3	4.4
Libië		5.8
Litouwen	5.5	5.8
Luxemburg	7.7	7.7
Macedonië	4.7	4.7
Madagaskar	3.7	3.7
Malawi	4.8	6.2
Maleisië	6.6	6.6
Mali	4.7	4.7
Malta	7.1	7.2
Marokko	5.3	5.3
Mauritanië	5.0	4.9
Mauritius		5.9
Mexico	7.9	8.3
Moldavië	4.9	5.3
Mongolië	5.7	5.7
Montenegro	5.2	5.2
Mozambique	3.8	3.8
Myanmar		4.9
Namibië	5.2	5.2
Nederland	7.6	7.6
Nepal	5.3	5.3
Nicaragua	7.1	7.1
Nieuw-Zeeland	7.5	7.4
Niger	3.8	3.8
Nigeria	5.7	5.3
Noorwegen	7.9	8.0
Oeganda	4.5	4.5
Oekraïne	5.0	5.1
Oezbekistan	6.0	6.8
Oman		7.5
Oostenrijk	7.7	7.2
Pakistan	5.4	6.0
Palestijnse Autonome Gebieden	5.0	5.0
Panama	7.8	7.8
Paraguay	6.9	6.8
Peru	6.3	6.5
Polen	6.3	6.8
Portugal	5.7	5.8
Qatar	6.8	7.3
Roemenië	5.7	6.0
Rusland	5.6	5.6
Rwanda	4.3	4.9
Saoedi-Arabië	6.5	6.3
Senegal	4.5	4.5
Servië	5.6	5.6
Sierra Leone	3.6	3.5
Singapore	6.7	6.8
Slovenië	6.9	7.0
Slowakije	5.8	6.3
Soedan	5.0	5.0
Spanje	7.3	7.0
Sri Lanka	5.1	5.1
Suriname		6.7
Syrië	5.9	5.9
Tadzjikistan	5.1	5.1
Taiwan	6.2	6.4
Tanzania	2.6	2.5
Thailand	6.6	6.8
Togo	2.6	2.6
Trinidad en Tobago	7.0	7.1
Tsjaad	5.4	5.4
Tsjechië	6.5	6.6
Tunesië	5.9	5.5
Turkije	5.8	6.0
Turkmenistan		7.2
Uruguay	6.8	7.0
Venezuela	7.2	7.8
Verenigde Arabische Emiraten	7.3	7.3
Verenigde Staten	7.4	7.3
Verenigd Koninkrijk	7.2	7.1
Vietnam	6.1	6.1
Wit-Rusland	5.7	5.5
Zambia	5.0	5.0
Zimbabwe	2.8	4.1
Zuid-Afrika	6.0	6.3
Zuid-Korea	6.1	6.1
Zweden	7.8	7.8
Zwitserland	8.0	8.0

‘Geluk in twee woorden?
Andere mensen.’

En we zijn allemaal anderen voor iemand anders.

— Christopher Peterson –
Grondlegger van de positieve psychologie